Sin excusa: Escritura, razón y apologética presuposicional es una contribución de gran importancia al actual debate de la apologética entre el presuposicionalismo y el evidencialismo. Particularmente impresionante es la profundidad de la erudición histórica representada por muchos de los ensayos incluidos. Si los lectores se sintieran incómodos con la orientación fuertemente reformada de la mayoría de sus colaboradores, una respuesta adecuada sería el simple hecho de que el presuposicionalismo (con sus males asociados) ha sido promulgado generalmente por teólogos y filósofos de persuasión reformada. Este libro es una lectura "obligada" para los apologistas cristianos serios, sea cual sea su escuela de pensamiento.

John Warwick Montgomery

Catedrático emérito de Derecho y Humanidades, Universidad de Bedfordshire; Professor-at-Large, 1517

Los trabajos recientes sobre teología y apologética protestante han asumido a menudo que para ser verdaderamente protestante o reformado hay que sospechar de las antiguas concepciones cristianas de la relación entre fe y razón o naturaleza y gracia. Bajo la influencia de figuras como Cornelius Van Til, esto ha llevado a veces a conclusiones teológicas erróneas y a puntos de vista equivocados sobre cómo debe hacerse la teología cristiana en primer lugar. Pero los protestantes reformados se oponen cada vez más a ideas estrechas (y muy novedosas) de lo que significa ser reformado. Este conjunto de ensayos contribuye significativamente a ese esfuerzo, cubriendo una amplia gama de temas de manera que seguramente nos ayudarán a pensar más cuidadosamente sobre cómo exponer y defender la fe cristiana en el siglo XXI.

Steven Duby

Profesor Asociado de Teología en la Universidad Grand Canyon

SIN EXCUSA

La Escritura, la razón y
la Apologética Presuposicional

Editado por

DAVID HAINES

Impreso en Lima, Perú

SIN EXCUSA: LA ESCRITURA, LA RAZÓN Y LA APOLOGÉTICA PRESUPOSICIONAL

Titulo original: David Haines (ed), *Without Excuse: Scripture, Reason, and Presuppositional Apologetics* (Leesburg, VA: The Davenant Institute, 2020).
Autor: © The Davenant Institute
Traducción: Elson Y. Gutiérrez Vasquez
Revisión de estilo: Elson Y. Gutiérrez Vasquez
Diseño de cubierta: Rachel Rosales, Orange Peal Design
Cubierta edición en español: Angela L. García-Naranjo.
Serie: Apologética y Ética
Editado por: David Haines

©TEOLOGIAPARAVIVIR.S.A.C
José de Rivadeneyra 610.
Urb. Santa Catalina, La Victoria.
Lima, Perú.
ventas@teologiaparavivir.com
https://www.facebook.com/teologiaparavivir/
www.teologiaparavivir.com
Primera edición: Marzo 2023
Tiraje: 1000 ejemplares

Hecho el Depósito Legal en la Biblioteca Nacional del Perú, N°: 2023-01901
ISBN Tapa Dura: 978-612-5034-73-1

Se terminó de imprimir en marzo de 2023 en:
ALEPH IMPRESIONES S.R.L.
Jr. Risso 580, Lince
Lima, Perú.

 Las citas bíblicas fueron tomadas de las Versión *Reina Valera* de 1960, y de la *Nueva Biblia de los Hispanos*, salvo indique lo contrario en alguna de ellas.

TABLA DE CONTENIDOS

LISTA DE COLABORADORES

J. T. Bridges (PhD, Southern Evangelical Seminary) es el decano académico y profesor asistente de filosofía en el Southern Evangelical Seminary. Los intereses académicos actuales de Bridges incluyen: la teología filosófica de Tomás de Aquino, la filosofía de la ciencia y cuestiones importantes incluidas en la filosofía de la religión. Es autor de varios artículos en el *Christian Apologetics Journal*. J.T. está casado con Serena, con quien tiene cuatro hijos.

Travis James Campbell (PhD, Westminster Theological Seminary) es profesor de historia en Deerfield-Windsor School de Albany, GA. También sirve como anciano gobernante en la Iglesia Presbiteriana Northgate.

Winfried Corduan (PhD, Rice University) es profesor emérito de Filosofía y Religión en Taylor University. Winfried ha publicado numerosos artículos y una docena de libros, entre ellos *Siervo de la Teología: Un ensayo de prolegómenos filosóficos* (Handmaid to Theology: An Essay in Philosophical Prolegomena), *Sin duda alguna: El caso del cristianismo* (No Doubt About It: The Case for Christianity), *En el principio Dios: Una nueva mirada a los argumentos a favor del monoteísmo original* (In the Beginning God: A Fresh Look at the Case for Original Monotheism), y *Religiones vecinas: Una introducción cristiana a las religiones del mundo* (Neighboring Faiths: A Christian Introduction to World Religions). Aparece en la lista de *Quién es quién en América* (Who's Who in America), y toca música folk en StreetJelly.com la mayoría de los jueves por la noche a las 21:00 horas del este.

John DePoe (PhD, Universidad de Iowa) es el decano académico de las Escuelas de Lógica y Retórica de la Kingdom Preparatory Academy, en Lubbock, Texas. Es autor de numerosos artículos en revistas como *Philosophia Christi*, *Ratio*, y el *International Journal for Philosophy of Religion*. También ha contribuido a numerosos libros en colaboración. Está especializado en epistemología, metafísica, filosofía de la mente y filosofía de la religión.

John R. Gilhooly (PhD, Southwestern Baptist Theological Seminary) es el profesor asistente de filosofía y teología, y director del programa de honores, en la Universidad de Cedarville. Su tesis doctoral, titulada "La asunción angélica del cuerpo en Tomás de Aquino y la Escritura", fue una defensa de la angelología de Aquino. Sus intereses de investigación son la historia de la filosofía (especialmente medieval), la filosofía de la religión (especialmente el problema del mal), y la filosofía del amor y del sexo (especialmente el género y el matrimonio).

Nathan Greeley (PhD, Claremont Graduate University) es actualmente profesor adjunto de filosofía en la Indiana Wesleyan University, en el College of Adult and Professional Studies. Sus intereses de investigación incluyen la relación entre la fe y la razón, y la historia de la teología natural y la apologética cristiana, especialmente en los siglos XVIII y XIX.

David Haines (PhD, Université Laval) vive con su esposa y sus cuatro hijos en Québec. Es profesor asociado de filosofía y religión en la Universidad Internacional Veritas, profesor asociado de ética en el Séminaire Baptiste Évangélique du Québec, y ha enseñado historia de la Apologética Cristiana en FTE-Acadia. También es el presidente fundador de la Asociación Axiome, una asociación de académicos evangélicos franceses, y del Centro de Filosofía y Apologética Cristiana. Ha publicado varios artículos sobre teología natural y es coautor de un libro sobre la ley natural. Su investigación académica se centra en la metafísica antigua y medieval, C. S. Lewis, el tomismo y la teología natural.

Kurt Jaros (PhD en curso, Universidad de Aberdeen) es director ejecutivo de Defenders Media y presentador del podcast Veracity Hill. Actualmente es estudiante de doctorado y estudia la doctrina del pecado original en los escritos de los monjes del sur de Francia de los siglos V y VI. Tiene un máster en Apologética Cristiana por la Universidad de Biola, y un máster en Teología Sistemática, por el King's College de Londres. Actualmente reside en los suburbios de Chicago con su encantadora esposa y sus dos hijas.

M. Dan Kemp (PhD en curso, Baylor University) es licenciado en Política, Filosofía y Economía por el King's College (NY) y tiene un máster en Filosofía por la Georgia State University. Actualmente vive en Waco, Texas, con su mujer y sus dos hijos mientras estudia filosofía en la Baylor University.

Bernard James Mauser (PhD, Marquette University) ha escrito para varios grupos de reflexión conservadores, y actualmente enseña en el Southern Evangelical Seminary y en la Liberty University. Anteriormente fue becario del Instituto Acton. Es autor de un libro sobre la Biblia titulado *Leer para crecer* (Reading to Grow).

Joseph Minich (PhD, La Universidad de Texas en Dallas) es profesor del Davenant Institute. Editor fundador de *Ad Fontes,* también es autor de *La ausencia divina perdurable* (Enduring Divine Absence) y editor de varios volúmenes con The Davenant Press. En la actualidad, es presentador del podcast *Fe Peregrina* (Pilgrim Faith) y colaborador habitual de *La Reforma Moderna* (Modern Reformation). Vive en Garland, Texas, con su esposa y sus cuatro hijos.

Andrew Payne (PhD en curso, Southern Evangelical Seminary) es profesor de filosofía en el Mitchell Community College y actualmente trabaja en su

Ph.D. en filosofía de la religión. Sus intereses se centran en la relación entre la teología natural escolástica y el pensamiento reformado primitivo, en particular las obras de Juan Calvino y Francis Turretin.

Thomas Schultz (PhD ABD, Saint Louis University) es el profesor asistente de teología y ministerios estudiantiles en el St. Petersburg Theological Seminary y el director fundador del FaithReasons Institute.

Manfred Svensson (PhD, Universidad de Munich) es profesor de Filosofía en la Universidad de los Andes, Santiago de Chile. Su trabajo está dedicado a la tradición agustiniana, a las cuestiones de continuidad y discontinuidad entre la filosofía medieval y la Reforma Protestante, y a autores contemporáneos como Kierkegaard, Bonhoeffer y C. S. Lewis. Está muy interesado en las concepciones rivales de la tolerancia. Es autor de numerosos libros en español, entre ellos *Theorie und Praxis bei Augustin* (Friburgo, 2009) y *Reforma protestante y tradición intelectual cristiana* (Barcelona, 2016); y es coeditor del recientemente publicado *Aquino entre los protestantes* (Aquinas Among the Protestants).

ACERCA DEL INSTITUTO DAVENANT

El Instituto Davenant pretende recuperar las riquezas del protestantismo clásico para renovar y edificar la iglesia contemporánea: construyendo redes de amistad y colaboración entre eruditos evangélicos comprometidos con el *regreso a las fuentes* del protestantismo, publicando recursos antiguos y nuevos, y ofreciendo formación y discipulado a los cristianos sedientos de sabiduría.

Somos una organización sin ánimo de lucro que se financia con sus donaciones deducibles de impuestos. Obtenga más información sobre nosotros, y haga una donación, en www.davenantinstitute.org.

PREFACIO

Joseph Minich

Este volumen es bastante crítico con la filosofía de Cornelius Van Til (1895-1987) y sus seguidores. Pero muchos de los autores de este volumen ofrecen dicha crítica con el espíritu de los hijos teológicos de un padre, reconociendo que la influencia de Van Til también ha sido para su bien. Por lo tanto, estos ensayos se ofrecen a la iglesia con un espíritu de gratitud por nuestros padres en la fe y por sus virtudes, incluso si tratamos de argumentar que la tradición vantiliana ha cometido varios errores que han tenido un impacto significativo en la vida de la iglesia. El equilibrio en estos registros es difícil, y dado que no debe haber un espíritu partidista en el reino de Dios, es conveniente, para empezar, nombrar algunas de las formas en las que el movimiento vantiliano sirvió a la iglesia durante el complejo siglo XX.

En primer lugar, Van Til y sus discípulos confiaban en la autoridad e inerrancia de las Escrituras. Por todas las formas en las que quizás hayamos discrepado sobre la utilidad y la necesidad de la revelación extraescritural, en ningún caso debemos descuidar el ejemplo de su inquebrantable confianza en la Escritura (el propio discurso de Dios para nosotros). En efecto, para el cristiano, la Biblia es de suma importancia, la propia palabra de Dios. La palabra de Dios es una fuente de verdad y de vida, lo que es digno de nuestra dependencia y lo que nos manda y se ha ganado legítimamente nuestra confianza. En esto, no deberíamos estar ni un ápice menos seguros que los seguidores de Van Til.

En segundo lugar, los vantilianos eran conscientes de la batalla espiritual y moral que a menudo está detrás de una batalla intelectual. Aunque tal vez se arriesgaron a proyectarse en ciertos casos, no cabe duda de que tenían razón en cuanto a la relación entre una voluntad deformada y la percepción deformada de la realidad.

En tercer lugar, los vantilianos insisten en que el cristianismo tiene algo que decir sobre toda la vida. Aunque podemos discrepar sobre lo que esto significa exactamente, no obstante, es cierto que la redención de la creación mediante el Evangelio tiene en su ámbito la totalidad del mundo en todos sus aspectos. En esto, fueron fieles hijos de su padre, Abraham Kuyper.

En cuarto lugar, los vantilianos cultivaron la creatividad teológica, una mirada fresca de las Escrituras y la posibilidad de crecer en conocimiento.

En quinto lugar, los vantilianos eran buenos para mantener el evangelio en primer plano. Fueron audaces evangelizadores. Aunque no siempre estemos de acuerdo con sus argumentos particulares, solo podemos desear su corazón.

En sexto lugar, estemos o no de acuerdo con su filosofía, Van Til apreciaba la importancia de satisfacer la mente cristiana. Parte de lo que ha atraído a tanta gente al vantilianismo es su deseo de dar una explicación satisfactoria de la realidad en relación con nuestra comprensión cristiana distintiva. Muchas iglesias cristianas resultan alienantes para las personas pensantes, y Van Til trató de abordar esta cuestión tanto pastoral como profesionalmente.

En séptimo lugar, muchos trabajos modernos están dando credibilidad a la insistencia vantiliana en que la Escritura, al menos, anticipa muchas ideas filosóficas.

En octavo lugar, el movimiento de Van Til ha funcionado (a veces a través de discípulos posteriores) como una puerta de entrada a *algunos* conocimientos filosóficos útiles, en particular sobre la naturaleza del conocimiento.

En noveno lugar, aunque el movimiento de Van Til tiende al biblicismo, su expectativa de encontrar una visión bíblica relevante en muchos campos ha dado (en manos más competentes, al menos) mucha visión y frutos. Hay muchas preguntas que no se habrían planteado a las Escrituras sin la influencia de Van Til.

En décimo lugar, y de manera crucial, Van Til cultivó una visión impresionante de la grandeza de Dios, pero también de la disponibilidad de Dios para la criatura y el pecador. En un siglo en el que gran parte del cristianismo se ha reducido a la palabrería, y concediendo que no todos los que "hablan a lo grande" de Dios son verdaderamente piadosos, es sin embargo un *legado* inestimable tener padres que hablen con reverencia de un Dios asombroso, y que nos lleven a Aquel que se nos da en Su creación y en Su pacto.

En la medida en que nos diferenciamos de nuestros padres y hermanos, nos diferenciamos como socios, por tanto, en el proyecto del reino de Dios. Aunque intentamos ir más allá e incluso apartarnos de ellos en muchos aspectos, partimos de una base y un conjunto de instintos evangélicos que siguen informando nuestras propias preocupaciones y prioridades. Esperamos y oramos para que estos ensayos se reciban con el espíritu que pretenden, como una ofrenda de buena voluntad a los compañeros de peregrinación hacia la madurez cristiana.

AGRADECIMIENTOS

Muchas gracias a Onsi Kamel, editor jefe de Davenant Press, por su ayuda a lo largo de este proyecto y por todo lo que ha hecho para llevarlo a cabo. Este libro no sería lo que es sin su aportación. También me gustaría agradecer a los colaboradores de este volumen sus numerosos esfuerzos para llevarlo a cabo. Ha sido, para todos los implicados, una labor de amor.

§1. LA BIBLIA, LA VERIFICACIÓN Y LOS PRIMEROS PRINCIPIOS DE LA RAZÓN

M. Dan Kemp

Introducción

Cornelius Van Til afirmó en una ocasión que "No podemos someter los pronunciamientos autorizados de la Escritura sobre la realidad al escrutinio de la razón porque es la propia razón la que aprende de la Escritura su función adecuada".[1] John Frame dice del pensamiento de Van Til que "los seres humanos están obligados a presuponer a Dios en todo su pensamiento".[2] Van Til y Frame afirman que Dios es la base última de todo conocimiento. Una famosa réplica a este punto de vista afirma que se autodestruye en la medida en que la Biblia no se considera

[1] Cornelius Van Til, *The Defense of the Faith* (Philadelphia: Presbyterian and Reformed, 1955), 125.

[2] John M. Frame, "Van Til and the Ligonier Apologetic", *Westminster Theological Journal* 47 (1985), 282.

en sí misma la única fuente de conocimiento de Dios o de muchas otras cosas.

La Biblia, dice la respuesta, no pide a sus destinatarios inmediatos que acepten sin verificación la palabra de un supuesto profeta como palabra de Dios. Frame replica que la verificación promovida en las Escrituras es en sí misma una palabra de Dios y debe ser aceptada como tal. Así, dicen, la Biblia sigue siendo la única base de la teología, y se preserva la integridad de la *sola scriptura*.

En este capítulo, sostengo que, si las Escrituras cristianas constituyen o forman la base de todo el conocimiento humano, los intentos de verificar las Escrituras cristianas no son epistemológicamente útiles. Este resultado es particularmente agudo en las lecturas de los pasajes de las Escrituras que parecen proporcionar métodos de verificación para una palabra de Dios. Sostengo que la posición presentada por Clark, Van Til y Frame implica una lectura de estos pasajes que los hace inútiles como criterios de verificación, aunque, por el contrario, los pasajes se presentan ellos mismos como tales. En resumen, la respuesta popular a los críticos de la escuela de Clark y Van Til mencionada anteriormente no tiene éxito.

Si la Escritura constituye la base de todo conocimiento, entonces todos los argumentos para la fiabilidad de la Escritura son circulares. Las posiciones filosóficas que consideran lícito el razonamiento circular han sido criticadas desde hace tiempo. El absurdo de la demostración circular se deriva de la idea de que las premisas deben ser mejor conocidas que las conclusiones. Si B es la premisa para la conclusión C, entonces B es más conocida que C. Pero si la demostración circular es posible, entonces C puede ser una premisa para alguna conclusión A, que es una premisa para la conclusión B, de la que se deduce que C es más conocida que B. De ello se deduce que B es más conocida que C y C es más conocida que B; o, en otras palabras, que B es más conocida y no más conocida que C, lo cual es absurdo.[3]

---

[3] El argumento se remonta al menos a los *Posterior Analytics* de Aristóteles (72b33-73a5). Véase *Aristoteles* de Christopher Shields, 2da ed. (Nueva York, NY:

Pero ¿por qué debemos pensar que las premisas deben ser más plausibles que sus conclusiones? En esta sección, mostraré por qué es importante que las premisas sean más ciertas que sus conclusiones. En otras palabras, mostraré por qué las premisas de los argumentos exitosos hacen que sus conclusiones sean más plausibles que cuando se conciben sin ellas. Si mi argumento tiene éxito, entonces el argumento tradicional contra la demostración circular es válido.

Comienzo con una descripción preliminar de la opinión de que la Escritura es la fuente de toda razón, y discuto brevemente lo que motiva esta opinión. A continuación, examino dos ejemplos bíblicos en los que la revelación divina es puesta a prueba por quienes la reciben: Los milagros de Moisés en Éxodo 4 y la norma para los profetas en Deuteronomio 18. A continuación, analizo la diferencia entre los argumentos falaces y los no falaces de la pregunta. La diferencia explicará por qué la respuesta al argumento principal es inverosímil. Brevemente, los argumentos no falaces que cuestionan no tienen ninguna pretensión de circularidad. No son falaces porque no intentan convencer al interlocutor de nada.

Por otro lado, los argumentos falaces de pregunta-desafío incluyen múltiples premisas irrelevantes, ya que la conclusión ya ha sido aceptada. A continuación, sostengo que la réplica al argumento principal es el tipo de argumento falaz para evitar preguntas, al incluir cosas en el argumento que acaban por no aportar ninguna credibilidad a la conclusión. Por último, considero y respondo a las posibles objeciones.

Antes de entrar en el meollo de mi argumento, debería abordar una posible preocupación. Los lectores podrían preguntarse por qué merece la pena leer a un filósofo sobre esta cuestión. ¿No es arrogante que un estudiante de filosofía, que carece de formación en las habilidades formales de la exégesis y el cuerpo de literatura académica relevante, comente esta disputa? ¿No debería dejarse en manos de teólogos y eruditos bíblicos? En algunas circunstancias, esta acusación podría ser

---

Routledge, 2014), 133, para una presentación y discusión del argumento de Aristóteles contra las concepciones del razonamiento demostrativo como circular.

válida. Sin embargo, no creo que lo sea para este debate, ya que mi argumento no requiere una exégesis complicada. Este capítulo se refiere al uso de la evidencia, su relación con los argumentos circulares, y estas dos cosas aplicadas a pasajes particulares de las Escrituras.

Terminología preliminar y motivación

En esta sección, definiré y fundamentaré la opinión de que la Biblia es la fuente y la norma de todo conocimiento. Para Cornelius Van Til, "El apologista reformado asume que nada puede ser conocido por el hombre sobre sí mismo o el universo a menos que Dios exista y el cristianismo sea verdadero".[4] Presumiblemente, Van Til no pretende afirmar simplemente que si Dios no existiera, no podría haber conocimiento porque no habría nada en absoluto que conocer.

Esto no proporcionaría al apologista reformado una apologética, ya que no explicaría, sino que solo afirmaría, que el universo depende de Dios. Al igual que el hecho de que los humanos no pudieran saber nada si las neuronas o los átomos no funcionaran como lo hacen no implica que no hubiera conocimiento hasta la década de 1890, tampoco el hecho de que nuestro conocimiento dependa de la existencia de Dios implica que dependa del *conocimiento de* la existencia de Dios. Más bien, Van Til está afirmando directamente una relación de dependencia epistemológica: que cualquier conocimiento depende del conocimiento de Dios y del cristianismo.

En otras palabras, no se puede tener ningún conocimiento sin tener primero conocimiento de Dios, que solo puede ser conocido por revelación. Así, la revelación de Dios, la Biblia cristiana, es el primer principio para el conocimiento "cristiano" —es decir, verdadero y genuino—.

[4] Van Til, *The Defense of the Faith*, 317.

Primeros principios

Los defensores de este punto de vista lo justifican señalando la necesidad de un primer principio de razón. Un principio es una explicación de una cosa. Podemos introducir esta idea identificándola como la respuesta que se busca cuando se formulan diversas preguntas "por qué". ¿Por qué la tierra gira alrededor del sol? ¿Por qué la planta de mi ventana se inclina hacia la luz del sol de la forma en que lo hace? Las respuestas legítimas a estas preguntas explican el fenómeno que estamos considerando. Pero digamos que quieres conocer la explicación de *ese* principio explicativo. Sigues preguntando "por qué" hasta que llegas al final de la línea explicativa llegando a un principio que explica y que no tiene ni requiere una explicación.

Sin embargo, las explicaciones de nuestro conocimiento de estos principios no son idénticas a las explicaciones de los propios principios. Los seres humanos no tienen el privilegio de conocer el mundo, parafraseando la famosa ocurrencia de Aristóteles, desde la perspectiva de la naturaleza, a falta de grandes estudios o revelaciones. De ahí que también nos planteemos otro tipo de preguntas "por qué". ¿Por qué el jurado condenó al criminal? "Porque era culpable" no bastará como respuesta. "Porque el jurado lo encontró culpable", es el tipo de respuesta correcta, pero que requiere más explicaciones. "Porque las pruebas eran abrumadoras". "Porque varios testigos fiables declararon haberle visto cometer el crimen". "Porque encontramos una nota escrita por el acusado diciendo que planeaba cometer el crimen".

Estas respuestas siguen lo que a veces se ha llamado un orden explicativo de descubrimiento, en contraposición al orden explicativo de causas mencionado anteriormente. Si le pides a alguien que te explique cómo sabe que el agua se convierte en gas cuando se calienta a 212 grados Fahrenheit, no esperes que empiece a contarte cómo a una determinada coincidencia de temperatura y presión atmosférica, la presión de vapor del agua es igual a la presión que ejerce la atmósfera sobre el agua, y así sucesivamente. De hecho, esto no respondería en absoluto a su pregunta. En otras palabras, no espera que le diga *por qué* el agua se convierte en gas cuando se calienta lo suficiente. Uno puede saber *que* el agua se comporta así sin saber por qué, de lo que se deduce que el medio por el que uno llega a saber *eso* no es únicamente la explicación de *por qué es así*.[5]

Las respuestas que queremos dar a este último tipo de preguntas "por qué" proporcionan una base para creer en una proposición. La base, además, es un principio normativo que rige nuestras creencias y no, por ejemplo, las leyes físicas o la biología. Estas últimas son ciertamente requisitos para la razón humana tal y como la experimentamos actualmente, sin ser ellas mismas bases racionales. Por ejemplo, las ondas sonoras y las neuronas que me permiten entender lo que dice mi profesor son una causa de mi conocimiento.

Sin embargo, no son el rasgo normativo al que apelamos cuando pensamos que el conocimiento tiene un fundamento o base. Al igual que los principios del ser o las causas, los principios del descubrimiento acaban tocando fondo. Cuando eso ocurre, hemos llegado a lo que podemos llamar primeros principios de descubrimiento. Estos principios son autoevidentes en el sentido de que poseen todo lo que necesitan para ser conocidos por un ser racional.

Pero la autoevidencia no es suficiente para que algo sea un primer principio, ya que es posible que algo sea demostrable y autoevidente. Un primer principio es un principio que no puede ser explicado por otros principios. Así, un primer principio de descubrimiento no puede inferirse mediante otros principios. Para que sirva de base al conocimiento demostrativo, debe ser indemostrable y autoevidente.[6]

---

[5] Salvo que se indique lo contrario, cualquier otra mención a los "primeros principios" se refiere a los primeros principios del descubrimiento.

[6] Estas dos características son necesarias pero no suficientes para que una proposición sea un primer principio, según Aquino. La otra característica necesaria está motivada por el difícil problema de cómo llegamos a conocer los primeros principios. Véase Scott MacDonald "Theory of Knowledge", en *The Cambridge Companion to Aquinas*, ed. Norman Kretzmann y Eleonore Stump (Nueva York, NY: Cambridge University Press), 169-70. Mi agradecimiento a David Haines por señalarlo. Sin embargo, no es necesario discutir este problema aquí, ya que la

Un primer principio de razón, por tanto, debe ser un fundamento último y normativo de la razón, en contraposición al fundamento metafísico o material que pudiera obtener. Para dar un ejemplo de cómo una serie de preguntas de "por qué" podría terminar en un primer principio de razón, imagina que me preguntas por qué es que creo que nací en Nuremberg. Respondo que mis padres me dijeron que sí. Si me preguntas por qué creo a mis padres, te diré que en general han sido fiables en el pasado.

Ahora bien, aquí puedes hacerme al menos dos preguntas: (a) cómo sé que mis padres han sido fiables, y (b) por qué hay que creer a los testigos fiables. Parece que no hay respuesta a (b), que pide una razón para creer una proposición evidentemente verdadera. En condiciones normales, y en ausencia de descalificaciones, los testigos fiables deberían ser creados. Mi respuesta a (a) podría ser que mis sentidos y mi memoria me dicen que muchas de las cosas que me contaron mis padres eran de hecho ciertas. Entonces podrías preguntarme por qué debo confiar en mis sentidos y por qué debo confiar en mi memoria. A eso, de nuevo, no necesito responder. No deduzco una inferencia de algún principio más básico a mi confianza en mis sentidos y mi memoria. Simplemente me encuentro haciéndolo, y me parece correcto hacerlo.

Es concebible que pueda haber más de un primer principio de razón. El ejemplo anterior ilustra, por ejemplo, cómo la experiencia sensorial y la autoridad podrían ser bases epistemológicas distintas. Cada uno de estos primeros principios sería "último" en el sentido de que no puede cuestionarse razonablemente como guía fiable y proporciona una base para otras creencias no básicas.[7]

Si hay múltiples primeros principios, entonces "la norma última" no significa necesariamente "el fundamento o la base". Por ejemplo, un principio puede ser último en el sentido de anular otros principios.

descripción de los primeros principios mencionada arriba es suficiente para mi argumento.

[7] Esto no implica que los primeros principios sean infalibles. Como se verá en los próximos párrafos, una fuente de conocimiento puede carecer de fundamento y ser falible.

Imaginemos a alguien con problemas de audición. Todavía puede desenvolverse bastante bien en una conversación porque su audición todavía le proporciona cierto conocimiento. Sin embargo, la falibilidad de este conocimiento es mayor debido a los defectos de su oído. Esta mayor falibilidad le lleva a menudo a cometer errores que deben ser corregidos.

Una forma de corregir sus errores sería aclarar una afirmación escribiéndola. Así, cree haber oído a alguien decir en una reunión que "se va a comprar un vestido de noche", pero su amigo le escribe rápidamente una nota que dice que "se va a mudar de ciudad". Por supuesto, es capaz de leer porque sus ojos son capaces de percibir con precisión las letras de la página. Así, la percepción de sus ojos anula la percepción de sus oídos, en este caso. Sin embargo, hay que tener en cuenta que esto no significa que su capacidad de oír no sea una fuente de conocimiento propia. Por lo general, oye las cosas correctamente y no necesita corrección.

Algunos dicen que la Palabra de Dios es "última" en el sentido de que es primordial, como mi vista en el ejemplo anterior. Sin embargo, la Palabra de Dios es *absolutamente* primordial en el sentido de que ninguna otra fuente de conocimiento podría derrotarla. Este punto de vista es compatible con el reconocimiento de múltiples principios básicos de conocimiento, principios que no pueden ser cuestionados y que proporcionan inmediatamente al sujeto el conocimiento de algún asunto.

Por ejemplo, uno puede conocer algo por sus sentidos, que no tienen ninguna otra base, y luego ser informado de lo mismo por alguien en quien confía. La misma cosa conocida viene dada por dos principios de conocimiento distintos e independientes, la experiencia de los sentidos y la autoridad fidedigna. Ninguno se basa en el otro, y cada uno es capaz de dar conocimiento de algo sin el otro, como la forma en que podemos oír el ladrido de un perro y luego ver el perro que está ladrando. Desde este punto de vista, Dios nos proporciona la capacidad de conocer varias cosas y complementa o anula esas capacidades con una revelación especial.

Por tanto, si hay más de un primer principio, entonces "último" no es lo mismo que "base", ya que un principio A puede anular un principio B en determinadas condiciones sin ser la base de creencias que solo podrían conocerse por el principio B. Por ejemplo, mi confianza en el testimonio podría anular, en determinadas circunstancias, mi confianza en mi visión sin contravenir el hecho de que solo conozco algunas cosas viéndolas.

Si solo hay un primer principio de razón, entonces que un principio sea "último" significará que proporciona la *base* de todos los demás conocimientos. Utilizando una metáfora, si una casa obtiene parte de su agua de un lago de la ciudad y parte de un pozo, tiene múltiples fuentes de agua. Sin embargo, si solo obtiene agua de un pozo, toda el agua procede de una única fuente. Del mismo modo, si el conocimiento tiene múltiples fuentes, entonces el conocimiento puede obtenerse por una fuente (por ejemplo, los sentidos) sin hacer uso de otra (por ejemplo, el testimonio).

Hay dos cuestiones: si la razón debe tener un único primer principio de conocimiento y si la revelación de Dios es una fuente de conocimiento. Un punto de vista dice que sí a ambas. Los no cristianos (y tal vez los cristianos no tradicionales) pueden responder que no a ambas o no a la segunda. Los cristianos tradicionalmente reformados pueden responder que sí a la segunda, y no a la primera. El debate entre los cristianos ortodoxos, entonces, es entre los que afirman y los que niegan que haya un único principio de razón, ya que todos los cristianos ortodoxos están de acuerdo en que las Escrituras son una fuente de conocimiento.

Justificación y circularidad

¿Cómo podemos saber si un supuesto primer principio es correcto? Consideremos de nuevo el intercambio sobre mi ciudad natal. Si las Escrituras cristianas son el primer principio de razón, entonces no me sirve terminar la conversación afirmando que hay que creer en los testigos fiables, la experiencia sensorial y la memoria. Incluso estos principios requieren una justificación racional. Dice Gordon Clark:

> Toda filosofía debe tener un primer principio; un primer principio establecido dogmáticamente... Dado que, en consecuencia, toda filosofía debe tener su primer axioma indemostrable, el secularista no puede negar el derecho del cristianismo a elegir su propio axioma. Según esto, que el axioma cristiano sea la verdad de las Escrituras. Este es el principio de la Reforma *sola scriptura.*[8]

Según este punto de vista, la revelación de Dios es el único principio último. Esta afirmación ha irritado a muchos que la escuchan. Si la revelación de Dios es la base última de toda razón y conocimiento, discutir con los autoproclamados no creyentes se vuelve muy complicado. Por un lado, el objetivo es motivar racionalmente la creencia en la verdad de las Escrituras cristianas. Por otro lado, según este punto de vista, la razón presupone la verdad de las Escrituras cristianas.

Según muchos de los que han adoptado este punto de vista, la necesidad de presuponer siempre y en todas partes una proposición no excluye la posibilidad de aportar pruebas para esa proposición.[9] Los defensores de este punto de vista a menudo nos dicen enfáticamente que la mejor manera, y de hecho la única, de dar pruebas de la existencia de Dios es cuando esas pruebas se presentan y se interpretan de acuerdo con las "normas teístas", que presuponen la existencia de Dios. Por ejemplo, consideremos el argumento cosmológico de la existencia de Dios. La posición que estamos considerando afirma que este argumento solo funciona si asumimos un universo teísta. Considere lo que John Frame tiene que decir sobre este argumento en particular.

---

[8] Gordon Clark, Trinity Lectures, "How Does Man Know God?", 27:22.

[9] Véase Thom Notaro, *Van Til and the Use of Evidence* (Phillipsburg, PA: Presbyterian and Reformed, 1980) para una defensa estándar de esta afirmación.

> El argumento cosmológico *kalam* es un buen argumento. Pero solo es bueno si se presupone que el mundo es un orden causal y, por tanto, un orden racional. Si se niega a Dios, se niega la necesidad de una estructura racional o de un orden causal que se remonte a una primera causa.[10]

Ahora bien, según Frame, el argumento cosmológico de la existencia de Dios obviamente plantea la cuestión. La proposición "Dios existe" está presente en las premisas. Esta circularidad es admitida y aceptada por los defensores del punto de vista en cuestión.[11] Según ellos, no hay otra opción disponible para el cristiano fiel. Frame escribe:

> ¿Implica esta circularidad la muerte de todo razonamiento? No:
> (1) Todo razonamiento, cristiano, no cristiano, presuposicional, "clásico", es en este sentido circular. No hay alternativa. Esto no es un desafío a la validez de la razón; es simplemente la forma en que la razón funciona.
> (2) Hay que distinguir entre "círculos estrechos" (por ejemplo, "La Biblia es la palabra de Dios porque dice que es la palabra de Dios") y "círculos amplios" (por ejemplo, "La evidencia interpretada

---

10 Frame, "A Presuppositionalist's Response", 81.

11 John Frame señala en *The Doctrine of the Knowledge of God* (Phillipsburg, NJ: Presbyterian and Reformed Publishing Company), 130-31, que "La circularidad en un sistema se justifica adecuadamente *solo* en un punto: en un argumento para el criterio *último* del Sistema... Permitir la circularidad en un punto de un sistema, por lo tanto, no nos compromete a permitir la circularidad en todos los puntos". Este punto es desconcertante, sin embargo, ya que, como veremos, Frame desarrolla la noción de un argumento "ampliamente circular" que infiere (por ejemplo) la existencia de Dios a partir de (por ejemplo) la causalidad entendida sobre una base teísta. Pero entonces, si podemos inferir una visión de la causalidad a partir de la existencia de Dios, y la existencia de Dios a partir de nuestra visión de la causalidad, la circularidad no es solo una característica de los "argumentos para el criterio *último* del sistema". Sin embargo, no está claro cómo se puede impedir que la circularidad entre justificadamente en otros "puntos" de un sistema una vez que se ha dejado entrar en el sistema. Además, la noción de que la circularidad puede proporcionar una justificación racional se opone a la idea de un fundamento o "criterio ultimo", que está motivada por el hecho de que la demostración circular es imposible.

según los criterios cristianos demuestra la autoridad divina de la Escritura. Aquí está:...”). No todos los argumentos circulares son igualmente deseables. Algunos argumentos circulares, de hecho, deberían ser descartados con razón por ser falaces.

(3) El razonamiento según los criterios cristianos es persuasivo porque (a) es la forma de razonar aprobada por Dios, (b) conduce a conclusiones verdaderas, (c) y todos, en algún nivel, *ya saben* que tal razonamiento conduce a la verdad (Romanos 1, de nuevo).[12]

Si la Biblia es el primer principio de todo conocimiento, entonces no se puede dar ningún argumento a favor de la Biblia como revelación de Dios, excepto los argumentos que tienen una proposición como “La Biblia es la revelación de Dios” en sus premisas. La circularidad no es un problema, se argumenta, porque ningún punto de vista que compita con el cristianismo está en mejor posición. Como dice Greg Bahnsen:

> El cristianismo y sus filosofías de la vida rivales representan principios de interpretación, criterios de verdad, concepciones de objetividad, valores e ideales mutuamente excluyentes, etc. En última instancia, pues, los detalles de la propia teoría del conocimiento se “justifican” en función de su coherencia dentro de la teoría distintiva y amplia de la que forman parte; se justificarán a la luz de los supuestos metafísicos y éticos fundamentales que a su vez se justifican por esos mismos supuestos epistemológicos. Los argumentos de ambas partes son “circulares” en el sentido de que cada visión del mundo intenta regular sus presupuestos como una perspectiva coherente y coordinada de la experiencia.[13]

Del mismo modo, John Frame dice:

[12] Frame, “Van Til and the Ligonier Apologetic”, 288.

[13] Greg Bahnsen, *Van Til's Apologetic: Readings and Analysis* (Phillipsburg, NJ: Presbyterian and Reformed Publishing Company, 1998), 482-483.

> Ningún sistema puede evitar la circularidad, porque todos los sistemas... se basan en presupuestos que controlan sus epistemologías, su argumentación y el uso de las pruebas. Así, un racionalista puede demostrar la primacía de la razón solo con un argumento racional. Un empirista puede demostrar la primacía de la experiencia sensorial solo mediante algún tipo de apelación a la experiencia sensorial. Un musulmán puede demostrar la primacía del Corán solo apelando al Corán. Pero si todos los sistemas son circulares en ese sentido, entonces esa circularidad difícilmente puede ser alegada contra el cristianismo. El crítico será inevitablemente tan "culpable" de circularidad como el cristiano.[14]

Recordemos la imagen más bien tradicional de los primeros principios que mencioné anteriormente. El pensamiento impulsado por Bahnsen y Frame en estos pasajes se aparta de esta escuela al insistir en que los primeros principios pueden ser "probados" (es decir, demostrados), aunque por medios circulares. En la imagen clásica, de nuevo, no se puede demostrar que los primeros principios sean verdaderos en ningún sentido.

No está claro qué debe asumirse según Van Til o Frame. El Dios Trino, las Escrituras cristianas o el "cristianismo" en su conjunto se presentan como la base de la razón. Por supuesto, cualquiera de estas posiciones va a argumentar que estos principios se implican mutuamente. Sin embargo, sospecho que hay cierto desacuerdo entre quienes comparten la opinión de que algo distintivo de la perspectiva judeo-cristiana es la base de toda la razón.

Sin embargo, podemos avanzar en este debate sin distinguir entre estas posiciones. En primer lugar, la posición parece ser que tanto Dios como la Biblia son de alguna manera primeros principios de la razón natural. En una obra anterior sobre el tema, Van Til afirma:

[14] Frame, *The Doctrine of the Knowledge of God*, 130.

> Por lo tanto, parece que debemos tomar la Biblia, su concepción del pecado, su concepción de Cristo, y su concepción de Dios y todo lo que está involucrado en estos conceptos juntos, o no tomar ninguno de ellos. Así que también hay muy poca diferencia si empezamos con la noción de un Dios absoluto o con la noción de una Biblia absoluta. La una se deriva de la otra. Están juntos en la visión cristiana de la vida. De ahí que defendamos todos o no defendamos ninguno. Solo es posible un absoluto, y solo un absoluto puede hablarnos. Por lo tanto, debe ser siempre la misma voz del mismo absoluto, aunque parezca hablarnos en diferentes lugares. La Biblia debe ser verdadera porque solo ella habla de un Dios absoluto. E igualmente cierto es que debemos creer en un Dios absoluto porque la Biblia nos habla de uno.[15]

Scott Oliphint dice algo parecido sobre la relación entre la Biblia y el propio Dios en la presunción de la razón.

> Todo esto no es más que otra forma de decir que la única forma en que podemos conocer a Dios —o cualquier otra cosa, en principio— es si Dios decide amablemente revelarse a nosotros. Esa revelación se produce en y a través de la creación (por lo que el conocimiento de la creación presupone el conocimiento de Dios), y a través de su Palabra hablada (escrita). Por tanto, como criaturas, existe un vínculo inseparable —un vínculo *principal* inseperable— entre Dios y su revelación. Desde la perspectiva de la criatura, no podemos tener uno sin el otro. Y eso es justo para decir que los *principia* [primeros principios] de la teología se implican

[15] Cornelius Van Til, *A Survey of Christian Epistemology* (Den Dulk Foundation, 1969), 12. Citado en R. C. Sproul, John Gerstner y Arthur Lindsley, *Classical Apologetics: A Rational Defense of the Christian Faith and a Critique of Presuppositional Apologetics* (Grand Rapids, MI: Zondervan, 1984), 321.

> mutuamente. Conocemos a Dios propiamente por su revelación, y conocemos su revelación conociéndolo propiamente.[16]

Van Til y Oliphint parecen decir que Dios y su revelación son, de alguna manera, la *única* base de todo conocimiento. Mi argumento en este capítulo se aplica a cualquiera de estas posiciones. Incluso si se piensa que el Dios Trino y no las Escrituras cristianas es el primer principio de la razón, las Escrituras cristianas se presentan como un principio de conocimiento más fundamental que otros estándares epistemológicos como la razón natural, la conciencia, la autoridad, etc.

Verificación de la revelación en la Biblia

Varios pasajes bíblicos sugieren que la Biblia no se entiende a sí misma como la única fuente de todo conocimiento o el principio básico de toda razón. Aunque hay muchos pasajes relevantes que implican la verificación de la palabra de Dios, solo veremos dos en esta sección. En primer lugar, examinaremos la autentificación de Moisés como profeta de Dios para el pueblo de Israel esclavizado en Egipto. A continuación, examinaremos las prescripciones del Deuteronomio relativas a la autentificación de las pretensiones de profecía. En la siguiente sección, consideraré por qué algunos piensan que estos pasajes proporcionan pruebas contra la afirmación de que la Biblia es el principio básico de toda razón.

La autentificación de Moisés en Éxodo 4

En los primeros capítulos del Éxodo, Dios ordena a Moisés que saque a los israelitas de Egipto. Dios le dice a Moisés que diga al Faraón y a Israel que él habla en nombre de Dios. Sin duda, se trata de una

16 K. Scott Oliphint, "Covenant Model", en *Four Views on Christianity and Philosophy*, ed. Paul M. Gould y Brian Davis (Grand Rapids, MI: Zondervan, 77). Paul M. Gould y Brian Davis (Grand Rapids, MI: Zondervan), 77.

afirmación increíble sin muchas pruebas. Para seguir a Moisés, el pueblo necesitaría alguna razón para pensar que es una autoridad adecuada, y el Faraón necesitaría una buena razón para pensar que Moisés habla con una autoridad superior a la suya. Anticipándose a este problema, Moisés pregunta a Dios cómo puede esperar razonablemente que el pueblo le crea. Vale la pena citar el intercambio completo.

> [1]Moisés respondió: «¿Y si no me creen, ni escuchan mi voz?
> Porque quizá digan: "No se te ha aparecido el SEÑOR"». [2]Y el
> SEÑOR le preguntó: «¿Qué es eso que tienes en la mano?». «Una
> vara», respondió Moisés. [3]«Échala en tierra», le dijo el SEÑOR. Y
> él la echó en tierra y se convirtió en una serpiente. Moisés huyó de
> ella; [4]pero el SEÑOR dijo a Moisés: «Extiende tu mano y agárrala
> por la cola». Él extendió la mano, la agarró, y se convirtió en una
> vara en su mano. [5]«Por esto creerán que se te ha aparecido el
> SEÑOR, Dios de sus padres, Dios de Abraham, Dios de Isaac, Dios
> de Jacob». [6]«Ahora mete la mano en tu seno», añadió el SEÑOR. Y
> Moisés metió la mano en su seno, y cuando la sacó, estaba leprosa,
> blanca como la nieve. [7]«Vuelve a mete la mano en tu seno», le dijo
> Él. Y él volvió a meterla en su seno, y cuando la sacó, se había
> vuelto como el resto de su carne. [8]«Y sucederá que si no te creen,
> ni obedecen el testimonio de la primera señal, quizá crean el
> testimonio de la segunda señal. [9]Pero si todavía no creen estas dos
> señales, ni escuchan tu voz, entonces sacarás agua del Nilo y la
> derramarás sobre la tierra seca; y el agua que saques del Nilo se
> convertirá en sangre sobre la tierra seca». (Ex. 4:1-9)

Dios le dice a Moisés que realice varias obras, cada una más dramática que la anterior, para que los israelitas "crean que el Señor... se le ha aparecido". Más tarde se le dice que realice los milagros para el Faraón, pero también que el corazón del Faraón se endurecerá (Ex. 4:21). La dureza del corazón del faraón se revela y es la causa de su negativa a reconocer la autoridad de Moisés. Esto no sería inteligible a menos que se asumiera que un testigo razonable y no obstinado de los milagros confesaría su creencia después de contemplarlos.

En otras palabras, la autoridad de Moisés como portavoz de la palabra de Dios es verificada por los acontecimientos milagrosos, y la dureza de corazón del Faraón se revela por su obstinación a la luz de contemplar esos acontecimientos. Esencialmente, será razonable creer que Moisés habla en nombre de Dios porque Moisés realizará acciones que solo alguien con el poder de Dios puede hacer.

Reivindicación de la profecía en Deuteronomio 18

Moisés entregó la ley al pueblo de Israel en forma del libro de Deuteronomio justo antes de su entrada en la tierra prometida. La ley fue entregada al pueblo, al menos en parte, porque Moisés no iba a entrar en la tierra, por lo que necesitaban una codificación de la ley para permanecer fieles a Dios. Naturalmente, Deuteronomio anticipa que algunos afirmarán haber recibido una profecía de Dios, y que tales afirmaciones tendrán que ser puestas a prueba. Una vez más, merece la pena citar el texto en su totalidad.

> [15]«Un profeta de en medio de ti, de tus hermanos, como yo, te
> levantará el SEÑOR tu Dios; a él oirán. [16]Esto es conforme a todo lo
> que pediste al SEÑOR tu Dios en Horeb el día de la asamblea,
> diciendo: "No vuelva yo a oír la voz del SEÑOR mi Dios, no vuelva
> a ver este gran fuego, no sea que muera". [17]Y el SEÑOR me dijo:
> "Bien han hablado en lo que han dicho. [18]Un profeta como tú
> levantaré de entre sus hermanos, y pondré Mis palabras en su boca,
> y él les hablará todo lo que Yo le mande. [19]Y sucederá que a
> cualquiera que no oiga Mis palabras que él ha de hablar en Mi
> nombre, Yo mismo le pediré cuenta. [20]Pero el profeta que hable con
> orgullo en Mi nombre una palabra que Yo no le haya mandado
> hablar, o que hable en el nombre de otros dioses, ese profeta morirá.
> [21]Y si dices en tu corazón: "¿Cómo conoceremos la palabra que el
> SEÑOR no ha hablado?". [22]Cuando un profeta habla en nombre del

> SEÑOR, si lo que fue dicho no acontece ni se cumple, esa es palabra que el SEÑOR no ha hablado; con arrogancia la ha hablado el profeta; no tendrás temor de él. (Dt. 18:15-22)

Dios menciona que tiene la intención de comunicarse con Israel a través de un profeta en el futuro. Sin embargo, también habrá pretendientes que pretendan hablar en nombre de Dios. Aquí hay mucho en juego. Si Dios habla a un profeta que luego es ignorado por el pueblo, éste será responsable (v. 19). Por otra parte, escuchar a un falso profeta está destinado a alejar al pueblo de la voluntad de Dios. Escuchar una palabra de Dios, pero ignorarla, y escuchar una palabra de hombre *como* una palabra de Dios, son ambas cosas peligrosas. Como sugiere el pasaje, en este contexto, no siempre estaría claro qué mensaje viene de Dios y cuál no. Así que Dios le da al pueblo una prueba para distinguir a los profetas genuinos de los falsos.

Estos pasajes ilustran la expectativa natural de que alguien que afirma hablar en nombre de Dios, y por tanto una Palabra de Dios, requiere una cantidad significativa de pruebas. Dios no entrega la Palabra y luego guarda silencio, esperando que los destinatarios la acepten en un puro salto de fe ciega. Dios les da razones para creer que la Palabra es digna de confianza. Además, las verificaciones mostradas en estos dos pasajes no son casos raros en la Biblia. El principio se encuentra en varios puntos de la Escritura.

La autentificación de Jesús como Mesías y de Pablo como apóstol, por ejemplo, revelan el mismo supuesto. La Escritura, al parecer, puede ser autentificada. La cuestión que se plantea es si esta autentificación supone por sí misma lo que concluye. En otras palabras, la cuestión que se plantea es si la Biblia presupone un único principio básico de conocimiento (es decir, la revelación especial de Dios) o muchos (por ejemplo, la Biblia y la razón natural). A esta cuestión me refiero ahora.

Interpretación de la verificación de la revelación en la Biblia

En esta sección, repasaré brevemente los principales argumentos a favor y en contra de la posición de que la Escritura, *según* Éxodo 4 y Deuteronomio 18, no se considera la única base de todo conocimiento.

El argumento

Éxodo 4 y Deuteronomio 18 son una prueba *prima facie* contra la afirmación de que la Escritura es la única base de todo conocimiento. En respuesta a la afirmación de John Frame de que la Biblia debe ser presupuesta por toda razón, Gary Habermas dice:

> Una y otra vez, con la ayuda de varios controles y equilibrios, se nos dice que pongamos a prueba la revelación que Dios nos hace. Para recordar solo algunos de ellos, los profetas potenciales deben ser probados según sus propias predicciones (Dt. 18:21-22).[17]

La Escritura es la Palabra inspirada de Dios. Y, sin embargo, nos dice que la pongamos a prueba. La autoridad de Moisés fue puesta a prueba mediante milagros ante el Faraón y los israelitas esclavizados. La legitimidad de las profecías genuinas después de Moisés fue probada por si los eventos profetizados se cumplían. Ninguna de las dos pruebas es constitutiva de la Palabra o de las profecías mismas. La afirmación de Moisés "Deja ir a mi pueblo" no es lo mismo que convertir el Nilo en sangre; la profecía de un auténtico profeta no es lo mismo que su realización.

Así pues, la afirmación profética de Moisés y las de los profetas auténticos posteriores son (1) revelaciones inspiradas por Dios y, por

---

[17] Gary Habermas, "An Evidentialist's Response", en *Five Views on Apologetics*, ed. Steven B. Cowan (Grand Rapids, MI: Zondervan, 2000, 245).

tanto, conllevan toda la infalibilidad y la autoridad correspondientes, y (2) apelan a algo distinto de ellas mismas (la garantía generada por los milagros o los acontecimientos predichos que se cumplen) para ser conocidas como Escrituras. El argumento concluye que la revelación autorizada e infalible de Dios no es por sí misma la base de todo conocimiento.

La respuesta al argumento

Algunos han argumentado contra la idea de que la verificación de la Escritura requiere una autoridad externa a la Escritura. Estas objeciones convergen en el punto de que las normas supuestamente externas dadas por la Escritura son de hecho dadas por la Escritura, dejando intacta la afirmación de que la Escritura no está autentificada por ningún principio fuera de ella misma. Frame capta este punto en su respuesta a Habermas:

> Este procedimiento [de verificación de las supuestas revelaciones de Dios, como se indica, por ejemplo, en Ex. 4 y Dt. 18] es lo que yo llamaría un "argumento circular amplio", un argumento en el que la Escritura es verificada por las propias normas de la Escritura. ¿Cómo es, entonces, que una vez que concedemos la legitimidad de tales pruebas, "todo el enfoque de Frame tendría que ser seriamente modificado" (p. 245)? Nunca me he opuesto al proceso de verificación de las Escrituras por medio de estándares escriturales. De hecho, ese es el corazón y el alma de mi método apologético.[18]

Frame emplea la distinción entre argumentos circulares "estrechos" y "amplios" para explicar los argumentos de pasajes como Ex. 4 y Dt. 18.[19] La circularidad estrecha argumenta así: P, por lo tanto P. La circularidad

---

[18] John Frame, "A Presuppositional Apologist's Closing Remarks", en *Five Views on Apologetics*, ed. Stanley N. Gundry (Grand Rapids, MI: Zondervan, 357). Stanley N. Gundry (Grand Rapids, MI: Zondervan), 357.

[19] Véase también Frame's, *The Doctrine of the Knowledge of God*, 130-133, para la discusión de la distinción entre argumentos circulares amplios y estrechos.

amplia argumenta algo así: P, por lo tanto Q, por lo tanto R, por lo tanto P. Los argumentos circulares amplios para la existencia de Dios emplean evidencias de la arqueología y la historia, así como del sentido común, la metafísica, la causalidad, la conciencia y la moralidad.

La inferencia racional de la ocurrencia de los milagros de Moisés y de la profecía de un profeta que se cumplió a la creencia de que poseían una Palabra de Dios fueron ampliamente circulares. La Escritura se verifica mediante una prueba prescrita por la Escritura. Como tal, la respuesta de Frame aplica a los pasajes bíblicos un principio frecuentemente repetido por los defensores del punto de vista en cuestión: la circularidad es inevitable en un argumento para la existencia de Dios o la verdad del cristianismo.

Recordemos que el argumento inicial contra el punto de vista de Frame es que las revelaciones eran (1) revelaciones plenamente autorizadas e infalibles de Dios y (2) demostradas como revelaciones por algo distinto a ellas mismas. Frame objeta la segunda premisa. Por supuesto, esos pasajes apelaron a "algo más" en el sentido de que no fueron simplemente reafirmados hasta ser aceptados. Sin embargo, ese "algo más" al que apelaban era la propia Escritura. Así que la Biblia no apela a algo más que a sí misma para autentificarse, y Ex. 4 y Dt. 18 no se ha demostrado que sugieran lo contrario.

En resumen, algunos argumentan que la Escritura no se ve a sí misma como la única fuente de conocimiento, ya que asume que la palabra de Dios puede ser verificada, como se muestra en Ex. 4 y Dt. 18. Otros responden que esto solo muestra que la Escritura es verificada por la Escritura, ya que estas pruebas son en sí mismas normas bíblicas. De hecho, este punto de vista debe entender la verificación en estos pasajes como "ampliamente circular", ya que claramente no es estrechamente circular. Sin embargo, esta respuesta no tiene éxito, ya que el relato de la verificación bíblica que implica es superfluo. Sin embargo, antes de poder mostrar esto, necesito hacer un punto extenso sobre los argumentos circulares o de petición de principio.

Argumentos de petición de principio

Un argumento presupone la conclusión cuando da por sentado lo que pretende demostrar. Por ejemplo, si te digo que mi amigo es digno de confianza porque él me dice que lo es, es evidente que he cometido un error al plantear la cuestión. A fin de cuentas, he argumentado que debo creer lo que me dice mi amigo porque debo creer lo que me dice mi amigo. Algunos llaman a esta característica del argumento "circularidad", aunque utilizaré los términos indistintamente.

Argumento válido para la petición de principio del tipo 1: Descomposición

Un argumento es válido cuando la conclusión se deduce de las premisas. Por poner un ejemplo típico: Todos los hombres son mortales. Sócrates es un hombre. Por tanto, Sócrates es mortal. Es evidente que la conclusión se desprende de las premisas, de modo que éstas no pueden ser verdaderas y la conclusión falsa. Un argumento no necesita tener premisas verdaderas para ser válido. Piensa en el siguiente argumento, obviamente absurdo. Si llevo un chaleco rosa, puedo saltar el edificio más alto del mundo. Llevo un chaleco rosa.

Por lo tanto, puedo saltar por encima del edificio más alto del mundo. Todas las proposiciones de este argumento son falsas, pero el argumento es válido. Es decir, la conclusión se desprende de las premisas de manera que si éstas fueran verdaderas, la conclusión también lo sería. Cuando la conclusión se deduce de las premisas, el argumento es válido. Cuando el argumento es válido y todas sus proposiciones son verdaderas, el argumento es sólido.

Aquí hay otro argumento válido: "P. Por lo tanto, P". De hecho, se sigue en todos los mundos posibles que si P es verdadera, entonces P es verdadera. O tomemos el siguiente argumento:

(1) P & Q.

(2) Por lo tanto, P.

Cada uno de estos argumentos presupone lo que pretende demostrar. Sin embargo, son válidos en el sentido de que sus conclusiones se derivan de sus premisas. Pero es evidente que estos argumentos presuponen la conclusión. Por lo tanto, el hecho de que un argumento presuponga la conclusión no lo hace inválido.

A muchos les puede sorprender que la "petición de principio" sea una forma de argumentación válida. Basta con abrir cualquier libro de texto de lógica elemental para ver que la "petición de principio" se considera una falacia informal y, por tanto, fatal para la validez de un argumento. Sin embargo, hay razones por las que una inferencia como ésta puede ser importante y útil. Digamos que eres un lógico o un desarrollador de software y necesitas P *sin* Q, pero solo tienes "P y Q" por alguna razón.

Es importante que tengamos reglas que nos permitan deducir válidamente una conclusión a partir de una premisa que ya contiene esa conclusión. Si se nos prohibiera argumentar de este modo según las leyes de la lógica informal, nos apartaríamos arbitrariamente de una regla inferencial perfectamente buena. Sería como intentar escribir a máquina sin poder utilizar nunca la tecla "h". Por supuesto, es posible eludir la regla en la mayoría de los casos (yo acabo de hacerlo hace dos frases). Pero puede que no, y en cualquier caso, ¿por qué habría de hacerlo?

Argumento válido para petición de principio del tipo 2: Premisas independientemente relevantes

Imagínate que has quedado para comer con alguien a quien nunca has visto en persona. Llegas al lugar acordado a la hora convenida, pero aún no ves a tu conocido. Entonces ves a alguien que se parece a la persona con la que te vas a reunir caminando hacia ti. Estás bastante seguro, pero no estás del todo seguro. Entonces te das cuenta de que la persona tiene un aspecto claramente "académico", y sabes que la persona con la que te vas a reunir es un profesor. La persona es de mediana edad, y tú sabes que la persona con la que te vas a reunir es de mediana edad.

En una fracción de segundo, formulas los pensamientos en tu mente. "Esa es la persona. Se parece a la foto que he visto. Coincide con el perfil que conozco de esta persona. Además, la persona me mira y camina hacia mí. Por lo tanto, debido a todas estas cosas, es la persona". Ahora bien, en este caso, tú has formulado un argumento que podría formalizarse de la siguiente manera.

(1) P ("Esa es la persona con la que me voy a reunir").
(2) Q ("Esa parece la persona con la que me voy a reunir").
(3) R ("Esa persona me mira y camina hacia mí").
(4) S ("Esa persona es de mediana edad").
(5) Por lo tanto, P. ("Esa es la persona con la que me voy a reunir").

En este caso, no has planteado la cuestión de forma inapropiada. Está claro que el argumento aquí es válido y sólido. La razón es que las premisas son *independientemente relevantes* para la conclusión. En este caso la premisa (1) realmente añade evidencia para la conclusión, a diferencia de un argumento que solo contiene (2)-(4), y (2)-(4) añade evidencia para la conclusión más que solo la premisa (1). En otras palabras, este argumento no es absurdo porque (1)-(4) tienen un peso real en el establecimiento de la verdad de (5).

Argumentos falaces de la petición de principio

Tal vez sea engañoso decir que la petición de principio (presuponer la conclusión) es una forma válida de argumentación. Sin embargo, como he demostrado, se deduce claramente, y no siempre de forma trivial, que si P es verdadera, entonces P es verdadera. Por lo tanto, algunos casos de "petición de principio" son argumentos perfectamente válidos. Por otro lado, algunos tipos de "petición de principio" son claramente malos argumentos. Entonces, ¿cuándo se convierte este tipo de argumento en falaz? Podemos aprender del siguiente ejemplo.

(6) P
(7) Si P, entonces Q.
(8) Si Q, entonces R.
(9) Si R, entonces P.
(10) Por lo tanto, P.

Este argumento es técnicamente válido, ya que cada conclusión se deduce de las premisas. Además, digamos que todas sus premisas son verdaderas. Por tanto, el argumento es sólido. Sin embargo, es claramente un mal argumento. ¿Por qué? No es porque plantee la cuestión más o menos que los argumentos válidos señalados anteriormente. Más bien parece que las premisas (7)-(9) no contribuyen a establecer (10). Y si no desempeñan ningún papel en el establecimiento de (10), no tiene sentido su presencia en el argumento. Si alguien no acepta (10), entonces no acepta (6), y el resto del argumento no le va a ayudar a aceptar la conclusión. Las premisas (7)-(9) se vuelven sospechosamente falsas. Son un montón de trabajo sin recompensa, ya que no añaden ninguna credibilidad a (10) que no esté ya presente en (6).

El primer tipo de argumento petición de principio es útil para aislar una proposición de una conjunción de proposiciones. El segundo tipo de argumento interrogativo es útil para añadir credibilidad a la conclusión, ya que las otras premisas aportan pruebas independientes de la conclusión. Los argumentos de tipo petición de principio como (6)-(10) no añaden credibilidad a sus conclusiones, ni desempeñan la función simple como la descomposición de la conjunción.

Por lo tanto, no son útiles para mostrar por qué la conclusión debe ser creída o cómo puede ser conocida. De hecho, no pueden serlo. Para que A proporcione una razón para creer en B, A debe ser mejor conocida que B. Pero si A es mejor conocida que B, A y B no pueden ser la misma proposición.[20] Sin embargo, argumentos como (6)-(10) son susceptibles de parecer que las premisas son más conocidas que sus conclusiones. ¿Por qué pensar esto? Para ver el punto, imagine lo extraño que sería que alguien se convenciera de esto:

> P. (premisa)
> Por lo tanto, P. (conclusión)

pero no esto:

> P. (afirmación)

Esto nos parece extraño porque no hay ninguna diferencia racional entre afirmar "P" y derivar P de la verdad de P. Por lo tanto, en el caso de que alguien sea convencido por un argumento petición de principio para P pero no por la mera afirmación de "P", ha sido persuadido por algún aspecto *no racional* de la presentación del primer argumento. El argumento "P. Por tanto, P." no hace que P sea más razonable. Del mismo modo, el argumento (6)-(10) anterior nos pide que hagamos el trabajo pesado de considerar (7)-(9) cuando (7)-(9) no proporcionan evidencia para (10) sin (6).

En cambio, el interlocutor es llevado a creer que (6)-(9) hace que (10) sea más plausible de una manera que es inaccesible desde la afirmación directa de (10) a partir de (6) o de "P" a partir de "P". Sería mejor afirmar simplemente (6) o "P" y acabar con ello. Si eso no les persuade racionalmente, entonces inferir "P" de "P" no puede persuadirles (salvo en caso de locura). Y por lo tanto, cualquier persuasión alcanzada añadiendo pasos es un puro engaño. Si afirmar "P" les persuade, entonces los argumentos circulares no pueden persuadirles más. Los argumentos circulares no juegan ningún papel racional para demostrar que una conclusión es verdadera, a menos que, como mostré

---

[20] De nuevo, para la discusión de este argumento, véase *Posterior Analytics de* Aristóteles, II.19, y el *Commentary on Aristotle's Posterior Analytics* de Aquino, I.8.

antes, otras premisas proporcionen *independientemente* pruebas de la conclusión. Salvo esa condición, la circularidad es un ejercicio de superfluidad.

Afirmar "P" puede ser útil para que uno lo sepa, como en el caso de las verdades autoevidentes. Puede ser el tipo de cosa que uno cree simplemente al entenderla, como la afirmación de que "las partes nunca pueden ser mayores que el todo" o que "aquellos que gastan un gran esfuerzo en otro se les debe gratitud por parte de los receptores de esa beneficencia".

Pero la *inferencia* de P a P, ya sea inmediatamente o con varios pasos intermedios, no desempeña ningún papel en la demostración de que P es verdadera. Si resulta persuasivo para alguien, esto solo puede deberse a características del argumento que no tienen nada que ver con la razón por la que la conclusión se sigue de las premisas. Por tanto, los argumentos circulares, en la medida en que son persuasivos, son engañosos.

Una vez más, los argumentos para evitar preguntas pueden ser válidos y sólidos, por lo que no es correcto decir que son inválidos según el sentido de validez que emplean la mayoría de los libros de texto de lógica. No violan las normas lógicas en ese sentido estricto. Sin embargo, la mayoría de las veces son errores argumentativos. Hay un cierto grado de engaño en los argumentos de pregunta que son psicológicamente persuasivos, como vimos antes con la persona que fue persuadida por "P. Por lo tanto, P." pero no por "P".

Del mismo modo, si alguien es persuadido por "P; Q; R; S; por lo tanto, P." pero no simplemente por "P", entonces algo ha fallado. El error no está en la validez estricta, ya que P se deduce de P. El problema es que la dialéctica entre la persona que da el argumento a favor de P y la persona que no acepta P se ha detenido mientras la apariencia de progreso permanece.

Para resumir, los malos argumentos de petición de principio violan las normas racionales dialécticas al dar la apariencia de aumentar la credibilidad de una proposición sin hacerlo realmente. Por tanto, si las premisas de un argumento son dependientemente relevantes para la conclusión, y el argumento contiene premisas que no sirven para demostrar que la conclusión es verdadera, entonces el argumento no sirve para nada. Los argumentos ampliamente circulares violan las normas dialécticas de la razón al pedir al interlocutor que se esfuerce en vano.

La verificación bíblica y los argumentos de petición de principio: Una respuesta a John Frame

Ahora que entendemos lo que son los argumentos de petición de principio (presuposición de la conclusión) y cuándo hacen que un argumento sea malo, podemos ver por qué falla la objeción de Frame contra la comprensión de Habermas de la verificación bíblica. La respuesta de Frame a Habermas hace que la verificación bíblica sea superflua, por lo que es poco probable que sea una lectura correcta de pasajes como Ex. 4 y Dt. 18.

Incluso si la respuesta de Frame tuvo éxito contra la apelación de Habermas a Deuteronomio 18, no tiene éxito en su forma actual contra la apelación a Éxodo 4. Cuando Moisés realiza posteriormente los milagros (Ex. 7:10; 20) los que los presencian no tienen una norma bíblica por la que saber que la prueba demuestra legítimamente que Moisés habla en nombre de Dios. La Biblia no proporciona una "norma bíblica" para aquellos a los que las señales pretenden persuadir porque no se dirige a ellos en absoluto. A los israelitas solo se les da la Palabra y las señales. Sin embargo, no se les dice que las señales sean una norma revelada por Dios.

Esto nos lleva a un problema fatal con la respuesta de Frame a Habermas. Según esa respuesta, quienes sostienen que la Escritura es la única fuente de todo conocimiento deben entender la verificación en pasajes como Ex. 4 y Dt. 18 como argumentos ampliamente circulares. En otras palabras, el argumento no infiere inmediatamente "P" de "P" o "Esta palabra es una Palabra de Dios" de "Esta palabra es una Palabra de Dios". Implican una serie de inferencias entre la conclusión y la proposición idéntica que aparece como premisa.

Pero, como vimos, los argumentos ampliamente circulares son peores que los estrechamente circulares en el sentido de que son más engañosos e infructuosos en la forma en que violan las normas dialécticas de la razón. Si la Palabra de Dios es la única fuente de todo conocimiento, no sirve de nada que *proporcione* criterios por los que se pueda conocer la Palabra de Dios.

Esto se debe a que los pasos inferenciales intermedios no hacen ningún trabajo para mostrar que la conclusión es verdadera, aparte de lo que la conclusión puede hacer por sí misma. Es superfluo dar una prueba para verificar un elemento de conocimiento que en sí mismo constituye la base de todo otro conocimiento. Pero dar una prueba o un argumento da la sensación de que tiene un sentido, de que se obtendrá algún conocimiento al seguirlo.

De ello se desprende que el punto de vista de Frame tiene la desagradable consecuencia de hacer que la verificación bíblica sea inútil, un montón de trabajo sin ninguna recompensa real. Tales verificaciones no añaden ninguna credibilidad a la conclusión que no estuviera ya presente antes. No tendría sentido hacer lo que la Escritura nos dice que hagamos en estos casos si no se pudiera suspender la creencia en su verdad.

Si la Palabra de Dios fuera la única base de la razón, sería manifiestamente absurdo que proporcionara un medio para autentificarse. Sería como si un escrito te dijera que (ese mismo escrito) es un escrito si contiene las letras "p" y "q". Es obvio que *ya es un escrito* y uno no podría reconocer "p" o "q" a menos que ya *conceda plenamente* que el documento en cuestión es un escrito.

Recordemos cómo presenté inicialmente los argumentos falaces de petición de principio. Mi presentación corresponde a la distinción de John Frame entre argumentos "estrechamente" y "ampliamente" circulares. Los argumentos estrechamente circulares pueden ser válidos, como he demostrado. Sin embargo, los argumentos ampliamente circulares son absurdos, porque implican un esfuerzo sin recompensa.

Así que, en lugar de mejorar la situación "ampliando el círculo", por así decirlo, esto empeora los argumentos. No son menos "petición de principio" que los argumentos estrechamente circulares, por lo que cualquier apariencia de credibilidad es engañosa.

En resumen, son peores argumentos porque violan las normas racionales al hacer un mejor trabajo que los argumentos circulares estrechos al *parecer* establecer una conclusión sin hacerlo. Resulta, entonces, que es un problema para la comprensión de Frame de la verificación en Ex. 4 y Dt. 18 que la ve como ampliamente circular.

Respuesta a las objeciones

No hay argumentos de neutralidad religiosa

Una objeción a mi tesis insiste en que no es posible ningún argumento a favor de la existencia de Dios si no se presupone la conclusión. Se ha demostrado, insiste el argumento, que tal "neutralidad" es imposible y que todo ámbito de conocimiento hace presunciones claras y determinadas sobre Dios. En otras palabras, la circularidad es permisible porque es inevitable.

Este argumento no sirve. En primer lugar, incluso si fuera cierto que todo conocimiento presume el conocimiento religioso, no se seguiría que el *razonamiento circular* es una forma lícita de argumentar. Simplemente mostraría que todo conocimiento presupone a Dios, lo cual es compatible con la afirmación de que el conocimiento religioso es indemostrable.

Y lo que es más importante, este argumento comete descaradamente una falacia de es/debe. Es decir, argumenta que porque algo es así —de hecho, no podría ser de otra manera— se deduce que debería ser así. Pero está claro que no se deduce que porque todo el razonamiento que hacen los humanos sea circular, todo el razonamiento humano deba serlo. Mi argumento no ha sido que *haya* argumentos exitosos para la existencia de Dios que no presupongan la conclusión en las premisas, aunque creo que los hay.

Mi argumento ha sido, más bien, que no tiene sentido hacer un argumento a favor de la existencia de Dios o de la verdad del cristianismo que presuponga la conclusión, porque tal argumento no sirve a ningún propósito racional. Si fuera cierto que todo el conocimiento humano es circular, no podría haber conocimiento alguno. Pero como es evidente que tenemos algún conocimiento, y como la circularidad implica que no podría haber conocimiento, el conocimiento demostrativo no es circular, y cualquier teoría que implique que es circular es falsa.

Objeciones de Frame en "La Doctrina del Conocimiento de Dios"

John Frame se anticipa en *La doctrina del conocimiento de Dios* (The doctrine of the knowledge of God) a la objeción de que la circularidad amplia no tiene un uso adecuado y, por tanto, no puede ser racionalmente persuasiva. Da varias razones para pensar que los argumentos ampliamente circulares tienen una función racional.[21] Las enumeraré y responderé a ellas en orden.

"Un argumento circular muestra más vívidamente el significado de la conclusión".

Esta respuesta no salva a los argumentos ampliamente circulares de la improcedencia argumentativa. Incluso si la conclusión es evidente, los pasos inferenciales no sirven para que la conclusión sea más conocida que antes. Como he señalado antes, atender cuidadosamente a una proposición evidente puede hacer que uno la conozca con el tiempo. Esto puede ocurrir incluso en un argumento ampliamente circular.

---

[21] Frame, *The Doctrine of the Knowledge of God*, 131-32.

Sin embargo, los pasos inferenciales son accidentales para el proceso de toma de conciencia de la veracidad de la proposición. Si las inferencias fueran racionalmente esenciales para conocer la verdad de la conclusión, entonces la proposición no sería autoevidente. Por lo tanto, los argumentos ampliamente circulares no "muestran más vívidamente el significado de la conclusión", incluso si son la ocasión para prestar una atención vívida a la conclusión.

"*Un argumento circular expone la conclusión junto con su verdadero fundamento*".

La "verdadera base lógica" es "las razones por las que debe ser aceptada". Para Frame, la verdadera base lógica para creer en la Palabra de Dios apela a la Palabra de Dios. "Eso es todo lo que puede hacer un argumento". Esto es un simple malentendido de la noción de razones. Las razones son el tipo de cosas que articulamos en respuesta a las preguntas "por qué". Explican por qué debemos creer en algo. Tales explicaciones solo pueden ser aceptables si se conocen mejor que las proposiciones que demuestran. Mi argumento en este capítulo ha sido que si el cristianismo o las Escrituras son el primer principio de toda razón, entonces *no hay base lógica* para creer en ellos. *Perspicua vera non sunt probanda.* Las verdades evidentes no deben ser probadas.

"*Todo el mundo ya sabe que el cristianismo es verdadero*".

Frame afirma que el incrédulo ya sabe que el cristianismo es verdadero "en algún nivel de su conciencia" y, por tanto, aceptará la conclusión del argumento circular. Esto es una pista falsa. Puede ser cierto que el incrédulo acepte la *conclusión*, pero no se deduce que las premisas de los argumentos circulares den al incrédulo (o a cualquiera, en realidad) *razones* para aceptar la conclusión. El conocimiento universal de Dios y su ley no demuestra que los argumentos circulares sean formas adecuadas de argumentación.

"El argumento circular presenta un marco para la interpretación del cristianismo".

Frame dice:

> El argumento circular presenta un marco para la interpretación del cristianismo —una metodología presuposicional, un esquema conceptual— y eso es siempre una ayuda para comprender la coherencia de una posición.

Si el cristianismo o las Escrituras son el primer principio de la razón, entonces la coherencia de ese primer principio no puede salir a la luz más de lo que ya está, salvo atendiendo a él directamente. De nuevo, como he argumentado, los argumentos ampliamente circulares no hacen que sus conclusiones sean más convincentes.

Cambiando el punto de vista: Algunas partes, o ninguna de las partes de las Escrituras son fundamentales

Alguien podría intentar salvar el punto de vista en cuestión modificándolo ligeramente. Un movimiento sería decir que no todas las *partes* de la Escritura son básicas para todo el conocimiento. Este punto de vista tiene cierta plausibilidad, ya que parece confirmarse con una simple prueba. Consideremos el siguiente pasaje:

> ¡Ay de la rebelde y contaminada,
> la ciudad opresora!
> No escuchó la voz;
> ni aceptó la corrección.
> No confió en el Señor;
> ni se acercó a su Dios.

Ahora considere este pasaje:

Yo he exterminado naciones;
    Sus torreones están en ruinas,
Hice desiertas sus calles,
    Sin que nadie pase por ellas.
Sus ciudades están desoladas,
    Sin un hombre, sin ningún habitante.

¿Qué pasaje es la palabra inspirada de Dios y cuál es apócrifo? Si este experimento tuvo éxito, los lectores sufrieron la incapacidad de reconocer la Palabra de Dios. Algunos pueden conocer la Biblia y los apócrifos lo suficientemente bien como para saber la respuesta a esta pregunta. Pero incluso para ellos, la experiencia de reconocer pasajes bíblicos y no bíblicos debería alertarles sobre el hecho de que es su memoria, y no la Biblia como principio básico de todo conocimiento, la que les dice qué pasaje forma parte del canon de 66 libros.

Un objetor poco caritativo podría pensar que esto refuta por contraejemplo la afirmación de que la Escritura es la única base de todo conocimiento.[22] Y ciertamente, refuta una versión de esa afirmación, que

---

[22] Michael Kruger dice: "Es una caricatura argumentar que un canon auto-atribuido significa que incluso las porciones más pequeñas de las Escrituras, hasta una sola palabra, pueden ser inmediatamente identificadas por los cristianos como divinas. Tal caricatura se basa en la presunción de que el Espíritu simplemente dice a los cristianos qué palabras son de Dios y cuáles no. Pero el Espíritu, como se ha señalado anteriormente, no entrega revelaciones privadas a los cristianos cuando leen un texto (o hacen crítica textual), sino que simplemente les permite ver las cualidades divinas de la Escritura que ya están objetivamente allí. Dado que esas cualidades están vinculadas al significado, la enseñanza y la doctrina más amplios que comunica un libro, no son tan aplicables a las variaciones textuales individuales (que, en general, suelen ser bastante pequeñas y cambian muy poco el significado general). En consecuencia, dos copias diferentes del libro de Gálatas, aunque difieran en puntos menores, seguirían comunicando cualidades divinas" *Canon Revisited: Establishing the Origins and Authority of the New Testament Books* (Wheaton, IL: Crossway, 2012), 101n37. Más adelante dice: "La enseñanza bíblica de que las ovejas de Cristo oyen su voz [es decir, que el canon bíblico es autoautentificable] no requiere una recepción perfecta por parte de la iglesia sin períodos de desacuerdo o confusión, sino simplemente una iglesia que, por obra del Espíritu Santo, responderá colectiva y corporativamente" (*Canon Revisited*, 107).

es que cada *parte* de la Escritura es una base manifiesta de conocimiento, y por lo tanto puede ser reconocida como tal. Sin embargo, sería injusto cargar a defensores como Frame con este punto de vista.[23]

Tal como yo lo veo, hay dos maneras de mantener la afirmación de que la Escritura es la base de todo conocimiento, evitando al mismo tiempo la afirmación de que *cada parte* de ella es la base de todo conocimiento.

En primer lugar, se puede decir que el conjunto de la Escritura es tal base, pero no necesariamente las partes. Sin embargo, esto parece erróneo, ya que el conjunto de la Escritura está determinado por una prioridad de las partes. En particular, algunos textos son aceptados como Palabra de Dios sobre la base de otros textos. Tomemos de nuevo la prescripción relativa a las pretensiones de profecía en Deuteronomio 18. Una profecía genuina recibida por el pueblo de Dios debe ser probada por este pasaje. Esto sugiere que la profecía no fue conocida como tal por su mera presentación.

Sin embargo, el pasaje que la pone a prueba es la Escritura del tipo básico. No está autentificada por el pasaje que la autentifica. Por lo tanto, la confirmación bíblica de la Escritura no funciona en ninguna dirección. En otras palabras, Deuteronomio 18 es el fundamento para saber que alguna profecía es genuina, pero no al revés. Esto, por supuesto, presupone el conocimiento de que Deuteronomio 18 es la Escritura.

Sin embargo, ya hemos visto cómo la autoridad de Moisés fue autentificada ante el pueblo de Israel, no solo por la proclamación de la Palabra, sino también por obras que sugieren que quien habla lo hace con la autoridad de Dios. Pero ¿dónde está la norma bíblica? A fin de cuentas, los textos particulares —que se pueden señalar y leer, identificándolos como tales— deben ser la base del conocimiento. Por lo tanto, si hay una norma bíblica para verificar los textos bíblicos no

Kruger anticipa aquí la objeción contra el punto de vista auto-atributivo del canon sobre la base de experimentos de pensamiento como el anterior.

[23] La respuesta a la pregunta es que ninguno de los dos es apócrifo. Ambos son del tercer capítulo de Sofonías (vv. 1, 2 y v. 6, respectivamente, NBLA).

básicos, los textos particulares deben utilizarse para verificar los textos particulares.

En segundo lugar, se puede suponer que algunas partes de la Escritura son básicas para el conocimiento pero no otras, y las básicas suministran los principios de verificación para las no básicas. Sin embargo, esta opción también falla. En primer lugar, es poco probable que algunas revelaciones concretas sean la única base del conocimiento por el mero hecho de ser revelaciones y otras no. Es importante distinguir la afirmación en cuestión de la afirmación de que las Escrituras se autentifican. Es perfectamente aceptable pensar que Dios puede hacer ciertas revelaciones con autoridad manifiesta y otras sin ella.

Por otra parte, si una revelación de Dios es la única base de todo conocimiento solo por ser una revelación de Dios, entonces parece extraño que otras revelaciones no sean básicas, ya que comparten la misma característica que hace que las revelaciones sean básicas. En segundo lugar, los textos básicos relacionados con la verificación tendrán una consecuencia indeseable por la misma razón que he expuesto antes. Implican verificaciones inútiles. Es de suponer que los textos básicos deben ser al menos los que no apelan, explícita o tácitamente, a otros textos, o que son confirmados por otros textos.

Por ejemplo, la profecía genuina fue confirmada por Deuteronomio 18, y Deuteronomio 18 fue confirmado por la autoridad de Moisés. Pero la autoridad de Moisés fue confirmada por Éxodo 4 y la narración subsiguiente, que son las primeras sugerencias de que Moisés habla por Dios. De nuevo, según este punto de vista, la Biblia da un argumento "ampliamente circular" para sí misma y, por tanto, es absurda. Es más plausible interpretar que la autentificación que logra Moisés, en lugar de presentar "normas bíblicas", apela a normas que quienes no han recibido la revelación serían racionalmente capaces de aceptar.

Si se pudiera demostrar que solo los pasajes no básicos son verificados por la Escritura, entonces este punto de vista podría evitar el problema que estoy reconociendo aquí. En ese caso, la verificación no sería inútil, ya que aumentaría realmente la credibilidad de la afirmación de que tal o cual texto es la auténtica Palabra de Dios. Este punto de vista todavía tendría que explicar por qué algunas revelaciones son básicas solo en virtud de ser revelaciones mientras que otras no lo son.

Sin embargo, estas verificaciones tampoco serían "ampliamente circulares", lo que sigue siendo una forma problemática de argumentación. Sin embargo, esto parece poco probable, no solo porque Éxodo 4 implica la verificación de la palabra de Dios y tendría que ser claramente un texto básico. Además, como señala Habermas, la comprobación de la Escritura parece ser un patrón que caracteriza al conjunto.

La visión reformada de la autoridad de la Biblia

A algunos les puede preocupar que mi tesis constituya un argumento contra la visión reformada de la autoridad de la Biblia. La *Confesión de Fe de Westminster* representa un punto de vista reformado estándar sobre la autoridad de la Biblia. Repetiré aquí cuatro afirmaciones de la Confesión que se citan a menudo.

> 4. La autoridad de las Sagradas Escrituras, por la cual deben ser creídas y obedecidas, no depende del testimonio de ningún ser humano o iglesia, sino enteramente de Dios (quien es la Verdad en sí mismo), el autor de ellas, y por lo tanto deben ser recibidas porque son la Palabra de Dios.
> 5... Nuestra completa persuasión y seguridad de su infalible verdad y de su autoridad divina [de la Biblia], proviene del Espíritu Santo que obra en nuestro interior, dando testimonio en nuestros corazones mediante la Palabra y con la Palabra.
> 9. La regla infalible de la interpretación de la Escritura es la Escritura misma. Por tanto, cuando hay duda acerca del total y verdadero sentido de algún texto (el cual no es múltiple sino único), debe investigarse y entenderse mediante otras partes que hablen más claramente.

> 10. El Espíritu Santo, que habla en la Escritura, y de cuya sentencia debemos depender, es el único Juez Supremo por quien deben decidirse todas las controversias religiosas, y por quien deben examinarse todos los decretos de los concilios, las opiniones de los antiguos escritores, las doctrinas humanas y las opiniones individuales.

Queda mucho trabajo por hacer sobre la naturaleza, la claridad y la certeza del conocimiento tal como se entiende en estos cuatro artículos. Entiendo que estos pasajes implican, entre otras cosas, que la Escritura es autoautentificable y que es la única fuente infalible de conocimiento. De ninguna de estas proposiciones se deduce que la Escritura sea la única fuente de *todo* conocimiento. Mi argumento no implica que la Biblia no sea autoautentificable, ni que la Biblia requiera pruebas externas para ser conocida. Por el contrario, estas afirmaciones se oponen al espíritu de mi tesis, que es que los argumentos que afirma la Escritura suponen múltiples fuentes de conocimiento.

Pongamos un ejemplo. Imaginemos que un hombre está siendo juzgado por un crimen que de hecho cometió y sabe que cometió. El criminal se declara inocente y niega deshonestamente haber cometido el hecho. Ahora bien, es evidente que sabe lo que está haciendo. Sabe que ha cometido el delito y que puede salirse con la suya manipulando la presunción de inocencia de nuestro sistema judicial. Ahora, imaginemos además que, por alguna razón, se ha descubierto una grabación de la cámara del acusado cometiendo el delito y se ha introducido en el tribunal. La grabación le muestra inequívocamente haciendo lo que niega haber hecho. El acusado (y, lo que es más importante, el jurado) ha recibido pruebas de una información que ya conocía en base a su memoria, pero sin depender en absoluto de su memoria.

Del mismo modo, la afirmación de que los buenos argumentos para creer en Dios y en las Escrituras cristianas no presuponen la creencia en Dios o en la Biblia es compatible con la afirmación de que todo el mundo tiene un conocimiento suficiente de Dios. En otras palabras, la creencia en Dios y en la Biblia no necesita ser la base de todo conocimiento para ser universal. El conocimiento de Dios y de la Biblia tampoco necesita ser la base de todo conocimiento para ser absolutamente primordial. A estas alturas debería quedar claro que mi tesis no compromete la doctrina de la *sola scriptura*. El hecho de que la Escritura sea la única guía infalible para la fe y la moral es compatible con la afirmación de que existen otras fuentes (falibles) de conocimiento.[24]

Conclusión

Los primeros principios se conocen de forma indemostrable. No se conocen por inferencia de alguna otra proposición. No se puede dar

[24] Juan Calvino admite que *se pueden* dar argumentos no circulares para la reverencia de las Escrituras (*Institutes of the Christian Religion*, 1.7.3). Sin embargo, sugiere que los argumentos son débiles porque, si creemos en las Escrituras por la razón, entonces la razón tiene autoridad *sobre* las Escrituras, y la razón puede luego contradecir u oponerse a las Escrituras. Muchos han dicho lo mismo. Cf. también Kruger en *Canon Revisited*, (Wheaton, IL: Crossway, 2012), 80. Pero "la Biblia no es la última autoridad" no se deduce de "la autoridad de la Biblia puede ser demostrada por la razón" de ninguna manera que corra el riesgo de socavar la autoridad escritural. No se puede saber que las Escrituras son verdaderas a menos que la ley de no contradicción sea epistémicamente anterior a ella, pero de ello no se sigue que la razón tenga autoridad sobre la Biblia. Si los mejores argumentos nos dicen que el cristianismo es verdadero y que las Escrituras son fiables, entonces no puede aparecer un argumento mejor que demuestre lo contrario. Además, la razón no "decide" la verdad, sino que la discierne y, por tanto, se somete a ella. Esto a menudo se pasa por alto; algunos hablan como si la razón pudiera "decidir" que la Escritura no es autorizada si pudiera "decidir" que lo es. Por ejemplo, si la razón pudiera establecer la autoridad de las Escrituras, se piensa que el testimonio de la razón de que los milagros no pueden ocurrir podría anular el testimonio de la Biblia sobre los milagros. Pero si la razón discierne que las Escrituras tienen autoridad, entonces no puede, propiamente hablando, "decidir" que los milagros son imposibles. Por lo tanto, es posible que se pueda demostrar razonablemente que la palabra de Dios es la máxima autoridad sobre la que habla. Muller nos recuerda que se dice que Dios y las Escrituras son los primeros principios solo a grandes rasgos ("Principium Theologiae" en *Dictionary of Latin and Greek Theological Terms*, 2nd ed. Grand Rapids, MI: Baker Academic, 288-89). Aunque son evidentes por el Espíritu, pueden demostrarse por medio de la razón. Y lo que se puede demostrar por medio de la razón no es un primer principio propiamente dicho.

ningún argumento para los primeros principios, pero la Biblia parece asumir que se pueden dar argumentos para la revelación divina. Por lo tanto, Frame no nos ha mostrado por qué no deberíamos leer las Escrituras como evidencia *prima facie* contra la opinión de que las Escrituras son el primer principio de todo conocimiento. De hecho, empeora las cosas al sugerir que "ampliemos el círculo". Aumentar la distancia entre, digamos, "Dios existe" en la conclusión y "Dios existe" en las premisas solo da la apariencia de un conocimiento demostrativo.

Pero de hecho, en la medida en que tales argumentos son subjetivamente persuasivos, presentan un primer principio como si fuera otra cosa. Esto es revelador, ya que no cuenta necesariamente en contra de que una creencia se presente como autojustificada. Pero deben ser afirmados en su desnudo esplendor para que puedan ser conocidos por sí mismos (*per se*) o para que se reconozca su falta de autoevidencia. Esta inclinación constante a considerar el cristianismo como demostrable puede ser, sugiero, el resultado de la creencia operativa pero no reconocida de que no constituye el principio básico de todo conocimiento.

Las Escrituras ofrecen ejemplos de la verificación de la Palabra de Dios. Además, estas instancias de verificación no se explican de manera plausible como argumentos ampliamente circulares, es decir, argumentos circulares que incorporan varias premisas. Los argumentos ampliamente circulares incluyen premisas y subargumentos que no proporcionan evidencia para la conclusión. No hacen que la conclusión sea más creíble que de otro modo. Por lo tanto, no son útiles como argumentos. Son psicológicamente útiles o persuasivos, como señala mi argumento, pero esto es lo más problemático de ellos. Su utilidad no está en ningún elemento racional en ellos, y por lo tanto son engañosos como argumentos. Por lo tanto, no es halagador para la Escritura entender que presenta argumentos ampliamente circulares cuando existen interpretaciones alternativas.

Este resultado nos lleva a considerar que puede haber múltiples primeros principios del conocimiento en lugar de uno solo. El conocimiento no es un sistema claramente elaborado a partir de un único axioma indemostrable. Más bien, hay muchas fuentes de conocimiento —la experiencia sensorial, el testimonio, la memoria, la conciencia y la revelación divina— que trabajan juntas para informar nuestros juicios.[25] Dejo para otro momento la tarea de elaborar estas diversas facultades del conocimiento.[26]

25 Aunque no puedo elaborar esta sugerencia, debería tranquilizar a quienes insisten en que la verdad del cristianismo o la Escritura cristiana es la base de todo conocimiento. Frame sostiene que "la lealtad a nuestro Señor exige que seamos leales a él, incluso cuando tratamos de justificar nuestras afirmaciones sobre él" (*The Doctrine of the Knowledge of God*, 130). El razonamiento que no presupone el cristianismo, según esta preocupación, es "secular". Así, no satisface la exigencia de que todo, incluido el razonamiento, se haga para la "gloria de Dios" y, por tanto, bajo el señorío de Cristo (1 Corintios 10:31). Pero si existen múltiples principios de conocimiento —por muy falibles que sean— los argumentos a favor de la verdad del cristianismo que no presuponen la verdad del cristianismo (es decir, los argumentos no contienen la proposición "el cristianismo es verdadero" en ninguna de las premisas aunque el interlocutor cristiano no suspenda la creencia en el cristianismo) no dejan por ello de estar sometidos al señorío de Cristo.

26 Mi agradecimiento a Harrison Lee y David Haines por sus comentarios sobre este documento, y a los asistentes al 2º Annual Davenant Institute Regional Carolinas Convivium, que formularon preguntas profundas y perspicaces que me obligaron a afinar y aclarar este documento.

§2. LA FE Y LA LUZ NATURAL DE LA RAZÓN: CÓMO FALLA LA ANTROPOLOGÍA VANTILIANA

Kurt Jaros

Ir a la derecha negando la gracia común o ir a la izquierda afirmando una teoría de la gracia común siguiendo el modelo de la teología natural de Roma es no desafiar, en esta medida, la sabiduría del mundo.
—Cornelius Van Til[1]

¿Qué separa al presuposicionalismo del enfoque reformado tradicional de la apologética? En su conferencia "Apologética y Teología", el defensor contemporáneo del presuposicionalismo Scott Oliphint afirma: "Si tengo un desacuerdo con alguien sobre la metodología apologética,

1 Cornelius Van Til, *Common Grace and the Gospel*, ed. K. Scott Oliphint, 2ª ed. (Phillipsburg: P&R Publishing, 2015), 168.

ese desacuerdo tiene que encontrar su foco en la teología primero".[2] Oliphint cree que la teología debe ser la fuente del desacuerdo. En otro lugar contrasta la teología y la filosofía, pareciendo tratar las dos disciplinas como mutuamente excluyentes, pero sin dar una explicación de por qué deberíamos hacerlo.[3]

¿No es el Creador bíblico del universo también el Creador de las verdades naturales y lógicas? Cuando leemos la Biblia por primera (o cualquier) vez, ¿no presuponemos también que el texto puede ser entendido racionalmente? Por último, cuando Oliphint pide que el desacuerdo se produzca en la teología, ¿qué pasaría si reconociéramos que nuestro oponente hace inferencias lógicas inválidas al hacer teología? ¿Ese desacuerdo es entonces filosófico o teológico? La respuesta es "ambos", porque estos dos ámbitos del conocimiento no se excluyen mutuamente. La reflexión teológica también podría describirse como pensar filosóficamente sobre la doctrina cristiana. Sin embargo, en un sentido más matizado, Oliphint tiene razón: hay diferencias teológicas entre el presuposicionalismo y los enfoques reformados tradicionales de la apologética.[4]

Argumentaré que una de las diferencias fundamentales entre el presuposicionalismo y el enfoque reformado tradicional se encuentra en la doctrina del hombre, concretamente en la doctrina de la incapacidad. En primer lugar, proporcionaré una explicación básica de la metodología de Cornelius Van Til. En segundo lugar, explicaré cómo Van Til veía las

---

2 Scott Oliphint, "Apologetics and Theology, Part 1" WTS Lecture Series, minuto 4:40, https://faculty.wts.edu/lectures/ap101-apologetics-and-theology-part-1/.

3 Oliphint, "Apologetics and Theology, Part 1". Minuto 5:01, "No es porque tengamos diferentes puntos de vista filosóficos, podemos tenerlos. Pero fundamentalmente va a encontrar su foco en una diferencia teológica". Minuto 11:30, "Hay una parte significativa de la tradición de la apologética en la historia de la iglesia que ha argumentado y sigue argumentando que su base, su fundamento, no está en la revelación especial de Dios, sino que su fundamento está en el razonamiento humano común".

4 La advertencia (contra la afirmación de Oliphint) es que el desacuerdo no *tiene por qué* ser teológico en primer lugar.

diferencias entre B. B. Warfield y Abraham Kuyper sobre la metodología apologética.

En tercer lugar, elaboraré y criticaré los puntos de vista de Van Til sobre la claridad de la gracia común y la antropología en lo que respecta a su metodología apologética. Al hacerlo, veremos que Van Til no ofrece una tercera vía sobre la gracia común para su metodología apologética, por lo que no desafía la sabiduría del mundo según su propio criterio. Por lo tanto, debe ser rechazado como una opción distinta y viable para la metodología apologética.

El método de Van Til

A Van Til le preocupa que los argumentos tradicionales de la teología natural comprometan la fe reformada.[5] No toman en serio la doctrina de la depravación total y, en la práctica, la disposición del hombre no regenerado. Además, no dan cuenta del testimonio de las Escrituras sobre la revelación universal de Dios a todos los seres humanos. Van Til afirma que "Se dice que la revelación de Dios al hombre en el universo creado es clara. Los hombres, por tanto, no pueden evitar conocer a Dios".[6] Van Til cree que "Todos los hombres, incluso después de la caída, saben en el fondo de su corazón que son criaturas de Dios, que por lo tanto deben obedecer, pero que en realidad han roto la ley de Dios".[7] Como tales, no necesitan pruebas para saber que Dios existe.

Como no necesitan pruebas para saber que Dios existe, la rebelión del hombre no es, por tanto, intelectual, sino ética. "El sentido de la distinción de la antítesis como ética y no metafísica es que, como criatura hecha a imagen de Dios, la constitución del hombre como ser racional y moral *no* ha sido destruida".[8] Por principio, el hombre no regenerado se

---

5 Cornelius Van Til, *The Defense of the Faith*, ed. K. Scott Oliphint, 4ª ed. (Phillipsburg: P&R Publishing, 2008), 341.

6 Van Til, *Common Grace and the Gospel*, 186.

7 Cornelius Van Til, Apéndice al capítulo 2 de *An Introduction to Systematic Theology: Prolegomena and the Doctrines of Revelation, Scripture, and God*, ed. William Edgar. William Edgar, 2ª ed. (Phillipsburg: P&R Publishing, 2007), 45.

8 Van Til, *Common Grace and the Gospel*, 228.

opone en *todo* momento a las cosas de Dios. "Los esfuerzos del pecador, en la medida en que se realizan de forma autoconsciente desde su punto de vista, buscan destruir o enterrar la voz de Dios que le llega a través de la naturaleza, que incluye su propia conciencia".[9]

Esto no quiere decir que el hombre natural sea absolutamente depravado (es decir, que haga los peores pecados posibles todo el tiempo). La gracia común cumple una importante función para Van Til como concepto limitador.

> Debido a la gracia común de Dios, esta antítesis ética de Dios por parte del pecador se ve frenada y, por tanto, las fuerzas creativas del hombre reciben la oportunidad de un esfuerzo constructivo. En este mundo el pecador hace muchas cosas "buenas". Es honesto. Ayuda a aliviar los sufrimientos de sus semejantes. "Guarda" la ley moral. Por tanto, la antítesis, además de ser ética y no metafísica, está limitada en un segundo sentido: Es de principio, no de plena expresión.[10]

La preocupación de Van Til es si, a través de su propia interpretación pecaminosa del mundo, el hombre natural puede conocer el mundo.

> Ahora bien, es cierto que Dios ha plantado tales leyes de creencia en nuestro propio ser. Es este punto en el que Calvino pone tanto énfasis cuando dice que todos los hombres tienen un sentido de la deidad. Pero el incrédulo no acepta la doctrina de su creación a imagen de Dios. Por lo tanto, es imposible apelar a la naturaleza intelectual y moral de los hombres, *tal como los mismos hombres interpretan esta naturaleza*, y decir que debe juzgar la credibilidad y la evidencia de la revelación.[11]

---

[9] Van Til, *Common Grace and the Gospel*, 185.

[10] Van Til, *An Introduction to Systematic Theology*, 45.

[11] Cornelius Van Til, *Christian Apologetics*, ed. William Edgar, 2ª ed. (Phillipsburg: P&R Publishing, 2007), 103, énfasis mío.

El tema de Van Til de la tesis y la antítesis se desarrolla aquí en el ámbito de lo que los creyentes pueden conocer y lo que los no creyentes no regenerados pueden conocer en sus propios marcos (o más apropiadamente, no pueden conocer en sus propios marcos).

> Concluimos entonces que cuando ambas partes, el creyente y el no creyente, son epistemológicamente autoconscientes y como tales están comprometidos en la empresa interpretativa, no se puede decir que tengan ningún hecho en común.[12]

Para Van Til, no hay ningún hecho común, epistemológicamente, entre el creyente y el no creyente. Esto le lleva a la conclusión de que, "A diferencia de los católicos romanos y los arminianos, sin embargo, el apologista reformado no puede estar de acuerdo en absoluto con la metodología del hombre natural".[13] Como mostraremos, el modelo de Van Til no difiere en última instancia del de Abraham Kuyper, porque se va "por la derecha al negar la gracia común" para la metodología apologética.[14]

Benjamín B. Warfield contra Abraham Kuyper

Van Til era consciente de la tensión entre las metodologías apologéticas de B.B. Warfield (Old Princeton) y Abraham Kuyper (Amsterdam). "Solo que, en la apologética, Warfield quería operar en territorio neutral con el no creyente".[15] Kuyper, en cambio, creía que los principios naturales eran defectuosos y constituían un golpe contra el valor de la revelación especial. Van Til, comentando a Kuyper, escribió: "El principio natural adopta una posición antitética frente al principio

12 Cornelius Van Til, "Common Grace-I", en *Westminster Theological Journal* 8, nº 1 (noviembre de 1945): 43.

13 Van Til, *Christian Apologetics*, 126.

14 Van Til, *Common Grace and the Gospel*, 168.

15 Van Til, *The Defense of the Faith*, 351.

especial y trata de destruirlo por medio de la manipulación lógica".[16] Oliphint está de acuerdo: "El punto de Kuyper aquí es que si el 'principio natural' (en general, el hombre natural) puede juzgar correctamente, socava así la razón suficiente (*ration sufficiens*) de la revelación especial".[17]

Esta es una posición que Van Til adapta a su propio modelo, porque creía que el método de apologética del viejo Princeton busca "pedir [a los hombres] solo que apliquen el mismo principio que ya han aplicado al reino de la naturaleza".[18] Así, entre Warfield y Kuyper, Van Til se pone del lado de Kuyper:

> En la medida en que había que elegir entre las dos posiciones, me posicioné con Kuyper antes que con Hodge y Warfield. Pero hubo dos consideraciones que me obligaron finalmente a buscar una combinación de algunos de los elementos de cada posición. Negativamente, Kuyper tenía seguramente razón al subrayar que el hombre natural no tiene, por sus principios, ningún conocimiento de la verdad. Pero Hodge y Warfield enseñaban lo mismo en su teología. Solo en su apologética no pusieron todo el énfasis en esta enseñanza.[19]

Van Til creía que Hodge y Warfield eran incoherentes al aplicar su antropología teológica en su metodología apologética aplicada. Afirma: "Considero que la apelación a la razón como autónoma es tanto ilegítima como destructiva desde el punto de vista de la fe reformada que estoy obligado a rechazar... la antigua apologética de Princeton".[20] Después de todo, ¿cómo podría el humano no regenerado razonar con el cristiano sobre las cosas de Dios? Esto es lo que Van Til tiene que decir sobre los efectos y la afectación del pecado:

---

[16] Van Til, *The Defense of the Faith*, 347.

[17] Oliphint en Van Til, *The Defense of the Faith*, 347, nota 5.

[18] Van Til, *Common Grace and the Gospel*, 210.

[19] Van Til, *Common Grace and the Gospel*, 212.

[20] Van Til, *Common Grace and the Gospel*, 223.

> Ámsterdam y el antiguo Princeton están de acuerdo en la doctrina del pecado. Ambos enseñan la depravación total. La depravación total para ambos significa que el pecado ha afectado al hombre en todas sus funciones. Pero no solo significa eso. También indica cuán *profundamente* ha afectado el pecado a todas sus funciones. El hombre está "totalmente contaminado", no parcialmente contaminado en todas sus funciones. Odia a Dios y a su prójimo. Por lo tanto, trata de suprimir la verdad dentro de él. Adora y sirve a la criatura más que al Creador. *No puede sino* pecar.[21]

Van Til hace una fina distinción sobre la profundidad del efecto del pecado en la naturaleza humana, señalando que la doctrina de la incapacidad, aquí observada en la frase "no puede sino pecar", se aplica a la metodología apologética para Van Til.

Aunque Van Til pretende ser una tercera vía sobre la gracia común, la conexión con la antropología de Kuyper es innegable. La pregunta es: ¿hace Van Til lo suficiente para distanciarse de la visión de Kuyper sobre la antropología? No parece que lo haga. "Al tratar de reducir la diferencia entre Kuyper y Warfield a una de énfasis, Masselink [uno de los críticos de Van Til], en efecto, elige por Warfield".[22] Es importante que reconozcamos esto porque el propio Van Til contrasta a Kuyper y Warfield como poseedores de dos marcos exclusivos. Luego, pasa a abrazar a Kuyper, pero hace una salvedad.[23] Dice que "soy incapaz de seguirle cuando, a partir del hecho del carácter mutuamente destructivo de los dos principios, concluye la inutilidad de razonar con el hombre natural".[24]

Es decir, Van Til cree que es útil razonar con el hombre natural, pero solo en algunas cuestiones. Como hemos mostrado anteriormente, ¿no se derrumba la antropología de Van Til en esta misma posición que Van Til trata de evitar? Oliphint cree que no.

---

21 Van Til, *Common Grace and the Gospel*, 216.

22 Van Til, *The Defense of the Faith*, 351.

23 Van Til, *The Defense of the Faith*, 351, "Para mí mismo he elegido la posición de Kuyper".

24 Van Til, *The Defense of the Faith*, 351.

> Van Til ha conservado gran parte de la noción de antítesis de Kuyper y, sin embargo, debido al sentido de la deidad en todos los hombres, también ha conservado la idea, apoyada por Warfield, de que la apologética es una disciplina teológica central y necesaria.[25]

Analicemos más a fondo esta cuestión.

La claridad de la revelación general y el rol de la gracia común

Van Til sostenía que la revelación general era necesaria y suficiente para hacerse responsable, pero clara solo para la persona con el marco adecuado. La revelación general es necesaria porque muestra "no solo lo que le llega al hombre a través de los hechos que le rodean en su entorno, sino también lo que le llega por medio de su propia constitución como personalidad del pacto".[26] Y esto está relacionado con la suficiencia de la revelación general, frente a la "suficiencia histórica". "Es suficiente para aquellos que en Adán han traído la maldición de Dios sobre la naturaleza. Es suficiente para dejarlos sin excusa".[27]

Pero, piensa Van Til, es insuficiente para *proporcionar* evidencia del Creador para los no creyentes. Nótese que para el presuposicionalista, el hombre no regenerado tiene un conocimiento *innato* del Creador y no necesita evidencia para ese conocimiento. En principio, no hay ateos. Pero si el presuposicionalismo es cierto, ¿habría teístas genéricos o teístas desnudos?

Los presuposicionalistas critican a los clasicistas por defender únicamente el teísmo desnudo (una descripción de algunos de los atributos de Dios sin entrar a detallar la revelación especial de Dios). Entonces, si no hay ateos en el presuposicionalismo, ¿hay teístas desnudos? Van Til escribe: "El hombre creado puede ver claramente lo

---

[25] Oliphint en Van Til, *The Defense of the Faith*, 352, nota 27.

[26] Van Til, *Christian Apologetics*, 73.

[27] Van Til, *Christian Apologetics*, 74.

que se revela claramente aunque no pueda ver exhaustivamente. El hombre no necesita conocer exhaustivamente para conocer verdadera y ciertamente".[28] Pero Van Til solo quiere decir esto a la luz de que una persona crea en el teísmo cristiano.

La frase siguiente lo matiza:

> Cuando en el nivel creado de la existencia el hombre piensa los pensamientos de Dios tras él, es decir, cuando el hombre piensa en la sumisión autoconsciente a la revelación voluntaria del Dios autosuficiente, tiene por lo tanto la única base posible de certeza para su conocimiento.[29]

Así pues, cuando Van Til afirma que "el hombre creado puede ver con claridad lo que se revela con claridad, aunque no pueda ver exhaustivamente", está utilizando un lenguaje oscuro. En primer lugar, la cuestión principal no es si los seres humanos pueden conocer exhaustivamente (como si pudiéramos conocer todas las verdades sobre Dios), sino si los seres humanos pueden conocer proposiciones verdaderas sobre el universo, incluidas las verdades espirituales.

En segundo lugar, y más estrechamente relacionado con lo que nos preocupa, es que Van Til no quiere decir que todos los humanos creados puedan tener certeza de su conocimiento del Dios Creador. Lo niega al decir que la "única base posible de certeza" proviene de la adhesión al teísmo cristiano. Más adelante señala: "Por consiguiente, no es más fácil para los pecadores aceptar la revelación de Dios en la naturaleza que aceptar la revelación de Dios en las Escrituras".[30] Y que "Todo esto es simplemente para decir que uno debe ser un cristiano creyente para estudiar la naturaleza en el estado de ánimo adecuado y con el procedimiento adecuado".[31] En pocas palabras, la revelación natural o

---

[28] Van Til, *Christian Apologetics*, 77.
[29] Van Til, *Christian Apologetics*, 77.
[30] Van Til, *Christian Apologetics*, 79.
[31] Van Til, *Christian Apologetics*, 81.

general solo es clara para una persona, incluso en un detalle minúsculo de la verdad, si uno adopta primero el teísmo cristiano.

Así como la revelación general solo es clara para una persona que sostiene el teísmo cristiano, también los argumentos de la teología natural solo son válidos para la persona que ya es cristiana.

> Si entonces el hombre interpreta correctamente esta revelación, tiene un argumento absolutamente válido para la verdad. Pero el pecador, en la medida en que obra a partir de su principio adoptado que descansa en sí mismo como autónomo, no interpreta correctamente los hechos del universo. ¿Cómo podría hacerlo? Se supone a sí mismo como último.[32]

La ultimidad del hombre (que los humanos son la última parada en el viaje de la epistemología) es un síntoma del hombre caído (si no un acto de rebeldía en sí mismo) porque la primacía se le da a la humanidad y no a lo divino. Así es como los argumentos de la teología natural parten de una base errónea. Van Til escribe:

> Cuando las pruebas teístas se construyen así, no transmiten la revelación de Dios; entonces se convierten en el medio de suprimir esa revelación en términos de la suposición monista del hombre natural. ¿Cómo podrían entonces ser sólidas 'las pruebas teístas', ya que si 'prueban' que el Dios de Aristóteles existe, entonces refutan que el Dios del cristianismo existe?.[33]

Dado que las pruebas teístas solo llevan a un teísmo genérico, o al Dios de Aristóteles, este esfuerzo solidifica el intento del hombre de elaborar el creador después de la criatura.

El presuposicionalista cree que Dios no ha dado al hombre no regenerado una gracia común tal que pueda mirar a las estrellas e inferir

---

[32] Van Til, *Common Grace and the Gospel*, 207.

[33] Van Til, *Common Grace and the Gospel*, 209-210.

la existencia de Dios. Más bien, el hombre no regenerado sabe innatamente que Dios existe.

> El significado de la afirmación de que el hombre natural y el regenerado no tienen nada en común desde el punto de vista epistemológico, solo debe entenderse en el contexto de esta insistencia en la perspicuidad de la revelación natural de Dios sobre el hombre y *en su interior*, y en relación con la revelación sobrenatural original concedida a Adán en el paraíso.[34]

Esta afirmación de Van Til es ambigua, pues, ¿cómo puede ser cierto tanto que todos los hombres conocen a Dios como que algunos hombres no conocen a Dios? ¿Los no creyentes saben que Dios existe, pero no saben que Dios existe (en su marco epistemológico)? Van Til intenta aclarar lo que quiere decir: "La cuestión es que cuando y en la medida en que el hombre natural se dedica a interpretar la vida en términos de sus *principios adoptados, entonces*, y *solo* entonces, no tiene nada en común con el creyente".[35] Tal vez sea el caso de que el no creyente sufre de autoengaño. Incluso Van Til admite que el hombre nunca puede suprimir completamente la verdad.[36]

Entonces, si los hombres nunca suprimen completamente la verdad, ¿podrían el hombre natural y el regenerado tener algún terreno epistemológico común? La respuesta, al parecer, es de hecho, "Sí". El hombre natural *realmente* tiene creencias epistemológicas comunes con los creyentes, porque el hombre natural conoce a Dios y no vive de manera totalmente coherente con su rechazo de Dios (según Van Til). Si los hombres naturales, en su inconsistencia, tienen puntos en común con los creyentes, entonces se podría argumentar que los creyentes pueden y deben utilizar esos puntos de contacto para atraer a los hombres a abrazar la verdad.

---

[34] Van Til, *Common Grace and the Gospel*, 186, énfasis mío.

[35] Van Til, *Common Grace and the Gospel*, 186-187.

[36] Van Til, *Common Grace and the Gospel*, 187.

Warfield observa cómo la gracia común puede actuar a la luz de la naturaleza para todos los hombres:

> Además, hay que observar que la Confesión [de Westminster], al afirmar la perfección o integridad de la Escritura, no olvida ni las incapacidades subjetivas del hombre caído, ni sus necesidades fuera de la esfera de "las cosas necesarias para la gloria de Dios, la salvación del hombre, la fe y la vida", en cuya esfera solo se afirma que la Escritura es objetivamente completa o perfecta. La Confesión reconoce explícitamente la "iluminación interior del Espíritu de Dios" como necesaria para que el hombre "comprenda salvíficamente las cosas reveladas en la Palabra". Y reconoce también explícitamente que hay "circunstancias relativas al culto de Dios y al gobierno de la Iglesia, *comunes a las acciones y sociedades humanas, que deben ser ordenadas por la luz de la naturaleza* y la prudencia cristiana".[37]

Obsérvese aquí la explicación de Warfield de la *Confesión de Westminster que* describe que son comunes a todos los humanos las acciones ordenadas por la revelación (es decir, la luz) de la naturaleza que son buenas (es decir, la adoración de Dios), pero que, sin embargo, deben contrastarse con la iluminación del Espíritu que es necesaria para una fe salvadora.

En cuanto a cómo afecta la gracia común a la metodología apologética, Van Til sostiene un modelo relativamente débil de gracia común. Cree que "la teología reformada enseña que el hombre por naturaleza [es decir, mediante el razonamiento a partir de lo que se conoce de la naturaleza,] no tiene ningún conocimiento de Dios o de la moral".[38] Piensa que no hay ateos debido al conocimiento *innato* de Dios, pero no hay conocimiento natural de Dios en el sentido de que percibimos el mundo y deducimos la proposición "Dios existe".

---

[37] B. B. Warfield, "The Westminster Doctrine of Holy Scripture", en *The Presbyterian and Reformed Review* 4, nº 13 (Philadelphia: MacCalla & Co., 1893), 635.

[38] Van Til, *The Defense of the Faith*, 187.

Para Van Til, la gracia común cumple la función de frenar la pérdida del conocimiento innato de Dios y la pérdida del sentido innato de la moralidad, pero la gracia común no proporciona el terreno a través del cual el no creyente llega al conocimiento del Dios creador. "Las confesiones reformadas hablan de *pequeños remanentes* del conocimiento de Dios y de la moral que posee el hombre natural. Y estos pequeños remanentes deben ser sostenidos por la gracia común".[39]

La gracia común hace algo más que refrenar al hombre natural, pero estas otras funciones van más allá del alcance de la metodología apologética; "da buenos dones a los hombres, les hace vivir la verdad en un sentido, les hace producir la justicia civil".[40] Obsérvese cuidadosamente el término de Van Til "en cierto sentido", porque incluso los dones de Dios que producen bienes civiles son meramente "'bienes relativos' que Dios mismo le da [es decir, al no creyente] en espíritu del principio de pecado dentro de él".[41]

Al igual que los no-presuposicionistas, Van Til rechaza la idea de que los no creyentes no son capaces de hacer "nada que sea bueno en ningún sentido".[42] Afirma la declaración de la Iglesia Cristiana Reformada de 1924 sobre la gracia común. Esa declaración contiene tres puntos: que la gracia común está activa en la vida de los no creyentes, que la gracia común frena el pecado y que los no creyentes pueden realizar bienes cívicos. Pero en lo que respecta a la metodología apologética, la gracia común desempeña un papel muy débil porque "en lo que respecta al principio del hombre natural, se opone a Dios de forma *absoluta* o total, no en parte".[43]

Este enfoque coincide con la visión de Kuyper sobre la gracia común. Kuyper creía que la gracia común era una gracia domesticadora. "Deja el impulso interno del ego del hombre a su maldad, pero impide

39 Van Til, *The Defense of the Faith*, 187.

40 Van Til, *The Defense of the Faith*, 187.

41 Van Til, *The Defense of the Faith*, 385.

42 Van Til, *Common Grace and the Gospel*, 169.

43 Van Til, *The Defense of the Faith*, 192.

la plena fructificación de la maldad. Es un poder limitante, restrictivo, obstaculizador que frena y detiene".[44]

En esta sección, hemos analizado el punto de vista de Van Til sobre la revelación general y la gracia común. Hemos explicado la distinción que Van Til hace entre el estatus metafísico del hombre natural y la epistemología del hombre natural, *en principio*. A veces esta distinción es borrosa, pero incluso si es clara, mostraré que sigue siendo contradictoria. Si el hombre natural cree realmente que Dios existe, esto serviría como punto de encuentro entre el creyente y el no creyente. Además, ¿por qué no podría haber otros puntos de encuentro entre el creyente y el no creyente, puntos incluso a través de líneas epistemológicamente consistentes?

En última instancia, esta pregunta se encontrará más adelante en la doctrina del hombre de Van Til. A veces, Van Til intenta aclarar que cree que su crítica no se aplica a las capacidades del hombre (tanto el creyente como el no creyente son metafísicamente iguales). Sin embargo, en otras ocasiones, Van Til dice que no son lo mismo. En la siguiente sección mostraré que Van Til es inconsistente en su enfoque de la doctrina de la incapacidad, y si fuera consistente, entonces su intento de una tercera vía sobre la gracia común para la metodología apologética fracasa.

Naturaleza humana

El rasgo que define la visión de la antropología de Van Til, y que la distingue de la posición reformada clásica, es su opinión sobre el alcance de la incapacidad humana. Aunque no utiliza este término para explicar su carácter distintivo, es útil para proporcionar una representación fiel de su posición. Como mostraremos, a diferencia de los teólogos reformados tradicionales, Van Til aplica la doctrina de la incapacidad no solo al conocimiento salvífico de Dios, sino incluso al conocimiento natural de Dios.

---

[44] Abraham Kuyper, *De gemeene gratia*, 3 vols. (Leiden: Donner, 1902), 1:251.

Van Til dice que la rebelión del hombre es ética, no intelectual. Cree que no hay diferencias metafísicas entre el hombre natural y el creyente, solo diferencias epistemológicas.[45] Dice que "debemos comenzar enfatizando la *antítesis ética absoluta* en la que se encuentra el 'hombre natural' con respecto a Dios".[46] Con esto quiere decir que el mejor punto de partida para entender la naturaleza humana es que el hombre no regenerado no quiere aceptar la verdad. Si este fuera realmente el punto de partida de Van Til, sería una mala manera de diferenciar el enfoque de Van Til del modelo clásico reformado. Más bien, me gustaría sugerir que para Van Til, el punto de partida no es la antítesis ética absoluta, sino su interpretación de la doctrina de la incapacidad.

Van Til cree que todos los seres humanos conocen a Dios y, sin embargo, viven en rebelión contra Él. Los humanos no regenerados son *incapaces* de corregir sus creencias sobre el mundo a menos que sean regenerados por la gracia divina. La gracia común sirve de retardante a la profundidad de la pecaminosidad humana y es la fuente de los bienes naturales y cívicos de los que disfrutamos. Sin embargo, la gracia común no corrige la disposición ética del hombre natural hacia Dios. Como tal, la gracia común no corrige la voluntad del hombre natural de aceptar las verdades sobre Dios conocidas por la teología natural.[47]

Para el presuposicionalista, el hombre no regenerado es incapaz de querer ningún bien objetivo.[48] El hombre no regenerado es incapaz de elegir cualquier bien objetivo, en este caso específicamente honrar a un Creador. Solo un acto de la gracia de Dios haría posible tal acto. Esta posición, que desarrollaré en breve, indica una inconsistencia: Van Til

---

[45] Van Til, "Common Grace", en *Westminster Theological Journal* 8, no.1 (noviembre de 1945): 43, "Metafísicamente, ambas partes tienen todo en común, mientras que epistemológicamente no tienen nada en común".

[46] Van Til, *An Introduction to Systematic Theology*, 64.

[47] Van Til, *Common Grace and the Gospel*, 199, "No creo que la función de la gracia común sea mantener el *statu quo* metafísico".

[48] Van Til, *Common Grace and the Gospel*, 190, "El caso es similar con respecto al conocimiento de los incrédulos y su capacidad para hacer lo que es *relativamente* bueno" (el énfasis es mío).

sí cree que hay diferencias metafísicas entre el hombre natural y el creyente.

En *Una Introducción a la Teología Sistemática: Prolegómenos y las Doctrinas de la Revelación, la Escritura y Dios* (An Introduction to Systematic Theology: Prolegomena and the Doctrines of Revelation, Scripture, and God), Van Til argumenta que:

> Debemos más bien razonar que a menos que Dios exista como último, como autosubsistente, no podríamos ni siquiera saber *nada*; no podríamos ni siquiera razonar que Dios debe existir, ni podríamos siquiera hacer una pregunta sobre Dios.[49]

Luego pasa a describir lo que debe hacer el no creyente: "Para hacer esto, para negarse a sí mismo como último y como correlativo*: el hombre natural debe primero negarse a sí mismo como normal*. **Esto no lo hará y no puede hacerlo**".[50] Aquí, Van Til hace una afirmación universal sobre la capacidad de las personas no regeneradas; son *incapaces* de hacer nada, metafísicamente, para apoyar su propia epistemología "a causa del hecho del pecado el hombre es ciego con respecto a la verdad dondequiera que la verdad aparezca".[51]

La incapacidad del hombre no regenerado para creer en el Dios creador, a través de la revelación general, es una característica teológica distintiva del presuposicionalismo. Así, Van Til no solo cree que el hombre natural tiene, en principio, una epistemología totalmente contraria a la doctrina cristiana, sino también que el hombre natural es incapaz de reconocer la verdad, dondequiera que esté. Van Til cree que "al pecar, el hombre, por así decirlo, se sacó los ojos, de modo que ya no puede ver a Dios en su revelación general".[52] Van Til confirma su posición explícitamente solo unas páginas más adelante:

---

49 Van Til, *An Introduction to Systematic Theology*, 179, el énfasis es mío. Nótese el término universal "cualquier cosa".

50 Van Til, *An Introduction to Systematic Theology*, 179, el énfasis en negrita es mío.

51 Van Til, *Christian Apologetics*, 92.

52 Van Til, *An Introduction to Systematic Theology*, 191.

> La necesidad de la revelación especial aparece no solo con respecto a la incapacidad del hombre para conocer y reaccionar correctamente ante las cosas *espirituales*, sino también con respecto a su incapacidad para interpretar correctamente las cosas "naturales".[53]

Por extraño que parezca, Van Til dice que la revelación especial es necesaria incluso para entender la revelación general.

Anteriormente observamos que Van Til creía que "el incrédulo no acepta la doctrina de su creación a imagen de Dios. Por lo tanto, es imposible apelar a la naturaleza intelectual y moral de los hombres, *tal como los propios hombres interpretan esta naturaleza*, y decir que debe juzgar la credibilidad y la evidencia de la revelación".[54] Cuando Van Til dice que es imposible apelar a los hombres no regenerados, quiere decir esto solo en la medida en que "los hombres mismos interpretan esta naturaleza"; así, sabemos que se refiere a la visión del mundo de los no creyentes como medio para descubrir la verdad (es decir, su visión *en principio*), no al estado real de la capacidad humana (una afirmación metafísica). Exploremos algunos problemas con esta posición.

En primer lugar, la observación de Van Til es un *non-sequitur*. ¿Por qué debemos pensar que simplemente porque el hombre natural rechaza su condición de portador de la imagen de Dios, es incapaz de utilizar las funciones que Dios le ha dado para razonar con nosotros sobre su *telos*? El autoengaño del incrédulo en un punto no es motivo suficiente para concluir que no puede razonar con precisión o percibir las verdades morales.

En segundo lugar, la evidencia contextual sugiere que Van Til quiere afirmar que los humanos no regenerados son realmente incapaces de razonar sobre las cosas de Dios. Parece que Van Til *está* haciendo una afirmación metafísica. Al otro lado del incrédulo está el creyente, cuya "razón ya ha sido cambiada en su conjunto... por la regeneración".[55] Así, para el no regenerado, la razón no ha sido ya cambiada en su

53 Van Til, *An Introduction to Systematic Theology*, 194.

54 Van Til, *Christian Apologetics*, 103, énfasis mío.

55 Van Til, *Christian Apologetics*, 104.

conjunto. Sería inexacto, piensa Van Til, sostener que el no creyente tiene "la capacidad de interpretar y emplear correctamente los poderes de su propia naturaleza".[56] El hombre natural tratará de defender su propia ultimidad y su intuición de libertad.[57]

La posición reformada clásica sostiene que la gracia común y la providencia general de Dios pueden llevar al hombre natural a reconocer la existencia de un Dios Creador.[58] Van Til acusa a los enfoques católico romano y no calvinista diciendo que:

> No distinguen cuidadosamente entre la propia concepción del hombre natural de sí mismo y la concepción bíblica de él... Si hacemos nuestra apelación al hombre natural sin ser conscientes de esta distinción, prácticamente admitimos que la estimación del hombre natural de sí mismo es correcta.[59]

Esta observación es errónea por dos razones. En primer lugar, es demostrablemente falso que los teólogos que no son reformados no distingan cuidadosamente entre los dos tipos de humanos.[60] En segundo lugar, esta observación también es una *non-sequitur*. Incluso si uno no fuera consciente de la distinción entre el hombre natural y el hombre regenerado, solo se seguiría que uno no conocería la diferencia entre los dos tipos de hombres, no que uno necesariamente concedería la autoconcepción del hombre natural.

Finalmente, la visión del hombre natural sobre sí mismo podría ser parcialmente correcta y parcialmente incorrecta. Así, incluso en la epistemología del hombre natural, este podría tener creencias y

---

56 Van Til, *Christian Apologetics*, 104.

57 Van Til, *Christian Apologetics*, 105.

58 En los capítulos 8 y 9 de este volumen se explica con más detalle este punto de vista.

59 Van Til, *Christian Apologetics*, 119.

60 El Catecismo Católico Romano ciertamente hace una distinción entre el hombre caído y el hombre renovado; al igual que los arminianos. El simple hecho de no estar de acuerdo con esos modelos no justifica que se diga que son descuidados.

conocimientos verdaderos, ya que esas verdades se corresponden con la realidad. Para los tradicionalistas reformados, el hombre natural es incapaz de hacer nada por su propia *salvación*. El conocimiento del Dios creador no es un conocimiento salvífico, por lo que el análisis tradicionalista de la incapacidad no es tan amplio como la versión presuposicionalista.

Pero aquí llegamos a otro problema con Van Til. Si la rebelión del incrédulo es estricta y exclusivamente una opción ética, ¿qué función cumple la apologética? Parece que las conversaciones apologéticas sobre la existencia de Dios son superfluas y las conversaciones apologéticas para el teísmo cristiano son estrictamente defensivas (es decir, no hay nada que un creyente pueda decir para ganar al hombre natural para el Evangelio). Esto haría que el modelo de Van Til no se diferenciara del de Kuyper en cuanto a la metodología apologética. Sin embargo, sostiene que los cristianos *deben entablar un* discurso intelectual con los no creyentes a través de dos puntos de contacto: la *imago dei* y la ley de Dios.[61]

El hombre sabe en su corazón que Dios existe y que es un infractor de la ley. "Solo encontrando así el punto de contacto en el sentido de la deidad del hombre que subyace a su propia concepción de la autoconciencia como última, podemos ser a la vez fieles a la Escritura y *eficaces en el razonamiento con* el hombre natural".[62] Sin embargo, utilizando el propio criterio de Van Til, "el incrédulo no acepta la doctrina de su creación a imagen de Dios".[63] Como escribió anteriormente, "Será bastante imposible, entonces, encontrar un área común de conocimiento entre creyentes e incrédulos a menos que haya acuerdo entre ellos en cuanto a la naturaleza del hombre mismo. Pero no hay tal acuerdo".[64]

Así pues, Van Til hace dos afirmaciones contradictorias que compiten entre sí:

---

61 Van Til, *Christian Apologetics*, 120.

62 Van Til, *Christian Apologetics*, 121, énfasis mío.

63 Van Til, *Christian Apologetics*, 103.

64 Van Til, *Christian Apologetics*, 84.

1) Es ineficaz apelar al hombre natural en base a la *imago dei* y al hombre como infractor de la ley.
2) Es eficaz apelar al hombre natural en base a la *imago dei* y al hombre como transgresor de la ley.

A esto se podría objetar que en el número 1, Van Til se refiere simplemente a la epistemología del no creyente. Es decir, el cristiano no debe apelar a *su* punto de vista. Sin embargo, en este contexto, Van Til argumenta específicamente que solo las personas regeneradas tienen el uso apropiado de la facultad de la razón, porque "Se ha permitido, por la gracia de Dios, ser interpretada por la revelación de Dios".[65] Las personas no regeneradas son, literalmente, incapaces de razonar sobre las cosas de Dios: "Si, por otra parte, la persona que usa su razón es un incrédulo, entonces esta persona, usando su razón, ciertamente asumirá la posición de juez con respecto a la credibilidad y evidencia de la revelación".[66]

Esto, por supuesto, es el corazón de la preocupación de Van Til contra las metodologías apologéticas alternativas. Si Van Til quiere decir esto sobre la persona no regenerada intelectualmente consistente, y sostiene que en realidad no hay personas no regeneradas perfectamente consistentes, esto crea más problemas para su visión de la revelación general.[67]

Primero, si la persona no regenerada conversa con una persona regenerada y concede las proposiciones de que Dios existe y que él (el humano) es un pecador, entonces la persona no regenerada sabe esto ya sea vía revelación general o revelación especial. Si la persona no regenerada conoce esto a través de la revelación general, entonces la antropología de Van Til se muestra falsa, ya que sostiene que este tipo de conocimiento a través de la revelación general es imposible. En

65 Van Til, *Christian Apologetics*, 104.

66 Van Til, *Christian Apologetics*, 104.

67 Van Til, *The Defense of the Faith*, 195, "El hombre natural no trabaja así de forma autoconsciente desde sus principios. Está operando en él el sentido de la deidad; no puede borrarlo sin borrarse a sí mismo".

segundo lugar, si la persona no regenerada conoce esto (es decir, acepta las proposiciones sobre Dios y la pecaminosidad del hombre) a través de la revelación especial, no era no regenerada.[68] Esto no solo haría que el lenguaje de "incrédulo" fuera extraño y equívoco, sino que sería innecesario.

Como enigma final, si todas las personas no regeneradas conocen a Dios (es decir, no hay ateos) y son inconsistentes en sus visiones del mundo, entonces inconsistentemente crean cosmovisiones inconsistentes ("Por lo tanto, nunca lee el 'libro de la naturaleza' correctamente incluso con respecto a las cosas 'naturales'".[69]). Si las personas no regeneradas inconsistentemente crean cosmovisiones inconsistentes, entonces sería falso que sea "imposible apelar a la naturaleza intelectual y moral de los hombres, tal como los hombres mismos interpretan esta naturaleza".[70]

Dicho de otro modo, según Van Til, incluso cuando los hombres no regenerados interpretan su naturaleza, lo hacen de forma incoherente, pero esto significa que *podemos razonar* con ellos sobre sus modelos.

Sin embargo, si Van Til quiere decir que no podemos razonar con ellos sobre la base de los puntos de vista que sostendrían si fueran consistentes (sea lo que sea que eso signifique), esto parece ser un punto discutible, ya que Van Til concede que ningún incrédulo es perfectamente consistente. Además, si fuera perfectamente coherente, se seguiría, según Van Til, que en cualquier caso en el que el no creyente estuviera en desacuerdo con el presuposicionalista en un tema espiritual, el presuposicionalista estaría necesariamente en lo cierto.[71] Pero esto atenta contra el sentido común.

---

[68] Van Til, *Christian Apologetics*, 80, "Y es solo cuando el Espíritu Santo da al hombre un nuevo corazón que aceptará la evidencia de las Escrituras sobre sí mismo y sobre la naturaleza por lo que realmente es. El poder regenerador del Espíritu Santo permite al hombre situar todas las cosas en la verdadera perspectiva".

[69] Van Til, *An Introduction to Systematic Theology*, 104.

[70] Van Til, *Christian Apologetics*, 103.

[71] Van Til, *Christian Apologetics*, 146, "Por lo tanto, el calvinismo no puede encontrar un punto de contacto directo en ninguno de los conceptos aceptados del hombre natural. Está en desacuerdo con cada doctrina individual del hombre

A veces los no creyentes creen en proposiciones espirituales exactas y a veces los creyentes creen en proposiciones espirituales inexactas. Como Richard Howe lo ha declarado:

> Incluso si uno concediera que el presuposicionalista tiene razón al afirmar que los seres humanos están alejados de Dios en virtud de la rebelión de la humanidad contra Dios, no se sigue de esto que los seres humanos estén totalmente alejados de la realidad misma.[72]

Los seres humanos no regenerados pueden conocer la realidad y conocerla verdaderamente, aunque no la comprendan plenamente. Van Til afirma que la rebelión es meramente ética, pero hemos aportado pruebas de que Van Til cree que hay un componente metafísico también en las operaciones mentales del hombre natural.

Se esté o no de acuerdo con mis observaciones críticas sobre Van Til, una cosa está clara: Al argumentar que el hombre natural es incapaz de pensar las cosas de Dios, Van Til niega la función de la gracia común para ese propósito. Esto lo hace explícito Van Til: "Para estar seguro, niego que este conocimiento natural de Dios y de la moral sea el resultado de la gracia común".[73]

En cambio, Van Til cree que todos los hombres, de forma innata, tienen el conocimiento de Dios. En esto, cree que sigue de cerca a Calvino. En otra parte afirma que su posición es la posición consistentemente reformada:

> Porque es la esencia del romanismo discutir con el no creyente sobre la base de una razón supuestamente neutral. Ninguna persona

---

natural porque está en desacuerdo con la perspectiva del hombre natural como un todo".

[72] Richard Howe, "Some Brief Critical Thoughts on Presuppositionalism". http://richardghowe.com/index_htm_files/SomeBriefCriticalThoughtsonPresuppositionalism.pdf (fecha de acceso: 14/9/19).

[73] Van Til, *Common Grace and the Gospel*, 182.

reformada podría abrazar tal posición y luego afirmar honestamente que su posición es exclusivamente calvinista.[74]

Sin embargo, no es ni mucho menos evidente que la afirmación de Van Til de ser el calvinista coherente sea cierta.[75] Calvino creía que todos los seres humanos podían *adquirir* y *percibir* el conocimiento de Dios y que había un terreno común entre creyentes y no creyentes.[76]

Van Til cree lo contrario: en el método, la teología natural es inútil porque no hay un terreno epistemológico común. Afirma que las ideas de la teología natural y de la gracia común, "si se utilizan independientemente de la Escritura para, por medio de ellas, efectuar un territorio común de cuasi o completa neutralidad entre los que creen en Dios y los que no, son apologéticamente peor que inútiles".[77]

Pero si los argumentos tradicionales de la teología natural conducen a las personas a la fe (no solo a la creencia) en Dios y forman parte de un proceso que, en última instancia, les lleva a la fe en Cristo, entonces la afirmación de Van Til de que la teología natural tradicional es "apologéticamente peor que inútil" es demostrablemente falsa. El método tradicional de la apologética se demuestra como un hecho conocido por la experiencia. La opinión de Calvino es contraria a la de Van Til, quien admite que "si la idea de un territorio neutral representa justamente el 'punto de vista tradicional', entonces solo puedo estar en

---

74 Van Til, *Common Grace and the Gospel*, 223.

75 Calvino parece abrazar la metodología de la casa de bloques. Calvino, *Institutes of the Christian Religion, I.II.1,* "Solo hablo del conocimiento primitivo y simple al que nos habría conducido el propio orden de la naturaleza si Adán hubiera permanecido erguido". Calvino no es optimista en cuanto a su éxito (Calvino, *ICR, I.IV*.1, "Pero apenas se puede encontrar un hombre entre cien que alimente en su propio corazón lo que ha concebido"), pero aún así encuentra posible que la teología natural logre conducir a algunos al conocimiento natural de Dios.

76 Calvino, *ICR*, I.V.6, "Ahora solo he querido tocar el hecho de que este modo de buscar a Dios es común tanto a los extranjeros como a los de su casa, si trazan los contornos que por encima y por debajo esbozan una semejanza viva de él".

77 Van Til, *The Defense of the Faith*, 199, énfasis mío.

desacuerdo con ella".[78] En esto estamos de acuerdo con Van Til: no representa la posición tradicional reformada.

Sin embargo, lo que Van Til no se dio cuenta es que, como resultado de su posición, no ofrece una tercera vía en el debate sobre la gracia común para el valor de la apologética para llegar a los no creyentes. Se va "por la derecha al negar la gracia común" y así, en su propia medida, no logra "desafiar la sabiduría del mundo".[79] En última instancia, Van Til no ofrece una tercera vía entre Kuyper y Warfield. En cuanto a la metodología apologética, la antropología de Van Til es la misma que la de Kuyper.

> Si la revelación especial supone que, como consecuencia del pecado, se perturba la actividad normal del principio natural, esto implica por sí mismo que el principio natural ha perdido su competencia para juzgar. Quien lo considera poseedor de esta competencia declara así *eo ipso* que sigue siendo normal, y elimina así toda *razón suficiente* para una revelación especial. O bien hay que negarle el derecho a juzgar, o bien, si se le concede este derecho, desaparece el objeto sobre el que se debe juzgar.[80]

En la metodología apologética de Kuyper, si el hombre natural conservara alguna normalidad en su pensamiento a través de la revelación general/natural, la revelación especial sería innecesaria. Además, "Puesto que la revelación era el principio reconocido de la iglesia, no parecía haber ningún terreno común entre los regenerados y los no regenerados, según Kuyper",[81] ni siquiera un terreno metafísico.[82] Él creía que la apologética era buena solo para dos propósitos:

---

78 Van Til, *Common Grace and the Gospel*, 177.

79 Van Til, *Common Grace and the Gospel*, 168.

80 Abraham Kuyper, *Encyclopedia of Sacred Theology: Its Principles*, trans. J. Henrik De Vries, (Nueva York: Charles Scribner's Sons, 1898), 381.

81 William Edgar y K. Scott Oliphint, *Christian Apologetics Past and Present* (Crossway; Wheaton, IL, 2011), 2: 333.

82 Edgar y Oliphint, 333, el sentido de antítesis de Kuyper conlleva una noción metafísica, "en la que las 'dos *clases* de hombres' a las que alude Kuyper en esta ilustración no tienen nada en común".

> En primer lugar para descalificar la pseudo-teología de su *vitium originis*, que los hombres llegan a adoptar del lado de la filosofía, y en segundo lugar para mantener los principios que son inseparables del Dogma, como realmente los únicos dignos de confianza que hay que mantener, frente a los falsos principios de la Filosofía descarriada.[83]

No habría, entonces, ningún propósito para la apologética en conducir a algunos al teísmo cristiano, y mucho menos conducir a la gente al conocimiento del Dios Creador. Como observan Edgar y Oliphint, "Warfield sostiene que si la clasificación y delineación de Kuyper de la tarea de la apologética es correcta, entonces el cristianismo sigue siendo 'la gran suposición'".[84]

No es casualidad que la metodología apologética de Van Til coincida en última instancia con la de Kuyper.

Conclusión

Más arriba, argumentamos que Van Til tiene una contradicción explícita en su metodología: sostiene que es a la vez eficaz e ineficaz para razonar con el hombre natural. El hombre natural no puede razonar sobre las cosas de Dios, argumenta Van Til. Si el hombre natural rechaza la existencia de Dios y no la acepta como conclusión, no hay nada que otro humano pueda decir para convencerlo de lo contrario. Por eso, el Espíritu Santo debe regenerar al hombre natural antes de que pueda entender *cualquier* verdad espiritual. Van Til hace afirmaciones categóricamente universales sobre los seres humanos no regenerados que, sin notar cómo califica (con menos frecuencia) estas afirmaciones, pueden ser desconcertantes.

Esta es quizás una de las razones por las que los presuposicionalistas afirman que Van Til es frecuentemente malinterpretado. Sin embargo, incluso aparte de esta afirmación, que no

---

83 Edgar y Oliphint, 332, cf. Ibid., nota 4.

84 William Edgar y K. Scott Oliphint, *Christian Apologetics Past and Present* (Crossway; Wheaton, IL, 2011), 2: 332, nota 3.

es inverosímil, la antropología teológica de Van Til contiene numerosos sinsentidos, inferencias falaces y observaciones incoherentes.

Además, ¿por qué debemos presuponer que la interpretación de Van Til de la Escritura y el consiguiente modelo teológico son correctos? Defiende:

> Con ello volvemos a la cuestión de que la Escritura se identifica a sí misma como la Palabra de Dios y del sistema de verdad expuesto en la Escritura como aquello en lo que solo tiene sentido la experiencia humana en todos sus aspectos. Las ideas de la teología natural... y la idea de la gracia común... deben interpretarse a su vez en términos de esta Escritura que se autoatribuye.[85]

Ciertamente debemos estar de acuerdo con Van Til en que la Escritura debe aclarar o guiarnos en las cuestiones de la teología natural, pero los cristianos no son inmunes a sacar conclusiones inexactas. Por lo tanto, deberíamos estar abiertos a reconocer que nuestras interpretaciones de algunos pasajes de las Escrituras podrían ser erróneas. A veces es nuestro conocimiento de la teología natural el que no solo nos lleva de alguna manera al conocimiento de Dios, sino que puede obligarnos a reconsiderar nuestras interpretaciones de las Escrituras.

[85] Van Til, *The Defense of the Faith*, 199.

§3. EL LUGAR DE LA RAZÓN HUMANA AUTÓNOMA Y LA LÓGICA EN LA TEOLOGÍA

John M. DePoe

Autonomía deriva de dos palabras griegas: *auto*, que significa "yo", y *nomos*, que significa "ley" o "regla". Por lo tanto, el significado común de autonomía es ser autogobernado o autodirigido: pensar por uno mismo, en lugar de aceptar la autoridad de otros para decidir qué creer o hacer. El razonamiento autónomo se asocia a menudo con la noción de un individuo que asume la responsabilidad personal de lo que cree. Entre los apologistas, una de las cuestiones fundamentales que determinan el contenido y la transmisión de sus mensajes es si el razonamiento humano autónomo es capaz de buscar y encontrar verdades sobre Dios.

¿Debe un apologista presentar pruebas a favor del cristianismo para hacer cambiar de opinión a los incrédulos, o las apelaciones a la razón son inevitablemente inútiles dado el estado no regenerado de los que están perdidos? Las respuestas opuestas a este tema dividen a los presuposicionalistas y a los apologistas clásicos (también llamados "evidencialistas" a lo largo de este capítulo). Los presuposicionalistas rechazan de manera estándar la posibilidad de que el hombre en su estado caído pueda usar la razón apropiadamente para descubrir el conocimiento de Dios.

Los apologistas clásicos creen que es posible que los incrédulos descubran verdades sobre Dios a través de un razonamiento sólido aplicado a un conjunto de pruebas o hechos. En este capítulo se argumentará que la opinión clásica sobre la razón humana autónoma es correcta.

El presuposicionalismo se opone a la autonomía humana

Cornelius Van Til apunta al papel de la razón humana autónoma en su ensayo "Mi Credo". Al exponer su desacuerdo con la apologética clásica, escribe:

> [La apologética clásica] compromete la pecaminosidad de la humanidad resultante del pecado de Adán al no entender que la depravación ética del hombre se extiende a toda su vida, incluso a sus pensamientos y actitudes.[1]

Los presuposicionalistas se apresuran a recordar a sus lectores que la depravación del hombre es total, corrompiendo no solo la voluntad del hombre sino también su mente y sus pasiones. "El hombre natural no está en posición de juzgar la realidad y la fiabilidad de la revelación especial de Dios en el tribunal de la razón", escribe Greg Bahnsen en *Apologética Presuposicional* (Presuppositional Apologetics). "Sus poderes de evaluación son incompetentes, sus estándares están distorsionados".[2] La idea de que la mente del hombre ha sido corrompida

[1] Cornelius Van Til, "My Credo", en *Jerusalem and Athens*, ed. E. R. Geerhan (Phillipsburg, NJ: Presbyterian & Reformed, 1980), 3–21, accedido el 11 de Diciembre, 2018, https://reformed.org/apologetics/My_Credo_van_til.htm.

[2] Gregory Bahnsen, *Presuppositional Apologetics: Stated and Defended*, ed. Joel McDurmon (Powder Springs, GA: American Vision, 2008), cap. 1.

por las influencias del pecado se conoce comúnmente como los efectos noéticos del pecado.[3]

Debido a que los efectos noéticos del pecado han corrompido el pensamiento humano, no solo los seres humanos ya no son capaces de buscar y encontrar a Dios racionalmente, afirman los presuposicionalistas, sino que es una afrenta moral para la razón humana juzgar si el Dios trino existe o si la Biblia es la Palabra de Dios. Van Til vuelve a plantear este punto en "Mi credo":

> En la posición tradicional la característica de auto-atribución de la Palabra de Dios, y por tanto su autoridad, es secundaria a la autoridad de la razón y la experiencia. Las Escrituras no se identifican a sí mismas, el hombre las identifica y reconoce su "autoridad" solo en términos de su propia autoridad.[4]

En otras palabras, los presuposicionalistas creen que permitir que la razón humana sopese las pruebas para determinar si la Biblia es la Palabra de Dios es colocar la razón del hombre como autoridad por encima de Dios y Su Palabra. Bahnsen informa a sus lectores de que utilizar cualquier autoridad que no sea la de Dios "no honra la grandeza de la sabiduría divina", y "se erige necia y audazmente sobre las arenas ruinosas de la autoridad humana".[5] Permitir que la razón humana juzgue a Dios, afirman los presuposicionalistas, es completamente inapropiado.

La alternativa presuposicionalista a la autonomía humana es comenzar con la autoridad de la Palabra de Dios. En lugar de confiar en la razón humana, dicen que los apologistas deben empezar por presuponer la existencia del Dios trino y de la Biblia como su Palabra revelada. Si uno busca establecer una apología del cristianismo, es evidente que el enfoque del presuposicionalismo se asemeja a un razonamiento circular. Incluso los defensores del presuposicionalismo

---

[3] El término "noético" deriva de la palabra griega *nous*, que significa mente. Por lo tanto, noético significa perteneciente a la mente o al intelecto.

[4] Van Til, "My Credo."

[5] Bahnsen, *Presuppositional Apologetics: Stated and Defended*, chap. 1.

admiten que su razonamiento es circular,[6] sin embargo, desvían con desprecio las acusaciones de circularidad sosteniendo que la circularidad es inevitable cuando se piensa en los compromisos fundamentales.[7]

Por lo tanto, la división entre los presuposicionalistas y los teístas clásicos sobre la autonomía humana está relacionada con las diferencias fundamentales de ambos puntos de vista. Los apologistas clásicos afirman la posibilidad de que la razón humana no regenerada pueda examinar las pruebas y descubrir verdades sobre Dios, mientras que los presuposicionalistas niegan resueltamente la posibilidad de que los incrédulos lleguen a conocer este tipo de verdades sin presuponerlas en primer lugar.

Tres puntos en defensa de la razón humana autónoma

La postura del presuposicionalismo sobre la razón humana autónoma puede sonar piadosa, pero es innegablemente errónea, como mostrará este ensayo. Es importante tener en cuenta que el punto de vista presuposicionalista no es que algunas personas no salvas sean incapaces de usar la razón para buscar y encontrar verdades sobre el Dios trino de la Biblia. No, ellos están comprometidos con la tesis más fuerte de que ninguna persona en su estado no regenerado es capaz de usar la razón para descubrir estas verdades.

---

[6] Un ejemplo excelente es John M. Frame, *The Doctrine of the Knowledge of God* (Phillipsburg, NJ: Presbyterian and Reformed Publishing, 1987), 130-133; para un ejemplo más reciente, véase K. Scott Oliphint, *Covenantal Apologetics: Principles and Practice in Defense of Our Faith* (Wheaton, Ill.: Crossway, 2013), 24.

[7] En contra de lo que suelen afirmar los presuposicionalistas, no todos los epistemólogos de hoy en día admiten la inevitabilidad del razonamiento circular. Para algunos ejemplos, véase Timothy J. McGrew y Lydia McGrew, *Internalism and Epistemology: The Architecture of Reason* (New York: Routledge, 2007), cap. 4; Richard A. Fumerton, *Metaepistemology and Skepticism* (Lanham, MD: Rowman & Littlefield Publishers, 1995), 177-179; y Jonathan Vogel, "Reliabilism Leveled", *The Journal of Philosophy* 97, no. 11 (2000): 602-623.

Los apologistas clásicos siempre han reconocido una serie de limitaciones y dificultades para que los incrédulos encuentren la verdad sobre Dios y su Palabra, pero creen que estos desafíos no son imposibles de superar en todos los casos. Para mostrar la plausibilidad de la posición de los apologistas clásicos, se examinará el uso de la razón humana autónoma en relación con las enseñanzas de la Biblia, cómo su negación es autocontradictoria y por qué es prácticamente ineludible en la apologética.

La Biblia y la razón humana autónoma

Como se mencionó anteriormente, los presuposicionalistas suelen rechazar el uso del razonamiento humano autónomo. Dicen que no es apto para la tarea debido a los efectos noéticos del pecado, así como que es inapropiado que el hombre se ponga a juzgar a Dios. Estas afirmaciones pueden sonar reverentes, pero ¿qué dice la Palabra de Dios sobre el uso de la razón humana para discernir qué creer sobre Él y Su Palabra?

Sorprendentemente, la propia Biblia invita regularmente al discernimiento humano a la hora de pensar en Dios y en su Palabra. En el Pentateuco, Dios envía a Moisés a la corte del Faraón con señales milagrosas para confirmar su mensaje (Ex. 4:1-8). A través de estas señales, los magos de la corte del Faraón llegan a saber que "Este [los milagros de Moisés] es el dedo de Dios" (Ex. 8:19).[8]

En otro lugar, se instruye a Israel para que ponga a prueba a los que dicen hablar en nombre de Dios (Dt. 18:21-22). El criterio de autenticidad dado en este pasaje es si las palabras del profeta se cumplen o no. Obsérvese el carácter probatorio de este juicio (contrario al presuposicional), y cómo hace recaer en los individuos la responsabilidad de determinar si el profeta procede verdaderamente de Dios. El Antiguo Testamento suele defender a Yahweh frente a los

8 Todas las citas de la Biblia proceden de la traducción NBLA.

ídolos, invitando al pueblo de Israel a ponerlos a prueba y a permitir que la gente juzgue basándose en las pruebas.

En un caso, Elías se enfrenta a los sacerdotes de Baal para demostrar que Yahweh es real y los otros dioses no (1 Rey. 18:20-45). En lugar de desconfiar del razonamiento humano para discernir lo que es verdadero, la Biblia registra una apelación directa a la evidencia: "Entonces invoquen el nombre de su dios, y yo invocaré el nombre del SEÑOR; y el Dios que responda por fuego, ese es Dios" (versículo 24). El profeta Isaías también invita a emplear el razonamiento probatorio para pensar en la realidad de Dios (Is. 41:21-29; 42:9; 44:6-8, 24-28; 46:10; 48:5, 14; 52:6).

He aquí una de las pruebas de Isaías para juzgar la verdad sobre Dios: "¿Y quién como Yo? Que lo proclame y lo declare. Sí, que en orden lo relate ante Mí, desde que establecí la antigua nación. Que les anuncien las cosas venideras y lo que va a acontecer" (44:7). La implicación subyacente a estas pruebas es que las personas son capaces de hacer este tipo de juicios por sí mismas y que hay circunstancias en las que confiar en la propia razón es totalmente adecuado.

El Nuevo Testamento enseña que el ejercicio de la razón humana es apropiado y competente para sacar conclusiones sobre Dios y su Palabra. Cuando los discípulos de Juan el Bautista le preguntan a Jesús si es el Mesías, éste responde realizando milagros y diciéndoles que den testimonio de estos hechos milagrosos (Luc. 7:18-23). Cuando se le pide que dé una señal, Jesús dice irónicamente a los fariseos que no recibirán ninguna señal, excepto la señal de Jonás, es decir, su resurrección (Mat. 12:38-41).

En la predicación de la iglesia primitiva, la resurrección se da regularmente como evidencia para creer que Jesús es el Mesías (por ejemplo, Hch. 2:22-24; 3:15; 4:10; 10:40; 13:30; etc.). Cuando Pablo presenta el evangelio a los bereanos, éstos responden "escudriñando diariamente las Escrituras, para ver si estas cosas eran así" (Hch. 17:11). Aparentemente, los bereanos realizaron una investigación para determinar por su propio entendimiento si las profecías y enseñanzas sobre Jesús eran ciertas, y sus hallazgos confirmaron el mensaje entregado por Pablo.

Los versículos más famosos de la teología natural, el Salmo 19:1-6[9] y Romanos 1:18-20,[10] también dan por sentado que se puede razonar desde la evidencia del mundo creado hasta su Creador. En todos estos pasajes está notablemente ausente cualquier censura por aplicar el razonamiento humano al pensar en Dios y en Su Palabra, cualquier mandato de someterse a la autoridad de las Escrituras sin razón, o cualquier intento de hurgar en las presuposiciones que pueden apoyar las diferentes creencias entre creyentes y no creyentes. El punto de vista general dado por toda la Escritura confirma que hay momentos y lugares en los que es apropiado y fructífero señalar a los incrédulos la evidencia y dejar que saquen sus propias conclusiones de ella.

Un último grupo de pasajes bíblicos a considerar se refiere a las invitaciones a todas las personas para que busquen al Señor y a las promesas de que quienes lo busquen lo encontrarán. Jeremías 29:13 dice: "Me buscarán y me encontrarán, cuando me busquen de todo corazón". Proverbios 8:17 declara: "Los que me buscan con diligencia me

---

[9] Tremper Longman, *Psalms: An Introduction and Commentary* (Downers Grove, Ill.: InterVarsity Press, 2014), 119 afirma sin ninguna calificación que "Dios se da a conocer a través de su creación". Longman conecta esta idea con la enseñanza de Romanos 1:20 de que Dios ha proporcionado suficiente evidencia de sí mismo.

[10] En cuanto al pasaje de Romanos, observa que dice que el conocimiento de Dios se obtiene a partir del conocimiento perceptivo del mundo (no un conocimiento innato). El pasaje en cuestión nos dice que el conocimiento de Dios "desde la creación del mundo... se han visto con toda claridad, siendo entendidas por medio de lo creado" (1:20). En el griego, los verbos comúnmente traducidos como "se han visto con toda claridad, siendo entendidas" se traducen más literalmente, "[nooumena] siendo entendidas [kathoratai] son percibidas". El primer verbo [nooumena] se refiere a una actividad puramente intelectual y el segundo verbo [kathoratai] se refiere a la vista física. La implicación es que Pablo está describiendo el razonamiento inferencial a partir de la experiencia que es típico de la teología natural. Véase Frederick Fyvie Bruce, *The Letter of Paul to the Romans: An Introduction and Commentary*, 2d. ed. (Grand Rapids: Eerdmans, 1985), 80. Según Thomas R. Schreiner, *Romans* (Grand Rapids: Baker Academic, 1998), 86, el conocimiento de Dios está "mediado por la observación del mundo natural".

hallarán". Jesús se hace eco de estas palabras en su enseñanza: "Pidan, y se les dará; busquen, y hallarán; llamen, y se les abrirá" (Mat. 7:7).

La invitación a buscar se hace a los incrédulos con la consiguiente promesa de que su búsqueda acabará en hallazgo. Como prueba adicional de que todas las personas pueden buscar y encontrar, el Evangelio de Juan describe a Jesús como la "Luz verdadera que alumbra *a todo hombre*" (1:9, con énfasis añadido). La invitación a buscar y la promesa de encontrar serían perversas e injustas si estas promesas se extendieran sin que las almas perdidas pudieran redimirlas. Es contrario al carácter de Dios extender promesas de mala fe. Así, del hecho de que Dios extienda a los incrédulos una invitación a buscar y encontrar, se deduce que son capaces de hacerlo.

Los presuposicionalistas probablemente responderán que otros pasajes de las Escrituras muestran las deficiencias del enfoque clásico. Al faraón, a los profetas de Baal y a los fariseos se les dio una clara evidencia acerca de Dios, pero aun así no se arrepintieron ni creyeron. Jeremías 17:9 nos dice que "Más engañoso que todo es el corazón, y sin remedio". ¿No es el apologista clásico el que descuida los efectos noéticos del pecado y confía en la razón humana para llevar a cabo una tarea para la que no está capacitada?

El problema con esta respuesta presuposicionalista es que toma una posible respuesta de los incrédulos y luego la trata como si fuera la única respuesta posible que los incrédulos pueden dar cuando se enfrentan a una evidencia convincente. Los apologistas clásicos han reconocido desde hace mucho tiempo que los incrédulos pueden no sacar las conclusiones adecuadas de las pruebas disponibles debido a su orgullo pecaminoso y a su resistencia obstinada a reconocer el señorío de Jesucristo.

El hecho de que esta sea una respuesta común a la evidencia no implica que esta sea la única respuesta que los incrédulos pueden dar en su estado caído. A veces, cuando el incrédulo es confrontado con la evidencia incuestionable del cristianismo, revela que sus objeciones intelectuales eran una cortina de humo para ocultar alguna otra base para rechazar a Cristo. Otras veces, la evidencia puede convencer a un incrédulo de cambiar de opinión y creer en la verdad. A la luz del testimonio general de las Escrituras dado anteriormente, está claro que la Biblia no enseña que la única respuesta que pueden dar los incrédulos es la supresión y la racionalización auto-engañosa.

En resumen, la Biblia misma afirma el uso del razonamiento probatorio para evaluar a Dios y Su Palabra en muchas circunstancias. No hay ninguna prohibición dada en la Escritura contra el uso del razonamiento humano, ya sea porque es ineficaz en el incrédulo o porque es inapropiado que los humanos hagan juicios intelectuales sobre Dios y Su Palabra. Al contrario, la Biblia anima a los incrédulos a buscarlo con la promesa de que lo encontrarán.

Negar la razón humana autónoma es autocontradictorio

A menudo el rechazo categórico de la autonomía humana en el razonamiento se hace sobre la base de que uno debe tener una teología sólida antes de ejercer la razón humana. Sin el punto de partida adecuado, insisten los presuposicionalistas, la mente humana sin trabas no puede encontrar la verdad. Ya se ha demostrado que esta línea de razonamiento es errónea a partir de las enseñanzas de las Escrituras, pero hay una razón más por la que debe ser errónea. No se puede rechazar el razonamiento autónomo, porque hacerlo es autocontradictorio.

¿Cómo puede ser contradictorio negar el razonamiento humano autónomo y optar, en cambio, por partir del marco teológico correcto? Es autocontradictorio porque uno debe emplear principios epistémicos y ejercer un discernimiento racional al rechazar la autonomía humana. En otras palabras, los presuposicionalistas están pidiendo a la gente que saque la conclusión de que no debe sacar sus propias conclusiones. La propia tarea de rechazar la autonomía humana debe ser iniciada por un acto de autonomía humana. Por lo tanto, no se puede escapar del uso del razonamiento humano autónomo.

Incluso si ignoramos la flagrante contradicción interna de la prescripción de los presuposicionalistas, existe un problema adicional al tomar la teología como punto de partida de la epistemología. ¿Por qué empezar con una teología cristiana protestante, en lugar de con el budismo zen o la teología musulmana suní? Tradicionalmente, los cristianos han sostenido que hay buenas razones para aceptar la teología cristiana por encima de esas otras tradiciones, que pueden justificar racionalmente su aceptación por encima de las otras.

Pero tomar un compromiso teológico como punto de partida es exigir a las personas que abracen un marco teológico de forma infundada y arbitraria, sin ninguna razón. Lógicamente, antes de la teología, debe haber algún ejercicio de la razón humana autónoma como base para aceptar un marco teológico determinado. Pedirle a la gente que haga lo contrario es invitarla a dar un salto a ciegas hacia alguna teología, lo cual es un ejercicio aún más radical y peligroso de la autonomía humana, ya que está divorciado de la razón.

Incluso suponiendo que exista una forma no arbitraria de comenzar con una tradición teológica cristiana, no se puede evitar el rechazo total del razonamiento humano autónomo. Después de todo, los cristianos tendrán que leer sus Biblias y estudiar una teología sólida para establecer el punto de partida adecuado para el resto de su pensamiento. Pero para hacer todo esto, los cristianos tendrán que basarse primero en los principios epistémicos relacionados con la percepción de los sentidos, la memoria, el juicio racional, etc. Comenzar con la Biblia y la teología es confiar en la autonomía de la razón humana al confiar en las entregas de la propia mente para aprender lo que se enseña de la Biblia y de algún marco teológico. Por lo tanto, una vez más, no se puede eludir por completo la autonomía humana.

A modo de resumen, pues, el razonamiento humano autónomo es inevitable.[11] Lo que los presuposicionalistas piden a la gente es

[11] John Frame sugiere que Van Til y otros presuposicionalistas quieren decir "estándar de verdad" cuando hablan de "puntos de partida". Él cree que esto ofrece alguna salida a este problema. Sin embargo, no me parece que esto escape al problema, ya que el mismo problema se aplica a los estándares de verdad. Uno debe usar un estándar de verdad al hacer un juicio sobre qué estándar de verdad seguir. Para la perspectiva de Frame, véase John M. Frame, *Apologetics: A Justification of Christian Belief*, ed. Joseph E. Torres (Phillipsburg, NJ: Presbyterian and Reformed Publishing, 2015), Apéndice A.

autocontradictorio. En efecto, quieren que la gente use su razonamiento para inferir que no debe usar su razonamiento. En lugar de hacer de la Palabra de Dios un punto de partida firme para todo el pensamiento, lo convierten en un salto arbitrario y sin fundamento. Esto no honra a Dios, ni proporciona una base segura para los fieles seguidores de Cristo.

Los límites prácticos de la razón humana autónoma

El tercer punto que tiene que ver con el uso de la razón humana autónoma se refiere a la aplicación y la práctica de la apologética. En su aplicación y práctica, la razón humana autónoma ha desempeñado un papel importante para llevar a la gente al conocimiento de Dios y de su Palabra. Un lugar donde esto es evidente son las dramáticas historias de conversión de escépticos que se convencieron de la verdad del cristianismo examinando diligentemente la evidencia, como Simon Greenleaf, C. S. Lewis, Joshua McDowell, Holly Ordway, William Ramsay, Lee Strobel, J. Warner Wallace, y una miríada de otros. Cuando los presuposicionalistas niegan que los humanos sean capaces de usar la razón para seguir la evidencia hasta la verdad, también deben negar que las historias de conversión de estos creyentes representen un razonamiento honesto y sólido.

Otro punto práctico sobre el ejercicio del razonamiento humano autónomo es que la apologética, en todas sus formas, apela al razonamiento autónomo de las personas. Tanto si el enfoque apologético es probatorio como presuposicional, el apologista siempre está pidiendo a alguien que cambie de opinión sobre Dios basándose en la razón. El presuposicionalista, por ejemplo, puede tratar de mostrar al incrédulo que su visión secular del mundo es incoherente en algún aspecto importante, y que por lo tanto debería adoptar la visión cristiana del mundo.

Sin embargo, esta apelación sigue dirigiéndose a la razón del incrédulo y le pide que cambie de opinión. Incluso un argumento trascendental es un argumento, y el apologista que lo presenta asume que la persona que lo escucha es capaz de sacar la conclusión que se pretende. Más que denunciar el razonamiento humano autónomo, toda la tarea de la apologética depende de él.

Pero ¿por qué deberían los apologistas confiar en la razón humana en general? ¿No es uno de los supuestos puntos fuertes del presuposicionalismo que reconoce la total depravación del hombre, incluida la depravación de su razonamiento? Aquí puede ser útil considerar la doctrina de la "gracia común".[12] La gracia común es la doctrina de que Dios ha bendecido a todos los seres humanos con dones inmerecidos, independientemente de su posición moral ante Él. Entre los dones que regularmente se incluyen en la gracia común están las capacidades intelectuales.

Los cristianos han reconocido tradicionalmente que estas capacidades intelectuales que forman parte de la gracia común explican cómo los incrédulos son capaces de conocer y descubrir todo tipo de cosas, desde las más mundanas hasta las más profundas. Al igual que los no creyentes son capaces de utilizar sus capacidades intelectuales para conocer períodos de la historia antigua, la física cuántica y la geometría no euclidiana, también pueden aplicar su razonamiento a las pruebas existentes para saber que Jesucristo ha cumplido la profecía del Antiguo Testamento y ha resucitado de entre los muertos.

Los principios epistémicos básicos que sustentan el razonamiento probatorio sólido —lógica deductiva, lógica inductiva, razonamiento explicativo, métodos de evaluación de las pruebas, etc.— se encuentran entre las cosas que todas las personas pueden conocer gracias a la gracia común. Afirmar que las capacidades intelectuales otorgadas por la gracia común permiten a los incrédulos conocer todo tipo de conocimientos, pero no el conocimiento de que Dios existe y se ha revelado en la Biblia, es innecesariamente pesimista e incoherente. Después de todo, los mismos principios básicos de razonamiento que pueden aplicarse a cualquier investigación histórica son los mismos que muchos apologistas clásicos utilizan para argumentar históricamente la resurrección de Jesucristo, por ejemplo.

---

[12] Véase Wayne Grudem, *Systematic Theology: An Introduction to Biblical Theology* (Grand Rapids: Zondervan, 1994), cap. 31.

A veces los presuposicionalistas establecen un contraste entre la "lógica humana" y la "lógica de Dios". Por ejemplo, John Frame escribe: "La lógica humana es falible, aunque la lógica de Dios es infalible".[13] Declaraciones como ésta juegan con una ambigüedad en la palabra "lógica". La lógica en este contexto puede significar tanto los principios formales de la lógica como una descripción de la forma de razonar de alguien.

Los principios de la lógica describen inferencias necesarias que preservan la verdad y que se aplican a todos los mundos posibles. Por lo tanto, es un error distinguir la lógica humana y la lógica divina utilizada en este sentido. Solo hay un conjunto verdadero de principios lógicos sólidos, y se aplican imparcialmente tanto a Dios como al hombre.[14] El conocimiento de estos principios forma parte de lo que incluye la gracia común. El segundo sentido de la lógica, que describe una manera de razonar, es indiscutiblemente reconocido como falible. Se reconoce comúnmente que las personas cometen errores de razonamiento, infravaloran piezas importantes de evidencia y se resisten obstinadamente a las implicaciones relevantes de la evidencia que están examinando.

Las implicaciones que esto tiene para la apologética, sin embargo, no es abandonar o despreciar la "lógica humana". Más bien, los apologistas deben estar atentos a examinar sus razonamientos y los de sus interlocutores. El hecho de que los seres humanos sean falibles es un recordatorio de que hay que ejercer la humildad, examinar minuciosamente los argumentos de los demás y abordar las actividades intelectuales en comunidad. La Escritura afirma que "el hierro con hierro se afila" (Prov. 27:17) y que un cordel de tres hilos no se rompe tan fácilmente como uno simple o doble (Ecl. 4:12). Los apologistas y los eruditos deben seguir estos principios apoyándose en el compañerismo

---

13 Frame, *The Doctrine of the Knowledge of God*, cap. 8.

14 A quienes les preocupa que esto introduzca un problema para la omnipotencia de Dios al limitar Su poder a los que se ajustan a los principios de la lógica, les recomiendo James C. McGlothlin, *The Logiphro Dilemma: An Examination of the Relationship between God and Logic* (Eugene, OR: Wipf and Stock, 2017).

de otros cristianos para animarlos, criticarlos y corregirlos para evitar errores de razonamiento.

En resumen, el rechazo del presuposicionalismo al razonamiento humano autónomo es poco práctico. Debe ignorar o rechazar los numerosos relatos de individuos que han aceptado la verdad del cristianismo como resultado de sus esfuerzos intelectuales. En la práctica, toda la apologética debe apelar a la razón humana autónoma, por lo que no puede evitarse ni siquiera siguiendo el método presuposicional.

Por último, el presuposicionalismo censura innecesariamente el razonamiento humano cuando la doctrina de la gracia común permite una perspectiva que corresponde a lo que se experimenta comúnmente. Una vez más, la perspectiva presuposicionalista sobre la razón humana autónoma ha sido probada, puesta a prueba y encontrada deficiente.

Reflexiones finales

El caso presentado en este capítulo ha establecido que la negación de la razón humana autónoma por parte de los presuposicionalistas fracasa. No hay razones bíblicas para rechazar la autonomía de la razón humana, y hay incoherencias inevitables que resultan de intentar repudiarla. De hecho, lo contrario es cierto: no hay manera de evitar el razonamiento humano autónomo.

Para que nadie concluya que este capítulo afirma que los seres humanos son calculadores lógicos desapasionados que siempre responderán a la lógica y a las pruebas de forma adecuada, es conveniente transmitir algunas palabras finales sobre los efectos del pecado en la razón del hombre. Tras la caída del hombre, los efectos del pecado tocan todos los aspectos de su ser, incluida su mente.[15] Este hecho no puede ser ignorado en la práctica de la apologética. Muchos incrédulos no están interesados en someter sus vidas a Cristo, ni están

15 Para más detalles sobre esta doctrina cristiana, véase Grudem, *Systematic Theology*, cap. 24.

particularmente interesados en la verdad por sí misma. En consecuencia, una apelación estrictamente lógica y probatoria no logrará conmover a muchas personas.

Los evidencialistas han señalado desde hace tiempo que esta apatía general respecto a la verdad es un defecto moral. Por ejemplo, Joseph Butler, el obispo del siglo XVIII, declaró:

> La evidencia de la religión que no parece obvia puede constituir una parte particular de la prueba de algunos hombres en el sentido religioso: ya que da margen, para un ejercicio virtuoso, o una negligencia viciosa de su entendimiento, al examinar o no examinar esa evidencia.[16]

Asimismo, William Paley sostenía que la indagación de un hombre sobre la cuestión de Dios es una tarea que pone a prueba el carácter virtuoso.[17] Más recientemente, otros han reconocido también la dimensión moral en la búsqueda de la cuestión de Dios.[18]

En la práctica, esto significa que algunos incrédulos han erigido barreras intelectuales como fachadas para cubrir los verdaderos motivos de su incredulidad. La tarea del apologista no es solo eliminar estas barreras intelectuales, sino también exponer los verdaderos motivos de la incredulidad. La labor de la apologética no consiste simplemente en ganar argumentos, sino en ministrar a los perdidos. En consecuencia, los

---

16 Joseph Butler, *The Analogy of Religion*, ed. reimpresa (New York: Harper & Brothers Publishers, 1860), 277, parte II, cap. 6.

17 William Paley, *Evidences of Christianity*, ed. reimpresa (New York: Robert Carter & Brothers, 1879), 470, parte III, capítulo 6.

18 Como Richard Swinburne, *Providence and the Problem of Evil* (Oxford: Oxford University Press, 1998), 210-211; Richard Swinburne, *The Existence of God*, 2d. ed. (Oxford: Oxford University Press, 2004), 267-272; y John M. DePoe, "The Epistemic Framework for Skeptical Theism", en *Skeptical Theism: New Essays*, ed. Trent Dougherty y Justin P. McBrayer (Oxford: Oxford University Press, 2014), 32-44.

apologistas harían bien en desarrollar una gama más amplia de habilidades persuasivas que el argumento lógico por sí mismo.[19]

[19] Un excelente punto de partida para que los apologistas cristianos estudien el arte de la persuasión es Os Guinness, *Fool's Talk: Recovering the Art of Christian Persuasion* (Downers Grove, Ill.: InterVarsity, 2015).

§4. LA ESTRUCTURA DEL CONOCIMIENTO EN LA TEOLOGÍA CLÁSICA REFORMADA: FRANCIS TURRETIN Y CHARLES HODGE

Nathan Greeley

En su reciente libro *Tomás de Aquino* (Thomas Aquinas), el apologista presuposicional K. Scott Oliphint critica a Aquino por varios supuestos errores. Estos errores, sostiene, hacen imposible que el pensamiento del gran médico medieval pueda ser considerado compatible con una teología consistentemente reformada. El más fundamental de los problemas sobre los que llama la atención parece ser la posición de Aquino sobre la existencia del conocimiento natural y su relación con el conocimiento revelado, o, en otras palabras, la comprensión de Aquino sobre la relación entre filosofía y teología.[1] Oliphint está convencido de

[1] Véase K. Scott Oliphint, *Thomas Aquinas* (Phillipsburg, NJ: P&R Publishing, 2017), 25-31, 50-53.

que Aquino malinterpreta esta relación y, por lo tanto, no comprende adecuadamente el significado epistemológico de la revelación especial; como tal, el pensamiento de Aquino sufre de un defecto fatal y congénito que lo hace antitético a la teología reformada.

Dado que considera que la perspectiva de Aquino es tan errónea, Oliphint parece algo desconcertado y claramente consternado por el hecho de que haya cristianos reformados hoy en día que tengan una alta estimación de Aquino y de sus contribuciones, en particular con respecto a la misma cuestión que Oliphint señala como un error atroz por parte de Aquino. Sin mucha perspectiva histórica, puede ser posible tomar el relato de Oliphint sobre la incompatibilidad de Aquino con el pensamiento reformado al pie de la letra, y por lo tanto adoptar su ceñuda perplejidad con respecto a las apropiaciones reformadas contemporáneas de Aquino.

El conocimiento de la tradición reformada, sin embargo, probablemente nos lleve a una perspectiva diferente de las quejas de Oliphint. Cuando se consulta la historia de la tradición reformada de la que Oliphint dice hablar, y se examina el punto de vista epistemológico adoptado por la gran mayoría de los pensadores reformados antes del siglo XX, se ve que son Oliphint y su punto de vista presuposicional los que están fuera de la corriente principal de esta tradición. De hecho, por sorprendente que pueda resultar para algunos que han sido influenciados por Oliphint y su mentor Cornelius Van Til,[2] prácticamente todos los teólogos reformados anteriores sostenían puntos de vista sobre la relación entre el conocimiento natural y el revelado que en gran medida se hacen eco de los de Aquino —puntos de vista, cabría añadir, que son notablemente incongruentes con los propios principios de Oliphint.

---

[2] Cornelius Van Til (1895-1987), el apologista presuposicional más influyente, publicó muchas obras que articulaban el método presuposicional en la apologética y defendían un enfoque de la teología reformada coherente con este método. Algunos de sus escritos más leídos son *Christian Apologetics*, 2nd ed., ed. William Edgar (Phillipsburg, NJ: P&R Publishing, 2003), *An Introduction to Systematic Theology: Prolegomena and the Doctrines of Revelation, Scripture, and God*, 2nd ed., ed. William Edgar (Phillipsburg, NJ: P&R Publishing, 2007), y *The Defense of the Faith*, 4th ed., ed. K. Scott Oliphint (Phillipsburg, NJ: P&R Publishing, 2008).

La teología histórica reformada tiene, pues, alguna relación con la comprensión del significado y la evaluación de la legitimidad de la crítica que hace Oliphint de Aquino. El propósito del presente artículo es ofrecer un resumen de las principales características de la comprensión reformada clásica de la relación entre el conocimiento natural y el conocimiento revelado. Hacerlo no bastará para refutar la epistemología presuposicional de Oliphint, ya que tal esfuerzo requeriría otras consideraciones además de las históricas que son el objetivo principal del presente ensayo. Pero pondrá en duda sus repetidas afirmaciones de que la teología reformada es profundamente incongruente con la epistemología de Aquino, ya que, como se ha mencionado, la visión reformada clásica está mucho más cerca de la de Aquino que de la de Oliphint.

Se podría consultar provechosamente a un gran número de figuras de los siglos XVI, XVII, XVIII y XIX para establecer la forma básica de esta comprensión clásica. Sin embargo, de los eminentes teólogos que escribieron incisivamente sobre este tema, podría decirse que ninguno es más importante que el teólogo ginebrino Francis Turretin (1623-1687) y el teólogo de Princeton Charles Hodge (1797-1878). Ambos estuvieron entre los mejores y más influyentes pensadores reformados de su época, ambos trataron de mantener el consenso de los teólogos ortodoxos, y ambos escribieron una cantidad significativa de material respondiendo a cuestiones epistemológicas.

El examen de los escritos de Turretin y Hodge corroborará, por tanto, la afirmación de que la crítica que hace Oliphint de Aquino, lejos de defender la fe reformada contra una influencia tomista ajena, es solo una prueba de que la posición epistemológica de Oliphint se aparta de la corriente histórica de su propia tradición.[3]

[3] La inspiración para este artículo, al menos en parte, proviene del ensayo de Paul Helm "Nature and Grace", en *Aquinas Among the Protestants*, ed. Manfred Svensson y David VanDrunen (Oxford: Wiley Blackwell, 2018), 219-247. Helm, en esta obra, discute de manera útil la influencia de la comprensión de Aquino sobre la naturaleza y la gracia en varios teólogos reformados, incluyendo a Juan Calvino, Peter Martyr Vermigli, Francis Turretin y John Owen. En este trabajo, intento complementar lo que Helm escribió diciendo más sobre cuestiones específicamente

En la primera parte de este ensayo estableceré lo que Oliphint considera los puntos de diferencia más importantes entre Aquino y una posición consistentemente reformada sobre la cuestión del conocimiento natural y el conocimiento revelado, o la filosofía y la teología. A continuación, esbozaré los puntos de vista más destacados de Turretin y Hodge, que coinciden fundamentalmente entre sí. En una sección final, compararé brevemente la posición de Turretin y Hodge con la de Aquino, y comentaré cómo la crítica de Oliphint a Aquino establece inadvertidamente su distancia de Turretin, Hodge y la corriente principal de la tradición reformada clásica.[4]

Oliphint sobre la estructura del conocimiento en Aquino

Al examinar el pensamiento del Aquino, Oliphint parece estar más preocupado por lo que él considera el punto de partida epistemológico del pensamiento del Aquino —el "*principium cognoscendi*" de Aquino, como él elige decirlo. Aunque también discute aspectos de la metafísica de Aquino en *Tomás de Aquino*, particularmente en la última mitad del libro, parece evidente que, para Oliphint, las cuestiones epistemológicas tienen una prioridad metodológica y, por lo tanto, son de principal importancia.[5] Los errores de Aquino, desde el punto de vista

epistemológicas con el telón de fondo de la crítica de Oliphint a Aquino.

[4] Esto no quiere decir que el retrato de Oliphint de Aquino sea una exposición precisa del pensamiento de Aquino. Muchos estudiosos han reconocido que el retrato de Oliphint tiene problemas importantes. Mi interés aquí, sin embargo, no es criticar la exactitud o la imparcialidad del trabajo de Oliphint (una tarea que ha sido hábilmente realizada por otros), sino mostrar que las críticas que hace Oliphint de Aquino sirven para separarlo de la corriente principal de su propia tradición. Para una revisión crítica incisiva del libro de Oliphint, véase Paul Helm, "*Thomas Aquinas* by K. Scott Oliphint: A Review Article", *Journal of IRBS Theological Seminary* (2018): 169-193. Otra revisión crítica puede encontrarse en Richard A. Muller, "Reading Aquinas from a Reformed Perspective: A Review Essay", *Calvin Theological Journal*, vol. 53, nº 2 (2018): 255-88.

[5] Esto es indicativo del compromiso de Oliphint con una forma moderna y postcartesiana de entender la relación de la epistemología con la metafísica. Los

presuposicional de Oliphint, se deben en primer lugar a los puntos de vista epistemológicos defectuosos del teólogo medieval.

Oliphint señala en primer lugar que, para Aquino, hay una doble división en los objetos del conocimiento humano: por un lado están las cosas que pueden conocerse mediante el uso de nuestras facultades naturales, y por otro las que solo pueden conocerse sobre la base del testimonio divino (es decir, la revelación especial).[6] El conocimiento posible de los primeros objetos es, según Aquino, siempre anterior al conocimiento efectivo de los segundos. También sostiene que lo que puede conocerse potencialmente mediante el uso de nuestras facultades naturales no se limita a las cosas creadas, sino que también se extiende, por medio de estos objetos, a la existencia de Dios y a algunos de sus atributos.

Así, cualquier persona con suficientes recursos intelectuales puede conocer, mediante la reflexión sobre la creación, que Dios existe y que es simple, inmutable, eterno, etc. Aquino escribe que:

> A partir del conocimiento de las cosas sensibles no se puede conocer todo el poder de Dios; ni por tanto se puede ver su esencia. Pero como son sus efectos y dependen de su causa, podemos ser conducidos desde ellas hasta conocer de Dios *si Él existe*, y conocer de Él lo que

---

pensadores antiguos y medievales solían entender que el punto de partida de la filosofía eran las cuestiones relativas a lo que debe existir, y luego llegaban a conclusiones sobre cómo se conocen las cosas a partir de lo que consideraban que existía. La posibilidad del conocimiento se presupone desde el principio. Los pensadores modernos, por el contrario, han afirmado por lo general la primacía de la epistemología, es decir, que antes de poder obtener cualquier claridad sobre lo que existe, debemos establecer primero lo que se puede conocer, si es que se puede conocer algo. No es de extrañar que el orden en que se planteen estas cuestiones influya significativamente en las respuestas a las que se pueda llegar. El pensamiento moderno, al dar un lugar privilegiado a la epistemología, es mucho más propenso a las conclusiones escépticas que la mayor parte del pensamiento antiguo y medieval, simplemente porque insiste en que hay que argumentar la posibilidad del conocimiento, y pocos argumentos filosóficos tienen mucho éxito.

[6] Véase Oliphint, 12.

> necesariamente debe pertenecerle, como causa primera de todas las cosas, superando todas las cosas causadas por Él.[7]

Para Oliphint, esta imagen epistemológica es profundamente errónea, ya que no destaca suficientemente la dinámica establecida por los efectos noéticos de la depravación humana y los efectos contrarios de la regeneración espiritual.[8] El conocimiento humano, según Aquino, parece no estar afectado por ninguna consideración teológica explícita.[9] "El punto de vista tradicional romano [católico] y tomista", afirma Oliphint, "ha sido que la filosofía disfruta de una autonomía de la teología, ya que ocupa su lugar fuera del ámbito de la teología. Aunque la filosofía es incapaz de captar algunas de las verdades más profundas de la teología, puede, por sí misma, captar mucha verdad sobre Dios y su carácter".[10]

Deudor del pensamiento pagano más que de la Biblia, este cuadro no reconoce los efectos importantísimos de la depravación y la regeneración humanas. Como tal, el punto de vista de Aquino se apoya en una antropología falsa y demasiado sanguínea que la hace casi inútil, y que le lleva a proponer una explicación de la situación epistemológica humana que debe ser rechazada por cualquier pensador verdaderamente bíblico.

Por lo tanto, Oliphint se niega a aceptar la afirmación de Aquino de que los seres humanos caídos pueden, mediante una industria intelectual suficiente, alcanzar un conocimiento verdadero de las cosas divinas. Más significativamente aún, sostiene que Aquino interpreta la relación entre nuestro conocimiento potencial de las criaturas y nuestro conocimiento alcanzado sobre la base del testimonio divino de una manera que se opone a la verdad.

---

7 Tomás de Aquino, *ST* I, q.12, a.12, resp. (énfasis en el original). Citado en Oliphint, 13.

8 Véase Oliphint, *Thomas Aquinas,* 33.

9 Véase Oliphint, *Thomas Aquinas,* 15.

10 Oliphint, *Thomas Aquinas,* 27.

En efecto, Aquino sostiene que la filosofía, al derivar de las facultades naturales del hombre, tiene una cierta prioridad natural sobre la teología, basada en el testimonio divino. Como tal, afirma que la investigación filosófica puede descubrir verdades mediante el uso de estos poderes sin la ayuda de la teología o del conocimiento revelado. De hecho, según Aquino, si los conocedores humanos carecieran de estas facultades básicas, serían incapaces de adquirir ningún conocimiento, incluido el concedido por la revelación. Así, escribe que "la fe presupone el conocimiento natural, como la gracia presupone la naturaleza, y la perfección supone algo que puede ser perfeccionado".[11]

Por el contrario, Oliphint alega que solo podemos tener un conocimiento verdadero de cualquier cosa después de haber aceptado lo que el testimonio divino tiene que decir al respecto. No niega que nuestras facultades operen sin afirmar tal testimonio, pero cree que debemos reconocer y creer este testimonio antes de poder concebir y afirmar adecuadamente cualquier verdad sobre Dios y sus criaturas. En lugar de que la acreditación de la revelación presuponga las capacidades naturales de conocimiento, se da el caso de que el conocimiento de todo tipo presupone la creencia en la revelación. Por tanto, la gracia no presupone la naturaleza, ya que no puede haber un verdadero conocimiento de la naturaleza antes de la gracia.[12]

---

[11] Aquino, *ST* I, q.2, a.2, ad 1. Citado en Oliphint, 28.

[12] Van Til afirma que el hombre no regenerado "no conoce nada verdaderamente como debería conocerlo... No solo está básicamente equivocado en sus nociones sobre la religión y Dios, sino que también está básicamente equivocado en sus nociones sobre los átomos y las leyes de la gravitación". Van Til, *An Introduction*, 64. Sostiene este punto de vista porque cree que la verdad es un todo interconectado en el que cada verdad está internamente relacionada con todas las demás. Por lo tanto, escribe que "puede parecer como si fuera un esfuerzo por un mosquito insistir en el punto de que el hombre natural ni siquiera conoce las flores verdaderamente, mientras se mantenga que no conoce a Dios verdaderamente. Sin embargo, la cuestión es que, a menos que sostengamos que el hombre natural no conoce verdaderamente las flores, no podemos sostener lógicamente que no conoce verdaderamente a Dios. Todo conocimiento está interrelacionado. El mundo creado es expresivo de la naturaleza de Dios. Si uno conoce verdaderamente la 'naturaleza', también conoce verdaderamente al Dios de la naturaleza" (Van Til, *An Introduction*, 64). En otras palabras, dado que el hombre

Este modo de concebir las cosas tiene como consecuencia que existe una división o antítesis epistemológica entre quienes han sido capacitados por el Espíritu Santo para acreditar el testimonio divino y quienes no lo han hecho.[13] Solo los que han dado crédito a este testimonio son capaces de interpretar o concebir correctamente los posibles objetos de conocimiento (entendiéndolos en relación con su creador) y, por tanto, de conocer verdades sobre ellos. Los que no han aceptado este testimonio están en la posición de no tener realmente un conocimiento genuino sobre nada.[14]

A lo sumo, esas personas tienen una especie de conocimiento pragmático; tienen un modo de conocimiento que interpreta los objetos creados en relación con nuestros modos caídos de pensar y querer, pero que, por lo tanto, no logra comprender lo que esas cosas son realmente.[15]

---

no regenerado no puede conocer verdaderamente a Dios sin ser movido por el Espíritu Santo a afirmar la revelación contenida en la Biblia, y no puede conocer verdaderamente la naturaleza sin conocer verdaderamente a Dios, debe conocer la Biblia antes de poder conocer verdaderamente la naturaleza. Van Til afirma, pues, que "nadie comprende verdaderamente la revelación de Dios en la naturaleza si no comprende primero la revelación de Dios en la Escritura. En este sentido, pues, el testimonio especial es anterior al testimonio general" (Van Til, *An Introduction*, 112). Hay que señalar que para Van Til la revelación de Dios en la naturaleza incluye todo lo creado, por lo que no es posible un conocimiento genuino de la naturaleza sin un conocimiento previo de la Escritura. También hay que señalar que esta afirmación de que toda la verdad comprende una única verdad indivisible que se conoce o no, es una visión totalmente ajena al pensamiento cristiano clásico. Más bien se deriva, ante todo, de las filosofías idealistas del siglo XIX y de las teorías de la coherencia de la verdad que engendraron. Estas filosofías, en la medida en que afirman que la verdad no está determinada por las cosas, sino por las relaciones, tienden al relativismo en diversas formas.

[13] Véase Oliphint, 34. Para una discusión muy caritativa de la noción de antítesis tal como aparece en los escritos de Van Til, mentor de Oliphint, véase John Frame, "Van Til on Antithesis", *Westminster Theological Journal*, vol. 57 (1995): 81-102.

[14] Véase Oliphint, 34-35. Van Til afirma que no hay "verdades generals" que los cristianos y los no cristianos tengan en común. Véase Van Til, *An Introduction*, 116.

[15] Tomando prestada la terminología de Kant, Van Til compara esto con un conocimiento de los fenómenos que no logra captar la realidad nouménica que hay detrás de los fenómenos, y por lo tanto no puede conocer verdaderamente los fenómenos. Véase Van Til, *An Introduction*, 148.

Con respecto a tener conocimiento de Dios, sin embargo, todo lo que es posible para el no regenerado es "producir un ídolo, un dios de nuestras propias imaginaciones".[16] Tal "conocimiento", totalmente distorsionado y corrompido como está, no es de ninguna manera útil o beneficioso, sino que solo sirve para profundizar la culpabilidad del no regenerado.

Este modo de pensar parece tener como resultado el otorgar a la teología todo el honor y la legitimidad en detrimento de la filosofía considerada como mera sabiduría humana, que deja de tener legitimidad alguna. Los no redimidos no tienen nada que pueda llamarse conocimiento sin una calificación significativa, ya que nada puede entenderse verdaderamente aparte del conocimiento del verdadero Dios, y tal conocimiento es únicamente posesión de los regenerados.[17] No es de extrañar que muchos cristianos reformados encuentren bastante

---

16 Oliphint, *Thomas Aquinas,* 53.

17 Esta visión del conocimiento se basa en una comprensión de la naturaleza de los hechos que es significativamente diferente de la comprensión presupuesta en el pensamiento clásico. En el pensamiento clásico, las cosas existentes tienen una inteligibilidad inherente, de modo que quien las conozca suficientemente podrá tener conocimiento de ellas. Por el contrario, según el punto de vista de Van Till, el significado de las cosas no se encuentra en las cosas mismas, sino que depende de cómo las interpreta Dios. Los cristianos tienen conocimiento de las cosas solo en la medida en que las interpretan a la luz de la revelación divina, y por tanto interpretan las cosas en términos de las propias interpretaciones de Dios. Los no cristianos, sin embargo, al negarse a reconocer a Dios, no interpretan las cosas de esta manera, y por lo tanto solo pueden interpretarlas erróneamente. Literalmente hablando, como se ha señalado anteriormente, no pueden saber nada. Un problema notable para este punto de vista es que es difícil ver cómo puede haber realmente algún conocimiento de Dios obtenible en principio por medio de las cosas creadas, ya que ningún objeto creado puede llevar su inteligibilidad o significado dentro de sí mismo, y por lo tanto todo el significado solo puede ser descubierto por medio del testimonio divino sobre la interpretación de Dios de las cosas creadas. Van Til escribe que "el hombre no puede interpretar nada correctamente a menos que su interpretación sea pensada como una reinterpretación de la interpretación de Dios". Van Til, *An Introduction,* 325. También afirma que "Dios, en la revelación especial, realmente trae la verdadera interpretación en posesión de las almas que ha elegido. Es en virtud de esta verdadera interpretación que el hombre puede ahora interpretar verdaderamente" (Van Til, *An Introduction,* 222). Esta posición asigna en última instancia el fundamento de la verdad al sujeto, no al objeto del conocimiento, y por lo tanto es una forma de antirrealismo.

atractiva esta negación de que la gracia presupone la naturaleza, ya que parece ofrecer una imagen mucho más "teocéntrica" del conocimiento humano que la expuesta por Aquino.

Sin embargo, como ya se ha mencionado, no es el punto de vista que se encuentra en prácticamente ninguno de los primeros exponentes de la teología reformada. Como se aclarará en el resto de este ensayo, los pensadores anteriores sostenían una posición que tiene un parecido estructural con la de Aquino y, como se discutirá, creían que había buenas razones para afirmar dicha posición.

Turretin sobre la estructura del conocimiento

Dos de los teólogos más notables que sostuvieron este antiguo punto de vista fueron Francis Turretin y Charles Hodge. Los puntos de vista de Turretin están bien expresados en su obra magna, *Institución de la Teología Eléntica* (Institutes of Elenctic Theology). Al principio de esta enorme obra, Turretin señala que su orientación epistemológica es significativamente diferente de la planteada por Oliphint. Escribe:

> No es repugnante que una misma cosa en una relación diferente sea conocida por la luz de la naturaleza y creída por la luz de la fe; ya que lo que se deduce de la una solo oscuramente, puede ser sostenido con mayor certeza por la otra. Así, sabemos que Dios es, tanto por la naturaleza como por la fe (Heb. 11:6); por la primera de manera oscura, pero por la segunda con mayor seguridad. El conocimiento especial de la verdadera fe (por la que los creyentes agradan a Dios y tienen acceso a Él, de la que habla Pablo), no excluye, sino que supone el conocimiento general de la naturaleza.[18]

Aquí Turretin ofrece lo que podría considerarse como una declaración condensada de toda su comprensión de la relación entre el conocimiento

---

[18] Francis Turretin, *Institutes of Elenctic Theology*, vol. 1, ed. James T. Dennison, Jr. y trans. George Musgrave Giger (Phillipsburg, NJ: P&R Publishing, 1992), 8.

natural y el revelado. En lo que queda de esta sección, intentaré desplegar lo que considero que son los puntos más destacados implícitos en ella.

Es especialmente importante señalar las afirmaciones de Turretin de que algunas cosas pueden ser conocidas tanto por medio de las facultades naturales humanas como por el testimonio divino, y que el conocimiento al que se llega mediante la fe en este testimonio presupone un conocimiento previo derivado de la naturaleza. En ambos casos, se reconoce la importancia y la eficacia de estos poderes. Afirma que, debido a estas potencias, hay verdades o principios conocidos por la luz de la naturaleza y, por tanto, comunes a todos los hombres, y afirma que es sobre estos principios sobre los que "se construye la teología sobrenatural".[19] Tales principios tienen una doble importancia con respecto a las cuestiones teológicas. Por un lado, permiten la posibilidad de la teología natural y el conocimiento, incluso entre los no regenerados, "de que hay un Dios" y "de que debe ser adorado, etc.".[20] Por otro lado, son un requisito previo para captar y asentir al testimonio divino dado a conocer en la revelación especial.

Ya se ha visto que Oliphint opina que cualquier razonamiento realizado por el no regenerado en un intento de adquirir conocimiento de Dios terminará en idolatría, y por lo tanto, no solo es inútil, sino francamente pernicioso. Turretin, sin embargo, tiene una estimación más generosa de la importancia de lo que se puede descubrir acerca de Dios mediante el uso de los poderes naturales. Escribe que el conocimiento natural de Dios:

> Tiene varios fines y usos: (1) como testimonio de la bondad de Dios hacia los pecadores indignos incluso de estos restos de luz (Hch. 14:16, 17; Jn. 1:5); (2) como vínculo de disciplina externa entre los hombres para evitar que el mundo se corrompa por completo (Rom.

---

[19] Turretin, *Institutes,* 10. Más adelante en sus *Institutes*, señala que la teología "presupone ciertas cosas previamente conocidas sobre las que construye la revelación". Turretin, 20.

[20] Turretin, *Institutes,* 10.

> 2:14, 15); (3) como condición subjetiva en el hombre para la admisión de la luz de la gracia porque Dios no apela a los brutos y a las existencias, sino a las criaturas racionales; (4) como incitación a la búsqueda de esta revelación más ilustre (Hch. 14:27); (5) para hacer a los hombres inexcusables (Rom. 1:20) tanto en esta vida, en el juicio de la conciencia acusadora (Rom. 2:15) como en la vida futura, en el juicio que Dios hará sobre los secretos de los hombres (Rom. 2:16).[21]

El número de funciones dignas de mención que Turretin menciona deja claro que el conocimiento natural de Dios es, en su opinión, pertinente para toda la estructura de la teología cristiana. La tercera y la cuarta función mencionadas son de especial interés para determinar su comprensión de la naturaleza del conocimiento que poseen los hombres no regenerados. La primera afirma que la posesión de facultades naturales capaces de alcanzar el conocimiento es una condición necesaria para la recepción salvadora del testimonio divino. La segunda es destacada porque parece evidente que el conocimiento natural solo podría servir como tal incitación si fuera genuino hasta donde llega.

Si el conocimiento natural de Dios fuera totalmente inexistente entre los hombres no regenerados en cualquier forma, excepto la de la idolatría burda, entonces es imposible ver cómo este conocimiento podría servir para inspirar la búsqueda de Dios tal como es conocido a través de la revelación especial. Turretin confirma este juicio cuando afirma que, mediante el empleo de poderes naturales de la humanidad para reflexionar sobre las "obras de la naturaleza y la providencia" de Dios, éste "podría ser conocido y distinguido de los ídolos".[22]

Evidentemente, si tales poderes tienen el potencial de proporcionar un conocimiento suficiente para distinguir entre el creador y nociones de deidad totalmente falsas, entonces dicho conocimiento debe ser genuino, al menos en cierta medida. No se puede dudar de que Turretin afirmaría que los judíos, los musulmanes y muchos otros no cristianos conocen

---

[21] Turretin, *Institutes,* 10.

[22] Turretin, *Institutes,* 11.

algunas verdades sobre Dios, aunque rechacen la revelación especial necesaria para adorarlo correctamente y estar a su favor.

Una prueba adicional de que Turretin sostiene que las facultades naturales de los no regenerados son capaces de descubrir la verdad sobre Dios se encuentra en su enseñanza de que los ateos pueden ser movidos de su posición por medio de la razón filosófica. "Por medio de los principios de la razón", escribe, "se pueden eliminar los prejuicios contra la religión cristiana extraídos de la razón corrupta".[23] También afirma que la filosofía "sirve como medio para convencer a los gentiles y prepararlos para la fe cristiana".[24] Todas estas observaciones bastan para demostrar que, para Turretin, el logro de un conocimiento genuino por parte de los no regenerados es sin duda posible; los no regenerados, por lo tanto, pueden al menos ocasionalmente reclamar legítimamente la posesión de algo más que la mera apariencia de conocimiento que Oliphint considera que está a su alcance.[25]

La discusión hasta este punto puede dejarnos con la impresión de que Turretin critica poco las facultades naturales de la humanidad poslapsariana y, por tanto, que no atribuye al pecado ningún efecto

---

23 Turretin, *Institutes,* 28.

24 Turretin, *Institutes,* 45.

25 También Calvino atribuye a los no cristianos un conocimiento genuino importante. En sus *Institutes,* plantea las siguientes preguntas sobre los paganos clásicos: "¿Negaremos que la verdad brilló sobre los antiguos juristas que establecieron el orden y la disciplina cívica con tanta equidad? ¿Diremos que los filósofos eran ciegos en su fina observación y en su artera descripción de la naturaleza? ¿Diremos que estaban desprovistos de entendimiento aquellos hombres que concibieron el arte de la disputa y nos enseñaron a hablar razonablemente? ¿Diremos que están locos los que desarrollaron la medicina, dedicando su trabajo a nuestro beneficio? ¿Qué diremos de todas las ciencias matemáticas? ¿Las consideraremos desvaríos de locos? No, no podemos leer los escritos de los antiguos sobre estos temas sin gran admiración. Nos maravillamos ante ellos porque nos vemos obligados a reconocer lo preeminentes que son... Aquellos hombres a los que la Escritura [I Cor. 2:14] llama 'hombres naturales' eran, en efecto, agudos y penetrantes en su investigación de las cosas inferiores. Aprendamos, pues, con su ejemplo, cuántos dones dejó el Señor a la naturaleza humana incluso después de haberla despojado". Juan Calvino, *Institutes of the Christian Religion*, bk. 2, cap.ii, 15, ed. John T. McNeill, trad. Ford Lewis Battles (Louisville, KY: Westminster John Knox Press, 2006), 274-275.

noético significativo. Tal valoración de las facultades humanas, si existiera en su pensamiento, sería ciertamente difícil de encajar con una articulación bíblicamente fiel y coherente del cristianismo reformado.

Sin embargo, no hay incongruencia, porque no hay una confianza indebida en tales poderes. La razón humana no solo es inherente y necesariamente incapaz de comprender todas las verdades debido a su finitud, sino que también está contingentemente viciada por el pecado. Turretin escribe que:

> Admitimos de buen grado que hay cosas que superan con mucho la comprensión no solo de los hombres, sino incluso de los ángeles, cuya revelación fue obra de una revelación sobrenatural. Concedemos también que la razón no solo es incapaz de descubrirlas sin la revelación; no solo es débil para comprenderlas después de haber sido reveladas; sino que también es escurridiza y falible (persigue fácilmente la falsedad por la verdad y la verdad por la falsedad), y nunca cree la palabra de Dios y sus misterios a menos que sea iluminada por la gracia del Espíritu.[26]

Más adelante, en *los Institutes,* escribe que el pecado original:

> Corrompe no solo la parte inferior del alma (o la sensible, *a aisthetikon*), como quieren los papistas (con el fin de favorecer el libre albedrío), sino también la parte superior (o la lógica [*a logikon*], es decir, el intelecto y la voluntad). De ahí que la ceguera y la ignorancia de la mente, la rebelión y la contumacia se atribuyan a la voluntad, y que se diga que todo el hombre está completamente corrompido, de modo que no puede conocer ninguna verdad ni hacer ningún bien y que, por tanto, necesita la regeneración y la santificación, en cuanto a ambas partes de sí mismo.[27]

---

[26] Turretin, *Institutes,* 29.

[27] Turretin, *Institutes,* 638.

Este último pasaje deja especialmente claro que los límites y defectos de la razón no deben ser minimizados para sugerir que la revelación especial y la obra regenerativa del Espíritu Santo son superfluas o innecesarias. Turretin llega incluso a decir que los no regenerados no pueden conocer ninguna verdad, lo que a primera vista (*prima facie*) podría parecer un eco de la posición de Oliphint. Sin embargo, en el contexto, está claro que se refiere a las verdades espirituales y al significado último de las verdades mundanas, no al conocimiento propiamente dicho (*tout court*).

La verdad, para Turretin, es que tanto la enervación como la eficacia restante de las facultades naturales deben ser mantenidas y conservadas en tensión. Cree que sería totalmente erróneo exagerar los defectos de las facultades naturales humanas hasta el punto de eliminarlas por completo. Esto se pone de manifiesto cuando analiza la doctrina de que el hombre está hecho a imagen y semejanza de Dios. En la medida en que esta imagen se refiere a que el hombre tiene intelecto, voluntad y libertad, Turretin la considera esencial para el hombre. Como tal, no puede perderse sin la pérdida de la propia humanidad.

Sin embargo, en la medida en que la imagen se refiere a la justicia y santidad originales del hombre, es accidental y puede perderse sin que cambie su esencia o sustancia. No es absurdo, afirma:

> Que la imagen se pierda en parte y se conserve en parte, y que en el mismo sujeto haya imagen de Dios y del Diablo en diferentes aspectos (*kat' allo kai allo*). La primera, en efecto, en la esencia del alma y en los dones que quedan después de la caída; la segunda, en cambio, en la depravación y la contaminación.[28]

---

[28] Turretin, *Institutes,* 466. Distinguir entre la imagen de Dios en un sentido amplio y estrecho, o esencial y accidental, es común en la teología reformada clásica. También se encuentra esta distinción en Hodge, como se mostrará a continuación.

Turretin desarrolla lo que considera que es esta imagen esencial, y cuáles son sus implicaciones con respecto al conocimiento humano, cuando escribe que:

> Aunque el entendimiento humano es muy oscuro, todavía quedan en él algunos rayos de luz natural y ciertos primeros principios, cuya verdad es incuestionable: como que el todo es mayor que la parte, que un efecto supone una causa, que ser y no ser al mismo tiempo son incompatibles (*asistemáticos*), etc. Si no fuera así, no podría haber ciencia, ni arte, ni certeza en la naturaleza de las cosas. Estos primeros principios son verdaderos no solo en la naturaleza, sino también en la gracia y en los misterios de la fe. La fe, lejos de destruirlos, por el contrario, los toma prestados de la razón y los utiliza para reforzar sus propias doctrinas. Aunque la razón y la fe son de clases diferentes (la una natural, la otra sobrenatural), no se oponen sin embargo, sino que mantienen una cierta relación y se subordinan la una a la otra. La razón es perfeccionada por la fe y la fe supone la razón, sobre la cual fundar los misterios de la gracia.[29]

Este pasaje es de gran ayuda para establecer con certeza lo que Turretin cree sobre nuestras facultades naturales. Algunos puntos merecen una atención especial. El primero es que, aunque el entendimiento humano es "muy oscuro", no está oscurecido hasta tal punto que no merezca llamarse entendimiento. Hay poderes y capacidades que permanecen en la humanidad caída, y si no existieran, entonces ninguna de las actividades que tomamos como características de la humanidad (a saber, el desarrollo de las ciencias y las artes), sería posible. El mero hecho de que las ciencias y las artes existan (a veces en formas muy desarrolladas) entre los no cristianos proporciona un argumento tan fuerte como el que se podría desear para la realidad y la autenticidad del conocimiento humano, incluso en los no regenerados.

Otra postura que merece la pena destacar es que Turretin no plantea ninguna oposición entre la razón, en cuanto constitutiva de la imagen

[29] Turretin, *Institutes,* 29-30.

esencial, y la fe. Se trata simplemente de dos modos de conocer que se distinguen por la naturaleza de sus objetos: el primero corresponde a las verdades que pueden descubrirse y afirmarse a partir de las facultades naturales del hombre, el segundo corresponde a las que se dan por medio del testimonio divino y se aceptan por obra del Espíritu Santo. En ningún caso estos modos de conocer, con sus correspondientes verdades, están en verdadero conflicto, ni pueden estarlo, ya que Dios es el autor último de ambos. Turretin afirma que:

> Aunque toda verdad no puede ser demostrada por la razón (los límites de la verdad se extienden mucho más que los de la razón), sin embargo, ninguna mentira contra la verdad puede cobijarse bajo la protección de la verdadera razón, ni una verdad puede ser destruida por otra (aunque una pueda trascender y superar a la otra), porque cualquiera que sea ésta —ya sea por debajo, según o por encima de la razón, y aprehendida por los sentidos, el intelecto o la fe— no ha venido de otra fuente que Dios, el padre de la verdad.[30]

En otro lugar escribe que "aunque la teología enseña muchas cosas que la filosofía desconoce, no se deduce que pueda ser falsa una cosa en la filosofía que sea verdadera en la teología, porque la verdad no está en desacuerdo con la verdad, ni la luz se opone a la luz".[31]

---

30 Turretin, *Institutes,* 44.

31 Turretin, *Institutes,* 47. Es pertinente considerar aquí los comentarios del contemporáneo más joven de Turretin, Hermann Witsius (1636-1708), sobre las facultades naturales del hombre, que se encuentran en su breve tratado *An Essay on the Use and Abuse of Reason in Matters of Religion,* ya que muestran una comprensión del asunto que es prácticamente idéntica a la de Turretin y, como se mostrará más adelante en este ensayo, a la de Hodge. Witsius, que era un teólogo reformado holandés muy respetado, escribe lo siguiente en su tratado:

"Pero la razón, aunque depravada, sigue siendo la razón; es decir, la facultad por la que el hombre conoce y juzga, de modo que el hombre no puede conocer ni juzgar nada que no sea por su razón, como primer principio y causa del conocimiento y del juicio; por tanto, si se conocen las cosas divinas, si se conocen los misterios de la religión, no puede ser de otro modo que por la razón. La fe misma, considerada como conocimiento y asentimiento, es una operación de la razón, o del entendimiento; y esto es tan claro que quien duda de ella no debe ser

La razón, por tanto, es perfeccionada por la fe en el sentido de que la fe otorga un conocimiento que es inalcanzable por la sola razón. Sin embargo, como se ha demostrado, la fe supone la razón en el sentido de que deben existir facultades naturales de entendimiento en el hombre para que haya alguna captación de esas verdades puestas a disposición de la fe. Un testimonio de cualquier tipo no puede ser entregado a quien no tiene capacidad de entenderlo.

Turretin afirma que, aunque las facultades naturales, debido a sus limitaciones, no pueden tener un papel legítimo en el juicio sobre las verdades reveladas a través del testimonio divino, tienen derecho a las tareas de defender, abrazar, contender y adornar dichas verdades.[32] La filosofía, en otras palabras, tiene el potencial de confirmar y aclarar el

---

considerado un ser racional.

Además, a pesar de lo que hemos afirmado sobre la depravación de la razón, todavía quedan, por la misericordia y la paciencia de Dios, ciertas chispas de luz en la mente, con la ayuda de las cuales, la razón se forma a sí misma ciertos principios, o axiomas, de la verdad tan evidentes, que obligan a cualquiera que los atienda, por su propia luz, a asentir a los mismos; Ni está en el poder del hombre ceder su asentimiento a lo contrario; por lo que, en efecto, no parecen tan formados por la razón, como implantados en ella; pues cuantas veces un hombre piensa en ellos, siempre cae en la misma conclusión, y de la misma manera. Esto es lo que algunos llaman *koinas ennoias, los dictados del sentido común.*

Además, existe todavía la fuerza de la razón que puede deducir de estos principios, claros en sí mismos, ciertas inferencias por raciocinio; de modo que, siendo clara la conexión, y estando cada parte de acuerdo con el todo, se obtiene necesariamente el asentimiento por la evidencia de la deducción. Y estas cosas, tanto los principios como las conclusiones correctamente extraídas de ellos, pueden llamarse justamente la *recta razón*, o los verdaderos y ciertos dictados de la razón, según la capacidad de la persona que ejerce su facultad de razonar.

Además, viendo que Dios es el autor de nuestra razón, y de toda esa luz que brilla en ella, y excita a la razón misma a usar esa luz, y la guía en el uso correcto de ella; lo que la razón *así rectificada* y guiada *enseña*, según esa luz, *que* Dios mismo se considera que enseña... De modo que estos dictados de la razón pueden también, hasta cierto punto, ser llamados los dictados de Dios". Hermann Witsius, *An Essay on the Use and Abuse of Reason in Matters of Religion*, trad. John Carter (Norwich: Crouse, Stevenson y Matchett, 1795), 10-12. (Cursiva en el original)

32 Véase Turretin, *Institutes,* 31. Para un artículo útil que destila lo que Turretin considera los usos y abusos de la razón en teología, véase Sebastian Rehnman, "Alleged Rationalism: Francis Turretin on Reason", *Calvin Theological Journal* vol. 37 (2002): 255-269.

contenido del conocimiento revelado, aunque no tiene que intentar repudiarlo.[33]

En resumen, el relato de Turretin sobre la estructura del conocimiento combina dos rasgos notables, ambos de los cuales, según él, expresan elementos importantes de la verdad. Una es su opinión de que el conocimiento natural no es ni puede ser suficiente para los seres humanos finitos y caídos. Si se le dejara confiar en sus propias fuerzas, nadie tendría un conocimiento de Dios suficiente para la salvación. El conocimiento de varios objetos necesarios para la salvación solo está disponible a través del testimonio divino, y solo se acepta a través del testimonio de poder del Espíritu Santo.[34]

Sin embargo, es igualmente importante la verdad de que los seres humanos finitos y caídos no pueden estar desprovistos de la capacidad de conocimiento natural genuino si han de recibir el testimonio divino y convertirse. Asentir al testimonio divino requiere la capacidad de razonar y distinguir la verdad de la falsedad. Los que carecen de toda esa capacidad nunca podrían reconocer ningún tipo de testimonio. Por ello, hay que admitir la eficacia de las facultades naturales humanas, incluso en los no regenerados, aunque con las salvedades antes mencionadas. Tiene mucho sentido decir, según Turretin, que "la gracia no destruye la naturaleza, sino que la perfecciona. Tampoco la revelación sobrenatural abroga la natural, sino que la hace segura".[35]

Como se verá en la siguiente sección, esta estructura básica reaparece de forma aún más llamativa en los escritos del gran teólogo de Princeton Charles Hodge.

Hodge sobre la estructura del conocimiento

La fuente más importante para establecer lo que Hodge cree sobre la estructura del conocimiento humano es su *Teología Sistemática* en tres

---

33 Véase Turretin, *Institutes,* 45.

34 Véase Turretin, *Institutes,* 11-16.

35 Turretin, Institutes, 44. Ver también Turretin, Institutes, *31*.

volúmenes. Aunque también hace observaciones en sus ensayos y comentarios que contribuyen a comprender sus puntos de vista, la *Teología Sistemática* presenta una exposición clara y bastante completa de la existencia y naturaleza del conocimiento natural y de cómo debe relacionarse adecuadamente con el conocimiento revelado.

Para empezar, hay que señalar que los elementos clave de la posición de Hodge están tomados de las doctrinas de la filosofía escocesa del sentido común, que fue muy apreciada en las universidades y seminarios estadounidenses durante la primera mitad del siglo XIX.[36] Una de las enseñanzas más importantes de esta filosofía es que todos los seres humanos han sido creados por Dios para reconocer ciertas proposiciones como verdades evidentes. Se trata de proposiciones que no pueden ser probadas por medio de la inferencia ni refutadas con éxito, ya que son más indubitables que cualquier premisa de la que puedan inferirse o refutarse.

Como tales, se encuentran en la base de todos nuestros razonamientos, como fundamentos inamovibles de nuestro conocimiento. Dios crea a los seres humanos con estas "leyes de la creencia" para asegurarles el conocimiento de ciertos principios fundamentales sobre los que se puede erigir su conocimiento de otras verdades. Sin un respeto innato e inmutable por estos principios, nada podría darse por sentado y, por tanto, nunca podría establecerse ninguna conclusión. El escepticismo sería el resultado ineludible. Por lo tanto, es necesario contar con tal fundamento para que los seres humanos sean capaces de obtener creencias justificadas sobre cualquier cosa, incluida la revelación de Dios a la humanidad.

---

[36] Para obtener una visión general útil de esta filosofía y sus principios distintivos, se recomiendan los siguientes libros: S.A. Grave, *The Scottish Philosophy of Common Sense* (Oxford: Clarendon Press, 1960), George Davie, *The Scotch Metaphysics: A Century of Enlightenment in Scotland* (Londres: Routledge, 2001), y Douglas McDermid, *The Rise and Fall of Scottish Common Sense Realism* (Oxford: Oxford University Press, 2018). Para un valioso análisis de la recepción e influencia de esta filosofía en los Estados Unidos, véase Douglas Sloan, *The Scottish Enlightenment and the American College Ideal* (Nueva York: Teachers College Press, 1971).

Ejemplos de tales principios son las verdades de que los pensamientos de uno son los pensamientos de una mente o alma, que la memoria y los sentidos son generalmente fiables, y que los poderes por los que hacemos juicios sobre la verdad y el error no son falaces.[37] En resumen, los escritos de los filósofos del sentido común enseñan que los seres humanos están destinados y diseñados por el creador para ser conocedores, y esto es una parte esencial e irrevocable de lo que los hace humanos.[38]

Un elemento adicional, aunque relacionado, que Hodge recoge de estos filósofos es la importancia de emplear un método inductivo para garantizar que las propias teorías estén sólidamente fundamentadas en hechos objetivos y observables. Sostiene que ese método, al evitar las especulaciones infundadas y no verificables, es el medio de investigación más fiable que existe. Mientras que en la ciencia natural se emplearía ese método con respecto a los hechos del mundo físico, y en la filosofía moral con respecto a los hechos de los fenómenos mentales, en la teología hay que utilizarlo con respecto a los hechos comunicados en la Sagrada Escritura.

Lo único que se necesita para emplear fructíferamente dicho método en cualquiera de estas áreas de investigación es asumir la verdad objetiva de los principios de sentido común que acabamos de mencionar. En la ciencia natural, esto significa que hay que dar por sentado que nuestros sentidos y operaciones mentales son fiables y que el orden de todas las causas y efectos es inteligible. En el ámbito de la teología, el investigador debe igualmente "asumir la validez de aquellas leyes de

---

37 Para la lista más famosa de principios de este tipo, véase Thomas Reid, *Inquiry and Essays*, ed. Ronald E. Beanblossom y Keith Lehrer. Ronald E. Beanblossom y Keith Lehrer (Indianápolis: Hackett, 1983), 266-293.

38 Van Til, comentando la filosofía escocesa del sentido común, escribe que "no podemos decir que la razón fue pervertida por el pecado, mientras que la intuición no lo fue. La razón, sin duda, debido a su mayor extensión, se equivoca más a menudo y más violentamente que la intuición. Sin embargo, intrínsecamente, la razón no ha sido afectada por el pecado peor que la intuición. No hay un solo punto en la personalidad del hombre que no haya sido viciado por el pecado". Van Til, *An Introduction*, 162. Es difícil ver cómo esta afirmación no es una receta para el escepticismo, ya que parecería excluir la certeza de cualquier cosa.

creencia que Dios ha impreso en nuestra naturaleza", pero aquí también juegan un papel los principios adicionales.[39]

Hodge menciona:

> La distinción esencial entre el bien y el mal; que nada contrario a la virtud puede ser ordenado por Dios; que no puede ser correcto hacer el mal para que venga el bien; que el pecado merece el castigo, y otras primeras verdades similares, que Dios ha implantado en la constitución de todos los seres morales, y que ninguna revelación objetiva puede contradecir.[40]

Hodge cree que la revelación especial nunca contendrá nada que contradiga estos principios porque ambos tienen una fuente común, a saber, Dios. De hecho, la verdad de tales principios es corroborada por los autores de la Biblia, que claramente los dan por sentados en sus textos inspirados. Hodge escribe que:

> Toda verdad debe ser coherente, Dios no puede contradecirse. No puede obligarnos por la constitución de la naturaleza que nos ha dado a creer una cosa, y en su Palabra ordenarnos creer lo contrario... Todas las verdades enseñadas por la constitución de nuestra naturaleza o por la experiencia religiosa están reconocidas y autentificadas en las Escrituras.[41]

Esta coherencia se refleja también en el modo en que el testimonio sobre la naturaleza y la existencia de Dios que se encuentra en la Sagrada Escritura no contradice ni socava en absoluto lo que se puede descubrir sobre estas cosas mediante la reflexión sobre la creación, es decir, mediante la teología natural. Desde la Biblia, afirma Hodge:

> Contiene una clase de hechos o verdades que no se revelan en ninguna otra parte, y otra clase que, aunque se dan a conocer más

[39] Charles Hodge, *Systematic Theology*, vol. 1 (Peabody, MA: Hendrickson Publishers, 2013), 10.

[40] Hodge, *Systematic Theology* vol. 1, 10.

[41] Hodge, *Systematic Theology*, vol. 1, 15.

> claramente en las Escrituras que en ninguna otra parte, están, sin embargo, tan revelados en la naturaleza como para ser deducibles de ella, la teología se distingue propiamente como natural y revelada. La primera se ocupa de los hechos de la naturaleza en cuanto revelan a Dios y nuestra relación con él, y la segunda de los hechos de la Escritura. Esta distinción, que en un punto de vista es importante, en otro tiene poca importancia, ya que todo lo que la naturaleza enseña acerca de Dios y de nuestros deberes, es revelado más completa y autorizadamente en Su Palabra.[42]

Así, Hodge reconoce fácilmente la posibilidad del conocimiento natural de Dios, al tiempo que mantiene la convicción ortodoxa de que la Sagrada Escritura revela verdades sobre las que no puede haber conocimiento natural. Insiste en que "la Biblia revela verdades del más alto orden, que no se han dado a conocer en ningún otro lugar. Verdades que responden a las necesidades más urgentes de nuestra naturaleza; que resuelven los problemas que la razón nunca ha podido resolver".[43] Lo más importante, afirma, es que responde a las preguntas "¿Cómo puede el hombre ser justo con Dios? o, ¿Cómo puede Dios ser justo y sin embargo justificar a los impíos?".[44] Pero, como ya se ha señalado, estas respuestas, aunque estén por encima del alcance de un razonamiento válido basado en los principios del sentido común, no pueden oponerse o ser inconsistentes con él.

También es evidente, por lo que escribe Hodge, que sostiene que los principios del sentido común, y las creencias que se infieren justamente sobre la base de ellos, constituyen un conocimiento genuino, incluso en los no regenerados. Es categórico al afirmar que los no regenerados no pueden ser privados de sus poderes para adquirir conocimiento genuino, pues sostiene que pertenecen a la naturaleza humana como tal. A este respecto, al igual que Turretin, invoca la noción de que el hombre está hecho a imagen de Dios, y distingue entre los

---

[42] Hodge, *Systematic Theology* vol. 1, 19.
[43] Hodge, *Systematic Theology*, vol. 1, 38.
[44] Hodge, *Systematic Theology*, vol. 1, 28.

aspectos esenciales de esta imagen y sus aspectos accidentales. Las facultades naturales por las que se alcanza el conocimiento pertenecen a la imagen esencial, y como tales no pueden perderse sin que la humanidad como tal deje de existir.[45] "La razón", afirma Hodge, "es en tal sentido natural al hombre que sin ella deja de ser hombre".[46]

Esto no significa que no tenga cabida la posición tradicional protestante de que las facultades naturales de la humanidad se han visto afectadas negativamente por la caída. Afirma que "nuestra naturaleza cognitiva, así como la emocional, está implicada en la depravación consiguiente a nuestra apostasía de Dios", y, por lo tanto, "en el conocimiento, así como en el amor o la voluntad, estamos bajo la influencia y el dominio del pecado".[47] Pero cree que es importante distinguir en qué aspectos estos poderes siguen siendo operativos en los no regenerados y en qué aspectos son totalmente disfuncionales. Escribe que:

> Cuando las Escrituras declaran que los hombres están espiritualmente muertos, no les niegan la vida física, intelectual, social o moral. Admiten que los objetos del sentido, las verdades de la razón, nuestras relaciones sociales y obligaciones morales, son más o menos adecuadamente aprehendidas; éstas no dejan de despertar el sentimiento y excitar la acción. Pero hay una clase de objetos más elevada que éstos, lo que la Biblia llama "las cosas de Dios", "las cosas del Espíritu", "las cosas que pertenecen a la salvación". Estas cosas, aunque son aprehendidas intelectualmente tal como se presentan a nuestras facultades cognitivas, no son discernidas espiritualmente por el hombre no renovado.[48]

---

45 Hodge, *Systematic Theology*, vol. 2, 97-99.

46 Hodge, *Systematic Theology*, vol. 2, 104.

47 Hodge, *Systematic Theology*, vol. 2, 256.

48 Hodge, *Systematic Theology*, vol. 3, 33. Hodge también hace algunos comentarios esclarecedores sobre la distinción entre el conocimiento de las verdades mundanas y el conocimiento de las verdades espirituales en su comentario sobre Primera de Corintios. Allí escribe: "A veces el conocimiento de Dios, en la Escritura, significa ese conocimiento especulativo que la razón humana es adecuada para derivar de las obras de Dios, y que hace que su idolatría sea

La disfunción es, por tanto, solo exhaustiva con respecto a la capacidad de reconocer o creer aquellas cosas que son inseparables de la salvación. Con respecto a las cosas que no están inmediatamente implicadas en tales asuntos, cree que:

> Dios ha constituido de tal manera nuestra naturaleza, que estamos autorizados y obligados a confiar en el testimonio bien autentificado de nuestros sentidos, dentro de su esfera apropiada. Y de la misma manera, estamos obligados a confiar en la operación de nuestras mentes y en las conclusiones a las que conducen, dentro de la esfera que Dios ha asignado a la razón humana.[49]

Así, si los no regenerados ejercen adecuadamente las facultades que Dios les ha dado en relación con objetos de conocimiento que no están inseparablemente relacionados con la fe, el conocimiento genuino es, por designio de Dios, el resultado natural. Tales cosas pueden incluir, en opinión de Hodge, verdades sobre la existencia y la naturaleza de Dios, y hechos morales.

Aunque Hodge, al igual que Turretin, no estaba escribiendo en un contexto en el que alguien negara la posibilidad de un conocimiento natural genuino aparte del testimonio revelado, hace incuestionable que no aprobaría tal punto de vista por los roles que asigna a los poderes naturales humanos con respecto a la revelación. "En primer lugar", escribe:

---

inexcusable; otras veces, significa conocimiento salvador. Por lo tanto, es perfectamente consistente decir en el primer sentido, que los hombres por la sabiduría pueden alcanzar el conocimiento de Dios; y en el segundo sentido, que no pueden alcanzar ese conocimiento". Charles Hodge, *An Exposition of the First Epistle to the Corinthians* (Grand Rapids, MI: Eerdmans Publishing, 1974), 21. También afirma con respecto a este tema que "está claro por toda esta discusión, que por la sabiduría del mundo, Pablo quiere decir ese conocimiento de Dios y de las cosas divinas que los hombres derivan de la razón. También está claro que lo que dice de la inutilidad de ese conocimiento se refiere a él como medio de salvación" (Hodge, *An Exposition*, 33).

[49] Hodge, *Systematic Theology*, vol. 1, 47.

> La razón se presupone necesariamente en toda revelación. La revelación es la comunicación de la verdad a la mente. Pero la comunicación de la verdad supone la capacidad de recibirla... Las verdades, para ser recibidas como objeto de fe, deben ser aprehendidas intelectualmente. Una proposición a la que no atribuimos ningún significado, por muy importante que sea la verdad que contiene, no puede ser objeto de fe.
> Si se afirma que el alma es inmortal, o que Dios es un espíritu, a menos que conozcamos el significado de las palabras, nada se comunica a la mente, y la mente no puede afirmar o negar nada sobre el tema. En otras palabras, el conocimiento es esencial para la fe. Al creer, afirmamos la verdad de la proposición creída. Pero no podemos afirmar nada de lo que no sabemos. El primer e indispensable oficio de la razón, por lo tanto, en materia de fe, es el conocimiento, o la aprehensión inteligente de las verdades propuestas para nuestra recepción.[50]

En otras palabras, la operación de la razón, sostiene Hodge, es necesariamente un prerrequisito para comprender y asentir a los objetos del conocimiento revelado. Considera que si fuera imposible concebir correctamente cualquier verdad en un estado no regenerado (como sostiene Oliphint), entonces uno nunca estaría en posición de asentir a las verdades reveladas y así llegar a ser regenerado. Por ello, la razón humana debe ser capaz de llegar a un conocimiento genuino por sí misma, antes de familiarizarse con los objetos del conocimiento revelado, ya que, de lo contrario, no podría ser útil con respecto a ellos, y todas las personas seguirían siendo incapaces de discernir el significado de estos y, por tanto, de afirmar su verdad.

Un segundo oficio que Hodge concede a la razón es la necesidad de juzgar la credibilidad de una supuesta revelación. Con esto quiere decir simplemente si una revelación es o no un objeto posible de creer, en contraposición a lo que es imposible de creer. Esto último, afirma, debe decirse de cosas tales como las que implican una contradicción evidente,

[50] Hodge, *Systematic Theology*, vol. 1, 49.

las que implican a Dios en un acto ilícito, las que están en claro conflicto con las leyes de la creencia que Dios ha implantado en la humanidad, y las que son inconsistentes con verdades bien establecidas de cualquier tipo. Cualquier supuesta revelación marcada por tales dificultades puede ser vista por medio de nuestras facultades naturales como absurda, y Hodge afirma que como tal no solo tenemos derecho a negarnos a creerla, sino que no tendríamos capacidad para creerla en ningún caso.[51]

Puesto que Hodge otorga esta prerrogativa, con respecto a la revelación, a estas facultades, y puesto que es obvio que para juzgar correctamente la imposibilidad se requiere que uno conciba correctamente las cosas, es evidente que hacer juicios sobre la imposibilidad presupone un conocimiento genuino. También es evidente que sostiene que nuestras facultades naturales son capaces de alcanzar tal conocimiento con independencia de cualquier revelación especial, y además que uno debe estar en posesión previa de él para asentir justificadamente a cualquier revelación putativa. En este sentido, Hodge insiste en que:

> No podemos creer ni saber nada si no confiamos en las leyes de la creencia que Dios ha implantado en nuestra naturaleza. Si se nos puede exigir que creamos lo que contradice estas leyes, entonces se rompen los fundamentos. Toda distinción entre la verdad y la falsedad, entre el bien y el mal, desaparecería... Hemos de probar los espíritus. ¿Pero cómo podemos probarlos sin una norma? Y qué otra norma puede haber, excepto las leyes de nuestra naturaleza y las revelaciones *autentificadas* de Dios.[52]

En este pasaje deja muy claro que nuestra norma para juzgar lo que es posible debe ser la naturaleza que Dios nos ha dado y el conocimiento que hace posible. No podemos comenzar justificadamente con la revelación especial, ya que carece de la autoevidencia que poseen para nosotros los principios del sentido común. Poner en primer lugar la

---

[51] Véase Hodge, *Systematic Theology*, vol. 1, 51-52.

[52] Hodge, *Systematic Theology*, vol. 1, 52-53. Énfasis añadido.

revelación especial es empezar por lo que es menos conocido y utilizarlo para validar lo que es más conocido: una falacia evidente.

Hay que mencionar un papel adicional que Hodge concede a la razón. Se trata de que "la razón debe juzgar la evidencia en la que se apoya una revelación".[53] Para la aceptación de cualquier supuesta revelación, se debe disponer de una evidencia sobresaliente, y tal que sea suficiente "para ordenar el asentimiento en toda mente bien constituida a la que se le presente".[54] Hodge señala que en los escritos bíblicos siempre se supone que la creencia es inseparable de la evidencia.[55] De hecho, sin esta conexión, la incredulidad perdería su carácter pecaminoso, ya que sería identificable con la simple ignorancia, y no con la negación intencional y culpable de lo que debería ser conspicuo.[56]

Está claro que si la revelación ha de ser evaluada de esta manera, entonces Hodge (en aparente acuerdo con la Biblia) debe sostener que las facultades naturales humanas, incluso en un estado no regenerado, son en principio capaces de evaluar la evidencia de tal manera que distingan con éxito aquellos casos de testimonio divino putativo que imponen el asentimiento de aquellos que no lo hacen. Esto exigiría también que dichas facultades sean capaces de producir ejemplos de conocimiento genuino, ya que el conocimiento se presupone en cualquier evaluación de plausibilidad.

Hodge ofrece un resumen de su posición sobre los usos de nuestras facultades naturales en relación con la revelación especial cuando escribe que "Dios no exige nada irracional a sus criaturas racionales. No exige fe sin conocimiento, ni fe en lo imposible, ni fe sin evidencia".[57] La fe en el testimonio divino está, en otras palabras, siempre asistida por

[53] Hodge, *Systematic Theology*, vol. 1, 53.

[54] Hodge, *Systematic Theology*, vol. 1, 53.

[55] En el Nuevo Testamento, está claro que uno de los principales objetivos de los milagros realizados por Jesús y los apóstoles es proporcionar pruebas de sus afirmaciones. Lucas, por ejemplo, afirma en la apertura del libro de los Hechos, que Jesús deseaba proporcionar pruebas de su resurrección a sus discípulos, por lo que "a estos también, después de Su padecimiento, se presentó vivo con muchas pruebas convincentes". (Hch. 1:3a).

[56] Hodge, *Systematic Theology*, vol. 1, 54.

[57] Hodge, *Systematic Theology*, vol. 1, 55.

lo que pertenece a la esfera de la naturaleza, y lo que pertenece a esta esfera debe, por la naturaleza misma del caso, tener prioridad a este testimonio, ya que el ofrecimiento del testimonio en cada caso presupone ciertas condiciones de su recepción que deben obtenerse si el testimonio ha de ser entendido y justificadamente aceptado.

Oliphint y otros seguidores de Van Til podrían objetar que estas condiciones solo pueden cumplirse por el poder del Espíritu Santo que acompaña y actúa a través de la revelación especial, y que, por tanto, la naturaleza no es necesariamente anterior al perfeccionamiento de los conocedores por la gracia. Sin embargo, Hodge probablemente afirmaría que esto eliminaría cualquier medio de distinguir entre una creencia justificada en una revelación verdadera y un compromiso infundado con una falsa. Dado que sostiene que en la Biblia la fe siempre está relacionada con la evidencia, esta posición le parecería insostenible.

La fe de Hodge en la eficacia e importancia de las facultades naturales del ser humano se demuestra aún más cuando aborda explícitamente los temas de la naturaleza de la filosofía y las ciencias naturales, y su relación con la teología. La filosofía y la teología, afirma, buscan "el conocimiento de las mismas verdades", pero "sus métodos son esencialmente diferentes".[58] La primera depende principalmente de la agudeza de nuestras facultades naturales, mientras que la segunda se fundamenta en el testimonio divino tal como es aprehendido por estas facultades.

Aunque diferentes, ambos métodos son formas totalmente legítimas de llegar al conocimiento. Con respecto a nuestras facultades naturales, escribe que "los cristianos no niegan que nuestros sentidos y nuestra razón sean informadores fiables; que nos permitan llegar a la certeza de lo que está en su propia esfera".[59] Debido a su fiabilidad, y al hecho de que tanto nuestras facultades naturales como el testimonio divino tienen la misma fuente última, Hodge no duda en afirmar que las

---

[58] Hodge, *Systematic Theology*, vol. 1, 56.

[59] Hodge, *Systematic Theology*, vol. 1, 56

Sagradas Escrituras no pueden, en principio, contradecir las verdades genuinas descubiertas por la filosofía y la ciencia natural.[60]

La filosofía y la ciencia, afirma:

> Tienen una amplia e importante esfera de investigación. Se admite que con esa esfera tienen derecho a la mayor deferencia. Se concede alegremente que han logrado mucho, no solo como medios de disciplina mental, sino en la ampliación de la esfera del conocimiento humano, y en la promoción del refinamiento y el bienestar de los hombres.[61]

Está claro que Hodge no pretende que sus comentarios se refieran solo a las investigaciones de los filósofos cristianos o de los científicos cristianos que han sido iluminados por el conocimiento de la revelación bíblica; para él, el punto de partida de estos métodos de investigación no es la revelación especial, sino aquellas leyes de la creencia que Dios ha impreso universalmente en la naturaleza humana. Subraya la importancia de estas leyes para asegurar la situación epistemológica humana, cuando escribe con especial referencia a nuestro poder de percepción sensorial que:

> La confianza en el testimonio bien autentificado de nuestros sentidos es una de esas leyes de la creencia que Dios ha impreso en nuestra naturaleza; de la autoridad de esas leyes es imposible que nos emancipemos. La confianza en los sentidos es, pues, una forma de confianza en Dios. Supone que él nos ha puesto bajo la necesidad de equivocarnos, para asumir que no podemos confiar con seguridad en las guías en las que, por una ley de nuestra naturaleza, nos obliga a confiar.
>
> Todo fundamento de certeza en materia de fe o de conocimiento queda destruido si se abandona la confianza en las leyes de nuestra naturaleza. Nada es entonces posible sino el escepticismo absoluto.

---

60 Véase Hodge, *Systematic Theology*, vol. 1, 56-59.

61 Hodge, *Systematic Theology*, vol. 1, 59.

> En ese caso, no podemos saber que nosotros mismos existimos o que el mundo existe, o que hay un Dios, una ley moral, o cualquier responsabilidad por el carácter o la conducta.[62]

Hay que señalar que, si el conocimiento de estas cosas nombradas sería imposible sin la confianza en que nuestras facultades naturales son fiables y conducen a la formación de creencias verdaderas, el conocimiento del testimonio divino sería igualmente imposible. Por lo tanto, para alcanzar cualquiera de estos conocimientos, hay que presuponer la posesión de poderes naturales capaces de descubrir la verdad y proporcionar un conocimiento genuino. La naturaleza y sus obras, en otras palabras, constituyen un requisito necesario para recibir el testimonio por el que se obtiene la gracia.

Se podría objetar que Hodge, al insistir en la eficacia de las facultades naturales humanas, ha retratado la naturaleza como si poseyera algún tipo de independencia de Dios, y pudiera ser concebida como un punto de partida epistemológico último. Sin embargo, esto sería malinterpretar su posición. Puesto que sostiene que Dios formó la naturaleza y le dio las capacidades que tiene, las creencias indubitables impresas en la naturaleza humana, que aseguran que los humanos tengan algún conocimiento genuino, solo pueden considerarse como un punto de partida derivado y auxiliar. Hodge escribe:

> Que nuestros sentidos no nos engañan; que la conciencia es digna de confianza en lo que enseña; que cualquier cosa es lo que parece ser; que nuestra existencia no es un sueño ilusorio, no tiene otro fundamento que la verdad de Dios. En este sentido, todo conocimiento está fundado en la fe, es decir, en la creencia de que Dios es verdadero.[63]

De hecho, en opinión de Hodge, plantear la naturaleza como algo opuesto o irrelevante a lo que la gracia hace posible sería malinterpretar

---

62 Hodge, *Systematic Theology*, vol. 1, 60.

63 Hodge, *Systematic Theology*, vol. 1, 437.

fundamentalmente la naturaleza, ya que la propia naturaleza, incluso después de la caída, es necesariamente un testimonio de la realidad de un Dios digno de confianza.

Se ha mostrado en esta sección que Hodge retoma una comprensión de las facultades humanas derivada de la filosofía escocesa del sentido común y la incorpora a la misma imagen clásica de la estructura del conocimiento humano que se encuentra en Turretin. Así, para Hodge tanto como para Turretin, la gracia presupone la naturaleza. Aunque Hodge discute la relación entre la naturaleza y la gracia con menos frecuencia que Turretin, y aunque utiliza el realismo escocés del sentido común para articular esta relación, está claro que la sustancia de lo que Turretin quiere decir está presente en la teología de Hodge como un principio rector. En un ensayo, escribe que la nuestra "es una fe que no destruye ni exige la destrucción de la razón, sino que la eleva y perfecciona".[64]

Esta afirmación es totalmente coherente con los puntos de vista antropológicos y epistemológicos de Turretin, y resume la visión reformada clásica de la estructura del conocimiento humano.

Conclusión: El acuerdo de Turretin y Hodge con Aquino

Después de haber examinado con cierto detalle los puntos de vista de Turretin y Hodge sobre la estructura del conocimiento, estamos ahora en condiciones de revisar las críticas que hace Oliphint de Aquino y señalar qué conexión, si es que hay alguna, tienen las censuras de Oliphint con las posiciones de Turretin y Hodge. Hay que recordar que Oliphint ve algunas dificultades importantes en la posición epistemológica de Aquino, que en su opinión la hacen profundamente incompatible con una teología reformada y verdaderamente bíblica.

64 Charles Hodge, "Sir William Hamilton's Philosophy of the Conditioned", *Biblical Repertory and Princeton Review*, vol. 32, n° 3 (julio de 1860): 510.

Una de esas dificultades es que Aquino considera que las facultades naturales humanas son capaces de producir un conjunto de verdades sobre Dios, independientemente del conocimiento de Dios revelado en las Sagradas Escrituras y de la obra regeneradora del Espíritu Santo. Para Oliphint, esta visión de la teología natural no reconoce adecuadamente los efectos noéticos del pecado y el cambio radical de las facultades noéticas que se produce con la regeneración. El hombre poslapsariano, aparte de la regeneración, solo puede reconocer ídolos, y como tal es incapaz de buscar o descubrir cualquier verdad sobre el Dios vivo de la fe cristiana.

Un problema aún más fundamental, aunque relacionado, es que Aquino sostiene que la gracia presupone y perfecciona la naturaleza. Al hacerlo, no comprende que la gracia y el conocimiento de la revelación especial deben preceder a cualquier conocimiento real de la naturaleza, ya que, aparte de la regeneración y el asentimiento a las verdades contenidas en la Biblia, ningún hombre puede concebir correcta y verdaderamente nada, lo que hace imposible el conocimiento genuino. Aquino, al sostener que las facultades naturales eficaces son requisitos necesarios para comprender y, por lo tanto, asentir a las verdades contenidas en la revelación especial, se dice que pasa por alto la marcada antítesis entre las situaciones epistemológicas de los cristianos y los no cristianos, y atribuye a los no regenerados una capacidad de conocimiento genuino que no poseen.

Sin embargo, en los escritos de Turretin y Hodge se encuentra una imagen de la estructura del conocimiento notablemente similar a la que aparece en Aquino. Tanto Turretin como Hodge afirman que la teología natural es posible incluso para los no cristianos. Asimismo, afirman, con Aquino, que la naturaleza tiene una cierta prioridad lógica, metafísica y epistemológica sobre la gracia. Hemos visto que para ambos, el hombre debe tener el potencial de adquirir conocimiento por medio de sus poderes naturales si ha de tener alguna posibilidad de entender la revelación especial y asentir justificadamente a su contenido.

Aunque ninguno de los dos teólogos descarta en absoluto los efectos del pecado sobre estas facultades, o la necesidad de la iluminación del Espíritu Santo para crear la fe, se niegan a aprobar la idea de que las facultades naturales del hombre puedan ser tan borradas por el pecado como para despojarlo del conocimiento genuino en cualquier esfera. Hacerlo, negarle la razón y el conocimiento, sería negarle lo que es esencial para la humanidad misma.

Aunque resaltar esto puede ser innecesario, se puede señalar que sin que la naturaleza humana permanezca intacta después de la caída, el mensaje cristiano sería absurdo, ya que la encarnación sería ininteligible en un mundo sin seres que ejemplifiquen la humanidad; las criaturas que son infrahumanas no pueden, en ningún caso, ser consideradas seres morales o responsables. Por lo tanto, desde el punto de vista de Turretin y Hodge (y de Aquino), hay fuertes incentivos para sostener que el hombre natural es realmente capaz de adquirir un conocimiento genuino.

Como se admitió al principio de este ensayo, el examen de los puntos de vista epistemológicos de Turretin y Hodge no sirve directamente para mostrar que la epistemología presuposicional de Oliphint es falsa. Sin embargo, es suficiente para mostrar que la epistemología de Oliphint tiene poco en común con la de Turretin y Hodge, y además demuestra que sus puntos de vista están en continuidad sustancial entre sí.

Además, establece que el cuadro epistemológico al que se adhieren Turretin y Hodge está, al menos en las áreas consideradas aquí, en gran medida de acuerdo con el de Aquino. Por lo tanto, si uno admite que Turretin y Hodge son auténticos y venerables representantes de la tradición reformada, se verá obligado a conceder que la tesis de Oliphint —que la epistemología de Aquino es profundamente inconsistente con la teología reformada— está mal informada.

Los viejos tomos de Turretin y Hodge proporcionan devastadores contraejemplos a esta tesis, y es importante tener en cuenta que son solo dos de los muchos teólogos que podrían ser reclutados para hacer este argumento. Como consideración final, si uno sostiene (como yo) que Turretin y Hodge parecen tener razones fuertes y convincentes para aceptar una imagen tomista de la estructura del conocimiento, y para sostener que la gracia presupone y perfecciona la naturaleza, entonces estas razones pueden proporcionar alguna ayuda para discernir dónde la epistemología presuposicional de Oliphint es defectuosa y necesita crítica y corrección.

§5. EL REALISMO MODERADO Y LA CONFUSIÓN PRESUPOSICIONALISTA DE LA METAFÍSICA Y LA EPISTEMOLOGÍA

J. T. Bridges

¿Qué es la filosofía sistemática realista?

¿Qué es un realista sistemático y cuál es su visión de la teología propiamente dicha y de la filosofía de la religión? ¿En qué sentido este enfoque ofrece una alternativa al presuposicionalismo? En cuanto a este último, parece que la mayor parte del presuposicionalismo es una reacción a elementos de la filosofía moderna. El grado en que evitemos tales compromisos filosóficos, entonces, es el grado en que podamos adoptar una alternativa a estas reacciones presuposicionalistas.

En cuanto a lo primero, un reciente debate entre un filósofo católico y William Lane Craig sobre la doctrina de la simplicidad divina revela que un realista sistemático no ve sus compromisos en teología propiamente dicha (incluida la doctrina de la simplicidad divina) aislados de un compromiso con un *sistema* de filosofía realista.[1] Los filósofos contemporáneos, especialmente los formados en una tradición analítica, ven en gran medida las cuestiones de teología propiamente dichas, de hecho casi todas las cuestiones, aisladas de los compromisos filosóficos sistemáticos.[2] Sería casi escandaloso sugerir, por ejemplo, que un filósofo contemporáneo adopte posiciones en su metafísica que complementen su teoría ética o teodicea o epistemología.

El eclecticismo es la regla del día. La noción de un enfoque sistemático de la filosofía (por no hablar de un compromiso dogmático con ese sistema) parece, en el mejor de los casos, una curiosidad extraña o, en el peor de los casos, algo totalmente inverosímil. Al fin y al cabo, ¿qué dice el compromiso de uno con la teoría del sustrato frente a la del haz sobre los compromisos de uno con la ética? Esta pregunta, a los oídos contemporáneos, suena extraña.

Cuando digo "dogmático", no estoy sugiriendo una obstinación impenetrable a la corrección o a la exploración, ni un compromiso irrevocable con ideas inmutables. Por dogmático, me refiero a un filósofo que se compromete con sus ideas como *realmente verdaderas*. En metafísica, epistemología, ética, etc., cree que sus descripciones son descripciones reales de la realidad. Este es el "realismo" de la filosofía realista y la base de la creencia de que tal enfoque puede dar lugar a un sistema de pensamiento.

En la medida en que uno cree que la realidad es un todo unificado y no un mero revoltijo, puede aceptar que ese sistema de filosofía realista es posible. Si uno cree haber descubierto este sistema, el dogmatismo se impone. Hay que reconocer que no es la moda del momento (por

---

1 Ver https://www.reasonablefaith.org/videos/video-lectures/bishop-barron-william-lane-craig-symposium-part-1-divine-simplicity/

2 Craig admite que elabora sus argumentos a favor del teísmo de forma no sistemática. Véase https://www.reasonablefaith.org/writings/question-answer/are-my-theistic-arguments-dependent-upon-a-metaphysical-system/

supuesto, los filósofos también están sujetos a las modas). Una nota de Étienne Gilson es útil:

> Hay muchos países en los que ningún profesor de ninguna ciencia podría mantener su puesto durante un mes si empezara a enseñar que no sabe lo que es verdad sobre la propia ciencia que se supone que enseña, pero en los que a un hombre le resulta difícil ser nombrado profesor de filosofía si profesa creer en la verdad de la filosofía que enseña. El único principio dogmático es que, si un filósofo se siente razonablemente seguro de tener razón, entonces es algo seguro que está equivocado...[3]

Ahora bien, llegados a este punto, el lector podría dudar y pensar que ésta no puede ser la actitud de los filósofos contemporáneos. ¿Quién no piensa que la posición que defiende es correcta? Pero fíjese, el dogmatismo no surge simplemente porque uno piense que *tiene razón*; surge cuando piensa que su posición es *verdadera*. Yo puedo pensar que tengo razón al sostener una teoría de la guerra justa. Pero como no soy un estudioso de la historia de la guerra ni de sus teorías, sostengo esta teoría en particular con cierto grado de fe en sus defensores.

Esto significa que creo que esta posición es correcta, pero podría estar equivocada. Si creo que una metafísica realista moderada es verdadera, creo que todas las demás posiciones que no son extensiones compatibles de ella son erróneas. Esa es la base del dogmatismo.

Además, muchos respetables filósofos contemporáneos ni siquiera creen que sus posiciones sean *correctas*. El célebre filósofo Peter Van Inwagen es representativo en este sentido:

> Deberíamos ser conscientes de un aspecto importante en el que los libros de texto de metafísica difieren de un libro de texto de geología o de derecho fiscal o de teoría de la música... Se te puede exigir que hagas exámenes sobre el contenido de estos libros de

[3] Étienne Gilson, *Being and Some Philosophers*, 2nd edition (Toronto, Canadá: Pontifical Institute of Medieval Studies, 1952), viii-ix.

> texto y, por desgracia, tus respuestas pueden ser erróneas... La metafísica no es así. En la metafísica no hay información, y no hay hechos establecidos que aprender. Más exactamente, no hay información ni hechos que aprender, aparte de la información y los hechos sobre lo que ciertas personas piensan, o pensaron alguna vez, en relación con diversas cuestiones metafísicas... La situación a la que se enfrenta el estudiante de metafísica no es en absoluto diferente de la situación a la que se enfrenta el estudiante de cualquier parte de la filosofía.[4]

Si uno no puede equivocarse objetivamente en metafísica (o en cualquier otra parte de la filosofía) porque no hay hechos de la cuestión ni información, entonces tampoco puede ser objetivamente correcto por las mismas razones. Esta actitud excluye necesariamente cualquier objetivo de alcanzar la verdad o cualquier postura dogmática. Lo máximo a lo que se puede aspirar es a la coherencia racional.

Lo anterior explica por qué, cuando un realista sistemático está en desacuerdo con su homólogo analítico contemporáneo, hay otro nivel de desacuerdo que no se declara y que en gran medida no se percibe. Es decir, el realista sistemático está comprometido con todo un tejido filosófico que constituye un enfoque integrado y sistemático de la variedad de cuestiones que surgen en las investigaciones filosóficas de uno. Cuando se discute una de estas cuestiones, por ejemplo la distinción tomista entre esencia y existencia, el realista sistemático ve las implicaciones de esta distinción a medida que se extienden por todo el sistema. El filósofo contemporáneo ecléctico suele ver solo un tema de discusión singular y aislado y no advierte cómo su inclusión o exclusión en la propia filosofía tiene ramificaciones más amplias.

El historiador de filosofía F. C. Copleston contrasta un enfoque sistemático con uno ecléctico. Escribe:

---

4 Peter Van Inwagen, *Metaphysics*, 4th Edition (Boulder, CO: Westview Press, 2015), 10-11.

> Independientemente de lo que se piense sobre el valor perenne del pensamiento de Aquino, había mucho que decir a favor de abordar la filosofía a través del sistema de un pensador excepcional y de pensar en líneas sistemáticas, en términos, es decir, de ciertos principios filosóficos básicos y de su aplicación, en lugar de seguir el eclecticismo más bien vago que había tendido a prevalecer en las instituciones académicas eclesiásticas.[5]

Y más adelante:

> Un pensador sobresaliente muestra sin duda su talento en la forma en que desarrolla las implicaciones de sus premisas y se aleja de cualquier eclecticismo de retazos que intenta combinar elementos que no encajan realmente. Pero este tipo de talento constructivo no implica la validez de las premisas.[6]

En las citas anteriores, Copleston nos ha prestado un gran servicio. En primer lugar, ha señalado el valor de trabajar dentro del sistema de un gran pensador. En segundo lugar, ha insinuado el proceso de hacerlo, a saber, elaborar las implicaciones del sistema a medida que sus principios se aplican a problemas interesantes (y se opone a esto con un desagradable "eclecticismo de parches"). Por último, revela que el mero hecho de aplicar los principios del sistema de forma coherente no significa que estos principios sean verdaderos o que su aplicación sea válida.

En la siguiente sección, presentaré al lector algunos elementos del sistema como tal. Esto no puede ser de ninguna manera exhaustivo, ni en el número de áreas exploradas ni en la profundidad con la que se explora cada área. El beneficio, sin embargo, será exponer al lector lo

---

[5] F. C. Copleston, *A History of Philosophy,* Vol. IX, *Modern Philosophy from the French Revolution to Sartre, Camus, and Levi-Strauss* (Nueva York: Doubleday Dell Publishing Group, 1994), 250.

[6] Copleston, *A History of Philosophy,* 265.

que el realista sistemático encuentra atractivo en tal enfoque. Para que quede claro, estoy comprometido dogmáticamente con una tradición particular de realismo: el tomismo existencial.

Los compromisos de dicha tradición se aclararán en las próximas páginas, pero baste decir que esta tradición proporciona los mejores fundamentos para: 1) Un realismo sistemático en filosofía que conduce a 2) el teísmo clásico y, 3) los fundamentos de una alternativa robusta al presuposicionalismo. Espero dar al lector una idea de lo que indica Copleston, que hay un tipo de satisfacción que se obtiene al elaborar un sistema según principios verdaderos aplicados a problemas interesantes. Y, además, mostrar que esto no solo es satisfactorio sino que es superior al tipo de eclecticismo de retazos que es demasiado común hoy en día. Por último, tanto si uno se siente atraído por un enfoque sistemático de la filosofía como si se siente cómodo con un eclecticismo más flojo, debería al menos ser consciente de estos dos enfoques distintos.

Introducción a la filosofía sistemática realista

Esta sección solo puede ser un recorrido por algunos de los aspectos más importantes del sistema filosófico realista existencial. No puedo dedicar tiempo aquí a defender las posiciones contra sus detractores. Si el lector se siente inclinado a ello, puede seguir las notas a pie de página de las fuentes originales o consultar la bibliografía del capítulo para empezar a ocuparse de estas cuestiones.

El objetivo es ofrecer al lector una visión general de algunas de las interrelaciones dentro del sistema, es decir, cómo las distintas posiciones están conectadas por los principios implicados. Los aspectos más importantes serán las principales áreas filosóficas de la metafísica y la epistemología (éstas serán también las áreas más importantes de contraste con el presuposicionalismo).

Prolegómenos a la Metafísica

Al igual que en las observaciones preliminares del capítulo, antes de lanzarnos a discutir las facetas de una metafísica realista, debemos plantear una pregunta preparatoria: ¿qué es la metafísica? En este caso, el objetivo de la pregunta no es decidir si la metafísica estudia el ser *en sí mismo* (tradición realista), o solo nuestra experiencia de él (tradiciones antirrealistas o fenomenológicas), o nuestro lenguaje sobre él (positivismo). Lo que se pretende es, más bien, sondear una determinada mentalidad entre los metafísicos realistas.[7] Joseph Owens observa de forma útil:

> La enseñanza de la metafísica tiene como objetivo principal desarrollar en la mente del estudiante un hábito vivo de pensamiento (en el sentido aristotélico de *habitus*, la primera subdivisión de la categoría de cualidad) ... La metafísica es principalmente una cualidad vital y una actividad del intelecto, y no una colección u organización sistemática de datos, ya sea impresos o en la memoria...La búsqueda de la sabiduría metafísica tendrá la mejor oportunidad de desarrollar su hábito en el estudiante individual si se tienen en cuenta *las cosas* en sí mismas, en lugar de las *fórmulas* y definiciones construidas en la abstracción del intelecto humano... [8]

Para ser claros, Owens no está argumentando en contra de un *sistema de filosofía*; más bien, está argumentando en contra de convertir nuestros estudios metafísicos en una simple colección de datos y fórmulas. Su último punto sobre mantener *las cosas* a la vista en lugar de *las fórmulas* es una crítica a un enfoque común de la metafísica hoy en día.

---

[7] Ya he dicho que éste no es el contexto adecuado para debatir la metafísica o la epistemología en sentido amplio, sino para introducir al lector en un enfoque más estrecho y sistemático.

[8] Joseph Owens, *An Elementary Christian Metaphysics* (Houston, TX: Center for Thomistic Studies, 1985), viii-ix. [énfasis añadido]

Tomemos, por ejemplo, la introducción de la obra de Michael Loux *Metafísica: Una introducción contemporánea* (Metaphysics: A Contemporary Introduction de Michael Loux), que es un libro que utilizo como libro de texto en clase. Dice:

> Ahora bien, proporcionar una teoría metafísica completa es proporcionar un catálogo completo de las categorías bajo las que se encuentran las cosas e identificar los tipos de relación que se dan entre esas categorías... Un catálogo completo de este tipo representaría un relato general de todo lo que hay. Aristóteles creía que un relato de este tipo era el objetivo de la empresa metafísica.[9]

Este es un buen objetivo para la metafísica y ofrece poca diferencia con lo que Owens ha indicado. Sin embargo, hay que fijarse en el enfoque del siguiente capítulo sobre el realismo platónico. Algunos de los beneficios potenciales de ser un realista platónico son las respuestas a cuestiones como el discurso sujeto-predicado y la referencia abstracta. "La oración sujeto-predicado es la forma de discurso más básica que existe. Las siguientes oraciones son ejemplos de este discurso: (1) Sócrates es valiente; (2) Platón es un ser humano; (3) Sócrates es el maestro de Platón".[10] Y más adelante, respecto a la referencia abstracta:

> El realista [platónico] quiere afirmar que una oración arbitraria sujeto-predicado, (20) *a* es *F*, es verdadera solo si el referente de '*a*' ejemplifica el universal (*F*-dad) expresado por '*F*'. Pero, entonces, nuestra oración original, (20), es verdadera solo si una nueva oración sujeto-predicado, (21) *a* ejemplifica *F*-dad, es verdadera...[11]

---

[9] Michael Loux, *Metaphysics: A Contemporary Introduction*, 3ra edición (Nueva York: Routledge, 2006), 15.

[10] Loux, *Metaphysics*, 21.

[11] Loux, *Metaphysics*, 32.

Obsérvese cómo, después de haber explicado en la introducción que el objetivo propio de la metafísica es disponer de un catálogo de todo lo que existe y de las relaciones entre ellas, Loux se centra rápidamente en las *frases* sobre las cosas y en las *fórmulas* destinadas a captar las relaciones metafísicas que conllevan. No podemos dedicar aquí el tiempo necesario para explorar cómo este enfoque ha llegado a dominar el paisaje contemporáneo. Planteo la cuestión solo para explicar al lector que el enfoque realista existencial de la metafísica es uno que realmente se centra en la realidad. Antes de explorar este sistema realista existencial, tenemos que aclarar otro posible malentendido.

¿Puede levantarse el verdadero existencialismo?

Cuando utilizo el término "existencialismo" o "existencialista" en el contexto del tomismo hay, entre los lectores filosóficamente informados, una tendencia a pensar en él en la misma línea que las filosofías de pensadores como Husserl, Heidegger, Sartre, Camus o Foucault. Este es un error común, pero es un error. Incluso van Inwagen, destacado metafísico, es culpable de ello.[12] El filósofo tomista Jacques Maritain ofrece un correctivo:

> Digamos de entrada que hay dos maneras fundamentalmente diferentes de interpretar la palabra existencialismo. Una forma es afirmar la primacía de la existencia, pero como implicando y preservando esencias o naturalezas y como manifestando la victoria suprema del intelecto y de la inteligibilidad. Esto es lo que considero el auténtico existencialismo. La otra forma es afirmar la primacía de la existencia, pero como destruyendo o aboliendo las esencias o naturalezas y como manifestando la suprema derrota del intelecto y de la inteligibilidad. Esto es lo que considero un existencialismo apócrifo, el actual, que "ya no significa nada en

---

[12] Escribe: "La filosofía continental del ser está, creo, enraizada en el tomismo". Peter Van Inwagen, *Ontology, Identity, and Modality: Essays in Metaphysics* (Cambridge: Cambridge University Press, 2001), 4.

> absoluto". Yo creo que sí. Porque si se suprime la esencia, o lo que el *esse* plantea, por ese mismo acto se suprime la existencia, o el *esse*. Esas dos nociones son correlativas e inseparables. Un existencialismo de este tipo es autodestructivo.[13]

Maritain nos ha orientado. La visión continental del ser, tipificada por un Heidegger o un Camus o un Sartre, afirma la primacía de la existencia que sustituye e incluso suprime las naturalezas de las cosas. La tendencia aquí es decir que algo "es" y luego se convierte en "lo que es" ("la existencia precede a la esencia"). Esta metafísica es totalmente contraria a una ética objetiva de la ley natural. ¿Cuál es la relación entre la existencia y las esencias, de modo que se considera que hay una primacía de la existencia (de ahí una especie de "existencialismo"), pero que preserva las esencias o las naturalezas? ¿Cómo abrazar entonces un *existencialismo cristiano*? Este es el objetivo de la siguiente sección.

La verdadera distinción entre esencia y existencia

Un principio fundamental de la metafísica existencial es el de la *distinción real* entre la esencia de una cosa y su existencia o acto de ser.[14] Sin embargo, antes de señalar que el acto de ser de una cosa es distinto de su esencia, será útil tener claro el papel que desempeña la esencia en la metafísica tomista. Gavin Kerr lo explica:

> Más arriba se ha señalado que para Aquino la esencia es aquello por lo que y en lo que un ser tiene *130se*. Así pues, para Aquino la esencia está sujeta al *130se*, de modo que ninguna esencia material existiría si no poseyera un acto de existencia distinto. Pero si es cierto que la esencia está sujeta al *130se* y que130se130una esencia existe a menos que esté compuesta por el *130se*, entonces la esencia

13 Jacques Maritain, *Existence and the Existent: An Essay on Christian Existentialism* (Garden City, NY: Image Books, 1957), 13.

14 El acto de ser da cuenta de varios aspectos importantes de una cosa compuesta. Entre ellos están la unidad, la composición y la individuación.

> debe abarcar todo lo que está sujeto al *131se* en las sustancias materiales, lo que incluye tanto la materia como la forma... la esencia de una cosa material debe incluir su materia, en cuyo caso la esencia de una cosa, tal como la significa su contenido definitorio, es el compuesto de materia y forma.[15]

Tomando la última parte en primer lugar, lo que entendemos por "esencia" en el ámbito de este capítulo es todo lo que significa la definición de una cosa. La "significación", simplemente, es cuando usamos un término/palabra para referirnos a una cosa. Cuando utilizamos un término esencial, lo que referenciamos es la totalidad de lo que hace que algo sea *lo que* es. En el caso de las sustancias materiales, esto se reduce a una composición de forma y materia. Normalmente, en la literatura se encuentran referencias a la "humanidad". Son intentos de significar la totalidad de una esencia material.[16]

Lo que Kerr está diciendo es que la totalidad de lo que es esencial para un *tipo* de cosa (por ejemplo, para los humanos es un alma racional encarnada) está "sujeta al ser", es decir, que la esencia hace que una cosa sea el *tipo* de cosa que es (incluyendo los principios formales y materiales), pero la esencia no hace que la cosa *sea*. Sea lo que sea lo que contenga la significación definitoria que la esencia escoge, la existencia no forma parte de ella. Esta es otra forma de llegar a la idea de que la esencia de una cosa es *realmente distinta* de su acto de ser o existencia.

Antes de señalar las diferencias entre los tres tipos de distinciones, Owens afirma una diferencia entre el *ser real* y el *ser cognitivo*.[17] El *ser*

---

[15] Gavin Kerr, *Aquinas's Way to God: The Proof in De Ente et Essentia* (Oxford: Oxford University Press, 2015), 41.

[16] Los que no estén familiarizados con la metafísica aristotélica tendrán que aceptar la afirmación de que para Aquino, siguiendo a Aristóteles, las sustancias materiales son compuestos de forma y materia. Para una buena visión general de la filosofía aristotélica, véase la *History of Philosophy: Volume 1* o *Aristotle: The Desire to Understand* de Johnathan Lear.

[17] En mi conversación con William Lane Craig y Peter Van Inwagen sobre la naturaleza de Dios y la *abstracta*, se hizo dolorosamente obvio que esta distinción

real, obviamente, se refiere al modo en que una cosa existe en el mundo (o podríamos decir, en el orden creado). El *ser cognitivo* es el ser que la esencia de una cosa adquiere en el intelecto de un agente racional; también se conoce como ser intencional. Owens afirma: "La cosa tiene que seguir siendo la misma para que haya conocimiento de ella. Pero llega a *ser* de un modo nuevo cada vez que se la conoce, aunque no se vea afectada en absoluto en sí misma o en su existencia real".[18] Esto nos lleva al umbral de la epistemología, pero no debemos cruzarlo todavía.

Siguiendo en nuestra línea metafísica, si hemos de tener una epistemología realista (en la que el objeto del conocimiento humano es la cosa realmente existente) entonces esto exige que la esencia de una cosa (esa faceta metafísica que hace que una cosa sea *lo que* es) sea distinta de su acto de ser. Esto es así porque una epistemología realista exige que lo que el objeto es permanezca igual y que este mismo objeto llegue a existir en la mente con las mismas características que posee en la realidad. Este llegar a ser en la mente es lo que Owens entiende por ser cognitivo.

Entonces, ¿qué entendemos por distinción real? Aquí nos guiamos de nuevo por Joseph Owens. Él escribe:

> Sin embargo, ¿qué tipo de distinción existe entre esas cosas [cosas sensibles, materiales] y su ser? ¿Es una distinción que está presente en las cosas tal como existen en la realidad, independientemente de cualquier trabajo de la mente humana? Una distinción de ese tipo se encuentra, por ejemplo, entre una manzana y su color rojo. La manzana era una manzana antes de adquirir el color maduro, y por tanto es diferente del color antes de cualquier consideración por parte de un intelecto humano. Este tipo de distinción se llama **distinción real**.[19]

entre el ser real y el ser cognitivo es extraña (quizás incluso repulsiva) para muchos filósofos analíticos contemporáneos. Lea el intercambio en "Three Views on Creation, Causality and Abstracta", *Philosophia Christi*, Vol. 17, nº 2, 2015.

[18] Owens, *An Elementary Christian Metaphysics*, 35. [énfasis en el original]

[19] Owens, *An Elementary Christian Metaphysics*, 37. [énfasis en el original]

A continuación, muestra la diferencia entre una distinción real y una *distinción conceptual*. La distinción entre hierro y metal es conceptual. El significado de "hierro" y el significado de "metal" son distintos, pero en realidad, todo el hierro es metal, por lo que esta distinción conceptual no se aplica en la realidad. Por último, hay una *distinción verbal*. La diferencia entre Mohamed Ali y Cassius Clay es una distinción verbal. Ali y Clay son dos nombres diferentes para una persona numéricamente idéntica; no hay diferencia ni en el concepto ni en la realidad, sino solo en el nombre. Lo que se entiende por *distinción real* entre esencia y existencia es, siguiendo un análisis metafísico, que el principio metafísico que hace que algo sea lo que es (esencia) es distinto en realidad del principio metafísico que lo hace existir (*esse*).[20]

De esta distinción se derivan varias implicaciones metafísicas importantes. En el mundo de los objetos sensibles, hay dos principios metafísicos fundamentales distintos: El Orden del Ser/Existencia y el Orden de la Esencia. El más fundamental de estos dos es el Orden del Ser; es el poder de existir que hace que cualquier cosa exista. Como señala Kerr más arriba, "la esencia está sujeta al *esse* y ninguna esencia existe si no se compone con el *ese*". La existencia es un acto de síntesis. Actúa para componer compuestos de forma/materia en entidades individuales.[21]

---

20 Permítanme señalar aquí que se trata de un argumento a favor de una *distinción* real entre la esencia y la existencia. No es un argumento de que la esencia y la existencia sean realidades *separadas*. Por ejemplo, hay una distinción real entre la altura de un hombre y su humanidad, pero en el hombre individual no hay dos realidades separadas (la humanidad por un lado y la altura por otro). Estas distinciones existen en el hombre numéricamente existente. Del mismo modo, aunque la esencia y la existencia son principios metafísicos distintos, esto no implica que sean realidades separadas. Recogen facetas metafísicas distintas de la única cosa existente.

21 La forma y la materia están en el orden de las esencias. La forma es la esencia actual/actualizadora. Ya sea como forma sustancial, que hace de algo el tipo de cosa que es, o como formas accidentales que modifican la sustancia de alguna manera. Por ejemplo, la manzana roja (la manzana es la sustancia; el color rojo es la modificación accidental de la sustancia). La materia es la potencia para recibir esencias. La materia primera recibe la forma sustancial y la materia designada recibe las formas accidentales en un sujeto. Más técnicamente, en una cosa sensible

No hay nada en el orden de las esencias que explique que *esta* forma esté en *esta* materia, ni hay nada en el orden de las esencias que haga que una determinada esencia secundaria (accidente) se incorpore a un determinado sujeto.[22] La composición en el orden de las esencias se explica por un orden metafísico diferente, el orden del ser/existencia.

El filósofo tomista Frederick Wilhelmsen lo expresa así:

> El mundo real en el que vivimos es *existencialmente sintético*. Aunque el [trabajo del intelecto] analítico funciona como un momento dentro de lo real, está vinculado en nuestra experiencia de tal manera que la *unidad* sintética así producida no es reducible a ninguna deducción... Dentro de la metafísica, tal como concibo la disciplina, el acto de existir es simultáneamente el acto de sintetizar las funciones esenciales en unidad y no contradicción...[23]

Hay un peligro en plantear la distinción entre el orden de la existencia y el orden de las esencias. Ese peligro es que para pensar en la "existencia" tendemos naturalmente a convertirla en un concepto, y los conceptos se aprehenden a partir de las esencias. Así que, naturalmente, tendemos a convertir la existencia en otra esencia, que no lo es. Wilhelmsen señala:

> *La paradoja más sorprendente del acto de existir es que ni es ni no es*... El 'ser' de un árbol no subsiste ni existe en sí mismo. La existencia es totalmente de la cosa que es, una realidad concreta que se despliega y desarrolla en el tiempo.[24]

---

hay materia informada y forma individuada.

[22] Por ello, el realista existencial puede valorar las aportaciones de los tomistas más aristotélicos (por ejemplo, David Oderberg o Edward Feser), pero encontrar que su análisis al nivel del hilomorfismo carece de un fundamento existencial subyacente crucial al que se llega dado un análisis metafísico completo.

[23] Frederick D. Wilhelmsen, *The Paradoxical Structure of Existence* (Londres: Transaction Publishers, 2015), 50-51. [énfasis en el original]

[24] Wilhelmsen, *The Paradoxical Structure of Existence*, 54.

Para entender mejor este punto, imagine un enorme almacén lleno de una gran variedad de aparatos. Todos estos artilugios funcionan, de un modo u otro, con electricidad. No importa cuántas cosas catalogue en el "orden de los artilugios", nunca notará lo que necesita para hacerlos "funcionar". Lo que necesitas para que "funcionen" es de otro orden completamente distinto.

La electricidad no es un artilugio más entre los artilugios, sino la fuente misma de energía y lo que les da su "vida". Esta es, creo, una buena manera de caracterizar la diferencia entre el orden de las esencias (los artilugios) y el orden del ser (la electricidad). Además, no es la electricidad la que hace que el artilugio funcione de la manera particular en que lo hace.

El hecho de que un frigorífico mantenga las cosas frías y de que un horno caliente las cosas es totalmente una cuestión de la naturaleza de estos objetos (se encuentra en el orden de las esencias). La electricidad es la energía que circula por cada uno de ellos y que les permite enfriar o calentar. Del mismo modo, el punto de Wilhelmsen es que la existencia no es en sí misma una cosa que existe, es el poder de ser totalmente tomado en la cosa existente (por ejemplo, un árbol).

Esta sección ha sido una brevísima incursión en el corazón del tomismo existencial. Elabora la descripción de Maritain de un "auténtico existencialismo" que afirma una primacía de la existencia en su metafísica, pero sin anular o destruir las naturalezas/esencias (y, en su opinión, preservando así la inteligibilidad de las cosas). A continuación, veremos cómo estas percepciones metafísicas desempeñan un papel en la construcción de la propia teología.

Esencias en el paisaje contemporáneo

En la literatura contemporánea (una muestra de la cual es la cita de Loux más arriba), las esencias suelen denominarse "objetos abstractos", ya que prescinden de la concreción del ser real; y los filósofos contemporáneos han ignorado en gran medida la categoría del ser cognitivo. Lo que queda son las opciones contemporáneas:

1) El realismo platónico trata las esencias como entidades reales que existen en su propio tipo de realidad (el "cielo platónico");

2) El nominalismo trata las esencias como aberraciones del lenguaje o ficciones útiles o de cualquier otra forma que reduzca las esencias a una colección de individuos concretos;

3) El conceptualismo trata las esencias no como algo en la realidad, ni como una mera aberración, sino como algo creado por la mente. Para ver cómo la posición realista-moderada conserva los puntos fuertes y evita los puntos débiles de estas opciones, recurriremos a una cita del filósofo tomista Edward Feser.

Él explica cómo la visión moderada-realista de los universales/abstracta difiere del platonismo, el nominalismo y el conceptualismo. Escribe:

> Consideremos un universal como la "animalidad" (es decir, el rasgo de ser un animal) ... no se puede decir que la animalidad exista como una sustancia o cosa por derecho propio; es decir, no se puede decir que sea una forma platónica... ¿Cómo existe entonces? En el mundo real, independiente de la mente, solo existe en los animales reales... Hay animalidad en Sócrates, pero está inseparablemente ligada a su racionalidad, y específicamente a su humanidad. Y hay animalidad en Fido, pero está inseparablemente ligada a la no racionalidad, y específicamente a la condición de perro. La animalidad considerada en abstracción de estas cosas solo existe en la mente.
>
> Los sentidos observan a tal o cual hombre individual, a tal o cual perro individual; el intelecto abstrae los rasgos diferenciadores de cada uno y considera la animalidad aislada, como un universal. Esto no es nominalismo, pues sostiene que los universales existen. Tampoco es conceptualismo, pues aunque sostiene que los universales *considerados en abstracción de otros rasgos* existen solo en la mente, también sostiene que existen en las cosas extra-

> mentales y que los universales abstraídos que existen en el intelecto derivan de nuestras experiencias sensoriales de estas cosas objetivamente existentes, en lugar de ser creaciones libres de la mente [como en el conceptualismo].[25]

Hasta aquí, pues, tenemos dos piezas principales de la metafísica tomista que la convierten en una ventaja única para entender la realidad. Tenemos la primacía de la existencia como lo más básico metafísicamente en cualquier cosa creada y tenemos una visión moderadamente realista de las esencias, de tal manera que solo existen aisladamente dado el trabajo de un intelecto abstracto (es decir, tienen un ser cognitivo), mientras que en el ser real son una faceta metafísica de seres complejos compuestos.

Los compromisos metafísicos de uno sientan las bases de su teología filosófica. Estos principios sientan una sólida base metafísica para el teísmo clásico. Pasamos ahora a analizar cómo la metafísica de la composición forma/materia de los seres sensibles y materiales emerge en una antropología filosófica, de la que, a su vez, surge una epistemología realista.

Antropología filosófica

La antropología, como el lector ya sabe, es un estudio del hombre. Normalmente se hace en el contexto de la sociología, pero también puede abordarse desde un nivel de abstracción superior en la filosofía. Una pequeña parte de la antropología filosófica será la filosofía de la mente. Lo que sigue aquí es un simple resumen de cómo una metafísica de la forma/materia se convierte en el fundamento de una filosofía tomista de la mente, como parte de una antropología filosófica mayor.[26]

---

25 Edward Feser, *The Last Superstition: A Refutation of the New Atheism* (South Bend: IN; St. Augustine's Press, 2008), 61.

26 El espacio no permite una antropología filosófica completa (que incluiría una mirada detallada a los sentidos y la voluntad). Esta visión general servirá de base para dilucidar una epistemología realista.

Esta sección, al igual que la anterior, es simplemente una transición de nuestros compromisos metafísicos a los epistemológicos. Como tal, será breve.

Aquí seguiremos el ejemplo del filósofo tomista de la mente James D. Madden. Su obra *Mente, materia y naturaleza: Una propuesta tomista para la filosofía de la mente* (Mind, Matter, & Nature: A Thomistic Proposal for the Philosophy of Mind) es un tratado bien organizado que conduce al tipo de hilomorfismo propugnado por los tomistas. Madden se esfuerza por interactuar con las posturas de los dualistas de la sustancia, los materialistas y los emergentistas respecto a la filosofía de la mente.

Uno de los aspectos maravillosos del libro es que dedica un capítulo entero a introducir al lector en una filosofía aristotélico-tomista [A-T] más amplia de la naturaleza antes de profundizar en una filosofía A-T de la mente. La razón por la que hace esto es que, como se señaló anteriormente con Kerr, los seres sensibles y materiales en el orden creado son, en este modelo, considerados como composiciones de forma/materia. El ser humano es una cosa sensible y material entre otras y, por tanto, es cierto que también es un compuesto de forma/materia. Esta es la faceta de la filosofía de la naturaleza.

Pero el ser humano no es lo mismo que el resto del orden sensible y material. Una filosofía cristiana de la mente tiene que dar cuenta filosófica de esta diferencia. Una de las posiciones dominantes entre los filósofos cristianos es el dualismo de la sustancia. Una opción que a menudo se pasa por alto es el A-T hilomorfismo. Creo que se pasa por alto porque, como supone la estructura del texto de Madden, aceptar una visión hilomórfica de la naturaleza humana exige una visión hilomórfica del orden natural, y esta visión es ampliamente ignorada.[27] Como el

---

[27] Si la manzana es roja porque ha entrado en el nexo de ejemplificación con la manzanidad y la rojez (la representación platónica), entonces es incoherente sugerir que cuando decimos "La manzana es roja" estamos señalando cómo una esencia secundaria (la cualidad accidental "rojo") es inherente a una realidad metafísica más fundamental (la sustancia, "manzana"), que a su vez solo existe porque todo el ser material se da extrínsecamente un acto de existir en cada

dualismo de la sustancia es la filosofía cristiana dominante de la mente, ignoraremos las interacciones de Madden con las variedades del materialismo y el emergentismo para centrarnos en la diferencia entre un relato dualista de la sustancia del hombre y una posición hilomorfa A-T.[28]

Sin embargo, antes de citar la presentación de Madden sobre la diferencia entre el hilomorfismo y el dualismo de sustancias, me gustaría recordar al lector los supuestos del enfoque de Madden. La composición específica de forma/materia para el ser humano es la unión alma/cuerpo. Siguiendo la definición de Aristóteles del hombre como "animal racional", esta visión del ser humano asienta los poderes de su racionalidad en su intelecto, que a su vez es solo uno de los poderes del alma (el alma es el principio de animación del cuerpo humano y tiene otro poder espiritual distinto, la voluntad). El cuerpo, al ser la causa material del ser humano, recibe estas potencias y es, por tanto, un ser único, unificado y compuesto. El dualismo cartesiano (la versión clásica del dualismo de la sustancia) considera el alma humana como una "cosa pensante" y como una sustancia distinta de la sustancia del cuerpo.[29]

Un problema inmediato y evidente para el dualista de la sustancia se conoce como "el problema de la interacción" porque pide al dualista que dé cuenta de cómo una sustancia puramente espiritual (el alma) puede interactuar con una sustancia puramente material (el cuerpo).[30]

---

momento de su ser.

28 Sin duda, el hilomorfismo tiene sus detractores explícitos. Véase, por ejemplo, la difunta Lynne Rudder Baker, "Persons and the Metaphysics of Resurrection", *Religious Studies* 43 (2007): 338-48; o, Richard Swinburne, *Mind, Brain, and Free Will* (Oxford: Oxford University Press, 2013), para algunas críticas al hilomorfismo.

29 Aquí "sustancia" significa, vagamente, "que existe como una unidad ontológica distinta" o alguna interpretación similar.

30 Se podría decir que la diferencia entre el hilomorfismo y el dualismo de la sustancia es que el hilomorfismo sostiene que el alma y el cuerpo son partes sustanciales esencialmente unificadas de una sustancia que pueden separarse *accidentalmente* (como en un estado temporal incorpóreo después de la muerte y antes de la resurrección). El dualista de la sustancia, en cambio, parece tratar el alma y el cuerpo como sustancias accidentalmente unificadas pero distintas, que

Madden utiliza esta cuestión para señalar una de las principales diferencias entre una explicación dualista de la sustancia y una hilomorfista de la persona. Escribe:

> Tomemos el problema de la interacción mente-cuerpo, en cualquiera de sus diversas formas, por ejemplo, la supuesta ininteligibilidad, las leyes de conservación, el cierre causal de lo físico, y cosas por el estilo. Incluso si el dualista puede responder a estas preocupaciones (y al fin y al cabo podría hacerlo), es necesario presentar este caso. En el modelo dualista, tenemos dos sustancias fundamentalmente diferentes, una física y otra no física que interactúan como causas eficientes, aunque las leyes de la física determinen la sustancia física. Sin embargo, este problema ni siquiera se plantea para el hilomorfista aristotélico, porque la relación fundamental entre el alma y la materia que compone el cuerpo no es la que podría adherirse entre dos entidades independientemente subsistentes.
>
> Es decir, el alma y el cuerpo no son fundamentalmente diferentes tipos de sustancias comprometidas en una interacción causal, porque no son sustancias en absoluto. Por supuesto, el alma humana es una entidad subsistente, pero la materia primera que compone en última instancia el cuerpo humano no tiene ninguna actualidad independiente de una u otra forma sustancial... La materia que compone un ser humano es realmente un cuerpo humano solo porque está en unión con el alma...[31]

Edward Feser, en su obra introductoria *Philosophy of Mind* (Filosofía de la Mente), sugiere siete ventajas distintas que el relato hilomorfista de la persona humana tiene sobre una visión dualista de la sustancia.[32]

---

están *esencialmente* separadas.

[31] James D. Madden, *Mind, Matter & Nature: A Thomistic Proposal for the Philosophy of Mind* (Washington, D.C.: The Catholic University of America Press, 2013), 275.

[32] Edward Feser, *Philosophy of Mind: A Beginner's Guide* (Oxford: Oneworld Publications, 2006), 226-227.

Como se ha señalado, hay filósofos de la mente y filósofos de la religión competentes que se oponen a la visión hilomorfa. Los filósofos de la mente trabajan predominantemente con una visión materialista o naturalista de la mente, y por lo tanto rechazan el alma inmaterial que implica el relato hilomorfo. Los filósofos cristianos de la religión, sin embargo, tienden a plantear preguntas concretas sobre la identidad, la resurrección y otros aspectos metafísicos más específicos del hilomorfismo. Este breve resumen no es el lugar para responder a tales preguntas.

La cuestión, en el contexto de este capítulo, al plantear el punto de vista del hilomorfismo, es que a medida que avanzamos en nuestra explicación de la epistemología, debemos tener en cuenta lo que el ser humano es como conocedor. Para entender el tipo de realismo epistemológico de la siguiente sección, el lector debe tener en mente tanto los compromisos hilomórficos de una filosofía de la naturaleza más amplia (seres sensibles, materiales) como la visión hilomórfica del hombre que ve al humano como un compuesto metafísico unificado: un alma encarnada.

Esto significa que todos los poderes de la sensación están enraizados en última instancia en el principio animador del alma racional. En la siguiente sección veremos cómo el alma encarnada, como conocedora, funciona en un mundo de compuestos sensibles y materiales de forma/materia.

La epistemología en la filosofía sistemática realista

Puede ser obvio para el lector en este punto, pero al entrar en una discusión sobre la epistemología, nuestra teoría del conocimiento humano, es importante señalar el grado de compromiso con una visión premoderna del conocimiento. Aquí exploraremos, de forma algo superficial, una epistemología tomista, sus principios y motivaciones fundamentales, y cómo difiere de una visión específicamente cartesiana del conocimiento.[33] Hacia el final de esta sección haré una recapitulación del proceso de conocimiento que sentará las bases para entender la doctrina de la analogía y su influencia en el teísmo clásico.

En el comienzo de su introducción a la epistemología realista tomista, Frederick Wilhelmsen, se propone distinguir este enfoque del cartesiano. Escribe:

> "Epistemología" es un derivado de las palabras griegas que significan "ciencia del conocimiento". Presumiblemente, un estudio de la epistemología sería una exploración de esa ciencia. Pero la presunción es algo engañosa porque no existe una única "ciencia del conocimiento". La ciencia, en el sentido tomista del término, significa una comprensión de las cosas a través de sus causas, pero las causas del conocimiento son muchas... El conocimiento es un modo de existir: como modo de existir, el conocimiento es considerado propiamente por la metafísica.
> El conocimiento es una operación psicológica: en cuanto operación psicológica, el conocimiento es investigado propiamente por la filosofía del hombre... Aunque es cierto que no existe una ciencia distinta llamada "epistemología", no por ello se deduce que no exista una investigación filosófica propiamente epistemológica.[34]

Wilhelmsen, de forma poco útil, parece indicar aquí cosas contrarias. Por un lado, está claro que no está de acuerdo con abordar la epistemología como una tarea aislada. Por otro lado, parece estar de acuerdo en que hay una "investigación filosófica que es propiamente epistemológica por

---

[33] Hay dos visiones dominantes de la epistemología procedentes de la era moderna, podría decirse que un enfoque cartesiano y otro kantiano. Sin embargo, este autor opina que Kant, en la medida en que intenta hacer las paces entre elementos de Hume y la ciencia de su tiempo, no se habría visto motivado a su tarea sin el escepticismo de Hume, que a su vez es resultado de compromisos epistemológicos que tienen un origen decididamente cartesiano. Al exponer un relato tomista *contra* Descartes, por tanto, estamos evitando toda la trayectoria de la modernidad en lo que respecta a la epistemología.

[34] Frederick D. Wilhelmsen, *Man's Knowledge of Reality: An Introduction to Thomistic Epistemology* (Englewood Cliffs, NJ: Prentice-Hall, 1956), 3.

naturaleza". La explicación de esta tensión nos ayudará a entender este singular enfoque realista. Lo primero que hay que señalar en lo anterior, es que un enfoque realista del conocimiento no dejará de lado la metafísica. Lo segundo que hay que señalar es que un enfoque realista del conocimiento no dejará de lado la antropología filosófica.

Otra explicación de Wilhelmsen reunirá estos elementos en el esfuerzo epistemológico realista, distinguiéndolo al mismo tiempo de un enfoque moderno-contemporáneo:

> El conocimiento es un conocimiento de tal o cual cosa en el mundo existente. El filósofo crítico [por ejemplo, Descartes] primero abstrae este acto de conocer del hombre que posee el acto. En segundo lugar, este acto abstracto de conocer se vuelve y encuentra que puede poner en duda tanto la existencia del hombre que tiene el acto de conocer como la existencia de la cosa conocida en el acto de conocer... Para captar el punto más concretamente, concéntrese por un momento en el hecho de que usted está aquí y conoce este pedazo de papel ante sus ojos.
> La situación implica tres elementos: (1) el trozo de papel, (2) ser conocido, (3) por ti. Ahora suprime el primer y el tercer elemento, es decir, el hecho de que hay un trozo de papel y que tú —un ser humano de carne y hueso— conoces el trozo de papel. Conserva solo el acto de conocer... una vez hecho esto, estás en la posición del filósofo crítico...[35]

Lo anterior permite al lector comprender un poco más la primera cita. Es decir, ¿cómo es que en una explicación propiamente filosófica del conocimiento se puede perseguir algo que es únicamente epistemológico sin perder los elementos de la metafísica o de la antropología filosófica?

Lo que Wilhelmsen no explica, pero que vale la pena mencionar, es que en una filosofía sistemática realista uno es consciente de cómo los elementos del *sistema* influyen en una cuestión concreta. En este caso,

[35] Wilhelmsen, *Man's Knowledge of Reality*, 26-27.

cuando se investiga la cuestión del conocimiento humano, no se dejan de lado los compromisos de una filosofía realista moderada de la naturaleza (el hecho de que creemos el universo de objetos sensibles y materiales que son una colección de compuestos de forma/materia) ni que el ser humano es un tipo específico único de compuesto de forma/materia (la composición alma/cuerpo).

> El realista es un filósofo que no olvida que es un hombre cuando se pone a filosofar. Como hombre, si está cuerdo, un filósofo no tiene la más mínima sombra de duda de que existe en un mundo de cosas que existen en independencia de su cognición.[36]

¿Qué pasa entonces con la duda cartesiana? ¿Cuál es nuestro relato del conocimiento humano "en un mundo de cosas que existe en independencia de nuestra cognición"?

Un estudiante mío planteó una vez que Descartes comienza su epistemología crítica con la duda, pero Aquino parece saltarse estas importantes cuestiones de la duda (esencialmente, "¿es posible que el humano tenga un conocimiento verdadero?") y simplemente estipula la existencia de cosas independientes de la mente. Una respuesta a este desafío es que, como realista, si Aquino va a tratar con la duda, entonces va a tratar con la duda real. Esto *no* lo hace Descartes. Descartes, más bien, introduce una duda *hiperbólica* en su investigación como elemento de *metodología*.

La pregunta parece ser: ¿Cómo es que, una vez que una cosa fuera de la mente ha entrado en la mente, podemos verificar su existencia fuera de la mente? Sin embargo, hay que tener en cuenta algo sobre esta pregunta. Esta pregunta solo se vuelve realmente apremiante en el supuesto del dualismo de la sustancia. Es decir, si usted, en su antropología filosófica, asume que el ser humano está hecho de dos sustancias muy diferentes (una totalmente inmaterial, la otra material)

36 Frederick Wilhelmsen "Foreword" to Etienne Gilson, *Thomist Realism and the Critique of Knowledge* (San Francisco, CA: Ignatius Press, 1986), 15.

entonces la relación epistemológica de lo que está en el intelecto con lo que es captado primero por los sentidos se exacerba. Se convierte en una expresión epistemológica del problema de la interacción al que nos enfrentamos en la filosofía de la mente.

Como hilomorfista, en cambio, hay un monismo sustancial en el sujeto que conoce, de modo que no es ni la mente la que conoce, ni los sentidos (técnicamente hablando). Más bien, es la persona individual la que conoce *por la vía de* sus sentidos y *la vía de* su intelecto. Wilhelmsen comenta:

> Es cierto que los sentidos solo pueden captar lo particular y el intelecto lo universal, pero los sentidos y el intelecto no son entidades distintas que estén en guerra entre sí. Son poderes de un único sujeto conocedor, y *a través de su mutua interpenetración* el intelecto "ve" lo universal en lo singular... Una vez que se entiende que el sujeto conocedor está en comunión directa y viva con los seres que están en acto, el supuesto problema de salvar la brecha entre una mente abstracta y un ser igualmente abstracto se ve en toda su pobreza...[37]

Esta diferencia en la antropología filosófica es la que conduce a estas diferencias radicales en la epistemología. L.M. Regis lo expresa así:

> El idealismo cartesiano hace de él una sustancia pensante, con un cuerpo añadido como una especie de apéndice inútil. El idealismo kantiano hace de él una pura razón encadenada por la sensibilidad, a la que informa sin saber el por qué, ni el cómo, y de la que es, en verdad, prisionera. La metafísica real, por el contrario, ve en el hombre una criatura, por tanto un ser esencialmente dirigido hacia un fin por su Creador, que es al mismo tiempo la fuente y la perfección de todo lo que es. Situado en los confines de dos órdenes, se relaciona con los espíritus y con los cuerpos sin ser uno u otro exclusivamente. Es un compuesto sustancial de carne y

[37] Gilson, *Thomistic Realism and the Critique of Knowledge*, 19. [el énfasis es mío]

> espíritu, una criatura hilomórfica, lo que significa que su unidad no es la unidad de la simplicidad sino de la composición.[38]

El rechazo de la epistemología cartesiana comienza, pues, por rechazar su visión del hombre. A continuación hay que aclarar la tarea de la epistemología. Recordemos que Wilhelmsen dice que cuando hacemos epistemología debemos tener en cuenta la naturaleza del conocedor y de la cosa conocida. El conocedor es un alma encarnada. Como tal, tiene dos facultades distintas para conocer: la sensación y la intelección. Regis lo resume:

> El objeto [del conocimiento] no es la realidad exterior tomada en lo absoluto, sino la realidad exterior en cuanto tiene relación con el sujeto que conoce, en cuanto existe en el alma. En efecto, como el alma está dotada de sensibilidad e inteligencia, tiene en ella dos existencias posibles de cosas, dos objetos de conocimiento específicamente distintos: los objetos sensibles y los objetos inteligibles; de donde surgen las dos grandes categorías de verdad: las verdades sensibles, que son esencialmente contingentes y cambiantes, y las verdades inteligibles, que son necesarias e inmutables. La confusión de estas dos clases de verdades conduce al escepticismo; la negación de una u otra conduce al idealismo [o al naturalismo]; pero la aceptación de ambas, mientras se mantenga su distinción, es la esencia misma de la epistemología tomista, su realismo básico, y el único realismo que tiene en cuenta con veracidad la complejidad del conocimiento humano.[39]

Los dos aspectos de la naturaleza humana (alma y cuerpo) dan lugar a dos tipos distintos de conocimiento. El conocimiento de lo particular a través de la sensación y el conocimiento de lo universal a través de la intelección. Uno de los errores de Descartes fue el de someter la

[38] Louis-Marie Regis, *St. Thomas and Epistemology* (Milwaukee, WI: Marquette University Press, 1946), 51.

[39] Regis, *St. Thomas and Epistemology*, 53-54.

sensación a una norma derivada de la intelección. Como la sensación no podía proporcionar verdades "esencialmente necesarias e inmutables", fue rechazada como una faceta legítima del conocimiento humano. Regis señala que separar nuestras ideas de las cosas existentes conduce al idealismo.

Con el análisis anterior hemos mostrado que el hilomorfismo respecto a las cosas sensibles y a la naturaleza del hombre es una posición superior desde la que plantear lo humano como conocedor. Pero si nuestra epistemología no se propone criticar la posibilidad del conocimiento, ¿cuál es precisamente la tarea de la epistemología en el contexto de nuestra filosofía más amplia?

> Es una intención muy loable responder al problema de los escépticos históricos. Pero antes de intentarlo, el filósofo debería considerar si es posible una respuesta, y si el problema se ha planteado correctamente a lo largo de la historia. El hecho es que no puede haber un problema racional sobre la validez básica del conocimiento del hombre, pues cualquier razón válida que se ofrezca para reivindicar una duda destruiría la duda por su validez. Por lo tanto, nadie debe intentar responder al escéptico, ya que tiene un problema mal planteado e irracional.
>
> Nadie puede responder al escéptico, ya que, si no se reconocen los poderes de la verdad como un hecho en la epistemología inicial, todas sus conclusiones ulteriores permanecerán en el ámbito de lo "posiblemente verdadero"... Sin embargo, reconocer la verdad como un hecho no exime al epistemólogo de toda utilidad. Todavía hay que admitir que un juicio correcto en la mente sobre objetos fuera de la mente constituye un fenómeno misterioso y merece ampliamente el asombro del filósofo. Sigue siendo importante dar una justificación filosófica del conocimiento... Cuando se trata del criterio del juicio verdadero y del motivo de la certeza, la epistemología no tiene nada que demostrar. Su única función es

> emplear la reflexión y el análisis para aclarar lo que el estudiante normal ha sabido confusamente toda su vida.[40]

Los autores han explicado que el escepticismo total respecto a la posibilidad de juicios verdaderos o a la validez básica de la razón humana son afirmaciones irracionales. La tarea de la epistemología, por tanto, no es comenzar con la *posibilidad* del conocimiento seguida de una crítica de este. Esta es la trayectoria de la filosofía moderna y termina con el escepticismo de Hume seguido por el empirismo racional de Kant que conduce al agnosticismo.

La tarea de la epistemología, correctamente entendida, es tomar el *hecho* del conocimiento humano y, mediante el análisis, ofrecer una explicación filosófica del mismo. Este relato debe incluir también la capacidad de explicar la complejidad del conocimiento humano y cuándo falla el juicio verdadero (el problema del error). Este tipo de análisis tratará el conocimiento humano como un conjunto básico de datos que exige una explicación filosófica. Una explicación realista tenderá a satisfacer a los no filósofos porque "pondrá en claro lo que el estudiante normal ha conocido confusamente toda su vida".

Breve descripción del proceso de conocimiento humano

Como se ha dicho anteriormente, para entender al conocedor humano, hay que entender qué es el humano y cuál es su entorno de conocimiento (los objetos potenciales conocidos), y los poderes de conocimiento. En resumen, el ser humano es un espíritu encarnado en un entorno de individuos compuestos de forma/materia con los diversos poderes de conocimiento de la sensación y la intelección. En el proceso de conocimiento, el intelecto "ve" lo universal en lo particular.

El texto clásico sobre esto son los comentarios de Aquino en la pregunta 85 de la *Suma Teológica* (Summa Theologiae). Escribe:

---

[40] Joseph D. Hassett, Robert A. Mitchell y J. Donald Monan, *The Philosophy of Human Knowing* (Westminster, MD: The Newman Press, 1961), 159-161.

> El intelecto humano se encuentra en el medio [entre los animales y los ángeles]. No es la forma de un órgano corpóreo [como lo es el intelecto animal], aunque es una facultad del alma que es la forma de un cuerpo, como se desprende de lo dicho anteriormente. Por consiguiente, le corresponde conocer formas que, de hecho, existen individualmente en la materia corpórea, pero no precisamente como existentes en tal o cual materia individual. Ahora bien, conocer algo que existe de hecho en la materia individual, pero no como existente en tal o cual materia, es abstraer una forma de la materia individual, representada por las imágenes de los sentidos. Por lo tanto, tenemos que decir que nuestro intelecto entiende las cosas materiales por abstracción de las imágenes de los sentidos.[41]

El modo en que un particular sensible, digamos la taza de café que tengo delante, llega a un intelecto inmaterial es mediante este proceso de abstracción. En lo anterior, Aquino no detalla este proceso, simplemente menciona que es la manera en que los aspectos formales de un objeto material llegan a existir en un intelecto inmaterial. El difunto John Deely, filósofo tomista y semiótico da algunos detalles más, escribiendo:

> El mundo "externo" al conocedor como organismo animal se convierte en "interno" al conocedor a través del *esse intentionale* de la *especie sensuum externorum* como medio por el que se conocen las cosas, y justo esta "exterioridad" se incorpora a la "interioridad" propia del universo del conocer en sus niveles superiores de percepción y comprensión.[42]

Analizando el latín para el lector, lo que Deely está diciendo es que el objeto externo al conocedor (que tiene un *ser real*) adquiere un nuevo tipo de ser, un nuevo tipo de *esse* llamado *esse intentionale* o *ser intencional*. Este es el modo en que los conceptos y los juicios existen

---

[41] Tomás de Aquino, *Summa Theologiae*, Q. 85, a. 1.

[42] John Deely, *Intentionality and Semiotics: A Story of Mutual Fecundation* (Chicago, IL: University of Scranton Press, 2007), 58.

en el conocedor. Se alude a ello en la cita de Aquino anterior y se hace explícito aquí por Deely. Las cualidades formales que hacen de la cosa individual el *tipo* de cosa que es (su "especie" en lenguaje escolástico; en contraposición a cualquier uso biológico moderno), se imprimen desde la cosa individual en los "sentidos externos" (vista, olfato, oído, tacto o gusto) e informan a los sentidos internos (memoria, imaginación o el poder cogitativo).

En las facultades de conocimiento del ser humano existe algo casi inmaterial. Un objeto del mundo llega a existir, por ejemplo, en la imaginación. Este objeto que existe en la imaginación se llama *fantasma*. El fantasma conserva las cualidades particulares de la cosa sensible de forma inmaterial. Pensemos en un conjunto de triángulos, desde una señal de tráfico hasta un problema de deberes de un niño o el diseño de un edificio. Cada uno de estos triángulos tiene unas cualidades particulares (tamaño, orientación, color o materiales con los que están hechos).

Ninguno de ellos se eleva al concepto universal de "triangularidad". Esto sucede cuando el intelecto se apropia del fantasma y abstrae de él únicamente los elementos inteligibles. El producto de esta abstracción se llama especie inteligible. La especie en el mundo, que hace que la cosa sea lo que es, ha llegado a existir en un intelecto inmaterial.

El espacio no nos permite revisar en detalle todos los diferentes elementos involucrados en lo anterior. Como se dijo al principio del capítulo, se trata simplemente de un recorrido por la filosofía realista sistemática y no de una defensa completa de sus afirmaciones. Nótese, sin embargo, que Aquino y Deely no intentan defender la posibilidad del conocimiento humano; más bien, están dando una explicación del hecho del conocimiento humano (como defienden Hassett, Mitchell y Monan). Y como ha dicho Wilhelmsen antes, la investigación epistemológica adecuada estará en la encrucijada de la metafísica y la psicología del conocimiento.

Un último punto que hay que señalar, porque es un error común para los que empiezan a estudiar la epistemología tomista, es que el objeto del conocimiento no es el concepto o el juicio en la mente; es la cosa en el mundo. De las opciones que comúnmente se discuten en epistemología, creo que estaríamos seguros al clasificar el tomismo como alguna forma de *realismo directo*. A menudo, cuando se hace esto, surge la pregunta: "¿Cómo puede el tomismo ser un realismo directo, cuando claramente implica este proceso tan complicado por el que el objeto material externo de la sensación se convierte en el objeto inmaterial de la intelección?" Aquí el filósofo Max Herrera ofrece una aclaración perspicaz; escribe:

> El realista directo está en lo cierto al afirmar que Aquino afirma que conocemos las cosas, no nuestros conceptos o impresiones sensoriales. La comprensión es anterior a la conceptualización y, por tanto, no hay intermediarios que deban ser conocidos antes de conocer el mundo. El ser humano comprende los particulares a través de sus sentidos externos e internos, y comprende la naturaleza de una cosa cuando la especie inteligible es recibida en el intelecto. Dado que las especies son *medios* de cognición y no *objetos* de cognición, es coherente sostener que Aquino es un realista directo *epistemológicamente*, pero hay que negar que sea un realista directo *causalmente*.[43]

Siguiendo esto, David Braine señala:

> Su existencia [de las especies inteligibles] en el intelecto consiste en que el intelecto tiene así los medios para comprender las cosas reales de un cierto tipo, por ejemplo, en el caso de la especie intelectual de una vaca los medios para comprender la naturaleza de las vacas como vacas.[44]

---

[43] Max Herrera, "Arabic Influences in Aquinas's Doctrine of Intelligible Species", tesis inédita, (Milwaukee, WI: Marquette University, 2010), 227. [énfasis en el original]

[44] David Braine, "The Active and Potential Intellects: Aquinas as a Philosopher in His Own Right" en *Mind, Metaphysics, and Value in the Thomistic and Analytic Traditions*, ed. John Haldane (Notre Dame, IN: University Notre Dame Press, 2002, 18-35).

Tomadas en conjunto, estas citas de Herrera y Braine dejan claro que cuando el intelecto obtiene la especie inteligible de un objeto no compone con ello un nuevo objeto de conocimiento. Más bien, obtiene los *medios para entender* la cosa en el mundo como la clase de cosa que es. El hecho de que sea el objeto en el mundo el que se conoce hace de la epistemología de Aquino una especie de realismo directo, no causal, sino epistemológico.

Todo lo anterior es más de lo que el lector podría querer saber sobre el enfoque realista sistemático de la filosofía. Téngase en cuenta que podría elaborarse mucho más en relación con el mismo sistema en su filosofía de la lógica, la estética, la filosofía de la ciencia, la ley natural y la ética de las virtudes, y las filosofías políticas que se derivan de estos últimos estudios.

Para aquellos interesados en un enfoque sistemático de la filosofía que pueda ayudar o estar en congruencia con una teología sistemática, el sistema realista introducido aquí es un activo valioso. Para los fines de este capítulo, veremos cómo los compromisos filosóficos realistas informan un tipo particular de teísmo clásico y, a partir de ahí, veremos cómo este sistema es una alternativa al enfoque presuposicionalista.

El teísmo clásico surge de la filosofía sistemática realista

Dado que hay otros capítulos en este volumen dedicados a presentar el teísmo clásico y sus principios, dejaré que otros demuestren los atributos clásicos y su valor en la teología sistemática. La tarea de este capítulo es establecer el escenario filosófico de por qué el teísta clásico aborda los atributos divinos de la manera en que lo hace. Una vez más, hay todo un capítulo en este texto sobre la relación entre la fe y la razón, por lo que esta cuestión tendrá que ser dejada de lado también.

Lo que hay que señalar en este punto es que, dados los compromisos filosóficos expresados más arriba, el enfoque del teísmo clásico sobre los atributos divinos parte, me parece, de tres intuiciones fundamentales:

1. Un reconocimiento de principios de las *limitaciones del conocimiento humano* (sus poderes naturales de sensación e intelección y en sus objetos naturales que son seres sensibles) y las *limitaciones del lenguaje humano* (como producto fundamentalmente del conocimiento humano y compartiendo sus limitaciones).[45]
2. Estas limitaciones deben tenerse en cuenta cuando se *piensa y se habla de la Realidad Última*, Dios, que es Singular (no un objeto de un proceso inductivo), Espíritu Puro (es decir, totalmente inmaterial y no disponible para la abstracción de la sensación), Infinito (más allá de las capacidades de las mentes finitas), y la propia Existencia Subsistente (*esse subsistens*).
3. La Biblia *no es un tratado metafísico* sobre la esencia divina. De la misma manera que presenta pero no explica los fenómenos naturales (para ello necesitábamos desarrollar las ciencias naturales), presenta pero no explica la esencia divina (para ello necesitamos desarrollar la teología filosófica).

La razón por la que se puede decir que estos compromisos sustentan el pensamiento de los teístas clásicos es que los dos primeros compromisos fundamentan el discurso analógico sobre Dios. Si el lenguaje humano está ligado a las limitaciones del razonamiento humano, entonces nuestro lenguaje apunta naturalmente a los objetos sensibles y materiales. Dado que éste es el contexto natural de nuestro lenguaje, tenemos que ser más sensibles cuando aplicamos este lenguaje en otros contextos (como cuando se aplica, por ejemplo, al alma incorpórea, a los ángeles y a Dios).

Si nuestra teología propiamente dicha nos da un ser, Dios, que desafía múltiples aspectos naturales del conocimiento humano, entonces tenemos que ser extremadamente cuidadosos en la forma en que hablamos de Dios mientras reconocemos estas dificultades. A menudo, vemos que los pensadores presuposicionalistas evitan o contradicen una

45 El texto de Deely al que se hace referencia, como indica el título, profundiza en las interconexiones de la epistemología y la semiótica.

o más de las intuiciones anteriores, lo que lleva a conclusiones drásticamente diferentes.

Los conceptos humanos son producto de un proceso inductivo. Es decir, al ver una y otra vez individuos de la misma especie, llegamos a entender lo que es común a esa clase de cosas (arriba usamos triángulos y triangularidad). Comprendemos la especie *a través de* sus individuos. Pero Dios es uno y por lo tanto no está abierto a tal proceso, por lo que no podemos tener un concepto de *lo que* es Dios. Además, si Dios es un espíritu infinito, una mente condicionada a realidades finitas, materiales y sensibles no puede tener un *concepto* de Dios.

Por último, si la propia naturaleza de Dios es la existencia pura en sí misma, y la existencia desafía la conceptualización (ya que la conceptualización se centra en el orden de las esencias), entonces los humanos no pueden tener un concepto de *lo que* es Dios. Por eso, en nuestro conocimiento natural de Dios, llegamos a conocerlo *a través de* deducciones metafísicas sobre lo que no es (*vía negativa*), por analogías a partir de las perfecciones que vemos (por ejemplo, bondad y sabiduría), y como causa de los efectos en el mundo (por ejemplo, Creador, sustentador, etc.). Estos compromisos proporcionan al teólogo una guía para determinar qué aspectos de las descripciones bíblicas de Dios deben tomarse al pie de la letra (que es Amor, Bueno y Justo), y cuáles no (que es celoso, arrepentido o que tiene manos/brazos/ojos).

Unas cuantas citas del filósofo de la religión Brian Davies nos dejarán con una visión equilibrada del tipo de discurso analógico sobre Dios que apoya el teísmo clásico. Él escribe:

> La distinción de Aquino entre unívoco, equívoco y analógico es una distinción entre *modos literales de discurso*. Los estudiosos de Aquino suponen a veces que no es así. Suelen pensar que, cuando, por ejemplo, Aquino dice que "bueno" se aplica a Dios y a las criaturas "analógicamente", su significado es que Dios solo es bueno "como quien dice" o "a la manera". Pero esto no es en absoluto cierto... Según él [Aquino] podemos decir, por ejemplo, que tanto Salomón como Dios son sabios. Y, para él, eso es porque

> Salomón y Dios son realmente sabios. En "Salomón es sabio" y "Dios es sabio" la palabra "sabio", piensa Aquino, se usa de maneras diferentes pero relacionadas. Y ambos usos son literales.[46]

Davies elabora en otro lugar el equilibrio de lo que queremos decir cuando decimos que no podemos saber lo que es Dios (dadas algunas de las razones enumeradas anteriormente) y los límites del discurso analógico incluso cuando se toma literalmente. Tras una discusión sobre la teología apofática [negativa], escribe:

> Así que el lenguaje que utilizamos para hablar de Dios es, en un nivel, inadecuado y no sabemos qué es Dios. Pero al hablar de Dios podemos, dice Aquino, hablar de verdad. Y podemos saber que lo hacemos. En otras palabras, su punto de vista es que lo que podemos decir de Dios puede ser literalmente verdadero, aunque la realidad completa significada por nuestras palabras desafía nuestra comprensión. Podemos hablar de Dios y significar lo que decimos, pero no podemos comprender la realidad que hace que nuestras afirmaciones sean verdaderas. Palabras como "bueno" y "sabio" caracterizan verdaderamente a Dios, pero "no representan adecuadamente lo que es".[47]

Se trata de una forma de equilibrar un enfoque cuasi-racionalista de la teología que toma nuestras afirmaciones sobre Dios como juicios directos y unívocos sobre la esencia divina y una teología que es tan totalmente misteriosa que Dios es adorado como algo totalmente más allá de todo ser o inteligibilidad (como "el Uno" de Plotino).

Llegados a este punto, hemos cerrado el círculo en nuestro intento de mostrar por qué un filósofo dogmáticamente comprometido con una filosofía realista sistemática evalúa las cuestiones del teísmo clásico de una manera distinta a la de un filósofo que adopta un eclecticismo laxo

---

[46] Brian Davies, *The Thought of Thomas Aquinas* (Oxford: Oxford University Press, 1992), 70-71. [énfasis añadido]

[47] Davies, *The Thought of Thomas Aquinas*, 62.

en su enfoque de la filosofía. Este último aporta esta filosofía no sistemática a las cuestiones de la teología propiamente dicha de una manera mucho más fragmentaria. Una vez atada nuestra discusión hasta ahora, debemos pasar a considerar la comprensión presuposicionalista de la relación de la metafísica y la epistemología.

Una filosofía sistemática realista como alternativa al presuposicionalismo

En las secciones anteriores nos hemos esforzado por hacer una breve descripción e introducción de los elementos más destacados de la filosofía realista sistemática de Aquino. Dado que este trabajo más amplio se centra en diseccionar y responder a los aspectos del pensamiento presuposicionalista, que se está volviendo dominante en algunos círculos reformados, este capítulo estaría incompleto sin alguna referencia a si tal sistema de filosofía es una alternativa mejor que la que ofrece el presuposicionalista. Con el fin de tener un enfoque para esta evaluación, me ocuparé de un trabajo muy reciente sobre Aquino de un prominente apologista presuposicionalista, K. Scott Oliphint.

En su libro sobre Aquino, Oliphint hace muchos comentarios, algunos de los cuales analizaremos a continuación, pero el punto crucial para nuestros propósitos es cómo concluye su texto. Escribe:

> Esperamos haber dejado claro que cualquier adopción o adaptación de la teología filosófica de Tomás debe filtrarse a través de la teología bíblica del pensamiento reformado. Con ese filtro, hay elementos de la obra de Tomás que podrían ser instructivos y útiles, al menos desde una perspectiva histórica. Aun así, cada palabra y doctrina debe leerse a través de la red de los dos *principia* de Tomás, en última instancia incompatibles; la neutralidad de la razón natural, por un lado, y la verdad de la revelación de Dios, por otro. Estos dos *principia* incompatibles, más que probablemente, contribuyen sustancialmente a la confusión que sigue habiendo

> entre los tomistas con respecto a algunas de sus enseñanzas más significativas.[48]

No podría estar más en desacuerdo. Lo que veremos a continuación al profundizar en las razones que llevaron a Oliphint a tal conclusión, es que tiene muy poca justificación para afirmar que Aquino tiene dos principios de conocimiento incompatibles. Además, la reconvención que quiero defender es que cuando Oliphint introduce preocupaciones presuposicionales en su crítica de la obra de Aquino, es justo en ese grado en el que introduce debilidades en un sistema de pensamiento por lo demás coherente.

Al principio de su valoración del tomismo, Oliphint acepta sin rechistar el juicio de Ralph McInerny sobre la posición de Étienne Gilson. Es decir, Oliphint pinta continuamente la posición de Gilson sobre la visión de la filosofía y la teología de Aquino como una "nueva posición" en el tomismo y la tipifica: "la nueva interpretación de Tomás ve este texto del Éxodo [3:14] como el punto de partida de la discusión de Tomás sobre el ser".[49] Esto exagera la posición de Gilson.

Lo que Gilson piensa en realidad es que para entender correctamente el pensamiento de Aquino, hay que tener en cuenta que su filosofía está siempre al servicio de la teología. En sus propias palabras, Gilson escribe:

> Si queremos recuperar el verdadero significado del tomismo, tenemos que ir más allá de la apretada trama de sus doctrinas filosóficas, hacia su alma o espíritu. Lo que hay detrás de las ideas es una profunda vida religiosa, el calor interior de un alma en busca de Dios... Santo Tomás considera al hombre como maravillosamente dotado para el conocimiento de los fenómenos; pero no piensa que el conocimiento humano más adecuado sea el más útil y el más bello al que el hombre pueda aspirar. El establece

[48] K. Scott Oliphint, *Great Thinkers: Thomas Aquinas* (Phillipsburg, NJ: P&R Publishing, 2017), 126. [énfasis en el original]

[49] Oliphint, *Great Thinkers*, 60.

> la razón del hombre en su propio reino, el sensible. Pero para equiparla para explorar y conquistar este reino, la invita a preferir otro que no es simplemente el reino del hombre, sino el de los hijos de Dios... Si concedemos que una filosofía no debe definirse a partir de los elementos que toma prestados, sino del espíritu que la anima, no veremos aquí ni platonismo ni aristotelismo, sino, sobre todo, cristianismo. Es una filosofía que se propone expresar en lenguaje racional el destino total del hombre cristiano.[50]

Gilson escribe como historiador de la filosofía. Lejos de establecer, como parece suponer Oliphint, un sistema de pensamiento en el que Aquino exige que empecemos con la revelación para una filosofía del ser y no con la razón, la preocupación de Gilson aquí es recordarnos que Aquino es un monástico.

Es decir, es un individuo profundamente religioso, y cuando miramos el corazón del hombre que escribió la *Suma Teológica* (Summa Theologiae), veremos un corazón ardiente por Dios. Sin duda, Aquino es un pensador formidable y se le considera un genio por haber creado un sistema de pensamiento que incorpora elementos del neoplatonismo, el aristotelismo, el existencialismo árabe y el cristianismo. Gilson nos recuerda que, mientras Aquino realiza su notable filosofía "estrechamente entretejida", está animado por deseos exclusivamente cristianos y tiene en mente fines religiosos.

Este punto de controversia bastante suave (hasta qué punto podemos pensar en los esfuerzos filosóficos de Aquino aparte de sus objetivos teológicos) entre los tomistas, en manos de Oliphint, se convierte en una cuña que lleva a Gilson decididamente a un lado de la división "tradicional" frente a la "nueva interpretación". Oliphint pinta el conflicto como uno centrado en la pregunta: "¿Cree Aquino que su metafísica del ser debe comenzar con una interpretación de Éxodo 3?".

---

[50] Étienne Gilson, *The Christian Philosophy of St. Thomas Aquinas* (Notre Dame, IN: University of Notre Dame Press, 1956), 375-378.

Cualquiera que esté familiarizado con su pensamiento verá que la respuesta obvia es "no, no lo hace".

Además, también es obvio que Gilson nunca pensó esto tampoco. Desafiaría a cualquiera a que leyera *El ser y algunos filósofos* (Being and Some Philosophers) o *Dios y la filosofía* (God and Philosophy) y saliera con la caracterización que hace Oliphint de su posición. En este último, Gilson escribe:

> Como filósofo, Tomás de Aquino no fue alumno de Moisés, sino de Aristóteles, a quien debió su método, sus principios, hasta incluso su importantísima noción de la actualidad fundamental del ser. Lo único que quiero decir es que se produjo un progreso metafísico decisivo, o más bien una verdadera revolución metafísica, cuando alguien empezó a traducir todos los problemas relativos al ser del lenguaje de las esencias al de las existencias... La metafísica de Tomás de Aquino fue, y sigue siendo, un punto culminante en la historia de la teología natural... Evidentemente, pedirnos que veamos el universo como un mundo de actos existenciales particulares, todos relacionados con una Autoexistencia suprema y absoluta, es estirar el poder de nuestra razón esencialmente conceptual casi hasta el punto de ruptura... La mente humana se siente tímida ante una realidad de la que no puede formarse un concepto adecuado. Tal es, precisamente, la existencia.[51]

Presento la totalidad de la cita anterior por varias razones. En primer lugar, contradice directamente, en palabras del propio autor, la caracterización errónea que Oliphint utiliza sistemáticamente en su obra. Gilson se esfuerza aquí por situar a Aquino en el lugar que le corresponde en la historia de la metafísica y por reconocer su contribución revolucionaria a la filosofía y a la teología natural. En segundo lugar, la última parte de la cita vuelve a subrayar el contexto

---

[51] Étienne Gilson, *God and Philosophy* (New Haven, CT: Yale University Press, 1969), 67-69.

filosófico en el que el tomista existencial hace su teología propiamente dicha. Si vamos a encontrar las razones por las que la mente humana no puede apreciar a Dios tal como es, podemos hacerlo sobre bases filosóficas adecuadas.

La importancia real de referirse a Éxodo 3, para el tomista, es un medio de combatir la acusación de que, cuando el tomista existencial termina su teología natural con Dios como *Ipsum Esse Subsistens* (la totalidad del ser subsistente), su análisis filosófico le ha llevado a un Ser Último que no podría ser el Dios de la Biblia. Algunos filósofos cristianos contemporáneos argumentan precisamente en este sentido. El tomista puede señalar al menos un texto bíblico que es compatible con, posiblemente, su análisis existencial.

En efecto, Éxodo 3 puede leerse como si Dios revelara a Moisés que su naturaleza es la propia existencia. El punto de Gilson en *Dios y la filosofía* (God and Philosophy) es que, debido a sus avances en metafísica y filosofía natural, Aquino proporcionó, por primera vez en la historia de la filosofía cristiana, los medios para dar una explicación filosófica precisa del Dios de todo ser que se encuentra en el Éxodo. Las conclusiones de su filosofía natural y de la revelación coinciden.

El enfoque de Oliphint sobre Aquino en este punto es indicativo de su tratamiento más amplio del pensamiento de Aquino. Aunque una buena parte de la investigación de Oliphint da en el clavo, las limitaciones de su comprensión brillan en sus críticas a Aquino. Cuando Oliphint critica a Aquino por negar que la existencia de Dios es evidente para nosotros, por ejemplo, utiliza Romanos 1 como medio de refutación.

El punto de Aquino es que la proposición "Dios existe" es autoevidente *en sí misma* (porque nuestro análisis metafísico revelará que Dios es la Existencia misma) pero no *para nosotros* porque no todos los hombres saben que el término "Dios" significa "*Ipsum Esse Subsistens*". Este punto no está en absoluto en conflicto con la afirmación de Pablo en Romanos 1 de que algunos de los atributos de Dios pueden percibirse claramente a partir de lo que ha sido hecho, pero que, debido a la pecaminosidad humana, el hombre oscurece esta percepción.

Además de que algunas de sus críticas se basan en interpretaciones erróneas del pensamiento de Aquino, cuando Oliphint se lanza a analizar la doctrina de la simplicidad divina, lo hace con claros compromisos con el presuposicionalismo. Escribe que "la razón natural por sí sola no proporciona ninguna razón para creer en la simplicidad divina".[52]

Dado que Aquino trata la simplicidad exclusivamente como un elemento de la teología natural, me interesaba ver cuál iba a ser la "visión bíblica de la simplicidad de Dios" de Oliphint. Resulta que Oliphint piensa que la doctrina de la Trinidad es una respuesta directa a las preguntas que surgen sobre la simplicidad divina. Escribe:

> Pero cuando vemos la simplicidad a la luz de la Trinidad ontológica, reconocemos que hay tres personas *ad intra*, que son a su vez subsistencias distintas, *ad intra*. Esas subsistencias, lejos de socavar o negar la simplicidad de Dios, son intrínsecas a nuestra comprensión de Dios (incluida su simplicidad), según su revelación. Así, confesamos que la simplicidad de Dios incluye necesariamente tres modos de existencia ad intra distintos y reales (aunque no sustanciales) en el Padre, el Hijo y el Espíritu Santo. Ciertamente, si la simplicidad de Dios debe incluir modos distintos de existencia —modos que son realmente distintos y no solo atribuidos racionalmente—, entonces otros *modos* necesarios para el carácter de Dios no socavan ni niegan su simplicidad.[53]

En primer lugar, no está claro que esta descripción de la Trinidad sea ortodoxa. ¿Qué significa que el Padre, el Hijo y el Espíritu Santo tengan tres modos distintos de existencia? ¿La distinción del modo de existencia de una persona cambia lo que la persona es, esencialmente?

No está claro que describir a las tres Personas de la Trinidad como si tuvieran modos de ser distintos preserve la ortodoxia.

---

52 Oliphint, *Thomas Aquinas*, 90.

53 Oliphint, *Thomas Aquinas*, 14. [énfasis en el original]

Independientemente de estas importantes cuestiones teológicas, hay una más pertinente en cuanto a la contribución de Oliphint a la discusión de la simplicidad divina: ¿Cómo empieza esto a abordar las preocupaciones de la doctrina de la simplicidad divina? Recordemos que la doctrina aborda el hecho de que Dios tiene múltiples atributos, aparentemente diversos, en su único ser indiferenciado.

Es decir, lo que llamamos el poder, la sabiduría, la bondad, el amor y la misericordia de Dios están diferenciados por nuestras nociones y por los efectos en el orden creado a los que apuntan, pero como existen en la esencia divina lo hacen como el ser autoidéntico de Dios totalmente sin composición. No hay nada en la oferta trinitaria de Oliphint que aborde siquiera remotamente estas cuestiones desde la teología propiamente dicha. Lo único que hace tal respuesta es preservar su mantra presuposicional de que todo lo que sabemos sobre Dios debe comenzar con la revelación bíblica. Sin embargo, cuando intenta desplegar esa metodología, los resultados son irrelevantes para responder a las cuestiones que se plantean.

Como un poco de margen, parece ser el tono consistente de los autores presuposicionalistas que hay algo más piadoso en decir que todo lo que sabemos sobre Dios viene de la revelación bíblica. Pero hay pocas pruebas de que los escritores de la Biblia o sus personajes más importantes (por ejemplo, Jesús o Pablo) pensaran así sobre la razón natural. Por el contrario, la Biblia parece asumir (y no argumentar, ya que no es un tratado filosófico) que el hombre tiene la capacidad de ver y conocer el mundo que le rodea básicamente como es en realidad. Y que a partir de este conocimiento puede discernir los atributos invisibles de Dios.[54]

Esto no es un conocimiento salvífico, pero es suficiente para fundamentar la culpabilidad de los injustos. Simplemente no entiendo la tendencia presuposicionalista de exaltar a Dios minimizando las capacidades naturales del hombre. Una vez que reconocemos los límites del conocimiento humano y la naturaleza de Dios como ser infinito, ya

---

[54] Pablo en Romanos 1:18-20

tenemos los medios para decir que la esencia divina está totalmente más allá de la comprensión humana, lo que parece la forma adecuada de magnificar el misterio de lo divino.

Dada la visión presuposicionalista de la incapacidad de la razón humana para conocer a Dios, ¿cuál es la alternativa? ¿Con qué reemplazaría Oliphint el teísmo clásico que surge de nuestro realismo existencial sistemático, para tener una visión exclusivamente presuposicional del ser? Lo siguiente nos da alguna pista:

> La realidad es exhaustivamente *reveladora*. No existe lo "puramente natural". Puesto que los cielos declaran la gloria de Dios (Sal. 19.1), puesto que Dios habla a través de todo lo que ha hecho (Rom. 1.19-20), lo que es "natural" es, al mismo tiempo, la propia comunicación "sobrenatural" de Dios a sus criaturas. Si esa comunicación solo se produjera a través de su revelación especial, entonces sería necesaria una subestructura natural. Pero como *toda la realidad* es revelación, no puede haber ninguna subestructura que no esté, al mismo tiempo, revelando a Dios y Su carácter.[55]

Este es un buen ejemplo de retórica presuposicional. Sustituye distinciones muy útiles y sensatas por una generalización más ambigua y amplia con tintes sorprendentemente piadosos. Tomemos la frase "toda la realidad es reveladora... [que es] al mismo tiempo, reveladora de Dios y su carácter para nosotros". Algunas preguntas aclaratorias: ¿Toda la realidad es revelación de la misma manera? ¿Toda la realidad revela todo de Dios? ¿De qué manera, si es que hay alguna, toda la realidad revela a Dios en su triunidad?

Incluso si estuviéramos de acuerdo en que "toda la realidad es revelación", podríamos distinguir *tipos* de revelaciones. El modo en que Dios se revela a Adán en el Jardín no es el mismo que se revela a Israel en una columna de fuego. La forma en que Dios se revela en la hueste estelar no es la misma forma en que Dios se revela en la Ley de Moisés

55 Oliphint, *Thomas Aquinas,* 80.

o cómo se revela en la ley moral. Y estas últimas son ciertamente diferentes de la forma en que Dios se revela en Jesucristo. Además, es evidente que no podemos limitarnos a mirar el orden creado (producto de la actividad creadora unificada de Dios) y deducir la triunidad de Dios. Esto tuvo que ser revelado por Dios de una manera distinta a la de hacer estrellas, montañas y océanos. Una vez que empezamos a plantear estas preguntas aclaratorias, se reafirman las trilladas (y justificadas) distinciones de revelación especial y revelación natural.

De lo anterior, podemos concluir que los compromisos del presuposicionalismo no aportan nada a la filosofía realista sistemática. Lejos de la necesidad de utilizar estos compromisos para filtrar las aportaciones de Aquino, lo que hemos visto es que introducen restricciones artificiales y poco útiles en nuestro pensamiento que conducen a dicotomías infructuosas o a intentos de soluciones poco útiles. El tono y la retórica de muchos autores presuposicionalistas intentan sustituir el pensamiento claro y coherente por la piedad. Pero, como observa acertadamente Gilson:

> Excelente como regla de devoción personal, y siempre que se restrinja a la esfera del sentimiento religioso, tal principio puede volverse peligroso cuando se usa como criterio de verdad teológica... En la teología, como en cualquier otra ciencia, la cuestión principal no es ser piadoso sino estar en lo correcto. Porque no hay nada piadoso en equivocarse sobre Dios.[56]

La razón por la que la piedad personal es peligrosa cuando se toma como criterio de la verdad teológica es que no hay ninguna restricción a lo que puede considerarse un objeto de piedad y, por tanto, un objeto de devoción personal. Se podría argumentar que muchos en la izquierda política utilizan los sentimientos de piedad personal dirigidos a causas impías para atraer a la gente a su lado. No es necesario que nos

---

56 Étienne Gilson, *The Unity of Philosophical Experience* (San Francisco, CA: Ignatius Press, 1964), 41-42.

enfrentemos a esta piedad impía con una piedad piadosa, sino que podemos seguir un discurso racional en el que se descubra la verdad y se responsabilice a los individuos a la luz de su claridad.

Conclusión

Que Dios sea el fundamento de todo ser no es lo mismo que Dios sea el fundamento del conocimiento humano. Una vez que describimos cuáles son las facultades del conocimiento humano y cómo surge el conocimiento en nuestra interacción con las cosas (la tarea de la epistemología) podemos ver cómo esta visión del conocimiento es asumida por los autores bíblicos.

Sobre este terreno común con las Escrituras, podemos perseguir una ciencia de la metafísica que conduzca a nuestra robusta teología filosófica recogida según las líneas teístas clásicas. También es un terreno para la apologética filosófica que surge, de nuevo, de un enfoque realista sistemático de la filosofía que, en sus modos teológicos, conserva los atributos del teísmo clásico.

En el tomismo existencial tenemos una filosofía realista sistemática que (cuando se separa de sus relaciones accidentales con la eclesiología católica romana y se une a la confianza del protestantismo en la guía de las Escrituras para la fe y la práctica) puede estar junto a la teología propiamente dicha, la teología sistemática, la hermenéutica y la teología bíblica, actuando como su sierva y haciendo lo que el propio Aquino hizo, es decir, utilizando las herramientas de la filosofía para aclarar y articular de manera convincente las verdades de la fe cristiana. En una época de creciente escepticismo, ateísmo y rechazo del cristianismo tradicional, esta ayuda es inestimable. Lo que sigue es un breve resumen y una guía de la lógica de los materiales mencionados.

El realismo sistemático existencial, el teísmo clásico y el evangelismo en una instantánea

1. La Biblia exige una epistemología realista (que el objeto del conocimiento humano sea aquello que está en el mundo tal y como es realmente).
2. Si no tenemos la distinción real entre ser y esencia, entonces no podemos tener una epistemología realista (porque si la existencia está ligada a la esencia y no es metafísicamente distinta, entonces el *esse intentionale*, el llegar a ser en la mente, cambiaría la esencia de la cosa de modo que el conocimiento no sería conocimiento de lo que la cosa es).
3. Afirmamos lo que exige la Biblia.
4. Por lo tanto, hay una distinción real entre el ser y la esencia. (Sobre 1, 2 y 3).
5. Si existe una distinción real entre el ser y la esencia, entonces todo ser compuesto finito recibe su existencia de otro (de lo contrario, "ser" y "ser qué" serían idénticos, pero son distintos).
6. (De 4 &5) Todo ser compuesto finito recibe su existencia de otro.
7. Este "otro" no puede ser a su vez un ser compuesto finito, de lo contrario la recepción del ser se prolongaría hasta el infinito, lo que no explicaría el hecho actual de la existencia de seres compuestos finitos.
8. Pero la negación de que ese "otro" sea finito y compuesto significa que ese "otro" es infinito (la negación de la finitud) y simple (que es la negación de la composición).
9. La infinidad y la simplicidad de Dios en el orden del ser/existencia es lo que implica el teísmo clásico.
10. Por lo tanto, si afirmamos una epistemología realista, también debemos afirmar la simplicidad como elemento central que conlleva el teísmo clásico.

11. Afirmamos una epistemología realista (en 1 y 3), por lo que afirmamos la simplicidad como elemento central del teísmo clásico.
12. Dada la vinculación lógica de la simplicidad con otros atributos (por ejemplo, la pura actualidad, la inmutabilidad, la eternidad, la aseidad y la impasibilidad), al afirmar la simplicidad en el orden del ser, estos otros atributos están necesariamente vinculados.
13. Estos otros atributos comprenden los compromisos del teísmo clásico, en una interpretación realista existencial.
14. Por lo tanto (a partir de 11, 12 y 13), afirmamos los compromisos del teísmo clásico en una interpretación realista existencial.

Esta es, en una instantánea, la conexión entre una metafísica realista moderada, la epistemología realista directa, el teísmo clásico y la teología evangélica (dado que queremos afirmar lo que la Biblia exige).

§6. LAS PRESUPOSICIONES EN EL PRESUPOSICIONALISMO Y EL TEÍSMO CLÁSICO

Winfried Corduan

Mi tarea en este capítulo es algo precaria. Para comparar cómo funcionan las presuposiciones en los dos métodos apologéticos que se están considerando, me encuentro ante los cuernos de un dilema muy real, debido a mi necesidad de aclarar lo que entiendo por la palabra "presuposición". ¿Cómo puedo hacerlo de manera justa y precisa? Si tratara de identificar un significado compartido del concepto, probablemente crearía una generalización tan vacía que nadie la aceptaría. Por otra parte, si empiezo por plantear una distinción en el significado del concepto entre ambas escuelas de apologética, es probable que cometa una injusticia con los números de apologistas que no observan la distinción.

Sin ser tan ingenuo como para escapar entre los cuernos de este dilema, intentaré, no obstante, dar ese salto. Para evitar reinventar accidentalmente el presuposicionalismo, tomaré como guía a Cornelius Van Til, uno de los principales presuposicionistas del siglo XX;[1] para el

[1] Cornelius Van Til, *The Defense of the Faith* (3ra ed.; Philadelphia: Presbyterian and Reformed, 1967); *A Christian Theory of Knowledge* (Philadelphia: Presbyterian

punto de vista clásico, utilizaré mi propia construcción de la apologética, ya que es la que mejor entiendo.[2] Mi estrategia consistirá en ejemplificar cómo funcionan los diferentes tipos de presuposiciones en la lógica en general, seguido de lo que podemos aprender de ellos en el contexto de la apologética. Confío en que los presuposicionistas me perdonen los deslices de vocabulario y que los apologistas clásicos encuentren mi interpretación no demasiado idiosincrática como para contarse entre ellos.

Premisas y sus relativos

En general

Una interpretación muy básica, pero no muy útil, de las presuposiciones podría ser que son *creencias de contenido que se asumen como verdaderas antes de cualquier otra cogitación racional.* Tomemos el siguiente ejemplo:

1. Nairobi está en Kenia.
2. Kenia está en África.
3. Por lo tanto, Nairobi está en África.

Acepto mi conclusión como verdadera basándome en mi presuposición de la verdad de mis premisas. Si no creyera que Nairobi se encuentra en Kenia, que a su vez se encuentra en África, no podría tener ninguna confianza en mi aparentemente "nueva" creencia de que Nairobi es, efectivamente, una ciudad del continente africano.

Como todo el mundo aprende durante la primera semana en un curso de lógica elemental, un argumento es *válido* si es imposible que sus premisas sean verdaderas mientras la conclusión pueda ser falsa. Si

and Reformed, 1969).

2 Winfried Corduan, *No Doubt About It* (Nashville, TN: B&H Academic, 1997, orig. *Reasonable Faith,* 1997), Website: "How to do Apologetics" http://www.wincorduan.com/apologetics08.html.

realmente sé que las premisas y la conclusión son verdaderas y que no hay ningún fallo en la estructura lógica, llamamos a ese argumento *sólido*. Sin embargo, aunque la verdad de las premisas sea discutible, para evaluar la validez del argumento tengo que estipular su verdad por el momento para ver si la conclusión puede ser otra cosa que verdadera.

Por tanto, si me tomo en serio la construcción de un argumento sólido, debo estar convencido de la verdad de mis premisas. El modo en que he llegado a conocer la verdad de las premisas es irrelevante en ese momento específico para ese argumento concreto. En el ejemplo anterior, podría haber visitado Nairobi personalmente, haber consultado un mapa, haber creído en las premisas basándome en la autoridad de un maestro, haberlas recibido como una revelación divina o haberlas aceptado basándome en las muchas otras fuentes de conocimiento disponibles.

Por supuesto, la fuente de mis creencias y sus justificaciones tienen una importancia significativa en el ámbito general de la epistemología. Sin embargo, en el contexto muy limitado de la comprobación de la validez de un único argumento, lo único que importa es que asumamos que las premisas son verdaderas para que, suponiendo que no haya fallos en la lógica, la conclusión "recién descubierta" también sea verdadera. Los valores de verdad de las premisas son, como mínimo, presuposiciones momentáneas.

Ahora bien, supongamos que no solo construyo argumentos para mi propia edificación, sino que también me interesa que otras personas estén de acuerdo con mi conclusión. ¿Qué suele presuponer uno cuando intenta construir un argumento sencillo?

Por un lado, debemos tener la misma conciencia fundamental e intuitiva de la validez, que puede expresarse en términos formales. He aquí algunos ejemplos entre otros; la lista podría continuar ampliando las consecuencias de cada principio y encontrando otras diferentes que utilizamos, a menudo sin darnos cuenta de que estamos aplicando un principio lógico.

1. *Identidad:* a. Una *verdad* que podemos llamar "**A**" es siempre la misma verdad "**A**". b. Una *cosa* que podemos llamar "**A**" es idéntica a sí misma.[3]

2. *Medio excluido:* a. Un *enunciado* "**A**" que transmite contenido es verdadero o falso. b. Una *cosa* "**A**" existe o no existe.[4]

3. *Contradicción:* a. Un *enunciado* de contenido "**A**" no puede ser verdadero y falso al mismo tiempo en el mismo sentido. b. Una *cosa* "**A**" no puede existir y no existir al mismo tiempo en el mismo sentido.[5]

4. *Modus Ponens:* Si es verdad que si una *afirmación* "**A**" es verdadera, entonces "**B**" debe serlo, y si sabemos que "**A**" es verdadera, entonces "**B**" también debe serlo.[6]

Los esfuerzos de algunos filósofos por argumentar que en teoría se podría prescindir de este principio, son claramente contraproducentes. Por ejemplo, "Si es posible que los principios lógicos no sean necesariamente inmutables, y el *modus ponens* es un principio lógico, entonces el *modus ponens* no es necesariamente inmutable". La lógica detrás de esta afirmación obviamente toma la forma del modus ponens y convierte el supuesto argumento en un galimatías porque, incluso con las mejores intenciones, no podríamos probar su validez.[7]

5. *Transitividad de conjuntos:* a. Desde la perspectiva del conjunto mayor: Un conjunto llamado "**C**" incluye un conjunto llamado "**B**", y si el conjunto llamado "**B**" incluye a "**A**", entonces "**C**" también incluye a "**A**". b. Desde la perspectiva del conjunto menor: Si un conjunto de elementos (afirmaciones o cosas) llamado "**A**" es un subconjunto de otro conjunto "**B**", y si "**B**" es un subconjunto de un

---

[3] En simbología formal: **A = A.**

[4] En simbología formal: **A ∨ ~A.**

[5] En simbología formal: **~ (A ∧ ~A).**

[6] En simbología formal: **A ⊃ B, A, ⇒ B.**

[7] Por ejemplo, W. V. O. Quine, "Two Dogmas of Empiricism" en *From a Logical Point of View* (New York: Harper, rev. ed., 1963), 41, sugiere la continuidad entre los enunciados de contenido (sintéticos) y los enunciados autoevidentes (analíticos). Pero nótese que también rechaza la aceptación de las llamadas lógicas desviadas en Quine, *Philosophy of Logic* (Englewood Cliffs, NJ: Prentice-Hall, 1970), 80-94. Si un sistema no sigue las reglas de la lógica es algo distinto a la lógica.

> conjunto "**C**", entonces "**A**" también es un subconjunto del conjunto "**C**".[8]

Creo que este tipo de relaciones están incorporadas a nuestro equipamiento intelectual básico, no en sus expresiones formales, por supuesto, sino como intuiciones básicas que no pueden enseñarse, pero cuyo uso adecuado puede alimentarse. Aunque no se pueden entender o aplicar sin contenido, por sí mismas no nos dicen nada sobre cómo son las cosas en el mundo. Sí nos ayudan a dar sentido a los estados de cosas, pero como se expresan en sus formas vacías, lo único que podemos hacer con ellas es deducir otras formas vacías. En resumen, no son verdades fundamentales de las que podamos deducir otras verdades, sino expresiones hipotéticas de lo que puede o no ser cierto dadas ciertas condiciones de lo que ya es cierto en la realidad.

Además, asumimos un cierto significado compartido en el lenguaje que utilizamos. Sería inútil que intentara convencer a otros de que Nairobi está en África si no tienen ni idea de a qué se refieren "Nairobi" y "África". La validez lógica seguirá en pie, pero no habrá comunicación significativa.

Por supuesto, puede ocurrir que el significado de estos términos tenga connotaciones muy diferentes —quizá incluso denotaciones— para la persona a la que dirijo mi argumento, y que en el contexto de la conversación deba tener cuidado de no suponer demasiado. Para utilizar un ejemplo bastante extremo, supongamos por el momento que la idea de África, junto con sus países y ciudades, es simplemente un concepto

---

[8] En el simbolismo formal: $\mathbf{C} \subset \mathbf{B}, \mathbf{B} \subset \mathbf{A}, \Rightarrow \mathbf{C} \subset \mathbf{A}$. Este principio, que puede parecer un poco complicado cuando se muestra de esta manera, es lo que hace que el silogismo aristotélico tradicional funcione. "El conjunto de seres mortales incluye a los seres humanos; el conjunto de seres humanos incluye al conjunto de maestros de Platón en la Atenas del siglo IV que responden al nombre de "Sócrates". Por lo tanto, el conjunto de los seres mortales incluye el conjunto los maestros de Platón en la Atenas del siglo IV que responden al nombre de "Sócrates". $\mathbf{M} \subset \mathbf{H}, \mathbf{H} \subset \mathbf{S}, \Rightarrow \mathbf{M} \subset \mathbf{S}$. [Podría haber insertado simplemente el nombre "Sócrates" como una constante, pero me refiero a él como un conjunto con un solo miembro para ilustrar mi punto].

ilusorio sin correspondencia con la realidad física. En ese caso, la asignación de un valor de verdad a mis afirmaciones por parte de mi audiencia implica que el oyente tendría que compartir mi presuposición, al menos por el momento, por muy extraña que sea.

Una clase especial de afirmaciones que pueden servir como premisas presupuestas en un argumento es la constituida por las verdades lógicas autoevidentes. Éstas pueden completarse con contenidos que imitan exactamente la primera premisa. Así, podría argumentar:

1. La persona A es idéntica a la persona B si comparten todas las propiedades y ninguna otra persona comparte exactamente esas mismas propiedades.
2. Santo Tomás de Aquino y el autor de la *Suma Teológica* comparten todas las propiedades, y ninguna otra persona comparte exactamente esas mismas propiedades.
3. Por lo tanto, Tomás de Aquino es el autor de la Suma Teológica.

Confío en que no hay nada sorprendente en este argumento. Comienza con un principio puramente lógico y, por lo tanto, cualesquiera que sean los nombres y las propiedades que podamos sustituir a la "persona A" y a la "persona B", la conclusión se seguirá inevitablemente de forma lógica, y la verdad del argumento se basa enteramente en la verdad de la segunda premisa.

En resumen, en un argumento lógico, la verdad de la conclusión depende de la verdad (o vacuidad) de las premisas. La persona que intenta convencer a alguien de la solidez de un argumento debe comprometerse con la verdad de las premisas, aunque, dejando de lado las implicaciones formales, puede ser necesario un esfuerzo adicional para convencer a otra persona del significado y la verdad de las premisas antes de que el argumento resulte persuasivo. La verdad de las premisas es presupuesta por el emisor, pero no necesariamente por el receptor, salvo provisionalmente para comprobar la validez del argumento.

En la Apologética

La apologética es una empresa racional. No debe confundirse con la evangelización, aunque a menudo se entremezclan. Por "evangelismo" entiendo la comunicación del evangelio para que la gente pueda confiar en Jesucristo y en su muerte y resurrección por sus pecados para ser salvados. Para muchas personas el Espíritu Santo puede haber eliminado ya todas las barreras y, al escuchar el evangelio, responderán inmediatamente. Otros pueden estar demasiado hambrientos, demasiado fríos, demasiado rechazados por otras personas, etc., para escuchar el Evangelio, y pueden ser necesarias varias obras de misericordia para que sus oídos se abran. Y otros pueden tener dificultades intelectuales en relación con el mensaje de la Biblia, en cuyo caso la apologética se convierte en el instrumento para eliminar esas barreras.

Lo que he descrito anteriormente para los argumentos en general también se aplica al razonamiento utilizado en la apologética. En primer lugar, tanto los cristianos como los no cristianos comparten los principios básicos innatos a los que me he referido anteriormente. Incluyo aquí los llamados sistemas "orientales" de lógica que se dice que difieren de sus homólogos "occidentales". En muchos casos la diferencia surge, no por una comprensión distinta de la racionalidad, sino por cuestiones epistemológicas.

Por ejemplo, en la lógica jainista el principio de identidad se matiza, aunque no se abandona, precisamente para evitar contradicciones. Si yo señalara una jarra de agua y dijera: "Esto es una olla", podría cometer accidentalmente una contradicción porque hay dos o más formas de interpretar la cosa que estoy señalando. Podría referirme a la estructura material de arcilla de la que está hecha la olla, en cuyo caso mi afirmación es verdadera.

Sin embargo, no puedo evitar señalar simultáneamente el espacio interior de la estructura de arcilla que realmente contiene el agua o el aire que la rodea y contribuye a la percepción de su forma, en cuyo caso la afirmación sería falsa. Así, la lógica formal jainista añade la palabra "tal vez" (*syadvada*) y enumera posibles configuraciones alternativas para mantener la racionalidad fundamental que se aplica a todos los seres humanos.[9] Sin embargo, esta *advertencia* no constituye ninguna diferencia esencial respecto a la función de las leyes básicas o del pensamiento en la llamada lógica occidental.

A continuación, suponemos que es posible una conversación racional entre un cristiano y un no cristiano. Debemos tener cuidado de no sacar conclusiones injustificadas a partir de afirmaciones aisladas y extremas. Puedo decir que es evidente que los cristianos y los no cristianos no comparten los mismos presupuestos, y que entienden el lenguaje de forma diferente. Todos nuestros pensamientos y expresiones están (o deberían estar) afectados por lo que ocupa el centro de nuestras vidas, ya sea Jesucristo, Hijo del Dios vivo, o algún objeto o imagen creada por nosotros mismos. Sin embargo, esas diferencias no son fatales para la posibilidad de comunicación. Un cristiano puede compartir el evangelio, y su interlocutor puede entender el lenguaje para llegar a la fe en Cristo. Si esta posibilidad se debe a la naturaleza o a la gracia es una cuestión que estudiaremos al final de este ensayo.

No cabe duda de que los cristianos y los no cristianos comparten la misma capacidad de razonar en un sentido puramente lógico. Así, el ejemplo anterior de la identidad de Santo Tomás sería cierto para ambos. Pero la lógica en sí misma está vacía, y las diferencias surgen una vez que aplicamos contenidos no triviales.

Cuando el cristiano dice "pecado", lo más probable es que el no cristiano entienda un significado diferente para esa palabra que el cristiano, pero parece haber algún significado residual que al menos hace posible que estas dos personas sigan hablando del tema y se aclaren mutuamente sus significados.[10] Para el cristiano, el significado

---

[9] Para una discusión un poco más profunda, por favor vea mi *Neighboring Faiths: A Christian Introduction to World Religions* (2da ed; Downers Grove, IL: Intervarsity Press, 2012).

[10] Si este "significado residual" es un fenómeno natural en el actual estado caído de la humanidad o una intervención directa del Espíritu Santo en un momento dado es una cuestión muy seria e importante. Sin embargo, desde mi punto de vista como quien comparte el evangelio y confía en el poder del Espíritu Santo, no necesito haber analizado ese punto; simplemente puedo seguir hablando de los

fundamental de "pecado" se deriva de la Biblia, y el concepto implica nuestro alejamiento de Dios. En el contexto de los no cristianos, lo más probable es que la palabra tenga que ver con el incumplimiento de normas intrascendentes o con alguna forma de autoengaño de la que uno debe liberarse.

Aun así, podemos hablar entre nosotros y ayudarnos a entender los conceptos del otro en mayor o menor medida. Si llevamos al extremo la idea de que el significado del lenguaje está determinado exclusivamente por el conjunto de creencias de una persona —y que estas creencias son opacas para todos los demás—, el cristiano y el no cristiano no podrían entender nada de lo que dice el otro. Tampoco sería posible que el apologista cristiano se pusiera heurísticamente en el lugar del no cristiano. O hay un significado compartido, sea cual sea su origen, o no hay posibilidad de comunicación alguna. No tiene sentido insistir en que el cristiano y el no cristiano no hablan el mismo idioma, para luego pasar a confrontar al no cristiano con el hecho de que es un pecador y puede ser salvado por Jesucristo. Las lenguas habladas en el mundo real no vienen con subtítulos.

Según tengo entendido, cuando Cornelius Van Til se dedicaba a la evangelización personal, confrontaba a la gente con el hecho de que eran "quebradores del pacto". Como seres humanos caídos, vivían incumpliendo el pacto que Dios había hecho con la humanidad, y eran personalmente responsables de volver a Dios por medio de la reconciliación que Dios nos ofrece en Cristo. Ahora bien, debo admitir que, si alguien se acercara a mí y me dijera: "¿Sabías que eres un quebrador del pacto?". estaría bastante confundido al principio, aunque mi argot incluya esos términos.

Para un no cristiano, que no está acostumbrado a esa fraseología, la afirmación sería muy probablemente totalmente opaca. Sin embargo, el lenguaje es lo que utilizamos para comunicarnos y, para seguir con este ejemplo, supongo que el profesor Van Til confiaba en que, por la gracia de Dios, sus palabras le proporcionarían un punto de contacto (no un

puntos importantes de la verdad de Dios.

"terreno común") para poder explicar el pecado y la redención a su amigo.

Volveremos a hablar de este tema cuando analicemos más a fondo los sistemas de creencias.

¿Conclusiones como presuposiciones?

Hay una idea errónea que uno encuentra de vez en cuando sobre la estructura de un argumento formal y su conclusión: presupone la conclusión. Permítanme poner un ejemplo muy sencillo para desarrollar mi argumento más amplio.

1. La capital de China está en Asia.
2. Pekín es la capital de China.
3. Por lo tanto, Pekín está en Asia.

No hay nada profundo en esta pequeña inferencia; de hecho, se podría pensar que no es más que una definición. Pero en realidad es un argumento, concretamente un silogismo con dos premisas y una conclusión. Una vez que hemos aceptado la verdad de las premisas, debemos aceptar también la verdad de la nueva conclusión generada: Pekín se encuentra en Asia.

Ahora, alguien con un poco de exposición a la lógica puede intervenir y quejarse de que este argumento es una farsa. No hay nada nuevo en la conclusión. Todo el mundo sabe ya que Pekín se encuentra en Asia y, aunque nadie lo supiera, yo sí lo sabía cuando lo escribí. Así que este crítico podría decir que en realidad estoy argumentando en un círculo. Ya he decidido en qué continente se encuentra Pekín y, por tanto, mi silogismo es falaz, pues pretende argumentar algo que ya había asumido.

Críticas similares surgen a veces en la apologética con, por ejemplo, el argumento ontológico de Anselmo o las "Cinco Vías" de Aquino. Obviamente, estos autores ya creían en Dios, al igual que las personas que constituían su audiencia original. ¿Por qué pretender que puedan llegar a una conclusión supuestamente nueva por medio de inferencias lógicas cuando ya es creída y aceptada por quienes formulan los argumentos y quienes los leen?

Hay varios niveles en los que podemos responder:

1. La falacia de argumentar en círculo (*petitio principii*) solo se produce cuando el contenido de la conclusión ya se afirma como verdadero en las premisas. Mis premisas no incluían la idea específica de que Pekín está en Asia; estaba necesariamente implícita en esas premisas, y esa es la cuestión. La idea de que una conclusión está implícita en sus premisas es el principio fundamental sin el cual no podría existir un argumento lógicamente válido.

2. Un objetor podría responder que, con o sin implicación, una vez que se entienden las premisas, la conclusión es obvia: ¿por qué pretender que sea una conclusión de un argumento no circular? Cualquiera puede ver la conclusión una vez que ha entendido las premisas.

a. Dependiendo de su agilidad mental, algunas personas ven a través de ciertas premisas a una conclusión más fácilmente que otras. Si se me permite traer a colación otro ejemplo no teológico, muchas pruebas importantes en matemáticas son sólidas y elegantes, pero están lejos de ser inmediatamente transparentes. Entre ellas se encuentran la prueba de Aristóteles de que la raíz cuadrada de dos es un número irracional,[11] y la demostración de Euclides de que no puede haber un número primo mayor.[12] Sin duda, sus conclusiones se derivan de sus premisas, pero también es obvio que no se sabe que son verdaderas sin el trabajo de hacer inferencias lógicas mediante las reglas de un sistema lógico y, por lo tanto, son todo menos circulares por naturaleza.

b. Deberíamos estar de acuerdo con el principio heurístico de que las personas no intentan construir argumentos válidos para

[11] Para una versión completa de esta prueba y la leyenda asociada a ella, véase Robert y Ellen Kaplan, *The Art of the Infinite*, (Nueva York: Oxford, 2003), 17-23.

[12] Kaplan, *The Art of the Infinite*, 61.

conclusiones que no creen ya. El valor de estos argumentos no reside necesariamente solo en sus conclusiones. Por supuesto, los eruditos de la Edad Media ya creían en Dios. Sin duda, Aristóteles y Euclides estaban convencidos de sus respectivas conclusiones antes de escribir sus argumentos.[13] La cuestión no es que descubrieran nuevas verdades, sino que demostraran que esas verdades podían inferirse racionalmente a partir de una información dada.

c. Además, me parece impensable que los apologistas evangélicos contemporáneos presenten argumentos sin creer en el evangelio tal como se revela en las Escrituras. La apologética está al servicio de la evangelización. No evangelizamos sin creer en lo que predicamos y, por poner un ejemplo, no dejamos que los argumentos sobre la existencia de Dios sustituyan al evangelio.

La verdad que presuponemos en nuestros corazones y mentes no se oculta intencionadamente, pero tampoco es una premisa que pretenda salir adelante por sí misma. Si este tipo de pensamiento está detrás de la insistencia de John Frame en que todos debemos ser, como mínimo, "presuposicionalistas del corazón", parece que estamos cerca de estar en la misma página.[14]

Metodología de la casa de bloques en evangelización y apologética

Cornelius Van Til se opuso a la apologética llevada a cabo por aquellos evangélicos cuyo método comparó con la construcción de una casa de bloques. Se comienza con los cimientos y luego se añade el material necesario para el primer piso, seguido de la construcción del segundo

---

13 Hay algunas hipótesis matemáticas que aún esperan ser probadas o refutadas. Véase, por ejemplo, "Goldberg Conjecture", Base de Datos Wolfram|Alpha. https://www.wolframalpha.com/input/?i=goldbach%20conjecture

14 John Frame, *Apologetics to the Glory of God* (Phillipsburg, NJ: P & R Publishing, 1994), 85-88.

piso, la colocación del techo, tal vez con una chimenea, y así sucesivamente.

En la aplicación, esta imagen de palabras ilustra la comprensión de Van Til de cómo algunos prominentes apologistas evangélicos llevan a cabo su tarea. Hay muchos niveles en tal método apologético, y cada uno debe ser erigido antes de que el siguiente pueda ser construido encima de él. No se puede construir el primer piso si no se tienen los cimientos. No hay nada que pueda hacer para cubrir el edificio con el techo hasta que el resto de la estructura esté en su lugar.

Por lo tanto, primero debemos establecer la existencia de Dios. Luego tenemos que demostrar que Jesucristo realmente vivió en la historia y que era el Hijo de Dios. En el camino tenemos que establecer que la Biblia no solo es verdadera, sino que también es la Palabra inspirada de Dios. Debemos demostrar que Cristo murió realmente en la cruz antes de poder comprometernos con la idea de que expió nuestros pecados en la cruz. ¿Y de qué serviría tener la seguridad de la vida eterna si omitiéramos la prueba de que la resurrección de Jesús fue un acontecimiento bien atestiguado en la historia?

Si por casualidad alguien que lea este artículo está familiarizado con mi libro de texto de apologética, *Sin duda alguna* (No Doubt About It), puede notar que Van Til critica algo parecido a mi enfoque. Sin embargo, hay que hacer una seria revisión en esta descripción, que sin duda se aplica a la mayoría de los apologistas clásicos. Creo que es posible y provechoso demostrar la verdad del cristianismo alineando las diversas cuestiones, desde las filosóficas muy fundamentales hasta las históricas muy específicas, y de ahí a la necesidad personal de redención en Cristo. Sin embargo, la cuestión que se aborde dependerá de las cuestiones que sean pertinentes en cada momento.

La importancia de mi punto se puso de manifiesto en una conversación privada en una conferencia con un distinguido erudito evangélico estadounidense que seguía la apologética presuposicional de Gordon Clark, y un notable autor cristiano de fuera del círculo evangélico estadounidense que también adoptaba un enfoque presuposicional. Aunque los detalles de la conversación se me escapan, debo identificarme como un “no presuposicionalista”, y nuestro invitado de otro país tenía una mirada algo desconcertada.

El distinguido teólogo estadounidense le ayudó inmediatamente a comprender: “Verá, aquí en Estados Unidos hay gente que cree que primero hay que demostrar la existencia de Dios y que Cristo era Dios...” Continuó recitando algunas de las etapas supuestamente necesarias. Lo que me llamó la atención fue el uso del verbo modal “debe” y la idea de que es “necesario” probar ciertos elementos para llegar al evangelio completo. Concediendo solo por el momento que es legítimo describir el método del apologista clásico como “casa de bloques”, las secciones están conectadas por “puede”, no por “debe”.

La razón radica en la diferencia, a la que ya he aludido, entre evangelismo y apologética. El evangelio no es nunca una “casa de bloques” a la que se puede llegar por etapas. Aceptar a Jesucristo implica convertirse en una nueva criatura. Es un compromiso de todo o nada. Por otro lado, la apologética puede, pero no tiene por qué, consistir en etapas secuenciales.

El apologista clásico en acción responde a las preguntas a medida que van surgiendo. Si alguien ya cree en el Dios de la Biblia, pero no está seguro de la historicidad de la resurrección, tenemos el privilegio de mostrarle las pruebas que hay. Sin embargo, en ese caso no necesitamos volver a convencer a la persona de, por ejemplo, la autorrefutación del relativismo o la verdad del teísmo. Los ejemplos pueden, por supuesto, multiplicarse, pero el punto es que las diversas etapas de los argumentos que un apologista clásico utiliza representan un “puede”, pero no un “debe”.

La diferencia entre esta exposición y la de Van Til, junto con la de algunos otros presuposicionalistas, es que él aplicaría el “no puede” al uso de pruebas separadas para cuestiones particulares relativas al cristianismo. Volveremos a esto después de describir la idea de “sistemas” de creencias o “visiones del mundo”.

Sistemas

Hagamos una rápida excursión a la filosofía de la ciencia en el siglo XX. El brillante filósofo estadounidense Willard V. O. Quine declaró:

> El enunciado, más que el término, llegó con Bentham para ser reconocido como la unidad responsable de una crítica empirista. Pero lo que ahora insisto es que, incluso al tomar el enunciado como unidad, hemos trazado nuestra cuadrícula con demasiada precisión. La unidad de significación empírica es el conjunto de la ciencia.[15]

Este pronunciamiento puede ser objeto de un cierto desenvolvimiento.

Precursores: Hume y el Positivismo Lógico

Las raíces de esta afirmación se remontan a más de doscientos años atrás, al filósofo escocés David Hume, cuya filosofía del lenguaje exigía que ninguna palabra (o "término") puede tener sentido para alguien si no tiene una impresión sensorial previa de a qué se refiere el término. Así, sabemos lo que significa la palabra "azul" porque hemos visto el color azul. Entendemos la palabra "armonía" porque hemos oído sonidos armónicos. Nuestros sentidos (que constituyen nuestro equipo "empírico") hacen que el lenguaje tenga sentido. En estos dos ejemplos, una persona ciega o sorda, respectivamente, no podría entender los términos porque no tienen ningún fundamento empírico.[16]

Llegó la escuela filosófica del positivismo lógico, que no se limitó a las palabras sueltas, como hizo Hume, sino que amplió la parte del lenguaje sometida a escrutinio desde las palabras sueltas hasta las oraciones completas. Emulando a las ciencias naturales, los miembros de esta orientación filosófica sostenían que un enunciado supuestamente portador de contenido solo podía tener sentido si era posible especificar

---

[15] Quine, "Two Dogmas", 42

[16] David Hume, *An Enquiry Concerning Human Understanding* (Indianápolis: Hackett, 1977), 11-12.

cómo, en principio, podía comprobarse la verdad del enunciado mediante una observación.[17]

El método no solo dejaba sin sentido las proposiciones de la metafísica, la religión y la ética, sino también las de la ciencia. Por ejemplo, un científico no puede ver directamente un impulso nervioso, sino solo la espiga en el osciloscopio. En la medida en que la ciencia debe hacer afirmaciones universales o apelar a abstracciones como "fuerza" o "distancia", empieza a parecerse muy rápidamente a la metafísica. Así pues, el intento de modelar la filosofía a partir de las ciencias naturales resultó contraproducente y convirtió a las ciencias naturales en su víctima y no en su modelo.

Willard Quine y la ciencia

Quine rechazó la idea de que las oraciones individuales obtuvieran su significado debido a su verificabilidad empírica. El significado no reside en un método aplicado a las proposiciones individuales, sino en todo el sistema en el que están inmersas. Para Quine, alineándose con su herencia positivista hasta ese punto, el sistema es la "ciencia". De este modo, trató de continuar el programa de los positivistas de dejar que la filosofía imitara a la ciencia, así como de mejorar los medios para alcanzar ese objetivo.

El punto de vista de Quine sobre la ciencia era pragmático; un objeto descubierto por el científico no tiene realidad en sí mismo, sino que su realidad está descrita por la acción del científico al construirlo. Para él, el "mito" de los objetos físicos era superior al mito de los dioses homéricos, pero "solo por grado".[18]

Aun así, a pesar de la vaguedad inherente a tal punto de partida, la "ciencia" como sistema completo era el principal punto de referencia para el significado de las frases individuales. Las proposiciones particulares no podían ser probadas para su validación empírica, pero su

[17] A. J. Ayer, *Language, Truth, and Logic* (2da ed.; New York: Dover, 1946), 35.
[18] Quine, "Two Dogmas", 44.

verdad podía ser evaluada por lo bien que encajaban en esta vaga nube autosubsistente del "conocimiento científico". La coherencia con la ciencia como una red total de creencias es el estándar con el que se debe evaluar la verdad.

> Cada hombre recibe una herencia científica y un aluvión continuo de estímulos sensoriales; y las consideraciones que le guían a la hora de deformar su herencia científica para adaptarla a sus continuos impulsos sensoriales son, cuando son racionales, pragmáticas.

El hecho de que las creencias se califiquen como "verdaderas" o no depende de lo bien que funcionen en su marco conceptual.

En la Apologética

Los herederos naturalistas del positivismo se levantaron para ovacionar a Quine. Si hubieran sabido de este desarrollo, Abraham Kuyper, Herman Dooyeweerd o Cornelius Van Til presumiblemente habrían bostezado. Habían dicho cosas similares mucho antes del despertar de Quine. Sin embargo, su marco interpretativo no era un sistema ilusorio mal definido llamado "ciencia", sino la base de la revelación de Dios en Cristo y en su Palabra.

Por el momento, me referiré a los marcos de conocimiento a gran escala como "cosmovisiones" y "sistemas", aunque más adelante señalaré una importante advertencia al aplicar esta terminología. Además, por ahora, me tomaré la libertad de describir una visión del mundo como una red más o menos conectada de proposiciones declarativas. Imaginemos una red en la que cada trozo de cuerda representa una única creencia que está conectada a otras. Teóricamente, no hay límite en cuanto a cuántos otros hilos pueden vincularse a una misma creencia. Sin embargo, no se pretende que ninguna creencia esté desconectada, incluso si quien sostiene un conjunto concreto de creencias las pega con logical non sequiturs.

Algunas creencias estarán en el centro de la red. Podemos pensar en ellas como creencias básicas, las más fundamentales que una persona puede tener. Es de suponer que toda persona cree que existe de alguna manera. Otras creencias básicas son (para mí) que soy humano, que soy hijo de otros humanos, que Dios existe, que Dios me conoce, que estoy en relación con Dios gracias a su gracia, etc.

Otras creencias pueden residir en los márgenes de la red, y pueden ser bastante frágiles. Sus conexiones con otras creencias son relativamente débiles. Por ejemplo, si creyera que una determinada tienda tiene mejores ofertas que otra, me costaría mucho esfuerzo descubrir cómo se relaciona esta creencia con otras, sobre todo con las del núcleo. Por otro lado, en la medida en que es posible cambiar las creencias que forman parte de mi marco, podría desprenderse fácilmente; por ejemplo, conociendo los productos y los precios de otra tienda.

Aunque no sea fácil descubrir la conexión entre ciertas creencias y los sistemas que las rodean, no debemos asumir que no la hay. Todo lo que creemos y pensamos, incluso lo que sentimos, está coloreado por nuestros marcos conceptuales. Cuando digo que una determinada tienda tiene las mejores ofertas, el mero hecho de hacer esta afirmación, por no hablar del contenido y mi forma de decirlo, está influido por mis otras creencias. Podemos trazar una línea dentada desde esta pequeña e insignificante creencia hasta el núcleo de lo que considero verdadero.

Esta línea tocaría lo que creo que es verdad en cuanto a mi necesidad de comprar artículos materiales, mi comprensión de las finanzas personales y corporativas, el valor de las cosas materiales en mi vida y en mi comunidad, una perspectiva cristiana sobre la compra y la venta, y, por lo tanto, en última instancia, sobre mis creencias fundamentales sobre mi relación con Dios. Las personas que han revisado mi vida y mis escritos pueden juzgar que mis creencias no son ni de lejos tan coherentes y consistentes como creo que son, pero, al igual que la mayoría de los seres humanos, mi propia opinión es que todas mis creencias están integradas de forma consistente en mi "sistema" total.

Por supuesto, es posible que alguien pase por un periodo de disonancia cognitiva, causado por la colisión de dos conjuntos de creencias de aparente igual peso. Estoy pensando, por ejemplo, en el estudiante de primer año de universidad que se siente dividido entre lo que le ha enseñado su pastor como la representación bíblica de la creación y la defensa de la evolución materialista de su profesor de biología ateo. He aquí algunas formas con las que podría tratar de rescatarse de esta crisis intelectual:

1. Al principio, puede que simplemente descarte las creencias del profesor porque no tienen cabida en su cosmovisión. Con el paso del tiempo, puede dejar que el asunto quede ahí para siempre, conservando su sistema intacto en toda su pureza. Esta opción es la más común y, quizás de forma contraintuitiva, la más preferible. En el llamado mundo desarrollado, nuestras mentes se ven constantemente bombardeadas por afirmaciones en nombre de verdades supuestamente mayores, más elevadas y más fáciles de usar, y tenemos que ignorar la mayoría de ellas para no volvernos locos.

2. Por otro lado, puede tratar de tranquilizar su mente con un compromiso haciendo parte de su sistema que estas dos creencias son permanentemente irreconciliables. Sin embargo, tanto si quiere admitirlo como si no, ese agnosticismo *ad hoc* envía ondas por todo su sistema, deteniéndose justo en el núcleo. Al fin y al cabo, si suspende el juicio sobre un conjunto de creencias que antes consideraba resultados verdaderos de sus creencias básicas, algunas de esas creencias anteriores deben disminuir en importancia, y un subconjunto de ellas ya no puede vincularse de la misma manera al núcleo que antes. Alguna información incluida en su sistema solo puede permanecer allí a costa de no hacer nunca referencia a ella y, por lo tanto, debe conservar parte de la disonancia cognitiva original o apagarla con un poco de autoanestesia pasando por alto deliberadamente algunas cuestiones obvias.

3. El estudiante puede dejarse convencer por el profesor ateo. Aquí introduzco a hurtadillas la palabra "permitir", porque debe haber un

> acto de voluntad en juego. No puede dejar de darse cuenta de que la aceptación de la evolución atea implica cambiar no solo un segmento de su red de creencias, sino el núcleo mismo. El cambio inicial tendría muchos corolarios.
>
> Algunas creencias tendrían que desaparecer; otras se convertirían en obligatorias para dar cabida a la innovación en un conjunto de creencias razonablemente coherente. Todo el sistema adquiriría un nuevo cariz; de hecho, sería un nuevo sistema. Debido a las implicaciones radicales de un cambio de sistema, podría decidir que el coste de cambiar su única creencia sobre la creación/evolución es demasiado alto y recurrir a alguna otra opción en su lugar, quizás una de las dos que he mencionado anteriormente.

Algo similar puede ocurrir si un ateo escucha un resumen claro y convincente del evangelio. Puede descartarlo porque no se ajusta a su cosmovisión. Cuando era estudiante de zoología, al exponer las evidencias de la verdad del cristianismo a mi instructor en un curso de filosofía, éste respondió de la siguiente manera: "Admito que me has dejado perplejo. No sé qué decir ahora, pero sé que algo debe estar mal".[19]

El hecho de que las proposiciones no se arremolinen en nuestras cabezas aisladas de otras proposiciones es comúnmente aceptado entre todos los apologistas hoy en día, creo. Sabemos que las creencias se producen en redes más o menos rígidamente conectadas, que todas las creencias están coloreadas en cierta medida por nuestras creencias básicas, de modo que, como se ha señalado anteriormente, teóricamente no puede haber ni creencias neutrales ni un terreno común entre sistemas diferentes. Esta afirmación puede ser considerada como una frase torpe o insuficiente en su cobertura por parte de los apologistas clásicos o los presuposicionales, pero confío en que el pensamiento general que expresa suene a verdad.

---

[19] Con el tiempo, ambos leímos y discutimos la *Defense of the Faith* de Van Til. Aparece como "Jerry" en una viñeta de *No Doubt About It,* 65-78.

Entonces, ¿dónde está la diferencia entre los dos supuestos bandos? Si se me permite una generalización más: Está en el grado en que es posible que dos personas con sistemas diferentes se comuniquen y, más concretamente, que un cristiano se comunique con un no cristiano. Es necesario desarrollar la observación anterior de este punto para entender la cuestión.

Distinciones importantes

Hasta este momento, he intentado demostrar en la medida de lo posible que la aparente disparidad entre la necesidad de las presuposiciones entre los apologistas clásicos y los presuposicionalistas no es tan grande como puede expresarse a veces. Al menos, algunos escritores contemporáneos de la línea clásica no cierran la puerta a contrastar los sistemas de pensamiento en su conjunto o, más concretamente, el marco cristiano basado en la auto-revelación de Dios frente a los sistemas no cristianos basados en la ilusión de la autonomía humana.[20] Pero entonces, ¿hay alguna diferencia significativa entre ambos enfoques?

La respuesta no depende tanto de lo que tengan en común la apologética y la evangelización, sino de hasta qué punto la apologética debe tener en cuenta la verdad teológica. Como se dijo al principio de este ensayo, me parece absurda la idea de que alguien pueda presentar argumentos serios en favor del cristianismo sin presuponer la verdad de la redención de Dios. Pero ¿hasta qué punto tiene que influir esta verdad en la metodología apologética?

La Biblia nos enseña que antes de la obra de Dios en nosotros por medio de Cristo, estamos muertos en nuestros pecados (Ef. 2:1-5. La metáfora es drástica. En su versión más literal, declara que un no cristiano es un cadáver que ni siquiera puede escuchar el evangelio para aceptarlo o incluso rechazarlo. Teniendo en cuenta el contexto y otras enseñanzas bíblicas, Pablo está diciendo que el no cristiano ha elegido atenerse a unos valores que le impiden aceptar la verdad del evangelio,

---

[20] Corduan, *No Doubt About It*, 65-81.

aparte de una crisis provocada por la intervención divina que le permita ver su necesidad de salvación.

Sí, Dios hace posible que los cristianos y los no cristianos se comuniquen, pero no puede haber un núcleo común entre un sistema cuyas proposiciones básicas descartan la redención del pecado y otro centrado en la revelación y el plan de redención de Dios. Los llamados efectos noéticos del pecado equivalen al hecho de que los no cristianos no pueden entender el mensaje bíblico en sus propios términos.

En consecuencia, en la medida en que el no cristiano pueda entender algo de la verdad bíblica, solo podrá hacerlo gracias a la iluminación del Espíritu Santo (1 Cor. 2:14). Es imposible que venga a Cristo si antes no ha sido atraído a él por Dios Padre (Juan 10:44), y Jesús aceptará a cualquiera que venga a él por voluntad del Padre (Juan 10:37). En resumen, solo los que pertenecen a Cristo por la gracia divina pueden entender lo que dice el cristiano. Acepto esta afirmación como verdadera, lo que puede hacer que algunos lectores se pregunten por qué no soy un presuposicionalista.

Así pues, aquí nos enfrentamos a la verdad teológica y a su impacto en el método apologético. Se puede ir en al menos dos direcciones, y revelaré de antemano que me inclino por la segunda y cerraré este capítulo con estas dos descripciones.

a) El presuposicionalista cree que está ante un impasse teológico. No hay, como hemos dicho, ni neutralidad ni terreno común entre cristianos y no cristianos. Por lo tanto, es imposible construir un caso para el cristianismo paso a paso. Si lo intentáramos, la disparidad entre cristianos y no cristianos impediría cualquier comunicación exitosa. Lo único que podemos y debemos procurar es que el no cristiano vea la incapacidad de su sistema para fundamentar los valores que intenta vivir y mostrarle que solo el Señor soberano que se ha revelado en la Biblia y en Cristo puede proporcionar ese fundamento.

Alineemos dos citas de Van Til. La primera describe la barrera entre el cristiano y el no cristiano, basada en el hecho de que no existe una norma neutral a la que ambos puedan apelar.

> Puede decirse que el método de razonamiento por presuposición es indirecto y no directo. La cuestión entre creyentes y no creyentes en el teísmo cristiano no puede resolverse mediante una apelación directa a "hechos" o "leyes" cuya naturaleza y significado ya es acordado por ambas partes en el debate. La cuestión es más bien cuál es el punto de referencia final necesario para hacer inteligibles los "hechos" y las "leyes". La cuestión es qué son realmente los "hechos" y las "leyes". ¿Son lo que la metodología no cristiana supone que son? ¿Son lo que la metodología teísta cristiana supone que son?

Y, sin embargo, se comunican, y el cristiano puede exponer un caso racional para que el no cristiano pueda reconocer lo absurdo de su sistema actual. Van Til dibuja una imagen de un hombre hecho de agua que vive en el agua y que trata de escapar de ella con una escalera hecha de agua, lo que pretende ser una ilustración del problema que tiene el no cristiano para alcanzar los valores objetivos que desea. Continúa:

> Así de desesperada y sin sentido debe ser la metodología del hombre natural, basada en la suposición de que el tiempo o el azar es lo último. Según su propia suposición, su propia racionalidad es un producto del azar. Según su suposición, incluso las leyes de la lógica que emplea son producto del azar. Así pues, el apologista cristiano, cuya posición le obliga a sostener que el teísmo cristiano es realmente verdadero y que, como tal, debe ser tomado como el único presupuesto que hace inteligible la adquisición de conocimientos en cualquier campo, debe unirse a su "amigo" en sus giros desesperados para señalarle que sus esfuerzos son siempre vanos. Se verá entonces que el teísmo cristiano... es la única posición que da a la razón humana un campo de operación exitoso y un método de verdadero progreso en el conocimiento.[21]

---

[21] Van Til, *Defense of the Faith*, 100.

El método indirecto que defiende Van Til puede entenderse como una *reductio ad absurdum* seguida de un argumento trascendental. En primer lugar, muestra al no cristiano que los valores por los que intenta vivir no pueden basarse en un sistema en el que toma sus propias decisiones, supuestamente autónomas. Dado que no puede decirse que tenga el control del universo, sus decisiones se ven socavadas por los factores del tiempo y el azar.

Por lo tanto, no puede haber ideales permanentes que regulen nuestras vidas. Como segundo paso, Van Til demuestra a los no cristianos que el cristianismo, o más concretamente el cristianismo reformado, es el único que puede proporcionar un contexto coherente en el que los valores por los que queremos vivir tengan una base. Y, por supuesto, lo que Van Til tiene en mente es todo el mensaje del pecado y la redención.

Sin embargo, una pregunta obvia es, dado el hecho de que no hay neutralidad o terreno común entre el cristiano y el no cristiano, ¿cómo es posible pasar por este procedimiento? El presuposicionalista responde señalando la gracia común de Dios. Ahora, por favor, no se confundan aquí: La gracia no es la naturaleza, y la naturaleza no es la gracia. Pero tampoco la naturaleza es nunca solo naturaleza; siempre es creación. Dios construyó el mundo de tal manera que un ser humano puede ver que Dios existe y que la persona humana ha roto las responsabilidades morales que lo acompañan.

Evidentemente, el sistema del no cristiano le prohíbe reconocer esas verdades, pero, por la gracia común de Dios, son visibles, y el no cristiano es responsable de aceptarlas o rechazarlas. Parece ser que esa es la razón por la que Van Til creía que podía encontrar un punto de contacto (no un "terreno común") al decir a los no cristianos que son unos quebradores del pacto ante Dios. Afirma que el genuino apologista reformado (presuposicionalista) no solo es consciente de las barreras que existen entre él y el no cristiano, sino que en el fondo de su corazón el no cristiano es más consciente de su verdadera posición de lo que puede dejar entrever.

> [El apologista reformado] sabe que el hombre es responsable no a pesar de, sino solo porque no es autónomo sino creado. Sabe que la idea de la personalidad analógica o del pacto es la única que preserva el significado genuino de los pensamientos y los actos del hombre. Por eso sabe también que el que está muerto en delitos y pecados es, sin embargo, responsable de su muerte. Sabe también que el pecador, en lo más profundo de su corazón, sabe que lo que se le presenta es cierto. Sabe que es una criatura de Dios; simplemente ha tratado de encubrir este hecho ante sí mismo. Sabe que ha violado la ley de Dios; ha vuelto a encubrir este hecho para sí mismo. Sabe que, por lo tanto, es culpable y está sujeto a un castigo para siempre; pero tampoco quiere mirar este hecho a la cara.[22]

Así, el presuposicionalismo es eficaz porque el sistema del no cristiano se sobrepone a las verdades cristianas que pueden ser sacadas a la superficie por el Espíritu Santo.

b) El apologista clásico puede aceptar las verdades teológicas fundamentales mencionadas anteriormente, pero no cree que, por lo tanto, la apologética tenga que limitarse a presentar todo el sistema únicamente. Mientras que Van Til sostenía que la apologética no debe diferenciarse de la predicación, es decir, debe presentar siempre la totalidad de la Palabra de Dios, el apologista clásico cree que la apologética apoya la predicación y la evangelización y es una ayuda para abordar las cuestiones intelectuales que se plantean. Tanto si quiere describir la conexión entre el cristiano y el no cristiano como "terreno común", "gracia común" o "revelación general", considera que dos personas con diferentes visiones del mundo pueden comunicarse.

El apologista clásico niega la idea de que los argumentos a favor de la existencia de Dios y proyectos similares sean pecaminosos porque supuestamente constituyen un sector neutro que puede o no ser ocupado por Dios dependiendo del resultado de nuestros argumentos. En cambio, lo que hace el apologista clásico es precisamente lo contrario, es decir,

---

[22] Van Til, *Defense of the Faith*, 144.

demostrar al no cristiano que el terreno neutral es imposible. Por ejemplo, cuando presento el argumento cosmológico, ya estoy asumiendo que los rasgos del mundo llevan la marca inconfundible de su Creador; de lo contrario, no me tomaría la molestia.[23]

Por supuesto, como hemos argumentado antes, no puedo utilizar mi conclusión como premisa, pero mis pensamientos están profundamente arraigados en el sistema cristiano, y el objetivo de presentar un argumento de este tipo es mostrar que los hechos que entran en el argumento no son neutrales. Por su propia existencia dan testimonio de la existencia del Creador. Mi versión, al menos, del argumento cosmológico es también un argumento trascendental: Si no hay un Dios, no puede haber un mundo. Si puedes mirar el mundo y no reconocer que necesita un Creador y un Sustentador, no estás mirando el mundo correctamente.

Además, el apologista clásico cree que tiene las Escrituras de su lado. Clark H. Pinnock declaró en un volumen dedicado a Van Til y su legado que:

> ...en cuanto se deja hablar a la Escritura, percibimos que la fe cristiana no es un sistema metafísico abstracto apoyado en el presuposicionalismo, sino una creencia basada en acontecimientos históricos no recurrentes que se consideran reveladores y sobre cuya base se hacen afirmaciones limitadas sobre la naturaleza y la estructura últimas de la realidad. Es irónico que la crítica contra el hombre que hace tanto hincapié en la inerrancia de la Biblia tenga que ser que ha ignorado su contenido en su epistemología. Pues no hay manera posible de negar que la Escritura presenta la revelación de Dios que ocurre en la materia cósmica e histórica del universo, la revelación general y especial, y que esta auto-revelación divina es objetivamente válida para todos los hombres (Rom. 1:19s; Hch. 17:31).[24]

---

[23] Corduan, *No Doubt About It*, 102-122.

[24] Clark H. Pinnock, "The Philosophy of Christian Evidences" en E. R. Geehan, ed., *Jerusalem and Athens: Critical Discussions on The Philosophy and Apologetics of Cornelius Van Til* (Philadelphia: Presbyterian and Reformed, 1974), 421.

Si la Biblia permite tales argumentos, sin duda podemos seguir su precedente. El apologista clásico está de acuerdo con el presuposicionalista en que la verdad divina solo puede ser entendida por la iluminación del Espíritu Santo. Sin embargo, no ve ninguna buena razón para creer que el Espíritu Santo no pueda también iluminar los pasos de un sistema apologético secuencial. Además, los representantes de ninguno de los dos bandos pueden saber, cuando se dedican a la labor evangelizadora, si el Espíritu Santo está actuando en la vida de la persona a la que se dirigen.

El apologista clásico nunca debe pensar que la gracia de Dios se puede conseguir por etapas; las demostraciones de la existencia de Dios, por ejemplo, son posibles y útiles, pero no son el evangelio. Sin embargo, confía en que sus argumentos racionales son sólidos. Además, si lleva un tiempo haciendo evangelismo con la ayuda de la apologética clásica, es posible que ya haya experimentado que los no cristianos pueden ser persuadidos por elementos como las pruebas teístas en su camino para convertirse en cristianos.

Si se me permite repetirlo una vez más, el argumento cosmológico, por ejemplo, no es el evangelio, pero he visto que Dios lo ha utilizado para cambiar la visión del mundo de una persona del ateísmo al teísmo, y finalmente al asunto que realmente cuenta, es decir, abrazar completamente el evangelio. Así que, cuando el apologista clásico lee posteriormente la declaración de un presuposicionalista de que lo que él hizo no se puede hacer, todo lo que puede decir es: "Por la gracia de Dios, él usó lo que acabo de hacer para su gloria".

§7. EL PRESUPOSICIONALISMO Y LA FILOSOFÍA EN LA ACADEMIA

Thomas Schultz

El debate entre diversas escuelas de apologética dentro de la cristiandad tiene una larga historia. Hay posiciones claramente dominantes, pero también hay escuelas significativas que se han desarrollado a la luz de entornos culturales e intelectuales. Este capítulo se centrará en una de esas escuelas, el presuposicionalismo, y más concretamente el presuposicionalismo de Van Til. Nos concentraremos aquí en cómo esta escuela creció a partir de un medio filosófico que surgió dentro de la academia.

Definitivamente hay influencias cristianas en el desarrollo del presuposicionalismo, pero también hay que considerar el medio filosófico no cristiano que contribuyó al surgimiento de esta escuela de Apologética. Este capítulo no discutirá las fortalezas y debilidades del presuposicionalismo como sistema apologético (aunque este autor está comprometido con un enfoque apologético clásico y está convencido de que las debilidades del presuposicionalismo superan a las fortalezas). El capítulo se centrará en discutir el impacto filosófico académico en el desarrollo del presuposicionalismo.

Esto es algo controvertido, ya que algunos dentro del presuposicionalismo afirmarían que hay principalmente, y quizás solo, una influencia bíblica/teológica que es fundamental para su surgimiento y desarrollo como sistema apologético. Este capítulo intentará mostrar que esta afirmación es inexacta.

Tres herramientas metodológicas

Para los historiadores de las ideas es un reto determinar quién ha influido en un determinado pensador. Si el pensador reconoce la influencia, la cuestión es si la influencia anterior se entendió correctamente. Si la persona en cuestión no reconoce directamente la influencia de los pensadores anteriores sobre él, hay que mostrar esta conexión a través de un pensador intermedio (cuando sea posible) que vincule indirectamente al pensador posterior con el anterior.

Si el pensador posterior se niega a conceder o admitir, o incluso a negar, la influencia de otro, entonces resulta más difícil demostrar la influencia, pero puede hacerse mostrando modos de pensamiento paralelos entre los autores en cuestión. Aunque es difícil, esto permite mostrar tanto la familiaridad del autor posterior con el anterior como la forma en que el autor posterior adoptó la obra del anterior. Esta conexión solo puede ser, en el mejor de los casos, probable/posible y, por lo tanto, no tan fuerte como las dos primeras conexiones de lo anterior a lo posterior.

Por tanto, esto ofrece al menos tres formas de conectar a un pensador posterior con una fuente anterior. Hay otras formas de establecer conexiones, como mostrar la dependencia del mismo tipo de argumentación, mostrar la dependencia del concepto del entorno de la época, etc., pero son aún más difíciles de demostrar. No obstante, las tres categorías o formas de establecer o argumentar la influencia de un pensador anterior en un pensador posterior que se utilizarán aquí son las siguientes.

Conexión directa

Es cuando el autor cita y/o reconoce haber sido influenciado por el otro (ya sea individuo o escuela de pensamiento) como fuente de generación de su idea. Esto puede verse en una declaración en la que la influencia anterior es reconocida como la fuente de la idea por el segundo o si éste cita positivamente al primero. Otra cuestión es si el pensador posterior entendió correctamente al pensador anterior.

Conexión indirecta

Esta conexión suele vincular una serie de influencias. Es posible que el individuo en cuestión nunca cite o reconozca la influencia remota, pero sí reconoce una influencia más próxima, que a su vez fue influenciada por una persona aún anterior. Esto podría presentarse en forma de un silogismo hipotético de argumentación, como se ilustra a continuación.

> Si a influyó en b,
> y b influyó en c,
> y c influyó en d,
> entonces, un d influenciado.

Todavía hay que mostrar pruebas de la influencia de cada individuo en el siguiente (de la forma descrita en la categoría 1). Aun así, esta puede ser una forma muy eficaz de mostrar la influencia de un pensador sobre otro.

Conexión del pensamiento paralelo

Como se ha indicado anteriormente, ésta es la forma más difícil (de estos tres métodos) de mostrar una conexión entre dos o más individuos, y solo ofrece una conexión posible o probable entre ambos. Aun así, un fuerte paralelismo entre los dos (o más) que se están considerando puede servir para demostrar un posible vínculo. El problema es que es muy difícil demostrar la *influencia*. Dos o más personas pueden haber llegado a las mismas o parecidas posiciones de forma independiente, sobre todo si viven en un lugar o una época similares. La influencia puede estar ahí, pero no en ningún sentido directo o incluso indirecto reconocido por este último pensador.

Al considerar las fuentes de influencia sobre otro, algunas de las preguntas que hay que hacerse son las siguientes:

> **1)** ¿Qué aceptaron del que les influyó?
> **2)** ¿Cómo influyeron las ideas aceptadas en la forma de pensar posterior y las ideas específicas que tenía?
> **3)** Además, ¿qué implicaciones tienen esas ideas para los puntos de vista y el sistema de pensamiento de este último?

Hay muchas otras preocupaciones que podrían considerarse, pero se verán más adelante en este artículo.

A la luz de lo anterior, este artículo se centrará en un par de apologistas presuposicionales muy influyentes y en las escuelas de filosofía que influyeron en su pensamiento. Uno de los presuposicionalistas considerados aquí, Cornelius Van Til, el padre intelectual del movimiento, solía afirmar que su fuente de influencia era principalmente la Escritura.[1] Rara vez admitía la influencia de las escuelas filosóficas, ya fueran cristianas o seculares, a la hora de identificar la generación de sus ideas, salvo en el caso de aquellos dentro

---

1 Cf. Por ejemplo, hacia el final de su *My Credo*, en la sección III. Hacia una apologética centrada en Cristo, Van Til discute la posición de S. Hackett. Mientras se centra en la crítica de Hackett a una apologética "calvinista", Van Til muestra su lealtad a la autoridad bíblica cuando afirma: "Más bien, el cristiano ofrece al mundo a Cristo autoatribuido como el único fundamento sobre el que un hombre debe apoyarse para dar cualquier 'razón' para cualquier cosa. Toda la noción de "dar razones" queda completamente destruida por cualquier ontología que no sea la cristiana. El cristiano afirma que solo después de aceptar el esquema bíblico de las cosas, cualquier hombre será capaz de entender y dar cuenta de su propia racionalidad". (Cornelius Van Til, "My Credo", en E. R. Geehan, ed., *Jerusalem & Athens: Critical Discussions on the Philosophy and Apologetics of Cornelius Van Til* (Philadelphia, PA: Presbyterian & Reformed Publication Co, 1993), 18.

de la comunidad reformada que, según él, derivaban sus puntos de vista también de las Escrituras. También criticaba a otros que adoptaban posiciones de escuelas filosóficas de pensamiento, y argumentaba que al hacerlo estaban adoptando posiciones no bíblicas, a diferencia de él mismo.

El segundo pensador que se analizará es uno de los alumnos influyentes de Van Til, John Frame. Él sigue bastante de cerca, con algunas modificaciones y revisiones importantes, esta comprensión del sistema de Van Til. Hay importantes diferencias entre los alumnos de Van Til en cuanto a lo que es y debe ser el presuposicionalismo, pero Frame es un fuerte defensor de una corriente muy influyente del presuposicionalismo de Van Til. Otros presuposicionalistas de diversas escuelas, como Greg Bahnsen, Scott Oliphint, Gordon Clark, Ronald Nash y Carl Henry, comparten conexiones similares, por lo que sería repetitivo examinarlos aquí.

Este capítulo desarrollará la posición que se presenta presentando, en primer lugar, un breve esbozo de la metodología apologética empleada por Van Til. A partir de ahí se considerará la vinculación directa, indirecta y paralela de la academia filosófica con los pensamientos e ideas de Van Til. El siguiente paso será examinar los elementos clave de la posición de Frame y sus diversos vínculos con la comunidad filosófica. A continuación, se ofrecerá un resumen del caso que se ha hecho para la dependencia del presuposicionalismo de Van Til en la academia filosófica en el desarrollo de esa posición y por qué esta cuestión es importante en el debate más amplio sobre la apologética.

Un resumen del sistema apologético de Van Til

Algunos afirman que la Apologética de Van Til es sencilla, otros la consideran compleja y probablemente ninguno la entiende del todo. Esto se ejemplifica en un debate entre sus estudiantes y otros en interacción con la crítica al método de Van Til por parte del equipo Sproul/Gerstner/Lindsley. Greg Bahnsen, un fuerte defensor de la apologética de Van Til, acusó a los tres hombres de no entender a Van

Til en su reseña de su libro *Apologética Clásica* (Classical Apologetics).[2] Sin embargo, John Frame, otro firme defensor de Van Til, afirmó que en su mayor parte sí entendían la posición de Van Til.[3]

No obstante, este artículo intentará ofrecer un resumen de la apologética presuposicional de Van Til. Para este resumen, utilizaré los propios resúmenes de Van Til sobre su propia posición, tal y como aparecen en *Christianity Today* y *New Horizons*,[4] *Jerusalén y Atenas* (Jerusalem and Athens, este último fue un *festschrift* dedicado a Van Til en el que escribió como respuesta a varios de los artículos), *En Defensa de la Fe* (In Defense of the Faith), *Teoría Cristiana del Conocimiento* (Christian Theory of Knowledge), y su *Apologética* (Apologetics). Los tres últimos libros los escribió en un intento de desarrollar y defender su sistema apologético.

El sistema de Van Til se basaba en dos fundamentos. En primer lugar, una persona es un "guardador del pacto" o un "transgresor del pacto" en su relación con Dios.[5] La razón de que el hombre esté en una de estas dos posiciones es el hecho histórico de la caída. Van Til creía que, en la caída, el hombre se levantó contra Dios en una rebelión óntica. En un intento de hacerse a sí mismo "el último tribunal de apelación", el hombre se negó voluntariamente a reconocer la autoridad de Dios y

---

[2] Greg Bahnsen, "A Critique of Classical Apologetics", *The Presbyterian Journal* 4, no. 32, (4 de diciembre de 1985): 8.

[3] John Frame, "Van Til and the Ligonier Apologetic", *Westminster Theological Journal*, 2 (otoño de 1985): 279-280. Frame redobla esta evaluación en su libro, *Apologetics* (Phillipsburg, NJ, P&R Publishing, 2015), 5n11. Y de hecho argumenta allí que Sproul simpatiza con los presuposicionalistas, tanto que lo llama presuposicionalista honorario. Este autor está convencido de que eso es una tergiversación y una exageración.

[4] Cornelius Van Til, "Outline of Van Til's Apologetic", *Christianity Today* (30 de diciembre de 1977): 18-19. Y Cornelius Van Til, "Van Til's Defense of the Faith", *New Horizons* 6, no. 8 (octubre de 1985): 2-3. Este resumen. También está en su "My Credo", en E. R. Geehan, ed., *Jerusalem and Athens* (Phillipsburg, NJ: Presbyterian & Reformed Publishing Co. 1971).

[5] Cornelius Van Til, "Apologetics", *Class syllabus for Westminster Theological Seminary* (1963), 55.

"declaró su autonomía por encima de Dios".[6] Como resultado, el hombre cayó en un estado de existencia que fue abrumadora y completamente impregnado por el pecado. Este pecado tuvo un impacto en la estructura noética del hombre que lo hizo incapaz de razonar correctamente. Van Til escribió: "la 'razón' de los hombres pecadores actuará invariablemente de forma equivocada".[7]

Esto nos lleva al segundo problema a partir del cual Van Til desarrolló su método apologético. Según Van Til, los métodos apologéticos católico-romanos, arminianos y calvinistas inconsistentes funcionan sobre el supuesto de que la razón del hombre puede funcionar correctamente. Van Til escribió:

> El romanismo y el evangelismo, sin embargo, no atribuyen esta suposición de autonomía o ultimidad por parte del hombre como debida al pecado. Sostienen que el hombre debería pensar en sí mismo y en su relación con los objetos de esta manera. Por lo tanto, hacen una injusticia a la enseñanza de Pablo con respecto al efecto del pecado en la actividad interpretativa del hombre. Al igual que niegan prácticamente que el hombre original no solo tenía capacidad para la verdad, sino que también estaba en posesión de la verdad, también niegan virtualmente que el hombre natural suprima la verdad... No distinguen cuidadosamente entre la propia concepción del hombre natural de sí mismo y la concepción bíblica de él.
>
> Pero para la cuestión del punto de contacto, esto es de suma importancia. Si apelamos al hombre natural sin ser conscientes de esta distinción, prácticamente admitimos que la estimación del hombre natural sobre sí mismo es correcta. Podemos, sin duda, incluso entonces, mantener que necesita información. Incluso podemos admitir que es moralmente corrupto.

---

6 Cornelius Van Til, *In Defense of the Faith* (Phillipsburg, NJ: Presbyterian and Reformed Publishing Co., 1955), 34-35.

7 Van Til, *Defense of the Faith*, 83.

> Pero lo único que, sobre esta base, no podemos admitir, es que su pretensión de ser capaz de interpretar al menos algún ámbito de la experiencia de una manera esencialmente correcta, es errónea.[8]

Van Til argumentó que la suposición de que una persona caída es capaz de razonar correctamente es falsa. Los católicos romanos y los demás, según Van Til, trabajan con un sistema que está construido sobre una base defectuosa.

Otro problema que Van Til percibió dentro del método apologético probatorio (como él lo llamaba) es que, en todos sus intentos de probar a Dios, no podían proporcionar suficientes pruebas. De hecho, incluso si pudieran dar suficientes pruebas, estaría la cuestión de si podrían incluso entender la prueba. Van Til escribió, "este método compromete a Dios mismo al mantener que esta existencia es solo 'posible' aunque 'altamente probable', en lugar de ontológicamente y 'racionalmente' necesaria".[9] Van Til estaba convencido de que los argumentos eran inadecuados porque no prueban al Dios cristiano sino solo a un creador inicial del mundo. El creador inicial del mundo no es el mismo que el Dios del cristianismo, argumentaba Van Til. También le preocupaba que cualquier prueba que solo demostrara la posibilidad de Dios fuera inadecuada.[10]

Van Til no solo rechazaba el enfoque "Evidencialista", sino que tampoco creía que el sistema de Abraham Kuyper fuera completamente adecuado. A diferencia de Van Til, Kuyper no quería intentar razonar con el hombre natural.[11] Pero ¿cuál era el método de razonamiento de Van Til? No utilizó los argumentos clásicos a favor de Dios.[12] ¿Qué hizo entonces? Van Til escribió:

---

[8] Van Til, *Apologetics*, 55.

[9] Van Til, *Defense of the Faith*, 2.

[10] Cornelius Van Til, *A Christian Theory of Knowledge* (Phillipsburg, NJ: Presbyterian & Reformed Publishing Co., 1969), 296-297.

[11] Van Til, *Defense of the Faith*, 265.

[12] Algunos como: Thom Norato, *Van Til and the Use of Evidence* (Phillipsburg, NJ, Presbyterian & Reformed Publishing Co., 1980), 55-56, sostienen que Van Til está dispuesto a utilizar las evidencias. La pregunta se convierte en: "¿cuáles son las

> Solo un claro reconocimiento de los tres tipos de conciencia, de la total incapacidad de la conciencia no regenerada de sí misma para aceptar la verdad del cristianismo, de la necesidad de una presentación coherente de la posición cristiana (esto sería el calvinismo) junto con la firme confianza en la gracia de Dios, puede ayudarnos a razonar fructíferamente con los hombres.[13]

¿Qué implica entonces todo esto? Van Till lo describió bien cuando afirmó:

> El apologista reformado también debe buscar un punto de contacto con los sistemas construidos por el hombre natural. Pero este punto de contacto debe tener el carácter de una colisión frontal. *Si no hay una colisión frontal con los sistemas del hombre natural, no habrá ningún punto de contacto con el sentido de la deidad en el hombre natural.*[14]

Van Til explica lo que quiso decir con esta afirmación en la siguiente cita:

> El punto de contacto para el Evangelio, entonces, debe buscarse dentro del hombre natural. En lo más profundo de su mente, todo hombre sabe que es una criatura de Dios y responsable ante Dios. Todo hombre, en el fondo, sabe que es un transgresor del pacto.[15]

Esta es la clave del sistema de Van Til. Uno debe practicar la apologética con la conciencia y el conocimiento de que todos los humanos tienen una comprensión interna de la existencia de Dios. Este es uno de los fundamentos de Van Til que él llamaría una prueba teísta.[16] A partir de

---

evidencias?". Norato describe el argumento de Van Til como, si uno no postula a Dios, no tiene forma de postular nada.

[13] Van Til, *Defense of the Faith*, 50.

[14] Van Til, *Defense of the Faith*, 98-99

[15] Van Til, *Apologetics*, 55.

[16] Van Til, *Defense of the Faith*, 197-198.

ahí, el apologista presuposicional presentaría el cristianismo tal y como lo entiende un teólogo reformado explicando las Escrituras. El apologista presuposicional mostraría entonces la consistencia interna del cristianismo y su relevancia para el hombre natural caído.[17] Luego, en este punto, el presuposicionalista esperaría que la gracia de Dios, dentro del contexto de la voluntad soberana de Dios, actuara en la vida del hombre natural y lo atrajera a una relación salvadora con Dios en Cristo.

Esta es, presentada brevemente, la metodología apologética empleada por Van Til a la luz de lo que él está convencido de que es una cosmovisión reformada bíblica y teológicamente sólida. John Frame lo expuso de forma más breve y sucinta en su artículo "Van Til, su simplicidad y profundidad". Frame redujo el sistema de Van Til a dos puntos esenciales. Primero, "Dios es el Señor". Y segundo, "Dios es Salvador".[18]

Por "Dios es el Señor", Frame quiso decir que Dios es soberano y es el criterio último de la verdad que necesita ser aceptado, como tal, para conocer cualquier verdad. Por "Dios es Salvador", Frame explicó que el hombre pecador, en rebeldía, ignora su sentido de Dios y necesita reconocer quién es Dios para poder llegar a comprender la verdad. Si es capaz de reconocer esto (debido a la obra de regeneración de Dios) podrá escuchar la verdad contra la que se ha estado rebelando debido a su propio falso sentido de autonomía.

En resumen, Van Til creía que la Escritura enseñaba que el hombre tenía certeza apodíctica de la existencia de Dios. Además, argumentaba que las pruebas clásicas de Dios entendidas a la luz del conocimiento natural del hombre no pueden proporcionar este tipo de certeza. Como resultado, desarrolló un sistema de apologética basado en la revelación a la luz de su comprensión de la rebelión del hombre natural. Además, reconoció la necesidad de confrontar al hombre natural con su comprensión defectuosa y confusa de la naturaleza de la realidad y de

---

[17] Van Til, *Defense of the Faith*, 195.

[18] John Frame, "Van Til: His Simplicity and Profundity", *New Horizons* 6, no. 8 (octubre de 1985): 2-3.

Dios como la verdadera fuente de todo. Este sistema se basaba en la prueba del testimonio de la Palabra de Dios.

Van Til estaba convencido de que solo se podía tener una certeza apodíctica del conocimiento que ya estaba presente para él a través de la fuente de la Palabra de Dios y basada en la autoridad de Dios. La única manera en que uno podría obtener esta comprensión, mientras estuviera en su rebelión, sería a través de Dios suministrándosela, él nunca podría llegar a esa clase de conocimiento cierto por sí mismo. Es a partir de esta estructura epistemológica que Van Til desarrolló su metodología apologética de confrontación evangélica y colisión con las ideas erróneas mantenidas por el hombre natural. Esto ha llegado a conocerse como el sistema apologético presuposicional de Van Til.

Van Til y la academia filosófica

Tras la muerte de B. B. Warfield, Princeton tuvo una gran afluencia de pensamiento de la alta crítica. Tanto J. Gresham Machen como Cornelius Van Til, así como otros, llegaron a la conclusión de que para continuar con la tradición teológica de los antiguos princetonianos, tendrían que dejar Princeton y comenzar una nueva escuela que fuera leal al calvinismo ortodoxo. Este fue el comienzo del Seminario Teológico de Westminster.[19] Fue en esta institución donde Van Til desarrolló lo que ha llegado a conocerse como apologética presuposicional.[20]

En realidad, no hay duda de que Van Til estuvo influenciado por la Biblia y el pensamiento reformado. Expresa una gran lealtad a la autoridad absoluta de la Biblia y, de hecho, todo su sistema está construido en torno a su autoridad (como se ha mostrado anteriormente). También afirmó que la Escritura, correctamente entendida, comunica una teología que fue correctamente comprendida y expresada en el pensamiento reformado. Van Til, en su discusión de lo que identificaba

[19] Robert Godfrey, "The Westminster School", ed. David F. Wells, *Reformed Theology in America* (Grand Rapids, MI: W. P. Eerdmans Publishing Co., 1958), 91.

[20] Wesley A. Roberts, "Cornelius Van Til", *Reformed Theology in America*, 119-120.

como método apologético reformado, utilizaba regularmente la frase: "Pero Calvino siguiendo a Pablo argumenta..."[21] Van Til estaba plenamente convencido de que la teología reformada era una expresión de la teología bíblica.[22]

Van Til estaba influenciado por la corriente holandesa de la teología reformada (como se verá más adelante), pero también por el gigante teológico de Princeton, B. B. Warfield. La tradición holandesa se inclinaba fuertemente en una dirección subjetivista, como se ve en la obra sobre apologética escrita por Abraham Kuyper. Warfield era crítico con esa orientación y, por tanto, criticaba a Kuyper en esa cuestión (un pensador por el que, por lo demás, sentía un gran respeto). Esto se ve en el ensayo de Warfield sobre apologética en su introducción a la obra de Francis Beattie sobre apologética.[23]

Van Til intentó caminar entre estos dos pensadores creando una apologética que no era subjetiva en su raíz, pero que seguía reconociendo los efectos noéticos del pecado en los humanos caídos. Esto lo ilustra Bahnsen: "Una persona que puede explicar las formas en que Van Til estuvo de acuerdo y en desacuerdo tanto con Warfield como con Kuyper, es una persona que entiende la apologética presuposicional".[24] Van Til se mantuvo dentro de lo que estaba convencido de que era una posición bíblica y reformada. Sin embargo, la cuestión principal aquí es si hubo otras influencias en su método apologético fuera de ese enfoque.

---

21 Cornelius Van Til, *The Case for Calvinism* (Nutley, NJ: The Craig Press, 1964), 107 así como en su, *My Credo*, 16, para dos ejemplos de este tipo de referencia.

22 La tesis de este autor, Thom A. Schultz, *The Noetic Effects of Sin in John Calvin's Doctrine of the Knowledge of God, with its Implications for the Apologetic Methodology of B.B. Warfield and Cornelius Van Til*, M.A. Louis, Covenant Theological Seminary, 1987), argumenta que aunque Van Til se mantuvo dentro de la tradición de Calvino, lo hizo de manera inconsistente en comparación con Warfield, quien fue más consistente con el sistema de pensamiento de Calvino en el tema de la Apologética.

23 Véase B.B. Warfield, "Introduction", en Francis R. Beattie, *Apologetics or the Rational Vindication of Christianity*, (Richmond, Va., The Presbyterian Committee of Publication, 1903).

24 Greg Bahnsen, *Van Til's Apologetic* (Filadelfia, Presbyterian and Reformed Publishing, 1998), 597.

Van Til fue un hombre del siglo XX. Su sistema apologético se estableció en oposición a la tradición filosófica del modernismo[25] y defendió lo que él consideraba una interpretación adecuada del calvinismo.[26] Van Til consideraba que su posición era la verdadera "filosofía cristiana" que no se basaba en nada más que en la revelación de Dios como fuente primaria.[27]

Van Til reconocía y declaraba su dependencia de varios teólogos y filósofos, como Benjamin Warfield, Abraham Kuyper, Herman Bavinck y Herman Dooyeweerd. Estaba convencido de que todos estos hombres extraían sus sistemas de teología de la Escritura. Había desacuerdo entre ellos, y su sistema era un intento de armonizar sus teologías en un método apologético coherente y reformado.[28]

Sostengo que el sistema de Van Til también dependía en gran medida de los sistemas filosóficos seculares, aunque Van Til no admitiera esa dependencia en sus escritos. Es probable que Van Til estuviera al tanto de ciertas escuelas filosóficas modernas de pensamiento, pero también es el caso de que probablemente viera su punto de vista, aunque similar, como lo suficientemente diferente como para ser original para él. Esta puede ser la razón por la que no conectó su sistema en desarrollo con escuelas filosóficas similares. Como resultado, los vínculos que discutiré entre el pensamiento de Van Til y los de los filósofos seculares serán en gran medida del segundo tipo (indirecto) así como del tercero (paralelo). Si Van Til reconoce su dependencia de la filosofía, no he podido encontrar ninguna declaración suya al respecto.

La "filosofía cristiana" de Van Til surgió de lo que este autor está convencido de que fue una aceptación acrítica de los movimientos filosóficos modernos, al menos en ciertos puntos clave. Estos incluyen las posiciones de Kant, Hume, Wittgenstein, James y Kierkegaard. En el

---

25 Bahnsen, *Van Til's Apologetic*, 120.

26 Van Til, *Defense of the Faith*, 5.

27 Van Til, *Defense of the Faith*, 31, 51.

28 Bahnsen, *Van Til's Apologetic*, 597. Véase Greg Bahnsen para su discusión de la relación intelectual que Van Til tenía con Warfield y Kuyper.

breve espacio de este capítulo, no es posible considerar a estos filósofos en profundidad.

Sin embargo, este capítulo se centrará en los puntos comunes entre cada uno de estos pensadores y Van Til. Para que quede claro: no estoy argumentando que las posiciones de Van Til coincidan completamente con las de ninguno de estos filósofos (de hecho, son muy diversas y se contradicen entre sí en innumerables puntos); más bien, sostengo que Van Til se basó en ciertos elementos clave seleccionados de sus posiciones filosóficas.

Y, de nuevo, este capítulo no pretende demostrar que Van Til es incorrecto en su epistemología. Eso está más allá del alcance de este capítulo. La intención del capítulo es mostrar que Van Til, dentro de su sistema de apologética, acepta y adopta acríticamente puntos particulares ilustrados en el pensamiento de los filósofos. Todo ello en un intento de situar adecuadamente a Van Til en su entorno intelectual.

Immanuel Kant y Van Til

Van Til admitió fácilmente una gran dependencia de las obras de Herman Dooyeweerd (aunque no una dependencia acrítica).[29] Dooyeweerd, sin embargo, admitió fácilmente una dependencia significativa del pensamiento filosófico de Kant. De hecho, él mismo se refería regularmente como un kantiano cristiano. Todo el sistema de Dooyeweerd se construyó a partir de los sistemas establecidos en la *Crítica de la Razón Pura* (Critique of Pure Reason) de Kant, aunque Dooyeweerd estaba convencido de haber cristianizado completamente el pensamiento de Kant. Este es, pues, un ejemplo de vinculación indirecta. Van Til dependía de Dooyeweerd, quien a su vez dependía de Kant para desarrollar el sistema que él sostenía.

Hay dos puntos que Van Til aceptó acríticamente de Dooyeweerd y luego de Kant. En primer lugar, Van Til aceptó los ataques de Kant a

---

[29] E. R. Geerhan, ed., *Jerusalem and Athens* (Phillipsburg, NJ: Presbyterian & Reformed Publishing Co. 1971), 91-92.

los argumentos de la existencia de Dios como una forma de socavar su credibilidad como argumentos sólidos.[30] En segundo lugar, estos ataques se basaban principalmente en la dicotomía que Kant creó entre la fe y lo racional. Era necesario que Van Til aceptara la dicotomía de Kant para poder aceptar la crítica de Kant a las pruebas de Dios, ya que la crítica a las pruebas está enraizada en el problema de la dicotomía explicada por Kant.

La dicotomía de Kant afirmaba que el hombre no podía conocer propiamente a Dios por medio de la razón, porque la razón, para Kant, solo podía usarse en el ámbito fenoménico, o el ámbito de las cosas tal como el hombre las percibe a la luz de las categorías de la mente. El conocimiento de Dios, en cambio, solo podía encontrarse en el ámbito nouménico o el mundo de las cosas tal y como son en realidad. El hombre no podía penetrar por su propia capacidad en el reino nouménico.

Al hacer esto, Kant creía que estaba mostrando los límites de la razón para dejar espacio a la fe. Es legítimo preguntarse si realmente acabó haciendo irrelevantes las cuestiones de fe, pero Van Til no habría estado de acuerdo con ese aspecto de cómo se ha interpretado su pensamiento. Kant estaba convencido de que solo a través de la fe el hombre podía concebir adecuadamente a Dios. Van Til, por razones muy diferentes, mantuvo este papel de la fe como fuente propia de conocimiento de Dios en todo su sistema apologético presuposicional. Una distinción que haría de Kant es que Van Til creía que el hombre podía conocer a Dios a través de una revelación especial. No se sabe si Kant mantuvo realmente esa posición.[31]

En realidad, Van Til rechazó la dicotomía de Kant cuando se aplicó a lo que un creyente podía conocer, ya que el creyente podía saber con certeza, basándose en la autoridad de Dios, lo que es cierto sobre la

---

30 Véase, Immanuel Kant, *Crítica de la razón pura*, trad. N. K. Smith (Nueva York: St. Martin's Press, 1929), 495-524. Para la crítica de Kant a los argumentos clásicos para la existencia de Dios y, Wesley A. Roberts, *Cornelius Van Til*, en *RTA*, 121 para una discusión del rechazo de Van Til a los argumentos para Dios.

31 Véase Van Til, *Defense of the Faith*, 29.

realidad (o lo que Kant habría llamado el reino noumenal). Sin embargo, para Van Til existe claramente un paralelismo en el conocimiento del hombre natural descrito por Kant. La razón por la que el hombre natural no puede conocer la realidad, sin embargo, sería diferente tanto para Kant como para Van Til. Para Kant, estaría arraigada en los límites de la razón. Para Van Til, estaría arraigada en la rebelión humana contra Dios.

Sin embargo, el ser humano, por la causa que sea, no tiene conocimiento de Dios aparte de Dios. Por lo tanto, aunque la estructura causal del problema no es la misma para cada uno, sus posiciones respecto al estado de conocimiento del ser humano natural son muy similares.

David Hume y Van Til

Kant admitió de buen grado la aceptación fundacional de los puntos clave sostenidos por Hume en su teoría del conocimiento. Kant habría sido crítico con los límites que Hume puso a la posibilidad del conocimiento humano, pero reconoció que Hume mostró importantes limitaciones clave que debían ser abordadas. El sistema de Kant fue un intento de abordar esas limitaciones. Hume, entre otras cuestiones relativas al conocimiento humano, decía que no se podían ver las relaciones causales y comprenderlas. Esto implicaba que las relaciones causa/efecto no podían ser conocidas según Hume.[32]

La crítica de Hume al conocimiento de las relaciones causales fue fundamental para el pensamiento de Kant. Kant acabó rechazando el escepticismo de Hume sobre esta cuestión, pero acabó argumentando que el conocimiento causal era una de las categorías de la mente y, como tal, se limitaba al conocimiento del ámbito fenoménico. Esto afectó a la comprensión de Kant y dio lugar a su crítica de los argumentos para la existencia de Dios. Como se ha visto anteriormente, Van Til aceptó la crítica de Kant a los argumentos para la existencia de Dios enraizados

---

32 David Hume, *An Inquiry Concerning Human Understanding* (Nueva York: The Bobbs-Merrill Co. Inc., 1955), 79-89.

en el sistema epistemológico de Kant. Al hacerlo, esto requería que Van Til hubiera aceptado, en algún nivel, la crítica de Hume al conocimiento causal en el grado en que Kant aceptó la crítica de Hume al conocimiento causal. Este es un vínculo indirecto de Van Til a través de Dooyeweerd, y a través de Kant, con Hume, pero también es paralelo a la comprensión de Van Til de la comprensión defectuosa del hombre natural del conocimiento causal.

Van Til también aceptó el punto de vista y la crítica de Hume sobre la probabilidad.[33] De hecho, ésta es, aparte de los puntos de preocupación de Kant, una de las principales razones por las que Van Til rechazó la posibilidad de que el hombre natural entendiera como inteligibles los argumentos causales clásicos de Dios.

El caso es que Van Til no quería simplemente tener un conocimiento probabilístico de Dios.[34] Hume estaba convencido de que la probabilidad no era una base o razón suficiente para pretender tener algo parecido al conocimiento de la existencia de Dios. Las relaciones causales se referían a las relaciones físicas y a las observaciones de estas. El hábito se convirtió para Hume en la base de la observación de las relaciones causales. Pero el hábito basado en la probabilidad no podía proporcionar la razón para pasar de lo natural a lo sobrenatural en lo que respecta a Hume.

Van Til estaba de acuerdo con Hume en este punto. Van Til afirmaría que la probabilidad no es un buen argumento para defender la existencia de Dios. Como resultado, Van Til desarrolló una epistemología que creía que proporcionaría y suministraría una certeza apodíctica con respecto a Dios, su existencia y su conocimiento. Sin embargo, es debido a la noción de causa de Hume, y su comprensión de la probabilidad basada en el hábito como los límites de la comprensión de la causalidad, que había incluso una necesidad de una epistemología que proporcionaría la certeza apodíctica.

Los teólogos y filósofos anteriores a Hume no consideraban el conocimiento de la causa y el efecto como un problema epistemológico

---

33 Hume, *Inquiry*, 69-71.

34 Van Til, *Christian Theory of Knowledge*, 279.

importante. Sin embargo, Van Til, a la luz del pensamiento de Hume, sí vio el conocimiento de la causa y el efecto como un problema significativo y creó una epistemología para resolver este problema al fundamentar el conocimiento de la realidad en la Palabra autorizada de Dios.

Los humanos en su rebelión no entenderían necesariamente la verdadera naturaleza de la causalidad, pero los humanos que reconocieran la autoridad de la Palabra de Dios podrían entonces empezar a entender adecuadamente la naturaleza de la causalidad y sacar conclusiones correctas a la luz de esa estructura causal debido a que reconocen el fundamento de la verdad en el conocimiento de Dios. Aquí también vemos que Van Til, al adoptar el sistema de Dooyeweerd, tiene que adoptar necesariamente, con revisión, el sistema de Kant, lo que le exigiría adoptar también las preocupaciones de Hume. También se da el caso de que uno ve en los escritos de Van Til, el uso paralelo de la crítica de Kant y de Hume al conocimiento debido a los problemas en la probabilidad y las relaciones causales, aunque él matizó y modificó la posibilidad del conocimiento humano a la luz de su sistema epistemológico en desarrollo.

Ludwig Wittgenstein y Van Til

El argumento de la vinculación se basará en las ideas paralelas utilizadas por cada figura. No es necesariamente el caso de que cada uno esté de acuerdo con el otro en todos los aspectos relacionados con el tema en cuestión. De hecho, sostendré que no están totalmente de acuerdo entre sí, aunque existen algunas similitudes metodológicas, e incluso algún solapamiento teórico en las cuestiones que son paralelas. Hay que tener en cuenta que esta tercera forma de vinculación es la más débil de las tres que se utilizan aquí. Sin embargo, debido al entorno filosófico y al uso que cada autor hace de estas ideas, sí parece probable que exista alguna relación causal en cuanto a la generación de la idea.

Wittgenstein es famoso por su división de los mundos del lenguaje. En sus escritos ha argumentado que ningún campo, en su propio mundo lingüístico, puede superar adecuadamente las barreras de la comunicación con otro mundo lingüístico. Un ejemplo de esto sería un biólogo interactuando con un historiador. Cada uno de ellos utilizaría mundos lingüísticos diferentes y, en consecuencia, podrían pasar de largo en el diálogo debido a las diferentes formas de utilizar el lenguaje de sus respectivos campos.[35]

Esta construcción también tiene implicaciones para el lenguaje religioso. Por ejemplo, un hombre religioso no puede necesariamente comunicarse con un hombre no religioso debido a los diferentes mundos lingüísticos en los que se encuentra cada uno. Para Wittgenstein, y esto es clave, o se acepta y se adopta todo el sistema o no se puede hacer nada, ya que sería percibido como ininteligible, cada uno por el otro.

Van Til, de forma consciente o no, aceptó en gran medida la dicotomía wittgensteiniana. Esto se ve en su afirmación de que los cristianos no pueden comunicarse con los no cristianos debido a la diferente mentalidad (o quizás mundo lingüístico) que cada uno tiene sobre su comprensión de la realidad. El no cristiano es un "transgresor del pacto" en rebeldía con Dios y, por tanto, no puede aceptar la verdad (los presupuestos) del cristiano que mantiene su posición.[36]

El caso es que la propia idea de "guardador del pacto" y "transgresor del pacto" es un fuerte paralelismo con la separación de Wittgenstein de los mundos del lenguaje y las figuras de cada uno de ellos. La separación del hombre religioso y el hombre no religioso sería muy similar a la del guardador y el transgresor de Van Til. El "transgresor del pacto" no podrá entender el pensamiento y la posición del "guardador del pacto" por razones paralelas a la separación de Wittgenstein de las personas en diferentes mundos del lenguaje. Esto no quiere decir que para Van Til la cuestión sea el lenguaje. Para Van Til, la cuestión es la rebelión. Sin embargo, las situaciones, aunque diferentes en cuanto a la causa, son paralelas en la situación humana y en el efecto que tienen sobre los seres humanos y el discurso humano.

---

35 Ludwig Wittgenstein, *Notebooks 1914-1916*, trad. G. E. M. Anscombe (New York: Harper & Row Inc., 1961).

36 Véase Van Til, *Defense of the Faith, 14-16.* Y Van Til, "My credo", 7, 15.

Existe otro paralelismo entre Wittgenstein y Van Til. Wittgenstein no intentaría argumentar que las personas en mundos lingüísticos diferentes deberían utilizar datos para apoyar su posición en una discusión con un oponente. Creía que, debido a la diferencia de mundos lingüísticos, el peso de los datos utilizados carecería de sentido, ya que cada individuo no entendería el uso de esos datos tal y como los entiende la otra persona. Lo que, según él, se debería intentar hacer al entablar un diálogo sobre mundos lingüísticos, sería invitar al oponente a considerar su sistema como una unidad.

En este punto, el defensor de un punto de vista particular esperaría que el otro viera la superioridad de su visión del mundo al considerarla holísticamente. En su sistema, Van Til utilizó una metodología muy similar cuando un "guardador del pacto" está en diálogo con un "transgresor del pacto". Incluso utilizó una terminología similar a la de Wittgenstein en su discusión de ese tipo de diálogo. Estos dos puntos parecen ser paralelos muy fuertes tanto en la metodología como en el pensamiento de la apologética de Van Til y el enfoque epistemológico de Wittgenstein.

Los paralelos son tan fuertes que parece improbable que no haya habido alguna relación causal entre la posición de Wittgenstein y la de Van Til (o, al menos, alguna evidencia de que ambos fueron influenciados por las mismas escuelas filosóficas de pensamiento).

William James y Van Til

Este argumento de vinculación es de tipo paralelo. Una vez más, esta vinculación más débil no pretende que las razones de la posición de James y la de Van Til sean las mismas. Se trata más bien de una discusión sobre el estilo metodológico y algunos vínculos teóricos entre James y Van Til.

William James, psicólogo y filósofo estadounidense, es una figura clave en el desarrollo de la filosofía pragmática. James reconoció que su sistema era muy dependiente del pensamiento de Immanuel Kant. Aceptó la dicotomía de Kant y aceptó que el conocimiento religioso estaba ligado al ámbito nouménico. En consecuencia, tuvo que encontrar una nueva forma de llegar a conclusiones sobre diversas afirmaciones del pensamiento religioso. Junto con Charles Pierce y John Dewey, estableció lo que hoy se conoce como la prueba pragmática de la verdad.

La prueba tradicional de la verdad, según la cual el enunciado X es realmente verdadero en la medida en que refleja con exactitud aquello de lo que habla, ya no era suficiente dada la dicotomía de Kant. James respetaba las pruebas, pero no pensaba necesariamente que estas resolvieran siempre las cuestiones objeto de debate. Lo que hacía era desafiar la idea de una teoría de la verdad por correspondencia e introducir algo diferente. La verdad, bajo la prueba pragmática, pasó a ser la afirmación de que algo es verdadero porque funciona y es coherente con una determinada visión del mundo, lo cual es una forma modificada de la prueba de coherencia y de la teoría de la verdad.[37]

Un ejemplo de esta prueba de la verdad en acción se ve en su defensa de la libertad de la voluntad. En su ensayo "El dilema del determinismo", describió tanto el libre albedrío como el determinismo. Hacia el final de su ensayo llegó a la conclusión de que, aunque el indeterminismo tenía muchos problemas teóricos que lo hacían difícil de sostener, era más fácil aceptar el indeterminismo que el determinismo.[38] La razón de su defensa del indeterminismo sobre el determinismo no estaba forzada por ninguna evidencia. James argumentó que se debía a su deseo de aceptar la conclusión del indeterminismo, ya que se relacionaba mejor con su visión del mundo y le proporcionaba una razón para ver al hombre como moral en contraposición a lo determinado. El fundamento de esta decisión no estaba en las pruebas, sino en la coherencia de la visión del mundo y en el beneficio pragmático que producía para esa visión del mundo.

Van Til también ha hecho de la coherencia interna una prueba de la verdad del cristianismo. La consistencia es una de las razones para ver

---

37 William James, *Essays in Pragmatism*, ed. A. Castell (Nueva York: The MacMillan Publishing Co. Inc., 1974), 160.

38 William James, *The Will to Believe and Other Essays in Popular Philosophy* (New York: Dover Publications, Inc., 1956), 176-179.

al cristianismo como superior a otros sistemas: no son internamente consistentes y por eso fallan. ¿Por qué es superior el cristianismo? Porque es coherente.[39] La prueba de la verdad que Van Til utiliza en su metodología apologética es muy similar a la prueba pragmática de la verdad de James.

Una vez más, Van Til no estaría de acuerdo con James en las razones por las que esta es la mejor prueba de la verdad. No hablaría simplemente en términos de coherencia interna. Defendería también el peso de la Palabra autorizada de Dios como necesaria para tener conocimiento. No obstante, las posturas de Van Til y de James guardan importantes paralelismos en cuanto a la forma de argumentar la verdad de una determinada afirmación. La similitud no tiene que ver con el fundamento de la verdad, sino con los medios para probar y apoyar la verdad en el diálogo.

Søren Kierkegaard y Van Til

El vínculo entre las ideas de Kierkegaard y Van Til es probablemente el más débil de todas las figuras que se están considerando aquí. Sin embargo, existe cierto paralelismo entre la forma en que cada uno de estos pensadores hablaba de la religión. Estamos pensando principalmente en las diversas interpretaciones de Kierkegaard sobre el papel de la fe en la vida del creyente. Algunas de esas interpretaciones son de naturaleza fideísta, otras no están tan comprometidas con la lectura de Kierkegaard de manera fideísta. Esta cuestión no se resolverá aquí. Todo lo que se discutirá son algunas formas centrales en las que tanto Van Til como Kierkegaard hablan del compromiso con la fe en Dios.

Kierkegaard creía que para acercarse a Dios había que tener un encuentro con él. Kierkegaard definió la fe como "que el ser en sí mismo y en la voluntad de ser en sí mismo se fundamenta transparentemente en

[39] Van Til, *Defense of the Faith*, 24, 100-101.

Dios".[40] Muchos entienden de esto que Kierkegaard creía que había que aceptar a Dios, entonces, sin razón.[41] Había que aceptar a Dios basándose en la necesidad que uno sentía de Dios al mirar el mundo. Van Til ciertamente tenía algo similar a esta posición incorporada en su sistema apologético y su teología. Van Til no habría afirmado la idea de no tener razones para adoptar la propia posición respecto a la creencia en Dios, así que en ese sentido no estaría de acuerdo con esta interpretación de la posición de Kierkegaard.

Sin embargo, Van Til sí sostenía que la aceptación del Dios trino de las Escrituras cristianas es el fundamento de todo conocimiento de Dios. Uno ya sabe que existe un Dios independientemente de las pruebas de Dios. Esto es muy similar a la posición adoptada por Kierkegaard. Van Til estaba convencido de que, basándose en el testimonio del Espíritu Santo, uno debía aceptar a Dios y convertirse en un "guardador del pacto".[42]

El testimonio del Espíritu Santo permite al creyente sostener las afirmaciones del cristianismo con certeza apodíctica, independientemente de cualquier razón externa. Uno puede, a la luz de su conocimiento y de una comprensión adecuada del conocimiento basado en la Palabra autorizada de Dios, y después de ser confrontado por el Espíritu Santo, ser capaz de ofrecer alguna evidencia para su posición.

Sin embargo, la razón por la que mantiene su posición no se basa en la evidencia, sino en la Palabra autorizada de Dios. Tanto Kierkegaard como Van Til argumentaron que la fe y la conciencia de Dios preceden

---

40 Søren Kierkegaard, *Fear and Trembling/Sickness unto Death*, trad. Walter Lowrie (Nueva York: Double Day and Co. Inc., 1954).

41 Esta es la interpretación principal de Kierkegaard y, también, del existencialismo cristiano. No es útil ni apropiado discutir aquí si esto es así o no. Sin embargo, hay quienes rechazan esta interpretación de Kierkegaard, alegando que él no rechazaba toda la teología natural y la argumentación racional. Sin embargo, solo intentaba recuperar el lado subjetivo del cristianismo, así como, permitir el lado objetivo. Véase C. Stephen Evans, "A Misunderstood Reformer", *Christianity Today* (21 de septiembre de 1984): 26-29. Véase también, C. Stephen Evans, *Existentialism* (Grand Rapids, MI: Zondervan Publishing House, 1984), 100-118.

42 Van Til, *Defense of the Faith*, 109.

a la necesidad de pruebas. Puede que tuvieran una visión diferente de la evidencia, pero ambos sostienen que la creencia en Dios no se basa necesariamente en la evidencia como fundamento.

Resumen de las influencias externas en la posición de Van Til

Van Til desarrolló su epistemología y su sistema apologético en un mundo filosófico moderno. Hume, y más tarde Kant, tuvieron una enorme influencia en ese mundo. Van Til, mientras estaba en Princeton, estudió con eruditos que estaban influenciados por el pensamiento filosófico moderno de Kant y los idealistas. Está claro que Van Til tenía mucho que discrepar con respecto a los sistemas de pensamiento desarrollados en la academia filosófica moderna.

Sin embargo, como se ha mostrado en este capítulo, también fue influenciado de manera importante por esta comunidad filosófica moderna. Se han ofrecido pruebas en forma de vínculos indirectos y paralelos para mostrar cómo Van Til era un pensador que trabajaba en el entorno de la academia filosófica moderna. Ahora nos dirigiremos a otro apologista presuposicional que da fe de la influencia de la academia filosófica moderna tanto en él como en su mentor, Cornelius Van Til.

John Frame sobre las influencias filosóficas en el pensamiento apologético presuposicional

El segundo apologista presuposicional a considerar es un estudiante de Van Til. Se le ha citado anteriormente ofreciendo una defensa y explicación del sistema de Van Til. John Frame estudió con Van Til en el Seminario Teológico de Westminster, convirtiéndose en un defensor del método apologético presuposicional y de Van Til y su sistema. Recientemente se ha retirado del Seminario Teológico Reformado de Orlando, donde ocupaba la cátedra J. D. Trimble de Teología Sistemática y Filosofía.

Aunque es un fiel defensor de la Apologética de Van Til, su defensa no estaba exenta de reservas. Ofreció modificaciones y alguna revisión del sistema de Van Til y reconoció mucho más fácilmente las influencias filosóficas en la posición de Van Til. Esto es importante porque en sus escritos ofrece un vínculo directo con las escuelas filosóficas de pensamiento.

A pesar de sus modificaciones del sistema de su mentor, Frame sigue cómodamente alineado con el presuposicionalismo de Van Til. Como resultado, no revisaré toda su posición, ya que las cuestiones de diferenciación no afectan realmente al enfoque del artículo. Lo que se considerará es su reconocimiento de las influencias filosóficas (con sus calificaciones sobre esa influencia) en la Apologética de Van Til. El enfoque de esta sección también se centrará en un argumento específico que Frame defiende y aboga (como lo hizo Van Til en un sentido calificado) y su conexión con los filósofos antes que él.

El reconocimiento por parte de Frame de la influencia filosófica en el pensamiento presuposicional

En una de las obras recientes de Frame sobre apologética, desarrolla lo que está convencido de que es el elemento clave de una justificación presuposicional de la creencia cristiana: el rechazo de la idea de autonomía humana y la naturaleza trascendental de las afirmaciones cristianas. En opinión de Frame, estos puntos clave proporcionan el fundamento para una crítica sólida de las falsas cosmovisiones y un medio para proporcionar un apoyo/justificación de la creencia cristiana.

Hay una serie de afirmaciones centrales que Frame hace en defensa de su modelo apologético. La primera es que Van Til y los presuposicionalistas que le siguen pueden apelar a las pruebas de dos maneras. En primer lugar, la evidencia refuerza al cristiano en su posición (esto es especialmente así en la evidencia de la resurrección).[43]

---

[43] Frame, *Apologetics*, 26.

En segundo lugar, las evidencias son, a la luz de una cosmovisión cristiana, soportes seguros de la verdad del cristianismo. Al rechazar las falsas nociones de autonomía humana e identificar la comprensión prestada (del cristianismo) de la razón y la verdad, el apologista puede utilizar las evidencias para apoyar las afirmaciones del cristianismo siempre que sean evidencias que "apelen a criterios escriturales".[44]

Para Frame, esto significa que el presuposicionalista no es un fideísta, ya que reconoce el valor de fundamentar sus afirmaciones en una base sólida. Frame, de hecho, afirma que el presuposicionalista tiene una visión más elevada de la evidencia que incluso el evidencialista, ya que el presuposicionalista solo se atiene a la evidencia "segura y cierta" y no a la evidencia meramente probabilística.[45] Esta evidencia segura apoya su segundo punto. La evidencia es segura porque está arraigada en la perspicuidad de la Escritura y, por lo tanto, se encuentra bajo la autoridad de Dios en oposición a la autoridad del hombre.

En tercer lugar, la discusión de las ideas falsas y prestadas es importante para Frame. El pensador secular suele trabajar con ideas falsas que corrompen su comprensión del mundo y de la verdad que se encuentra en él. Debido a la condición humana de "transgresor del pacto", los pensadores tienden a tratar de fundamentar sus afirmaciones en su propia autonomía, y esto es una base falsa para encontrar la verdad que es cierta. También rechazan la verdad cristiana, como una noción adecuada de la causalidad (al no reconocer a Dios detrás de toda la causalidad) y, como resultado, terminan con una visión debilitada o comprometida de la causalidad.

La visión comprometida solo puede proporcionar, en el mejor de los casos, ideas posibles o probabilísticas de las relaciones causales y no la certeza apodíctica que proporciona la Palabra de Dios. De hecho, a menudo renuncian a la posibilidad de certeza y solo hablan de probabilidad en el razonamiento, si es que lo hacen. Algunos incluso acaban en el escepticismo.

---

[44] Frame, *Apologetics*, 24.

[45] Frame, *Apologetics*, 24.

Esta posición errónea hace imposible ver la verdadera causalidad. El que sigue esta forma de entender la causalidad acaba, por tanto, razonando mal. Este pensador también acaba llegando a conclusiones erróneas debido a la comprensión defectuosa de la causalidad que se tiene. Por el contrario, cuando sí reconocen la causalidad en algún sentido legítimo, solo lo hacen tomando prestado de la posición cristiana sin reconocer que es su fuente o fundamento, y, de nuevo, sacan ideas falsas o confusas.

Aquí es donde se puede empezar a ver una generación de ideas para el pensamiento presuposicionalista mientras se sigue distanciando de la fuente del originador de las ideas. Esto proporciona el primer vínculo directo que Frame identifica.

Frame reconoce que los argumentos teístas, correctamente entendidos a la luz de un marco cristiano, acaban apoyando la posición cristiana. Sin embargo, en el contexto de una persona caída, no se llegará a esa conclusión, ya que ha adoptado una perspectiva caída de la causalidad. Frame reconoce que esta comprensión caída de la causalidad encuentra su raíz en el pensamiento de David Hume.[46]

Según Frame, la posición de Hume proporciona, en el mejor de los casos, una relación probabilística entre causa y efecto y puede muy bien conducir al escepticismo. Así pues, se reconoce que Hume es la fuente de una crítica Vantiliana a los argumentos teístas tal y como los percibe la persona caída. Esto hará que sean más "propensos a plantear objeciones a tales pruebas sobre la base de un marco de referencia más consistentemente no cristiano".[47] Así, para el presuposicionalista, la crítica a las pruebas se basa, en parte, en el pensamiento causal de Hume. El creyente reconocerá una mejor posición sobre la causalidad, pero eso es solo dentro de una visión cristiana del mundo. El hombre secular no verá el peso del argumento debido a su defectuosa comprensión de la causa adoptada de Hume.

Esto ilustra dos elementos clave de la posición de Frame. En primer lugar, se puede reconocer el razonamiento erróneo del pensador secular

---

[46] Frame, *Apologetics*, 79.

[47] Frame, *Apologetics*, 79.

como fuente de parte de la crítica presuposicional del conocimiento natural. Sin embargo, en segundo lugar, uno puede ser crítico con esa fuente a la luz del razonamiento adecuado de la persona que sostiene la cosmovisión cristiana. Aquí, pues, Frame acredita a Hume como la fuente de gran parte de la crítica presuposicional de los argumentos teístas, al tiempo que rechaza la interpretación de Hume de los mismos como arraigados en una comprensión defectuosa de la causalidad.

Frame hace el mismo tipo de argumento con respecto a la influencia directa de Kant en el pensamiento presuposicional. Frame reconoce que Kant ofreció una importante distinción entre los reinos nouménico y fenoménico y la incapacidad de una persona para conocer la verdad que se encuentra en el reino nouménico. Sin embargo, la capacidad de razonar sobre lo que se entiende en el reino fenoménico sí existe para los humanos (el reino fenoménico es un reino gobernado por nuestra comprensión de la realidad tal y como la interpretan las categorías de la mente).

La comprensión obtenida en las observaciones del reino fenoménico puede coincidir o no con la realidad real del reino nouménico. De hecho, es imposible saber si coinciden con exactitud, así que lo mejor que se puede hacer es intentar comprender lo que uno pueda, que es lo que se puede conocer en el reino fenoménico. Esta comprensión y distinción contribuyó a la crítica presuposicional de la razón humana autónoma y de la capacidad de la mente secular para conocer la verdad. Esto, según Frame, es de hecho el fundamento para reconocer que "todas las pretensiones de conocimiento se rigen por presuposiciones".[48]

Así pues, la crítica de Kant a los argumentos teístas (piensa que la mayoría de ellos son inválidos o defectuosos en su razonamiento al tratar de conocer lo incognoscible, lo noumenal) forma parte de la crítica presuposicional de la razón natural. Además, el desafío de Kant a los límites de la razón forma parte de la crítica presuposicional del conocimiento humano.

---

[48] Frame, *Apologetics*, 194-195.

Sin embargo, el problema es que los seres humanos caídos (incluyendo en cierto sentido al propio Kant) piensan que tienen capacidad de razonamiento autónomo aparte de Dios. Así que, de nuevo, Kant es la fuente de esta crítica presuposicional. Aun así, la crítica está arraigada en una idea errónea de la autonomía humana y acaba llegando a conclusiones erróneas, ya que no entienden la necesidad de Dios como fundamento de la razón. Esta conexión se ve muy claramente en la afirmación de Frame:

> Los apologistas cristianos ortodoxos siempre han creído en la autoridad suprema de las Escrituras sobre todo el razonamiento humano —la esencia de la posición de Van Till—. Por otro lado, también han hablado de varios tipos de razonamiento que en cierto sentido "preceden" legítimamente a la fe. La aparente contradicción en este caso no se percibió como un problema hasta después de la "revolución copernicana" de Kant, que aumentó enormemente la sofisticación epistemológica de teólogos y filósofos.
>
> Solo después de Kant pudo investigarse sistemáticamente la lógica de las presuposiciones (como lo hicieron, incluso antes de Van Til, pensadores como Hegel, Marx, Kierkegaard y Wittgenstein, y apologistas cristianos como James Orr). Así, preguntar si Calvino era presuposicionalista o evidencialista es un poco como preguntar si Agustín era protestante o católico.[49]

Hay algunas ideas clave en esta cita. El presuposicionalismo es un sistema en deuda con la visión de Kant. Sin el desafío sistemático de Kant al conocimiento, el presuposicionalismo podría no haberse desarrollado nunca como un enfoque de la Apologética. Otros, como sugiere la lista de pensadores de Frame en la cita, también contribuyeron al desarrollo del modelo presuposicional. Sin embargo, el desarrollo, y la visión, es defectuosa, ya que está arraigada en la autonomía humana.[50]

---

[49] Frame, *Apologetics*, 221.

[50] Esto fue argumentado anteriormente en la obra. Frame, *Apologetics*, 194.

Así, Frame está reconociendo que el presuposicionalismo está en deuda con las ideas de Kant (y de otros) (y esta es una confesión importante, ya que muchos presuposicionalistas, incluyendo incluso a Van Til, no siempre han reconocido formalmente esta influencia). Este es el segundo vínculo directo, y quizás más, dada la lista de pensadores que ofrece, que Frame hace con influencias filosóficas anteriores. Aun así, afirma que el sistema de Kant es fatalmente defectuoso como visión del mundo.

No obstante, Kant forzó un diálogo del que surgió el presuposicionalismo; sin embargo, el presuposicionalista reconoce que el diálogo creado por Kant solo terminará en la inutilidad, ya que no reconoce la cosmovisión cristiana como la fuente sólida y segura de la verdad (o eso piensa Frame).

John Frame sobre un sólido argumento teísta

Por último, nos centraremos en un argumento específico que Frame y otros presuposicionalistas (incluyendo a Van Til, en forma de sombra) ven como un argumento teísta creíble. No solo muchos presuposicionalistas lo ven como un argumento creíble, sino que es de hecho un elemento clave en la justificación más amplia de la creencia cristiana. Este argumento se conoce como el Argumento Trascendental para la existencia de Dios (The Transcendental Argument for the Existence of God) o el argumento TAG. Los méritos, deméritos, o incluso la sustancia del argumento TAG, no serán discutidos aquí (aunque este autor encuentra el argumento deficiente). Lo que nos interesa es examinar la fuente intelectual de este argumento.

En su discusión sobre el argumento del TAG, Frame comienza discutiendo el hecho de que se derivó de Kant. Aquí Frame está argumentando lo que hemos llamado un vínculo intelectual directo con Kant.[51] También reconoció que Van Til se basó en Kant y en los

[51] Frame, *Apologetics*, 67-68.

idealistas, siguiendo a Kant en su uso de este tipo de argumentación. Frame afirmó:

> Al igual que Kant, Van Til estaba descontento con el empirismo y el racionalismo, y con las formas tradicionales de combinar la razón y la experiencia sensorial, como la de Aquino. Kant consideraba que estos enfoques del conocimiento eran lógicamente inválidos. Pero para Van Til también eran erróneos en un sentido claramente teológico.[52]

Los problemas a los que se refiere Frame son la neutralidad (la idea de que el hombre puede abordar los hechos desde una posición neutral) y la razón humana autónoma. En consecuencia, Van Til utilizó el Argumento Trascendental kantiano, y estuvo en gran medida de acuerdo con el uso que hizo Kant de él, que afirmaba que la lógica, las matemáticas, la ciencia y otras indagaciones no se pondrán en marcha sin asumir a Dios como fuente o fundamento de ese conocimiento. Sin embargo, modificó el argumento de Kant, según Frame, argumentando que:

> La condición de la inteligibilidad universal es el Dios bíblico. Pero ese enfoque parece ser viciosamente circular: presuponer a Dios en nuestra epistemología y luego usar esa epistemología para probar su existencia. Van Til respondió a la acusación de circularidad afirmando que el Círculo Cristiano es el único que hace inteligible la realidad en sus propios términos.[53]

Aquí Frame está empleando el mismo método que se mostró anteriormente en el documento. Sin embargo, aquí también está afirmando que Van Til era consciente de la posición kantiana y reconoció a Kant como la fuente de este enfoque. El método utilizado por Frame es reconocer la fuente, pero luego ofrecer una modificación significativa o esencial de la misma a la luz de una cosmovisión cristiana,

---

52 Frame, *Apologetics*, 68.
53 Frame, *Apologetics*, 69.

y el rechazo de la idea defectuosa, que en este caso es la afirmación de la razón humana autónoma sostenida por Kant.

Este autor no ha encontrado en Van Til un reconocimiento tan fuerte de Kant como la fuente de su argumentación trascendental (aunque en Princeton, Van Til estudió bajo los kantianos e idealistas, por lo que hay pocas dudas de que era consciente de su posición sobre este tema). Aun así, Frame reconoce que Kant es la fuente del argumento del TAG, y aquí estaba argumentando que Van Til era consciente de Kant como esa fuente también.

Es cierto que el uso modificado de Van Til es importante (y puede, en parte, explicar por qué Van Til no atribuyó su línea de argumentación a Kant, ya que era bastante diferente en aspectos importantes). Sin embargo, hay pocas dudas de que Kant influyó en la generación del argumento de TAG que Van Til y los presuposicionalistas que siguen dentro de su tradición utilizan. Vemos, aquí, que Frame está reconociendo un vínculo directo con Kant en su uso del argumento TAG. Además, Frame está afirmando que Van Til también tenía un vínculo directo con Kant.

Lo que se ha mostrado en esta visión general de la posición de Frame es que reconoce la influencia directa de Hume, Kant, y una serie de otros pensadores, en las afirmaciones clave hechas por los presuposicionalistas en la implementación de su enfoque apologético. Estas afirmaciones clave incluyen una comprensión adecuada del conocimiento humano, los límites del conocimiento humano, los límites del probabilismo en el conocimiento y la necesidad de la certeza apodíctica, las debilidades de la mayoría de los argumentos teístas, la generación de un diálogo que, de manera fundamental y, por último, un argumento clave en el sistema presuposicional, que Frame considera que fundamenta gran parte de la metodología apologética presuposicional de Van Till, que también es clave para su, en su opinión, justificación de la creencia cristiana y su negación del fideísmo.

Conclusiones

Este ensayo ha mostrado que Van Til tiene una fuerte vinculación indirecta con las ideas filosóficas de importantes figuras de la academia filosófica. Una figura clave en esta lista es Immanuel Kant. Otra figura clave en la vinculación indirecta es David Hume. Este vínculo se establece a través de la afirmación de Van Til de que fue influenciado directamente por figuras como Abraham Kuyper, Herman Dooyeweerd y otros que reconocen que su sistema fue influenciado por Hume, Kant y otros.

Además, este capítulo ha mostrado el tercer tipo de vinculación (ideas paralelas) del sistema de Van Til con importantes pensadores filosóficos que incluyen (pero no se limitan a) Kant, Hume, Wittgenstein, James, Kierkegaard, y como se vio en una cita de Frame, Hegel y Marx.

A continuación, el capítulo apoyó la afirmación de que Frame reconoce e incluso atribuye la generación de las ideas presuposicionales y quizás incluso el propio presuposicionalismo apologético a las figuras mencionadas anteriormente, en cierto sentido, en puntos muy específicos. Frame sostiene además que un argumento clave del sistema presuposicional tiene su generación en el pensamiento y los escritos de Kant. Luego afirma que Van Til reconoció a Kant como la fuente de ese argumento, aunque es difícil encontrar a Van Til reclamando formalmente cualquier influencia directa.

Ahora bien, ¿por qué es tan importante la conexión entre el presuposicionalismo y la academia filosófica?

En primer lugar, es intelectualmente honesto reconocer la fuente y el origen de las propias ideas. Después de todo, como cristianos, afirmamos que no hay nada nuevo bajo el sol.

En segundo lugar, es bastante común que muchos apologistas presuposicionales laicos y formados afirmen que su posición y su sistema tienen un origen principal y exclusivamente bíblico y reformado. Si se puede mostrar una vinculación directa, indirecta y paralela con la academia filosófica en la generación y desarrollo de la apologética presuposicional, esta afirmación exclusivista de origen y fuente queda bastante socavada. Ahora bien, esto no significa que no pueda ser también bíblica y reformada, solo que no se puede pretender que se desarrolle exclusivamente a partir de la Biblia y del pensamiento reformado.

En tercer lugar, para comprender adecuadamente una posición, es necesario entender cómo se generaron las ideas fundamentales de esa posición, de dónde vinieron. Bahnsen evidenció esta comprensión cuando afirmó que se entiende mejor el presuposicionalismo cuando se comprende cómo Van Til caminó entre las posiciones de Kuyper y Warfield. Entender la generación de una posición es una clave importante para entender adecuadamente la posición misma.

En cuarto lugar, el hecho de que el presuposicionalismo, como sistema, tiene ideas que contribuyeron a su desarrollo como sistema que son distintas de la Biblia y distintas de la teología reformada, significa que el presuposicionalismo puede ser criticado como sistema sin atacar necesariamente una visión bíblica o reformada de la apologética, si uno puede mostrar que la posición que el presuposicionalista obtuvo de la academia filosófica no es idéntica al pensamiento teológico bíblico o reformado sobre la apologética, en ese tema en particular. Esto también significa que es posible ser bíblico y reformado sin sostener este tipo de presuposicionalismo.

En quinto y último lugar, un método común de crítica de una posición particular es mostrar las debilidades de las posiciones anteriores que son fundamentales para la posición en cuestión. Por ejemplo, si un sistema depende de un punto de vista sostenido por Kant, y uno puede mostrar que la posición de Kant es problemática o defectuosa con respecto a la forma en que el punto de vista dependiente utiliza la posición de Kant, entonces uno puede desafiar el punto de vista posterior dependiente criticando el punto de vista anterior en el punto sostenido por ambos. De hecho, ese es parte del método empleado por los presuposicionalistas en sus críticas a otros sistemas. Deberían estar sujetos a ese tipo de crítica de su sistema también, y esto solo puede ocurrir si se ve la vinculación entre las posiciones anteriores y posteriores. Además, su peso como crítica será más efectivo si el adherente del sistema posterior reconoce su dependencia de la idea anterior.

Este documento ha mostrado que el presuposicionalismo, tal como lo expresan Van Til, Frame y quienes los siguen, tiene algunos vínculos directos, indirectos y paralelos con algunas escuelas de pensamiento importantes en la academia filosófica. Esto no demuestra necesariamente que el presuposicionalismo sea erróneo. Sin embargo, muestra que puede ser evaluado e incluso socavado como sistema sin que necesariamente se ponga en tela de juicio la Biblia o el pensamiento reformado y, más ampliamente, la apologética cristiana.

§8. EL USO DE ARISTÓTELES EN LA TEOLOGÍA PROTESTANTE TEMPRANA

Manfred Svensson

Introducción

"Después de mudarme de mi tierra a Wittenberg, lo primero que leí fue su *Disertación contra los antiperipatéticos* (Dissertation Against the Antiperipatetics)". Así escribe Bartholomeus Keckermann en una epístola dedicatoria a Philip Scherb. La obra de Scherb le había ayudado a dejar atrás el estoicismo, que califica de árido, arenoso y estéril, para pasar a la florida tierra de los aristotélicos. A partir de entonces, continúa Keckermann, abrazó la filosofía peripatética allí donde tuvo la oportunidad de enseñar en las academias eruditas de Alemania.[1]

Difícilmente pensamos en Wittenberg como el lugar donde uno se convertiría al aristotelismo, pero historias como éstas sobre la experiencia de los estudiantes en Wittenberg no son inusuales. Un

[1] Bartholomeus Keckermann, *Operum Omnium Quae Extant Tomi Duo* (Ginebra: Apud Petrum Aubertum, 1614), 1769-70.

prefacio al comentario de Victor Strigel sobre la *Ética a Nicómaco* se detiene en el tiempo que Strigel pasó como estudiante en Wittenberg sin mencionar siquiera la crítica de Lutero a Aristóteles. En cambio, la introducción a Aristóteles a través de Melanchthon es reportada como una experiencia característica de Wittenberg.[2]

Compárense estos primeros informes protestantes con la imagen de Aristóteles que se obtiene en las obras de Cornelius van Til, en las que se presenta a Aristóteles como un filósofo que se basa "en el supuesto del hombre como autónomo".[3] Aunque este tipo de crítica tiene en cuenta a Aquino y no a Aristóteles, a menudo conduce a un duro desprecio por los filósofos de la antigüedad clásica. En palabras de Van Til, si el mensaje de Pablo fuera cierto, los griegos "tendrían que admitir que estaban equivocados en su interpretación de todo".[4]

El Dios de Aristóteles es retratado por Van Til como finito, y por tanto como un ídolo al que ningún cristiano debería llamar Dios. La analogía del ser, nos dice además Van Til, "supone que Dios y el hombre son partícipes de un mismo Ser que en profundidad de concepción metafísica les precede a ambos".[5] Detrás de gran parte de esta crítica se encuentra la burda visión según la cual la teología de Roma es básicamente aristotélica.[6] Es una crítica que se centra principalmente en el conocimiento de Dios que se podría alcanzar siguiendo el razonamiento de Aristóteles.

Según Van Til, en Aristóteles "es la más vacía de las negaciones vacías la que se adorna con el nombre de Dios".[7] Sin embargo,

---

[2] Victor Strigelius, *Aristotelis Stagiritae ad filium Nicomachum, de vita et moribus scripti libri X* (Lipsiae: Ioannes Steinman, 1572), 4.

[3] Cornelius Van Til, *Common Grace and the Gospel*, 2ª ed. (Phillipsburg, PA: Presbyterian & Reformed Publishing, 2015), 209.

[4] Cornelius Van Til, *The Great Debate Today* (Phillipsburg, PA: Presbyterian & Reformed Publishing, 1971), 178.

[5] Van Til, 21; Van Til retrata persistentemente la analogía del ser como si implicara una negación de la distinción entre Creador y criatura. Véase, por ejemplo, Van Til, *Common Grace and the Gospel*, 124.

[6] Véase, por ejemplo, Cornelius Van Til, *The Defense of the Faith*, 4ta ed. (Phillipsburg, PA: Presbyterian & Reformed Publishing, 2008), 97.

[7] Van Til, *Common Grace and the Gospel*, 59.

potencialmente, esta crítica se aplica a toda la filosofía de Aristóteles. "La epistemología semiaristotélica de Roma influye y concuerda con su ética semiaristotélica".[8]

Las transformaciones de la teología protestante que condujeron a puntos de vista como el de Van Til no se tratarán en este capítulo. Simplemente pretendo aclarar el papel que desempeñó Aristóteles en el pensamiento protestante anterior, cuando no se le rechazaba como pagano ni se le desechaba como instrumento del catolicismo romano. Esta aclaración es necesaria no solo frente a las opiniones desinformadas que circulan en los círculos presuposicionales.

La idea de que se produjo una ruptura con Aristóteles como consecuencia de la Reforma es una postura muy extendida tanto en las presentaciones generales del pensamiento de la Reforma como en los relatos influyentes de los principales cambios de nuestra cultura moral.[9] Los estudiosos que trabajan en la intersección de los estudios sobre la Reforma y la filosofía medieval o renacentista pueden tener la impresión de que estas opiniones ya han sido desacreditadas y que este capítulo está golpeando un caballo muerto.

Yo no solo respondería que esto es demasiado optimista en cuanto a la recepción de la discusión especializada, incluso por parte de aquellos cuyo deber profesional es estar informados. También añadiría que existe una tendencia, como advirtió Herbert Butterfield hace aproximadamente un siglo, a "remendar la nueva investigación en la vieja historia, incluso cuando la investigación en detalle ha alterado el rumbo de todo el tema".[10] Por tanto, una visión general puede ser útil.

Comenzaré prestando atención a la crítica a Aristóteles que a veces se podía escuchar durante el siglo XVI. Esta crítica no es inexistente ni irrelevante, pero es muy diferente de las críticas a Aristóteles que se

---

8 Van Til, 45.

9 Para ver ejemplos de estas narrativas, véase Alister McGrath, *The Intellectual Origins of the European Reformation*, 2ª ed. (Oxford: Blackwell, 2005). (Oxford: Blackwell, 2005); y Alasdair MacIntyre, *After Virtue: A Study in Moral Theory*, 2ª ed. (Notre Dame: University of Notre Dame Press, 1984).

10 Herbert Butterfield, *The Whig Interpretation of History* (Londres: G. Bell, 1931), 6.

encuentran en el pensamiento reformista del siglo XX. En el siguiente paso, ofreceré una visión general de la recepción positiva de Aristóteles en la Reforma y la posreforma, un fenómeno más consecuente y extendido que esta crítica.

Por último, me centraré en un ámbito concreto de la recepción. Aunque la mayoría de los capítulos de este libro tratan del conocimiento de Dios, me centraré más bien en la filosofía práctica. Dado que la *Ética a Nicómaco* fue la obra aristotélica más enfáticamente criticada por Lutero, la recepción positiva del pensamiento ético y político de Aristóteles entre otros protestantes tempranos es un ejemplo particularmente significativo del aristotelismo protestante temprano.

Lutero y el anti-aristotelismo de los primeros protestantes

El antiaristotelismo de Lutero, como veremos a lo largo de este capítulo, es una excepción entre sus compañeros protestantes tempranos. Pero no es una excepción en la historia de la filosofía, y deberíamos tener cierto cuidado en identificar su naturaleza y linaje precisos. Después de todo, el rechazo de Aristóteles fue una característica bastante central del pensamiento moderno temprano. Rechazar "la metafísica, la política y la ética de Aristóteles, las frívolas distinciones, los bárbaros términos y el oscuro lenguaje de los hombres de la escuela", es fundamental para el proyecto de Hobbes en el *Leviatán*.[11] Para quienes quieren ver a Lutero en el origen de todos los problemas modernos, es por supuesto muy tentador subrayar la continuidad entre sus críticas y las de Hobbes al Estagirita. Sin embargo, si nos apresuramos a llegar a esa conclusión, estamos ignorando una tradición en la que las críticas de Lutero se encuentran más obviamente en casa.

De hecho, es mucho más plausible leer a Lutero como parte de una larga cadena de críticos agustinianos de Aristóteles. La tradición agustiniana y la aristotélica se habían integrado, por supuesto, de

[11] Hobbes, *Leviathan* 47, 16.

diversas maneras creativas durante el siglo XIII, y deberíamos dejar de lado definitivamente la idea de que la tradición agustiniana es necesariamente hostil a Aristóteles.

Aquino, como se reconoce cada vez más, representa una integración de elementos aristotélicos dentro de una visión agustiniana de la creación.[12] Pero las cosas empezaron a cambiar con la aparición del aristotelismo radical a finales del siglo XIII en la Universidad de París. En manos de eruditos como Siger de Brabante y Boetius de Dacia, se desarrolló una versión de Aristóteles que enfatizaba la posibilidad de alcanzar la felicidad en esta vida, la eternidad del mundo y otras doctrinas que eran bastante difíciles de armonizar con la doctrina cristiana.[13]

Este desarrollo llevó no solo a la crítica de Aquino a este movimiento (por ejemplo, en su famoso tratado *Sobre la unidad del intelecto contra los averroístas*), sino también a una creciente polarización entre la teología agustiniana y el aristotelismo. En otras palabras, mientras que la armonización entre los elementos platónico-agustinianos y aristotélicos había sido la norma desde la Antigüedad tardía y hasta mediados del siglo XIII, al final de este período se empiezan a encontrar críticas agustinianas más punzantes a Aristóteles.

Estas críticas tardomedievales a Aristóteles suelen centrarse en temas como la eternidad del mundo, la inmortalidad del alma y el conocimiento de Dios sobre las cosas individuales. Tales fueron los puntos de tensión en la recepción judía y musulmana de Aristóteles. Estos puntos habían sido tratados de diversas maneras en la cristiandad latina durante la recepción de Aristóteles, pero la disputa se intensificó durante el florecimiento y la condena (en 1277) del aristotelismo radical. Si queremos entender la crítica de Lutero a Aristóteles, es crucial examinar sus declaraciones en el contexto de esta discusión en curso.

---

[12] Matthew Levering, Barry David y Michael Dauphinais, eds., *Aquinas the Augustinian* (Washington, D.C.: The Catholic University of America Press, 2007).

[13] Sobre esto, véase John Wippel, *Mediaeval Reactions to the Encounter Between Faith and Reason* (Milwaukee: Marquette University Press, 1995).

Y una vez que hacemos ese ejercicio, queda bastante claro que él representa una variación específica de esta crítica agustiniana medieval: donde las críticas agustinianas anteriores señalaban una tensión entre Aristóteles y la doctrina cristiana dentro del dominio de la filosofía teórica, la crítica de Lutero tiende a centrarse en tales tensiones en el ámbito de la filosofía práctica. Para él, es la *Ética* de Aristóteles la que cuenta como "el peor enemigo de la gracia".[14]

La razón de esta posición no es en absoluto periférica al avance teológico de Lutero. Tanto en su *Comentario a los Romanos* como en la *Disputación de Heidelberg,* Lutero compara repetidamente la concepción de la justicia de Aristóteles —una justicia que surge de las acciones humanas— con la visión de la justicia que encontró en el *De spiritu et littera* de Agustín.[15] Si tal contradicción entre la visión aristotélica y la agustiniana es necesaria es una cuestión abierta. Aristóteles mismo, después de todo, plantea la cuestión de cómo alguien que se ha vuelto injusto podría volver a ser justo, y no es en absoluto optimista (NE III, 5, 1141 a12-22).[16]

De hecho, en otras condiciones de recepción histórica, uno bien podría imaginar a Lutero utilizando estas reflexiones aristotélicas para apoyar su propia posición. Pero, independientemente de lo que se piense sobre esa posibilidad, el punto crucial aquí es la falta de conexión entre esta crítica y las primeras críticas modernas a Aristóteles que, por ejemplo, rechazaban las propias ideas de causalidad final o bien común.

En el período inmediatamente posterior a la Reforma, la crítica de Lutero tuvo una continuidad parcial entre los gnoseoluteranos. El único caso en el que se desarrolló más, dando lugar a una importante controversia, fue en los debates en los que participó Daniel Hofmann en la Universidad de Helmstedt en torno a 1600 (el mismo periodo en el que se produce el "retorno de la metafísica" a la teología luterana).

---

14 Lutero, *Disputation Against Scholastic Theology*, WA 1, 226.

15 Lutero, *Commentary on Romans, WA 56, 172. Heidelberg Disputation, WA* 1, 364; WA Br 1, 70.

16 Véase Theodor Dieter, *Der junge Luther und Aristoteles. Eine historisch-systematische Untersuchung zum Verhältnis von Theologie und Philosophie* (Berlín: De Gruyter, 1997), 175-93.

Hofmann fue el primer profesor de teología en la universidad, una institución dominada por eruditos melanchtonianos como Owen Günther, Duncan Lidell, Johannes Caselius y Cornelius Martini. Allí retomaría las posiciones de Lutero y las desarrollaría sistemáticamente, reafirmando incluso la idea de una doble verdad.

Pero el resultado de las disputas en torno a la obra de Hofmann no fue un rechazo generalizado de Aristóteles o del lugar de la filosofía en una cultura cristiana. Por un lado, este episodio condujo al desarrollo de interpretaciones rivales de Lutero. Por otro lado, contribuyó a que la discusión sobre la legitimidad de la filosofía en un marco cristiano fuera aún más explícita de lo que había sido hasta entonces.[17] Sin embargo, el propio Hofmann fue destituido.

Sin duda, hubo más críticas a Aristóteles en la época de la Reforma. Pero el *Comentario a la Ética Nicomaquea* (Commentary on the Nicomachean Ethics) de Vermigli puede servir para ilustrar su origen y su limitado impacto. En un prefacio a esta obra, el antiguo alumno de Vermigli, Santerenziano, menciona que "la opinión mayoritaria" supone "un desacuerdo constante y una guerra perpetua" entre Aristóteles y la teología cristiana.[18] Pero luego describe esta guerra no en términos de una incompatibilidad fundamental entre la filosofía de Aristóteles y la visión cristiana.

Se explica más bien como una reacción a tiempos anteriores en los que, según Senterenziano, Aristóteles era tenido en la misma (o mayor) estima que Moisés y Pablo. Como reacción, nos dice que ahora "todos" escribían obras duras contra Aristóteles.[19] Esto no es una descripción fiel del enfoque de Aristóteles en su siglo, y ciertamente no es lo que uno encuentra en la obra que está prologando. En realidad, Vermigli se había

---

[17] Para una descripción completa, véase Markus Friedrich, *Die Grenzen der Vernunft. Theologie, Philosophie und gelehrte Konflikte am Beispiel des Helmstedter Hofmannstreits und seiner Wirkungen auf das Luthertum um 1600* (Göttingen: Vandenhoeck & Ruprecht, 2004). Sin embargo, creo que Friedrich hace demasiado hincapié en el cambio que se produjo.

[18] Peter Martyr Vermigli, *Commentary on Aristotle's Nicomachean Ethics* (Kirksville, MO.: Truman State University Press, 2015), 3.

[19] Vermigli, *Commentary on Aristotle*, 3-4.

nutrido del mismo agustinismo tardomedieval que Lutero, pero este bagaje no le llevó a la misma posición frente a Aristóteles.

Consideremos una última versión del antiaristotelismo protestante, el ramismo. Que el ramismo tuvo influencia en las primeras academias reformadas, que desde allí se extendió a Inglaterra y que desempeñó un enorme papel en la educación estadounidense a lo largo del siglo XVIII, sigue siendo un hecho establecido. Pero hasta qué punto el movimiento era antiaristotélico es una cuestión diferente. Durante mucho tiempo, la opinión dominante fue la de entenderlo en esos términos, pero ahora está siendo sustituida por una versión algo modificada.

El ramismo se ve cada vez más como un programa de simplificación pedagógica. Se abandonó la instrucción tradicional a través de comentarios sobre Aristóteles, favoreciendo en su lugar los libros de texto organizados en torno a los conceptos universales, la materia y el orden interno de cada disciplina. Evitando tanto el dominio filológico cultivado por los humanistas como el detalle filosófico de los escolásticos, los ramistas ofrecían tablas pedagógicas que facilitaban el avance de la ciencia a quienes no podían permitirse una vida dedicada al aprendizaje.[20]

Independientemente de lo que se piense de esta innovación pedagógica, no implica un rechazo necesario de las tesis aristotélicas fundamentales. De hecho, en una fase posterior, el movimiento pudo evolucionar hacia un filo-ramismo en el que el elemento aristotélico volvió a desempeñar un fuerte papel. En ese contexto se encuentran autores como Keckermann, con el que hemos abierto este capítulo. Su posición ha sido descrita como opuesta al “peripatetismo textual”, pero representativa de un “peripatetismo metódico”.[21] Es hora, pues, de pasar a la extraordinaria presencia de Aristóteles en el pensamiento protestante temprano.

---

20 Para un relato muy informado de esta interpretación del ramismo, véase Howard Hotson, *Commonplace Learning: Ramism and Its German Ramifications 1543-1630* (Oxford: Oxford University Press, 2007).

21 Hotson, *Commonplace Learning*, 136-52.

El primer aristotelismo protestante

Como ha demostrado David Bagchi, los primeros polemistas católicos romanos eran conscientes de la crítica de Lutero a Aristóteles, e hicieron de su rechazo a Aristóteles y a Aquino una característica bastante central de sus propias polémicas.[22] Pero en este asunto, es posible que hayan tomado a Lutero más en serio que los propios protestantes. Pues en estas cuestiones los profesores de las instituciones protestantes buscaron definitivamente la orientación de Melanchthon y no la de Lutero.

El antiaristotelismo de Lutero debe ser calificado inequívocamente como una posición minoritaria. Dado que este simple hecho es rutinariamente ignorado por los estudios generales de la historia intelectual de este período, es importante declararlo tan claramente como sea posible. La famosa afirmación de Lutero en una carta a Johannes Lang, de que Aristóteles iba camino a la ruina perpetua, mientras que "nuestra teología y San Agustín prosperan", no es una descripción de los hechos sino una expresión de los deseos de Lutero.[23]

Aunque los estudiosos contemporáneos citan habitualmente esta carta como prueba de la ruptura de la Reforma con Aristóteles, el plan de estudios de Wittenberg no solo conservó un modelo de enseñanza de las Artes basado en las obras de Aristóteles, sino que incluso amplió la enseñanza de Aristóteles mientras Lutero emitía esta opinión.[24] No tenemos ninguna razón para considerar esto un fracaso. A menos que tomemos a Lutero como una norma de juicio crítico en la historia de la filosofía, es totalmente sensato creer que sus compañeros protestantes, que conservaron gran parte de la anterior adaptación cristiana de

---

22 David Bagchi, *Luther's Earliest Opponents. Catholic Controversialists 1518-1525* (Minneapolis: Fortress Press, 1991), 76.

23 WA Br 1, 99.

24 Lutero es tomado al pie de la letra, por ejemplo, por Carter Lindberg, *The European Reformations* (Oxford: Wiley-Blackwell, 2010), 63; y McGrath, *The Intellectual Origins of the European Reformation*, 61; Para una discusión más profunda véase Heinz Scheible, "Aristoteles und die Wittenberger Universitätsreform. Zum Quellenwert von Lutherbriefen", en *Aufsätze zu Melanchthon*, de Heinz Scheible (Tübingen: Mohr Siebeck, 2010), 125-51.

Aristóteles, estaban actuando razonablemente. El hecho de que Lutero aceptara la práctica de Melanchthon de enseñar a Aristóteles junto a él es, después de todo, bastante revelador en sí mismo. Y si los juicios de Lutero sobre Aristóteles no llegaron a ser dominantes en Wittenberg, en otros lugares fueron aún menos relevantes.

En el primer centenario de la Reforma, la Academia de Straussburg lo celebró con una larga serie de disputas públicas. Del lado de los filósofos, Laurentius Walliser contribuyó con una serie de disputas "en defensa de la *Ética* de Aristóteles, y ofreciendo una verdadera y genuina comprensión de algunos dichos de Lutero".[25] La disputa ofrece una extraordinaria perspectiva sobre el modo en que los protestantes ilustrados trataron estos dichos.

El primer paso de Walliser es distinguir entre la filosofía *per se* y su abuso. Sostiene que Lutero siempre y obviamente apunta a esto último. A esto, sin embargo, añade una observación histórica: las observaciones despectivas sobre Aristóteles provienen del primer Lutero, que se vio envuelto en una controversia con los escolásticos que tenían a Aristóteles en demasiado alta estima. Walliser cita varios comentarios elogiosos del Lutero más antiguo sobre Aristóteles. Por último, aborda cuestiones específicas como la naturaleza de este mundo de la comprensión de Aristóteles de la felicidad y la cuestión de si llegamos a ser justos a través de acciones justas o al revés.

Según Walliser, las críticas de Lutero en estas áreas pueden ser tratadas si se hacen distinciones adecuadas, por ejemplo, entre la justicia política y la justificación ante Dios. Puede que Walliser sea demasiado confiado en su intento de responder a cada crítica de Aristóteles con tales distinciones. Pero es importante señalar que estas distinciones pueden leerse como intentos de salvar a Lutero tanto como a Aristóteles. Donde Lutero escribe que "no somos de principio a fin señores de nuestras acciones, sino siervos", Walliser se pone del lado de Lutero escribiendo

---

25 Laurentius Walliser, "Quaestionum miscellanearum, ad ethicae Aristotelicae defensionem". Sin paginar, parte del volumen *Iubilaeum Lutheranum Academiae Argentoratensis sive Acta Secularis Gaudii*.

que "también negamos esto, pero lo negamos usando el recurso de una distinción".[26]

Si la crítica de Lutero a Aristóteles fue mayormente ignorada entre los primeros protestantes, el texto de Walisser es un buen ejemplo de las formas en que podían tenerla en cuenta sin dejarse dominar por su atractivo.

La temprana apropiación protestante de Aristóteles fue un fenómeno masivo. Los profesores de la Facultad de Letras ostentaban a menudo el título de *professor philosophiae aristotelicae*. Los cambios curriculares desterraban a veces los *compendios* aristotélicos, para sustituirlos por la enseñanza de las propias obras de Aristóteles. Como ha escrito Charles Schmitt, entre 1550 y 1650 "la tradición era más fuerte entre los protestantes que entre los católicos".[27]

Con esta observación, se refería a la tradición de los comentarios sobre Aristóteles, así como a la enseñanza basada en sus obras. Pero más allá de este uso de Aristóteles en el ámbito estricto de la filosofía, las herramientas que había configurado estaban presentes también en la discusión teológica. Así, al rechazar la idea de que el pecado original es ahora la sustancia de los hombres, la *Fórmula de la Concordia* afirma que la división de la realidad en sustancias y accidentes es axiomática en teología; se presenta como un lenguaje que debe evitarse cuando se trata de simples creyentes, pero como útil para aclarar las disputas.[28]

Esto no quiere decir que la crítica a la adopción de Aristóteles como "el Filósofo" estuviera ausente. Pero el tipo de crítica que se encuentra en las generaciones posteriores es significativamente diferente a la de Lutero. Tomemos, por ejemplo, la preocupación que uno encuentra a veces por la cita de Aristóteles incluso en los sermones. No conozco ningún sermón aristotélico, pero el propio Melanchthon denuncia su existencia en la *Apología de la Confesión de Augsburgo* (Apology of the

---

[26] Laurentius Walliser, Disputación vii. "Num Domini simus Actuum Nostrorum a Principio usque ad Finem".

[27] Charles Schmitt, *Aristotle and the Renaissance* (Cambridge, Mass.: Harvard University Press, 1983), 26.

[28] *Die Bekenntnisschriften der Evangelisch-Lutherischen Kirche* (Gotinga: Vandenhoeck & Ruprecht, 1967), 861-62.

Augsburg Confession).[29] Unas décadas más tarde, se puede encontrar la misma preocupación en la obra de Theophilus Aenetius, profesor en Jena a principios del siglo XVII. "Algunos han predicado la *Ética* de Aristóteles en lugar de la Sagrada Escritura al pueblo en la asamblea".[30]

Como muestran estos ejemplos, tanto en la Reforma como en la posreforma existía una razonable preocupación por las apropiaciones excesivamente entusiastas de Aristóteles. Se podría suponer, además, que Aristóteles no se opondría a ser desterrado de los sermones. Pero estas mismas obras de Melanchthon y Aenetius nos muestran que esta cautela era compatible con la alabanza y con el cultivo de la visión de Aristóteles. En efecto, Melanchthon añade inmediatamente que Aristóteles, de hecho, "escribió tan perfectamente sobre la moral pública (*de moribus civilibus*), que no es necesario añadir nada",[31] , mientras que Aenetius hace su propia observación de cautela en el prefacio a su comentario sobre la *Ética*.

Como sugieren las observaciones de Melanchthon, Santerenziano y Aenetius, la recepción protestante de Aristóteles puede describirse como una recepción crítica. A veces la crítica —como la de desterrar al Estagirita de los sermones— no afecta a la sustancia del pensamiento de Aristóteles. Sin embargo, otros de los primeros protestantes eran conscientes de algunas tensiones más profundas entre el cristianismo y la filosofía de Aristóteles. Antonius Walaeus, por ejemplo, subrayó su deseo de un mayor grado de crítica de Aristóteles entre los filósofos cristianos.[32]

Pero aunque eran conscientes de que, como filósofos cristianos, tendrían que corregir ciertos puntos de vista de Aristóteles, estos

---

29 *Die Bekenntnisschriften der Evangelisch-Lutherischen Kirche*, 161.

30 Theophilus Aenetius, *Peri ethon pragmateia seu Doctrinae de moribus ab Aristotele in decem libris Nicomachicis propositae delinatio et explanatio* (Halae Saxonum: Typis Erasmi Hynitzij, 1604), Ep. dedic.

31 *Die Bekenntnisschriften der Evangelisch-Lutherischen Kirche*, 161.

32 Antonius Walaeus, *Compendium ethicae aristotelicae ad normam veritatis christianae revocatum* (Lugduni Batavorum: Impensis Asingae Elhardi, 1625), 6 optem tamen Philosophos Christianos majori libertate in hisce castigandis nonnumquam uti.

escritores también eran conscientes de cómo sus propios predecesores habían emprendido esta tarea. Tomemos, por ejemplo, el "supercomentario" de Rudolph Goclenius sobre la *Ética Nicomaquea*, una edición de los comentarios de Pedro Mártir Vermigli y Andreas Hyperius sobre esta obra con los propios *scolios* de Goclenius. En el prólogo de esta obra, Goclenius elogia ampliamente a Vermigli por sus agudas correcciones de las posiciones aristotélicas.

La felicidad exclusivamente temporal a la que apunta Aristóteles es un caso típico de este tipo de puntos controvertidos, aunque aquí a Vermigli se le unen varios aristotélicos protestantes que se apresuran a subrayar sus diferencias con Aristóteles a este respecto.[33] Pero, como observa Goclenius, Vermigli también se centra en el lugar del hombre en el cosmos.[34] Aristóteles había defendido la superioridad de la sabiduría teórica sobre la práctica en parte por el objeto superior del conocimiento teórico. "Es absurdo pensar que la Ciencia Política o la Prudencia es el tipo de conocimiento más elevado, ya que el hombre no es lo más elevado del mundo".[35]

Pero si el hombre es superior a los cuerpos celestes —como señalaron no solo Vermigli, sino también Van Giffen—, esto puede alterar la forma de pensar sobre el conocimiento teórico y práctico.[36] Así, mientras Van Til denuncia el "pensamiento centrado en el hombre" de los griegos, se podría decir que algunos estudiosos de la Reforma más bien criticaron a Aristóteles por no ser suficientemente antropocéntrico.[37]

---

33 Así, por ejemplo, Joachim Camerarius, *Ethicorum Aristotelis Nicomachiorum explicatio accuratissima* (Francofurti: Andreas Wechel, 1578), 15-16.

34 Rudolph Goclenius, Petrus Martyr Vermigli y Andreas Hyperius, *Meditationes ethicae sive Aristotelis ethicorum Nikomacheion perspicua ac perquam erudita, cum moribus sacris, id est, in sacra pagina descriptis, collata explicatio* (Lich: Nikolaus Erben, 1598), Praef.

35 Aristóteles, *The Nicomachean Ethics*, The Loeb Classical Library (Cambridge, Mass.: Harvard University Press, 1947), VI, 7; 1141a 20-22.

36 Goclenius, Vermigli e Hyperius, *Meditationes ethicae*, Praef.; Hubert van Giffen, *In decem libros Aristotelis ad Nicomachum* (Francofurti: Impensis Lazari Zetzneri, 1608), 3.

37 Van Til, *The Great Debate Today*, 178.

La filosofía práctica aristotélica y el pensamiento protestante clásico

Los comentarios más críticos de Lutero sobre Aristóteles, como hemos visto, se centran en su *Ética*. Por lo tanto, puede ser razonable terminar este breve recuento de la historia con una consideración de la forma en que la filosofía práctica de Aristóteles fue recibida en el protestantismo moderno temprano.[38] Dado que la política apenas se estaba estableciendo como objeto regular de enseñanza, la recepción de la *Política* de Aristóteles y de su *Ética* es muy diferente.

Hay cerca de cuarenta comentarios existentes sobre la *Ética*, un número que habla claramente de su lugar en el aprendizaje protestante temprano. Sobre la *Política, en* cambio, hay menos de la mitad. Sin embargo, como veremos, las posiciones fundamentales del pensamiento político de Aristóteles fueron adoptadas con tanta fuerza como su filosofía moral.

Un rasgo notable de los comentarios a la *Ética* es su distribución uniforme entre luteranos y reformados. También se distribuyen uniformemente a lo largo del tiempo: la mitad de estos comentarios se publicaron por primera vez en el siglo XVI, la otra mitad en el XVII. Hay una explicación institucional obvia para esta atención regular prestada a la *Ética a Nicómaco*: en casi todas partes era el libro de texto básico para la enseñanza de la ética. Teniendo en cuenta este hecho, es fácil concluir que Aristóteles fue objeto de una recepción acrítica, como suelen ser los libros de texto estándar.

Pero ya hemos visto lo infundado que es el mito de una recepción acrítica. Y tal explicación no se aplicaría ciertamente al primer gran comentarista, Felipe Melanchthon. Melanchthon había llegado a Wittenberg con un entusiasmo juvenil por Aristóteles que incluía planes de una nueva edición alemana de su obra, pero cayó bajo el hechizo de

---

38 Aquí resumo las conclusiones que he respaldado con más detalle en "Aristotelian Practical Philosophy from Melanchthon to Eisenhart. Protestant Commentaries on the *Nicomachean Ethics* 1529-1682", de próxima publicación en *Reformation and Renaissance Review*.

la crítica de Lutero y rechazó a Aristóteles durante unos años. Volvió a enseñar su *Ética* después de tomarse a pecho las críticas de Lutero, pero evidentemente llegó a la conclusión de que Aristóteles podía ser enseñado sin dañar una comprensión antipelagiana de la justicia. En los años siguientes, siempre prologaba sus escritos sobre Aristóteles con una discusión sobre la distinción ley-evangelio, una característica que destacaría en muchos de los comentarios protestantes posteriores sobre la *Ética*.

Previamente he destacado el hecho de que los comentaristas protestantes estaban razonablemente atentos a las áreas en las que podrían querer corregir a Aristóteles. Pero una vez que este punto está claro, debemos subrayar igualmente lo fuerte que fue la recepción de las posiciones aristotélicas centrales. Incluso una mirada superficial a estos comentarios mostrará, por ejemplo, hasta qué punto los primeros protestantes organizaron su filosofía moral en torno a la idea de la virtud. También compartían una concepción aristotélica de la naturaleza de la filosofía práctica.

Con Aristóteles, defendían una comprensión de la filosofía práctica que evitaba las demostraciones demasiado precisas y, al mismo tiempo, afirmaba que en este campo hay un conocimiento real, *firmitas*, y no una mera opinión.[39] En estos escritos no hay rastros de biblicismo o voluntarismo; si se apartan en algún sentido de la enseñanza de Aristóteles, es sobre todo en la forma en que funden sus tesis con una doctrina de la ley natural.

Esta doctrina apenas está presente en la obra de Aristóteles, pero ya era una característica del aristotelismo medieval. En otras palabras, incluso cuando se apartan de Aristóteles, ese alejamiento está

---

[39] Para algunos de los muchos debates esclarecedores, véase Johannes Avenarius, *Selectarum philosophiae practicae quaestionum dodecades XVII ad seriem X librorum Eth. Nicom. Arist. accommodatae* (Wittebergae: Ex typographia Augusti Boreck, 1622), Dodecades I, q. 5; Hieronymus Weixelberger, *Brevis introductio in libros decem Aristotelis ethicos nicomachios* (Noribergae: Cura Simonis Halbmayeri, 1627), 17.

profundamente arraigado en la tradición intelectual cristiana anterior formada por la obra del Estagirita.[40]

El aristotelismo político siguió siendo un rasgo importante del pensamiento de los primeros protestantes. Durante el siglo pasado, se ha afirmado a menudo que los primeros protestantes consideraban que la autoridad política era un fenómeno poslapsario. Frente a la afirmación de Aristóteles sobre el carácter natural de la comunidad política y de la autoridad política, la "verdad primordial" del calvinismo —en palabras nada menos que de Abraham Kuyper— es que "Dios ha instituido a los magistrados, por razón del pecado".[41]

Dada la existencia de una disputa medieval en torno a esta cuestión, y dado el hecho de que la Reforma fue un movimiento ampliamente agustiniano, es fácil suponer que los reformadores se pondrían efectivamente del lado de Agustín contra Aristóteles en esta cuestión. Pero incluso sus adversarios católicos romanos contemporáneos sabían que no era así. Al presentar los *Escritos sobre la autoridad temporal y espiritual* (Writings on Temporal and Spiritual Authority) de Belarmino, Stefania Tutino afirma que, para los teóricos católicos, el orden político surge directamente de la ley de la naturaleza, mientras que para Lutero y Calvino solo los dotados de la gracia de Dios podían ser justos dirigentes políticos.[42]

Sin embargo, el propio Belarmino escribe que "no solo los católicos" como Aquino, sino también los reformadores protestantes como Melanchthon, Lutero y Calvino "se oponen de forma más agresiva y amplia" a ese punto de vista.[43] Y tiene razón. No solo lo hicieron en

---

40 Argumento este punto más ampliamente en Manfred Svensson, *Reforma protestante y tradición intelectual cristiana* (Barcelona: CLIE, 2016).

41 Abraham Kuyper, *Lectures on Calvinism* (Grand Rapids: Eerdmans, 1943), 81.

42 Stefania Tutino, "Introduction", en *On Temporal and Spiritual Authority*, de Roberto Belarmino (Indianápolis: Liberty Fund, 2012), xiii-xv y de nuevo en el n.2 de la página 5.

43 Roberto Belarmino, *On Temporal and Spiritual Authority: On Laymen or Secular People; On the Temporal Power of the Pope, Against William Barclay; On the Primary Duty of the Supreme Pontiff* (Liberty Fund, 2012), 7.

sus obras teológicas (Belarmino señala el libro 4, cap. 20 de las *Instituciones* de Calvino), sino también en sus escritos filosóficos.

En su *Comentario a la Política de Aristóteles*, Melanchthon no solo afirma la naturalidad de la *polis* en los términos bastante tradicionales que cabría esperar en un comentario de este tipo, sino que también entra en polémica con Wyclif, la fuente tardomedieval de esta idea, a quien los tomistas de la Escuela de Salamanca fustigaron por la misma razón.[44] Los protestantes no se dedicaban al tipo de teología política que los estudiosos les atribuyen hoy en día, y sus adversarios católicos contemporáneos eran perfectamente conscientes de este hecho.

Este enfoque persiste como una característica significativa del pensamiento luterano y reformado durante las generaciones posteriores. Lambert Danaeu aborda la cuestión en términos de la discusión que ya hemos visto que tiene lugar en Vitoria, Belarmino y Melanchthon. Se pregunta, a saber, "si las repúblicas y los reinos habrían surgido en un estado de inocencia".[45]

Aquí Danaeu muestra un espíritu más especulativo que los otros autores que hemos considerado, inspirado por la "maravillosa discusión" que implica este punto. Como muchos de sus predecesores medievales y

---

44 CR 16, 450. Previamente señalé a Belarmino para ilustrar este hecho, pero lo mismo se aplica a algunos estudios sobre Vitoria. Aunque Vitoria está evidentemente discutiendo la situación americana, Anthony Pagden ha argumentado que Vitoria no estaba realmente tan preocupado por los detalles del caso americano que los lectores de su *Relectio de indiis* esperarían. En opinión de Pagden, esto era simplemente interesante en vista de las oportunidades que proporcionaba "para una refutación de las teorías luteranas y, más tarde, calvinistas de la soberanía". Anthony Pagden, "Dispossesing the Barbarian: The Language of Spanish Thomism and the Debate over the Property Rights of the American Indians", en *The Languages of Political Theory in Early-Modern Europe*, ed. Anthony Pagden (Cambridge: Cambridge University Press, 1990), 83. Afirmar el carácter natural de la autoridad política no constituiría principalmente una defensa de los pueblos indígenas, sino una crítica a una teología política rival. Pero en las conferencias de Vitoria sobre los indios no hay ningún indicio de tal preocupación por la Reforma. Sí tiene adversarios más allá de los límites de la Iglesia Católica Romana, pero no menciona ni a Lutero ni a Calvino. John Wyclif es, de hecho, lo más cercano que encontramos a un rival explícitamente identificado en esta cuestión.

45 Lambertus Danaeus, *Politices Christianae Libri VII* (Ginebra: Apud Haeredes Eustatii Vignon, 1596), I, 4.

de la Reforma, Danaeu está argumentando en contra de los que consideran que el crecimiento de la especie en estado de inocencia solo habría conducido a una especie de "reino doméstico". *El Estadista* de Platón, con su negación de que haya alguna diferencia de tipo entre gobernar una ciudad y gobernar otros tipos de comunidad como el hogar, es el *locus classicus* de esta posición.[46] Pero "en el primer libro de la *Política* de Aristóteles", escribe Danaeu, esta "tesis rival ha sido impresionantemente refutada".[47]

Aquí confluyen dos tesis aristotélicas, la de la naturalidad de la *polis* y la de una diferencia de tipo entre *polis* y hogar. Pero algo nuevo emerge en el horizonte. Una vez que nos dirigimos a Danaeu y a Keckermann, Wycliffe ha desaparecido de la discusión, y Aristóteles comienza en cambio a volverse contra el incipiente pensamiento político moderno. Así, en su "Carta al lector" preliminar, Danaeu explica que no seguirá a Maquiavelo, a quien "la mayoría de los que están sentados en el gobierno de las repúblicas siguen ahora".[48] Keckermann escribe en términos similares sobre Jean Bodin. Tanto Danaeu como Keckermann presentan a Aristóteles como un antídoto contra las nuevas enseñanzas.[49]

Trabajar dentro de una comprensión ampliamente aristotélica de la filosofía práctica no era solo una forma de manifestar la continuidad con la tradición intelectual cristiana anterior. También fue uno de los vehículos a través de los cuales se hizo posible la interacción con el emergente pensamiento político moderno.

Consideraciones finales

La uniformidad de la tradición aristotélica es más bien una creación de sus críticos modernos tempranos que un fenómeno con el que se encuentran sus estudiantes. Como hemos visto, esto se aplica también a

46 Danaeus, *Politices, I*, 4.

47 Danaeus, *Politices, I*, 4.

48 Danaeus, "Ad lectorem benevolum".

49 Bartholomeus Keckermann, *Systema Disciplinae Politicae* (Fráncfort: Apud Ioannem Stöckle, 1625), 8; referencias a Daneus y Aristóteles en todo el texto.

la rama protestante de la tradición. El grado en que los eruditos protestantes se dedicaron a criticar a Aristóteles o más bien se limitaron a exponer fielmente su obra varía enormemente. Algunos consideraban que su tarea era la de explicar con precisión las fuentes. Otros enfatizaron su deseo de un mayor grado de crítica cristiana de Aristóteles. Sea cual sea la alternativa que destaquemos en nuestras exposiciones, sea cual sea la que aprobemos en nuestras apropiaciones contemporáneas, la masiva recepción protestante de Aristóteles —presente desde los escritos sobre las Artes hasta algunos documentos confesionales— ya no puede ser ignorada.

En los últimos años, un importante movimiento de *ressourcement* teológico ha mostrado hasta qué punto la Reforma estaba impregnada de teísmo clásico. A estas alturas, debería quedar claro que hay un argumento igualmente significativo sobre el modo en que la filosofía práctica, en todas sus ramas, fue cultivada en un espíritu clásico.

Aunque sigue siendo ignorada por un amplio público de la iglesia y la academia, esta recepción de Aristóteles constituye una parte significativa del modo en que los protestantes han afrontado su deber de integrar la fe y el conocimiento. Fue una de las formas en que se enraizaron en los esfuerzos pasados de la tradición filosófica cristiana, y fue una de las formas en que respondieron a los desafíos de la modernidad temprana.

La simple preocupación por la verdad podría ser razón suficiente para corregir las descripciones erróneas de sus logros. Pero a ese cuadro habría que añadir un interés contemporáneo, ya que el aristotelismo es una fuerza viva en la filosofía práctica actual.[50] Un mejor conocimiento del discernimiento de nuestros antepasados sobre el movimiento aristotélico de su tiempo seguramente nos ayudaría a desarrollar tanto las virtudes intelectuales como la variedad de enfoques de Aristóteles que necesitamos hoy.

---

[50] Para un análisis profundo de este movimiento, véase Franco Volpi, "The Rehabilitation of Practical Philosophy and Neo-Aristotelianism", en *Action and Contemplation. Studies in the Moral and Political Thought of Aristotle*, ed. Robert Bartlett y Susan Collins (Albany: State University of New York Press, 1999), 3-26.

§9. EL USO DE TOMÁS DE AQUINO EN LA TEOLOGÍA PROTESTANTE INICIAL

David Haines

Durante la última década, los estudiosos han comenzado a debatir las razones de lo que parece ser un "repentino" interés entre los protestantes por el pensamiento de Tomás de Aquino. Algunos incluso han sugerido que este renovado interés ha llevado a algunos jóvenes estudiosos al catolicismo. ¿Es esto cierto? ¿Leer y apreciar a Aquino —incluso estar de acuerdo con él en algunas cuestiones— conduce al catolicismo? ¿Es Aquino el archienemigo del protestantismo? Para K. Scott Oliphint, por ejemplo, es imposible sintetizar las enseñanzas tomistas con una teología bíblica coherente; por tanto, Aquino no tiene mucho valor para la verdadera teología reformada.[1]

[1] K. Scott Oliphint, en su introducción de 2017 a Aquino, afirma que "Lo que sea que el 'tomismo reformado' pueda ser, o pueda significar, en nuestro contexto actual, no puede ser una síntesis de las enseñanzas tomistas bíblicamente extranjeras y una teología consistente y bíblica" (K. Scott Oliphint, *Thomas Aquinas* (Phillipsburg, NJ: P&R Publishing, 2017), 3.). Sostiene, en su libro que Aquino cometió un error en el punto de partida de su teología, lo que le lleva a la conclusión de que "el valor de la lectura de Tomás —que es significativa en términos de su impacto histórico y teológico— debe medirse siempre en relación con este paso en falso teológico inicial, seminal y fundacional" (120). El paso en falso, para Oliphint, es que comenzó con la razón humana y no con las Escrituras divinas (124.).

Francis Schaeffer parece culpar a Aquino de haber dado lugar al Renacimiento humanista, al secularismo, al racionalismo y, esencialmente, al inicio del existencialismo y del agnosticismo.[2] Por supuesto, tanto Oliphint como Schaeffer siguen a Cornelius Van Til en su crítica hacia Aquino como el teólogo católico que introdujo la autonomía de la razón en la teología cristiana, y por tanto como un teólogo de cuya influencia hay que huir.[3]

Otros eruditos contemporáneos no estarían de acuerdo con este juicio, argumentando, por el contrario, que los protestantes tienen mucho más en común con Aquino de lo que los detractores quieren admitir. En 1975, Norman Geisler publicó el artículo "Una nueva mirada a la relevancia del tomismo para la apologética evangélica" (A New Look at the Relevance of Thomism for Evangelical Apologetics).[4]

En este artículo, Geisler examina las respuestas negativas de los protestantes a Aquino, y luego propone una serie de áreas en las que el enfoque de Aquino, tanto de la filosofía como de la teología, debería ser utilizado en el pensamiento protestante. Posteriormente, en 1985, dos

---

[2] Francis Schaeffer, *Escape From Reason* (1968; repr., Downers Grove, IL: InterVarsity Press, 1974), 10. Dice, por ejemplo, que "en la visión de Aquino la voluntad del hombre estaba caída, pero el intelecto no. De esta visión incompleta de la Caída bíblica surgieron todas las dificultades posteriores. El intelecto del hombre se volvió autónomo" (11). O bien, "Aquino había abierto el camino a un humanismo autónomo, a una filosofía autónoma, y una vez que el movimiento cobró impulso, pronto hubo una inundación" (13). El veneno de Aquino pronto se extendió a las artes y a la literatura; el laicismo fue un fruto del pensamiento de Aquino (51), al igual que el racionalismo (33.) y la Nueva Teología (75.). Finalmente, la naturaleza se impuso y devoró a la gracia. (Schaeffer dice: "La naturaleza estaba matando la gracia" [16], y, más tarde, "La naturaleza ha devorado totalmente la gracia" [33]).

[3] Cuando Cornelius Van Til critica el enfoque de Bavinck sobre el conocimiento, observa cómo, desafortunadamente, "parece que no ha escapado del todo a la influencia de Tomás de Aquino al formular lo que él llama un 'realismo moderado' (Cornelius Van Til, *An Introduction to Systematic Theology*, vol. 5 en *In Defense of the Faith* (1974; repr., Phillipsburg, NJ: P & R Publishing Co, 1982), 44.)" Van Til continúa señalando la desafortunada influencia de Aquino en Bavinck a lo largo de toda su crítica al realismo de Bavinck (45-48.).

[4] Norman Geisler, "A New Look at the Relevance of Thomism for Evanglical Apologetics", *Christian Scholar's Review* 4, no. 3 (1975): 189-200.

autores reformados publicaron sus reflexiones sobre la importancia de Tomás de Aquino: Arvin Vos, un filósofo reformado, publicó un pequeño y notable libro titulado *Aquino, Calvino y el pensamiento protestante contemporáneo* (Aquinas, Calvin, & Contemporary Protestant Thought),[5] y R. C. Sproul publicó un artículo titulado "Thomas Aquinas" en el libro *Chosen Vessels: Portraits of Ten Outstanding Christian Men.*[6]

Geisler siguió con esto, en 1991, con *Tomás de Aquino: Una valoración evangélica* (Thomas Aquinas: An Evangelical Appraisal),[7] y Sproul publicó un artículo titulado "Tomás de Aquino: Un verdadero regalo de Dios" (Thomas Aquinas: A True Gift of God) en la revista *TableTalk* de mayo de 1994.[8] Esta revista de 1994 también incluía artículos de otros eruditos protestantes que interactuaban positivamente con el pensamiento de Tomás de Aquino, como John H. Gerstner,[9] Ronald Nash,[10] y Norman Geisler.[11]

Este interés por Aquino entre los estudiosos protestantes no era novedoso, ni siquiera en el siglo XX. Como señalan Manfred Svensson y David VanDrunen, un par de eruditos anglicanos, E. L. Mascall y

---

5 Arvin Vos, *Aquinas, Calvin, & Contemporary Protestant Thought: A Critique of Protestant Views of the Thought of Thomas Aquinas* (Grand Rapids, MI: Christian University Press, 1985).

6 R. C. Sproul, "Thomas Aquinas", en *Chosen Vessels: Portraits of Ten Outstanding Christian Men*, ed. Charles Turner (Ann Arbor, MI: Servant Publications, 1985)..

7 Norman Geisler, *Thomas Aquinas: An Evangelical Appraisal* (1991; reimpr., Eugene, OR: Wipf and Stock Publishers, 2003).

8 R. C. Sproul, "Tomás de Aquino: A True Gift of God", *TableTalk* (mayo de 1994): 4-6, 49.

9 John H. Gerstner, "Aquinas was a Protestant", *TableTalk* (mayo de 1994): 13-15, 52. Gerstner sostiene que Aquino afirmaba esencialmente la doctrina protestante de la justificación por la sola fe.

10 Ronald Nash, "Aquinas and Natural Law", *TableTalk* (mayo de 1994): 10-12, 55.

11 Norman Geisler, "Aquinas's View of Scripture", *TableTalk* (mayo de 1994): 7-9. Geisler explica que Aquino reconocía la autoridad suprema de las Sagradas Escrituras, la inspiración e inerrancia de las mismas y el principio material de *Sola Scriptura*. Su punto es que, en relación con su doctrina de las Escrituras, Aquino puede ser utilizado y apreciado por los protestantes.

Austin Farrer, y un teólogo luterano, Per Erik Persson, abrazaron abiertamente el tomismo en la década de 1950.[12] En su libro de 2019, *Reformando la Apologética* (Reforming Apologetics), J. V. Fesko presenta pruebas de que, en una serie de cuestiones teológicas importantes, la teología de Juan Calvino está en continuidad "con el pasado medieval, en particular con las formulaciones de Tomás de Aquino".[13]

Sin embargo, ¿acaso este interés contemporáneo por Aquino es una desafortunada ampolla en la cara de un protestantismo que, hasta hace poco, no se había manchado con la suciedad de Aquino? Después de todo, como dice el célebre historiador eclesiástico Michael Haykin:

> Aunque Aquino era deudor de la teología de la gracia de Agustín, que también ha informado profundamente a la tradición reformada, su uso de la filosofía aristotélica y su desarrollo de temas de la Reforma como la transubstanciación hicieron que los pensadores reformados desconfiaran de él. Además, la ardiente oposición a la Reforma por parte de varios tomistas del siglo XVI, como Tomás Cayetano, no contribuyó a hacer popular a Aquino entre los reformadores y, sin duda, fue una razón más para que la tradición reformada sospechara del teólogo dominicano.[14]

Es ciertamente cierto que Martín Lutero, cuando habló explícitamente de Tomás de Aquino, no tenía ningún uso aparente para el Doctor Angélico, acusándolo de subyugar las Sagradas Escrituras al pensamiento de Aristóteles.[15]

---

12 Manfred Svensson y David VanDrunen, "Introduction", en Manfred Svensson y David VanDrunen, eds., *Aquinas Among the Protestants* (Oxford: Wiley-Blackwell, 2018), 15.

13 J. V. Fesko, *Reforming Apologetics: Retrieving the Classic Reformed Approach to Defending the Faith* (Grand Rapids, MI: Baker Academic, 2019), 50.

14 Michael A. G. Haykin, "Foreword", en K. Scott Oliphint, *Thomas Aquinas* (Phillipsburg, NJ: P&R Publishing, 2017), xi-xii.

15 Martín Lutero, *The Table Talk of Martin Luther*, trad. y ed. William Hazlitt (Londres: H. G. Bohn, 1857), 212.

Sin embargo, D. Stephen Long sugiere que "su rechazo a Tomás, sin embargo, surgió porque asoció a Tomás con Aristóteles, y rechazó el aristotelismo estricto entre algunos tomistas del siglo XVI".[16] Por lo tanto, algunos piensan que los teólogos reformados han tendido tradicionalmente a alejarse de Aquino debido a su aristotelismo, su doctrina de la transubstanciación y el hecho de que fue utilizado por la contrarreforma para oponerse a la Reforma.

Por otro lado, el grueso de la investigación histórica realizada en los últimos cincuenta años sobre los escritos de los protestantes de la primera época moderna parece contar una historia totalmente diferente. Revela no solo que muchos de estos teólogos tendían a utilizar la terminología tomista, sino que algunos de ellos pueden ser descritos con razón como tomistas protestantes.

Tal idea, sin embargo, parece ser casi ofensiva para algunos teólogos reformados de hoy en día, que pintan a Aquino como el archienemigo de la teología reformada. ¿Quizás hablar de tomismo reformado sea ir demasiado lejos? ¿Hay alguna justificación para tal título? ¿Hay espacio, dentro del ámbito de la ortodoxia protestante, para el tomismo protestante o reformado? Discutiremos esta cuestión directamente al final de este artículo.

Para responderla, necesitaremos, en primer lugar, definir qué significa "ser tomista". A continuación, examinaremos las afirmaciones filosóficas y teológicas de una serie de destacados teólogos protestantes para determinar si están de acuerdo con Aquino. Nuestro propósito no es demostrar que eran tomistas, sino mostrar (1) que no había tanta oposición abierta a Aquino como se ha sugerido, y (2) que muchas de sus afirmaciones doctrinales coincidían con posiciones distintivamente tomistas. Hay dos maneras de llevar a cabo esta tarea: una es buscar referencias explícitas a Aquino, y la otra es señalar las doctrinas tomistas

---

[16] D. Stephen Long, *The Perfectly Simple Triune God: Aquinas and His Legacy* (Minneapolis, MN: Fortress Press, 2016), 124. Long continúa señalando que, de hecho, "Lutero no rechazó directamente a Aristóteles" y "sus objeciones a Tomás entonces eran a menudo objeciones al uso de Aristóteles por parte de los teólogos tomistas" (124).

clave y ver si los teólogos en cuestión las aceptaron o las rechazaron. Una vez que hayamos comparado las posiciones de estos primeros teólogos protestantes con los distintivos tomistas, concluiremos con algunas reflexiones sobre la cuestión de un "tomismo reformado".

Identificando a los tomistas

En el libro *El filósofo y la teología* (Le Philosophe et la Théologie), Étienne Gilson incluye un breve capítulo titulado "El arte de ser tomista". El artículo comienza así:

> ¿Cómo nos convertimos en tomistas? ¿En qué momento? Esto es muy difícil de decir. Por alguna razón un filósofo comienza a leer a Santo Tomás de Aquino. Si es alérgico a este tipo de pensamiento, dejará de leer y no volverá a empezar; pero si hay alguna afinidad electiva entre él y Santo Tomás, continuará y volverá a empezar. Si habla de ello, si escribe sobre ello con el único propósito de ayudar a otros a salir de su ignorancia como él mismo está saliendo, puede hacerlo, pero muchos no lo escucharán de esta manera. Lo que quieren saber no es lo que piensa Santo Tomás de Aquino, sino si es tomista.[17]

En esta sección intentaremos ofrecer una descripción clara de lo que significa ser tomista. Se trata, por supuesto, de una tarea más difícil de lo que podría parecer a primera vista.

---

[17] Étienne Gilson, *Le Philosophe et la Théologie* (París: Librairie Arthème Fayard, 1960), 217. Mi traducción. En francés se lee: "Comment devient-ton thomiste? ¿En qué momento? Cela est bien difficile à dire. Pour une raison quelconque un philosophe commence à lire saint Thomas d'Aquin. S'il est allergique à ce genre de pensée, il cessera de lire et ne recommencera plus; mais s'il existe entre lui et saint Thomas quelque affinité élective, il continuera et recommencera. Qu'il en parle, qu'il en écrive dans la seule intention d'aider les autres à sortir de leur ignorance à mesure qu'il s'en tire lui-même, il peut le faire, mais plusieurs ne l'entendront pas ainsi. Ce qu'ils veulent savoir, ce n'est pas ce que pense saint Thomas d'Aquin, mais plutôt si vous êtes thomiste".

Manfred Svensson y David VanDrunen señalan que "hubo un tiempo... en que los teólogos y filósofos protestantes leyeron ampliamente la obra de Aquino. Describir a estos autores como 'tomistas' sería engañoso, pero prestaron una cuidadosa atención a sus escritos y a menudo se pusieron de su lado en cuestiones importantes".[18] Según Svensson y VanDrunen, pues, un pensador no puede ser etiquetado como tomista por el simple hecho de leer a Aquino y estar de acuerdo con él en cuestiones importantes.

Por otro lado, el filósofo tomista Josef Pieper, en su colección de ensayos conocida como *El silencio de Santo Tomás* (The Silence of Saint Thomas), sugiere que ese hecho es todo lo que se necesita para etiquetar a alguien como tomista. Propone que entendamos el término tomismo "en su amplio uso actual como la designación de todas las formas de discipulado tomista, y particularmente de la visión del mundo elaborada en las obras de Santo Tomás.

El tomismo en este sentido significa nada más y nada menos que la enseñanza de Santo Tomás".[19] Para Pieper, hablar de tomismo o de tomistas es sugerir que existe una escuela o un sistema de pensamiento que puede ser esbozado a grandes rasgos en proposiciones bien definidas. "Pero", dice Pieper, "me parecería bastante imposible comprimir la doctrina de Santo Tomás en el marco de un sistema de proposiciones de "escuela", *a menos que se deje fuera algo de importancia fundamental*. La majestuosa elaboración del pensamiento que se manifiesta en la obra de Santo Tomás es demasiado rica para ese tratamiento y también demasiado flexible".[20]

Pieper sugiere que el modo en que Aquino asimila y entreteje tanto las riquezas de las Escrituras como las de los más grandes pensadores

---

[18] Manfred Svensson y David VanDrunen, "Introduction: The Reception, Critique, and Use of Aquinas in Protestant Thought", en Manfred Svensson y David VanDrunen, eds., *Aquinas Among the Protestants* (Oxford: Wiley Blackwell, 2018), 1.

[19] Josef Pieper, "The Timeliness of Thomism", en *The Silence of St. Thomas*, trad. John Murray y Daniel O'Connor (1957; reimpr., Chicago, IL: Henry Regnery Co., 1965), 81.

[20] Pieper, *Silence of St. Thomas*, 82.

del pensamiento occidental y cristiano primitivo (como Aristóteles, Platón, Plotino e incluso Agustín) termina en "una estructura del más alto orden intelectual, pero de ningún modo un sistema cerrado de proposiciones escolares".[21]

Esto parece implicar, por lo tanto, que o bien no existe un sistema de pensamiento que pueda llamarse propiamente "tomismo", o bien que cualquiera que, inspirado por los escritos de Aquino, esté influenciado por las Escrituras y lo mejor de la literatura occidental, sería tomista. Afortunadamente, Pieper no es el único que ha escrito sobre la cuestión de lo que significa ser tomista.

De hecho, se ha escrito mucho sobre lo que significa ser tomista, tanto por parte de los protestantes como de los católicos romanos. Muchos autores han tratado de articular listas de teorías o doctrinas, o incluso mentalidades, a las que uno debe adherirse para ser considerado tomista. Esto, por supuesto, ha demostrado ser particularmente difícil, ya que incluso una breve lectura de estos escritos revela que los tomistas reconocen que no siempre están de acuerdo entre sí sobre lo que significa ser tomista. Comenzaremos con algunas de las articulaciones más comunes.

Estos puntos de vista a menudo se basan en nada más que una apreciación de la obra de Tomás de Aquino, nacida de una frecuente interacción con sus escritos, y que culmina en la articulación creativa del pensamiento tomista en el compromiso con la filosofía y la teología contemporáneas.

Robert J. Henle, en su reacción a un libro de Gerald McCool, distingue entre lo que él llama "1. El movimiento neotomista; 2. El auténtico tomismo; 3. El desarrollo tomista".[22] Luego distingue entre

---

21 Pieper, *Silence of St. Thomas*, 82.

22 Robert J. Henle, "*Apropos* of *From Unity to Pluralism* by Gerald McCool, S.J.", *Thomistic Papers* VI (Houston, TX: The Center for Thomistic Studies, 1994), 140. Ed Feser ofrece una útil visión general de las diferentes escuelas tomistas en su entrada de blog en dos partes "La tradición tomista". Aquí describe las posiciones tomistas: (1) el tomismo neoescolástico, (2) el tomismo existencial, (3) el tomismo de Laval o de River Forest, (4) el tomismo trascendental, (5) el tomismo de Lublin, y (6) el tomismo analítico. (Cf. Ed Feser, "The Thomistic Tradition, part I",

cuatro tipos diferentes de desarrollo tomista: "Primero, existen escritos que profesan explicar el auténtico tomismo pero no lo hacen".[23] "Segundo, se encuentran desarrollos creativos de las doctrinas de Santo Tomás".[24] "Tercero, la literatura tomista contiene obras que aplican los principios tomistas a áreas de la cultura totalmente nuevas".[25] "Cuarto, encontramos intentos de desarrollar una filosofía independiente".[26] El auténtico tomismo se describe, en primer lugar, como los propios escritos de Aquino, pero, también, "la obra de quienes con la máxima fidelidad al original y con una cuidadosa erudición histórica, han establecido el significado de los textos tomistas y explicado sus doctrinas".[27]

Ejemplos de desarrollo tomista, según Henle, son los trabajos de Joseph Owens, George Klubertanz y Martin O. Vaske.[28] John F. X. Knasas, en el prefacio de *Thomistic Papers* VI, dice "Para mí un tomista es esto: un filósofo cuyas ideas seminales se derivan de los textos de Aquino tal como ese filósofo los entiende".[29] Victor B. Brezik, en un artículo de la misma colección, dice: "Tomo la palabra 'tomista' para referirme a aquellos que profesan seguir la enseñanza de Santo Tomás de Aquino".[30]

Según Brezik, "Para ser tomista para Gilson y aprender el tomismo, es necesario leer la teología de Santo Tomás y, al hacerlo, empaparse de

---

http://edwardfeser.blogspot.com/2009/10/thomistic-tradition-part-i.html (publicado el 15 de octubre de 2009; consultado el 4 de febrero de 2019), y Ed Feser, "The Thomistic Tradition, part II", http://edwardfeser.blogspot.com/2009/10/thomistic-tradition-part-ii.html (publicado el 18 de octubre de 2009; consultado el 4 de febrero de 2019).

[23] Henle, *Apropos*, 141.

[24] Henle, *Apropos*, 141.

[25] Henle, *Apropos*, 142.

[26] Henle, *Apropos*, 142.

[27] Henle, *Apropos*, 141.

[28] Henle, *Apropos*, 147.

[29] John F. X. Knasas, "Preface", *Thomistic Papers* VI (Houston, TX: The Center for Thomistic Studies, 1994), ix.

[30] Victor B. Brezik, "Maritain and Gilson on the Question of a Living Thomism", *Thomistic Papers* VI (Houston, TX: Center for Thomistic Studies, 1994), 2.

la filosofía que emplea y contiene".[31] Joseph Owens señala que "En el sentido más amplio, cualquier persona del siglo XIX o XX que trabaje por la restauración del pensamiento tomista en el mundo actual puede ser llamada neotomista, por mucho que a algunos les disguste la designación".[32]

Brezik señala que, según Maritain, un rasgo distintivo de los tomistas es que, al igual que el propio Aquino, tratan de "purificar la corriente de pensamiento cristiano que desciende de San Agustín, raspar, por así decirlo, el óxido de las acreencias extrañas, para que pueda fluir con aguas puras".[33]

En otras palabras, dice Brezik, "los tomistas modernos deben ser contemporáneos en su pensamiento a la manera en que Santo Tomás, utilizando principios extraídos de Aristóteles, fue contemporáneo en su época".[34] De hecho, el propio Étienne Gilson señala que:

> Un tomista es un espíritu libre. Esta libertad no consiste ciertamente en no tener ni Dios ni amo, sino en no tener más amo que Dios, que libera de todos los demás. Porque Dios es la única protección del hombre contra las tiranías del hombre.[35]

Los tomistas, pues, tanto para Maritain como para Gilson, se comprometen con el pensamiento contemporáneo de tal manera que son siempre contemporáneos, pero siempre ligados a las verdades históricas

---

31 Brezik, *Maritain y Gilson*, 19.

32 Joseph Owens, "Neo-Thomism and Christian Philosophy", *Thomistic Papers* VI (Houston, TX: The Center for Thomistic Studies, 1994), 36.

33 Brezik, *Maritain and Gilson*, 6.

34 Brezik, *Maritain and Gilson*, 9.

35 Gilson, *Le Philosophe et la Théologie*, 221. La traducción es mía. En francés se lee: "Un thomiste est un esprit libre. Cette liberté ne consiste assurément pas à n'avoir ni Dieu ni maître, mais plutôt à n'avoir d'autre maître que Dieu, qui affranchit de tous les autres. Car Dieu est la seule protection de l'homme contre les tyrannies de l'homme".

de la Iglesia: servidores de Dios y no de los hombres. Esto significa, por supuesto, que debe haber flexibilidad en nuestra clasificación.[36]

En dos libros bastante recientes, cuyo objetivo es ofrecer un esbozo de la historia del pensamiento tomista, Romanus Cessario ofrece algunas pistas sobre lo que, en su opinión, son los factores determinantes por los que un pensador puede ser clasificado como tomista. Cessario va más allá que la mayoría de los demás pensadores al intentar esbozar las posiciones que distinguen claramente a un tomista de cualquier otro pensador. Otros pensadores que han proporcionado listas bastante extensas de lo que consideran distintivos tomistas son Vernon J. Bourke y Robert J. Henle. Enumerando lo que estos pensadores ven como esencial para el pensamiento tomista, en combinación con las observaciones de otros tomistas, llegamos a la siguiente lista de posiciones distintivas tomistas.

El problema de identificar las posiciones fundamentales que debe mantener un pensador para encajar en alguna escuela de pensamiento es que aquellos que normalmente clasificaríamos bajo una posición suelen tener opiniones diferentes sobre otras. Por ejemplo, Aquino podría ser clasificado correctamente como agustiniano; sin embargo, rechaza explícitamente toda la teoría del conocimiento y el aprendizaje de Agustín.

Por lo que hemos visto anteriormente, un pensador puede ser clasificado a grandes rasgos como un pensador tomista cuando su enfoque de la filosofía y la teología está moldeado por categorías ampliamente tomistas.[37] Esto implica específicamente, *en lo que respecta a la filosofía*, que son metafísicos, epistemológicos y realistas

---

[36] Esto es ciertamente lo que Pieper intenta expresar en su articulación de la naturaleza del tomismo (véase más arriba). Cf. Pieper, *Silence of St. Thomas*, 80-4.

[37] Para más detalles sobre las afirmaciones específicas de la filosofía tomista, véase Bernard J. Wuellner, *Summary of Scholastic Principles* (Chicago: Loyola University Press, 1956). Ver, especialmente, las "Twenty-four Thomistic theses" que se encuentran en las páginas 119-124 de este libro. Las veinticuatro tesis tomistas se refieren principalmente a los elementos principales de la metafísica tomista.

morales.[38] Existe una distinción real, en todos los seres creados, entre el ser y la esencia.[39] Así, también sostienen que la existencia es anterior a la esencia, y el acto es anterior a la potencia.[40] Todas las cosas sensibles

---

38 De hecho, no todos los tomistas se adhieren al Realismo Directo Moderado. Algunos tomistas han sido realistas críticos, por lo que observamos que, para ser tomista, hay que adherirse a alguna forma de realismo: las cosas reales de la mente —la realidad externa— son la fuente de nuestras ideas, y no al revés. Las esencias reales existen y pueden ser conocidas, y fundamentan nuestras ideas. Cf. Étienne Gilson, "The Distinctiveness of the Philosophic Order", en Anton C. Pegis, ed., *A Gilson Reader: Selections from the writings of Etienne Gilson* (Nueva York: Image Books, 1957), 59. Vernon J. Bourke está de acuerdo con Gilson; Cf. Vernon J. Bourke, "Thomistic Philosophy is not Pluralistic", *Thomistic Papers* VI (Houston, TX: The Center for Thomistic Studies, 1994), 61. Owens, *Neo-Thomism and Christian Philosophy*, 39-40. Cessario, *Short History*, 22-23. Cessario y Cuddy, *Thomas and the Thomists*, xii. Peter A. Redpath, "The Unity of Thomistic Experience-A Gilsonian Rejoinder to Gerald McCool S.J.", *Thomistic Papers* VI (Houston, TX: The Center for Thomistic Studies, 1994), 82-83. Peter Redpath ve lo siguiente como la razón por la que el Papa León XIII, en *Aeterni Patris*, pidió un retorno al tomismo: "León estaba recomendando... el método clásico del realismo filosófico y la forma adecuada de relacionar dicho realismo filosófico con la fe católica y la teología revelada. Tal y como lo veía León, los escolásticos conservaron la sabiduría de los antiguos griegos al no perder el realismo en el método de derivación de sus primeros principios, y Santo Tomás había perfeccionado el método de utilizar este "realismo filosófico-principal" como una ayuda para la teología" (Redpath, *The Unity of Thomistic Experience*, 82.). Consideremos lo que dice Raymond Dennehy: El tomismo "saca su vida del principio, 'El objeto material del intelecto humano es la esencia del ser sensible'; dicho en otros términos, 'No hay conocimiento en el intelecto que no venga a través de los sentidos'. Cualquier representación del tomismo que colisione con ese principio está seguramente equivocada" (Raymond Dennehy, "Maritain's Realistic Defense of the Importance of the Philosophy of Nature to Metaphysics", *Thomistic Papers* VI (Houston, TX: The Center for Thomistic Studies, 1994), 108.). Cf. Henle, *Apropos* of *From Unity to Pluralism*, 149.

39 William Marshner, "Introduction to the Transaction Editio", en Frederick D. Wilhelmsen, *Being and Knowing: Reflections of a Thomist* (1991; Londres, Reino Unido: Transaction Publishers, 2016), x. Pieper disintió notablemente: "Una célebre discusión entre Martin Grabmann y Franz Pelster en el Congreso Internacional Tomista de Roma de 1925 puso de manifiesto que la más importante de las doctrinas controvertidas, la de la distinción real entre esencia y existencia, no tenía para el propio Santo Tomás más que un valor subordinado, y que sus primeros alumnos consideraban posible y legítimo interpretarla de varias maneras" (Pieper, *Silence of St. Thomas*, 80).

40 Marshner, *Introduction*, x.

se componen de forma/esencia y materia; en los seres humanos, el alma es la forma sustancial del cuerpo.[41]

Las esencias se instancian en los seres realmente existentes, y pueden ser conocidas, hasta cierto punto, por los conocedores humanos. Los seres sensibles particulares instancian las formas en la mente de Dios, que es el autor y sustentador de todo ser creado.

En cuanto a la teología, los tomistas sostienen que hay un creador trascendente que es totalmente distinto de su creación.[42] Algo de Dios puede conocerse solo *a través de* la razón humana basada en nuestras observaciones del universo sensible,[43] pero, lo que es necesario para la salvación solo puede conocerse a través de las escrituras divinamente reveladas.

Los tomistas se adhieren y defienden las pruebas clásicas de la existencia de Dios, los atributos clásicos de Dios, la articulación ortodoxa de la Trinidad y la Divinidad de Jesucristo.[44] De hecho, lo más fácil sería decir que los tomistas son teólogos de credo que se adhieren al credo de los Apóstoles, al Credo de Nicea-Constantinopla y al símbolo de Calcedonia. Como enseñó Aquino, las Sagradas Escrituras son de inspiración divina, y son la última autoridad para la doctrina y la práctica.

Los tomistas enseñan que no puede haber una verdadera contradicción entre lo que se conoce de la naturaleza y lo que se conoce de la revelación divina.[45] Enseñan que la naturaleza es perfectible, y que

---

[41] Romanus Cessario, *A Short History of Thomism* (Washinton, D.C.: CUA Press, 2005), 22.

[42] Cessario, *Short History* 69.

[43] Cessario, *Short History*, 23. Continuando con sus comentarios sobre la reforma neo-tomista de León, Redpath, "En otras palabras, es precisamente porque los antiguos filósofos eran realistas, precisamente porque, es decir, habían derivado sus primeros principios filosóficos de su conocimiento de las naturalezas de las cosas físicas que, para el Papa León, estos filósofos fueron capaces de probar muchas 'cosas invisibles' sobre Dios por su sola razón natural." (Redpath, "Unity of Thomistic Experience", 83).

[44] Cabe destacar también la importancia de la predicación analógica sobre la naturaleza divina. Cf. Cessario, *Short History*, 23.

[45] Cessario, *Short History*, 70.

la gracia la perfecciona.[46] "La persona humana actúa a la vez como verdadera causa secundaria y como agente libre".[47] Dios es absolutamente soberano, providente,[48] y bondad última.[49] No todos los tomistas enfatizan cada uno de estos puntos, pero donde no los defienden explícitamente, no suelen negarlos explícita o implícitamente.

En lo que sigue tomaremos algunas de estas doctrinas y las utilizaremos como un filtro a través del cual pasaremos a varios de los primeros teólogos protestantes. De este modo, podremos determinar mejor cómo miraban a Aquino.

Tomás de Aquino y los reformadores protestantes

En los últimos cincuenta años, los investigadores han empezado a prestar mucha atención a los primeros escritos de los reformadores protestantes de los años 1500-1700. Lo que han descubierto es que los primeros reformadores eran mucho menos "recelosos" de Aquino y Aristóteles de lo que algunos han sugerido. Por ejemplo, aunque John Patrick Donnelly piensa que Pedro Mártir Vermigli no puede ser llamado tomista, porque "Mártir Vermigli discrepa de Santo Tomás casi tan a menudo como adopta explícitamente sus enseñanzas... hay un fuerte sustrato escolástico en su teología que depende de Santo Tomás más que de cualquier otro teólogo medieval".[50]

Manfred Svensson y David VanDrunen también señalan que:

> Hubo un tiempo, sin embargo, en que los teólogos y filósofos protestantes leyeron ampliamente la obra de Aquino. Describir a estos autores como 'tomistas' sería engañoso, pero prestaron una cuidadosa

---

46 Cessario, *Short History*, 69-70.

47 Cessario, *Short History*, 70.

48 Cessario, *Short History*, 71. Cessario y Cuddy, *Thomas and Thomists, 99.*

49 Cessario, *Short History*, 71.

50 John Patrick Donnelly, "Calvinist Thomism", *Viator*, 7 (1 de enero de 1976): 443.

atención a sus escritos y a menudo se pusieron de su lado en cuestiones importantes.[51]

Svensson y VanDrunen continúan señalando que "Hoy, sin embargo, la mayoría de los estudiosos ven la comprensión tomista de las cosas como la posición predominante entre los primeros protestantes en importantes áreas de la filosofía y la teología".[52]

Stephen Hampton, en su *Anti-Arminianos: La tradición reformada anglicana desde Carlos II a Jorge I* (Anti-Arminians: The Anglican Reformed Tradition from Charles II to George I), señala que en su articulación de la doctrina de Dios, los teólogos anglicanos del siglo XVIII eran predominantemente tomistas.[53] Hampton señala que llama a estos teólogos "tomistas" no tanto porque repitieran como loros a Aquino, sino porque "están trabajando de manera identificable dentro de la tradición de pensamiento que miraba a Aquino como una influencia importante, y que buscaba presentar su enseñanza como un desarrollo orgánico de la suya".[54]

Entre los primeros pensadores protestantes que se basan claramente en elementos clave del pensamiento de Aquino, algunos de los cuales han sido identificados ocasionalmente como tomistas protestantes, se encuentran Franciscus Junius, Johann Dorsch, Jerome Zanchi, Peter

---

51 Manfred Svensson y David VanDrunen, "Introduction: The Reception, Critique, and Use of Aquinas in Protestant Thought", en Manfred Svensson y David Van Drunen, eds., *Aquinas Among the Protestants* (Oxford: Wiley-Blackwell, 2018), 1.

52 Svensson y VanDrunen, *Introduction*, 11-12.

53 Steve Hampton, *Anti-Arminians: The Anglican Reformed Tradition from Charles II to George I* (Oxford: OUP, 2008), 221.

54 Hampton, *Anti-Arminians*, 221.

Martyr Vermigli,[55] Michael Wolf, Kaspar Ebel, Martin Bucer,[56] y John Owen.[57] Sobre estos pensadores ya se ha hecho un gran trabajo, por lo que prestaremos nuestra atención principalmente a otros.

Estudiaremos a varios teólogos de diferentes tradiciones protestantes. Consideraremos a dos de los primeros teólogos reformados ingleses, Thomas Cranmer (1489-1556) y John Jewel (1522-1571), que fueron influyentes en la Reforma inglesa; También consideraremos a los teólogos reformados continentales Theodore Beza (1519-1605), Heinrich Bullinger (1504-1575), Jerome Zanchi (1516-1590) y Peter Martyr Vermigli, quien ciertamente vivió gran parte de su productiva vida teológica en Inglaterra (1499-1562); del campo luterano, consideraremos principalmente a Johannes Brenz (1499-1570).

---

55 A pesar del comentario de Donnelly, probablemente sea mejor clasificar a Vermigli como un tomista reformado. No solo utilizó las obras de Aquino con bastante frecuencia, y se basó principalmente en la filosofía aristotélica, sino que también se puede demostrar que está de acuerdo con Aquino en casi todos los distintivos tomistas enumerados anteriormente. Por ejemplo, Vermigli se adhiere claramente a los puntos de vista clásicos de la Razón Natural, la Teología y la Ley; sostiene una antropología tomista-aristotélica (cf. Paul Helm, *Human Nature from Calvin to Edwards* (Grand Rapids, MI: Reformation Heritage Books, 2018), 41-53. Joseph McClelland, "Translator's Introduction", en Peter Martyr Vermigli, *Philosophical Works: On the Relation of Philosophy to Theology*, trad. y ed. Joseph C. McClelland (1996; repr., Moscow, ID: Davenant Press, 2018), xxiii-xxv.); sostiene una epistemología tomista (cf. McClelland, "Translator's Introduction", xxiv-xxv.); es un realista moderado (McClelland, "Translator's Introduction", xxvi.); se adhiere a la distinción de Gracia y Naturaleza de Aquino (McClelland, "Translator's Introduction", xxii. Aquí, McClelland señala que "para Vermigli como para Aquino, la gracia no destruye la naturaleza sino que la corona"); acepta las enseñanzas de Aquino sobre la relación entre la fe y la razón en filosofía y teología (McClelland, "Translator's Introduction", xxix, xxxviii-xxxix.). Su enfoque de la predestinación, la naturaleza divina y nuestro conocimiento de la naturaleza divina, y el papel de las Escrituras y el uso de los primeros padres de la iglesia, todo está en línea con los puntos de vista de Aquino. Parece, pues, que lo mejor es aceptar que Vermigli era efectivamente un tomista reformado.

56 Joseph McClelland señala, a propósito de Martín Bucer, que "Bucer era dominico y, por tanto, tomista." (McClelland, "Translator's Introduction", xxx).

57 Cf. Christopher Cleveland, *Thomism in John Owen* (2013; reimpr., Nueva York: Routledge, 2016). Long, *PSTG*, 126, 151-57.

Obsérvese que la mayoría de los teólogos protestantes que consideraremos son reformistas de primera generación, o los colegas y sucesores de los reformadores de primera generación.[58]

Referencia explícita a Aquino

La mayoría de los primeros pensadores protestantes no nombran a Aquino como fuente directa, aunque sí encontramos alguna referencia ocasional. Esto significa que es difícil, aunque no del todo imposible, demostrar la dependencia directa de un autor protestante temprano con

[58] Este es un punto importante, ya que algunos teólogos contemporáneos han sugerido que Calvino y Lutero se alejaron correctamente de Aquino y Aristóteles, en sus actividades reformadoras, pero que su influencia se perdió lamentablemente por el retorno equivocado a Aquino, Aristóteles y los modos de pensamiento escolástico que se encuentran en los escritos de Beza, Vermigli y Zanchi. McClelland señala que esta narración ha sido justamente discutida por Muller y Holtrop. "Muller señala además que la exaltación de Calvino como 'principal codificador' de la doctrina reformada ignora el trabajo colegiado de Bullinger, Musculus, Vermigli y otros." (McClelland, "Translator's Introduction", xxviii). De hecho, el estudio de la teología histórica ha demostrado que, lejos de ser el resultado exclusivo de la obra de Lutero y Calvino, procede del trabajo de una panoplia de diferentes eruditos que vivieron en la misma época, influyendo y criticando mutuamente sus pensamientos. Por eso parece tan difícil ofrecer una lista autorizada de quiénes fueron reformadores de primera generación y quiénes de segunda. Si sugerimos que la Reforma comenzó oficialmente el 31 de octubre de 1517, y si una generación es de 25 a 30 años, entonces la primera generación de pensadores de la Reforma incluye no solo a Martín Lutero, Huldrych Zwingli, Martín Bucer, Thomas Cranmer, Guillermo Farel, Peter Martyr Vermigli y William Tyndale, sino también a Juan Calvino, Girolamo Zanchi, Theodore Beza, Heinrich Bullinger, John Knox, Philip Melanchthon, Johannes Brenz y tal vez John Jewel. Todos estos teólogos se visitaban, aprendían unos de otros, se influían mutuamente, se criticaban y creaban una verdadera ola de tratados teológicos. La Reforma no fue la idea de una o dos personas, sino un despertar en toda Europa. Richard Muller propone otra forma de considerar los distintos periodos de desarrollo del pensamiento reformado: Ortodoxia temprana (1565-1640), Alta Ortodoxia (1640-1725), y Ortodoxia tardía (después de 1725) (cf. Richard Muller, *Post-Reformation Reformed Dogmatics*, vol. 1, *Prolegomena to Theology*, 2nd ed., Londres, 2001). (Grand Rapids, MI; Baker Academic, 2003), 31-32). Según esta división de los períodos de desarrollo teológico reformado, todos los teólogos que vamos a considerar pertenecen al período de la primera ortodoxia reformada.

respecto a Aquino. Tomemos como ejemplo a Juan Calvino, que tal vez nunca leyó a Aquino y nunca menciona explícitamente a Aquino en sus obras.

Una cuidadosa investigación ha demostrado que, dejando a un lado las objeciones, muchas de las claras distinciones y doctrinas teológicas articuladas por Calvino fueron también propuestas por Aquino unos 300 años antes.[59] Vos compara a Calvino y a Aquino en relación con sus puntos de vista sobre la fe y el conocimiento, sobre los tipos de fe, sobre los preámbulos de la fe y sobre la distinción entre naturaleza y gracia. Argumenta con fuerza que, en cada uno de estos temas, las diferencias son solo aparentes (a nivel de método y vocabulario), pero que hay muchos acuerdos profundos entre los dos pensadores.

Este tipo de análisis, por supuesto, no demuestra la dependencia, aunque al menos debería servir para disipar la visión negativa que algunos teólogos protestantes contemporáneos parecen tener de Aquino. Algunos de los primeros teólogos reformados se refirieron de vez en cuando directamente a Aquino, y aunque a veces fue de forma negativa (normalmente en el contexto de sus discusiones sobre la transubstanciación), también fue con bastante frecuencia positiva.

La obra *Una refutación de las verdades no escritas* (A Confutation of Unwritten Verities) de Thomas Cranmer cita directamente a Tomás de Aquino en apoyo de la afirmación de que los escritos de los Padres, sin las Escrituras, no son suficientes para determinar la doctrina.[60] John Jewell (1522-1571), obispo de Salisbury, cita a Tomás de Aquino en apoyo de la interpretación protestante de Santiago sobre la fe y las obras, diciendo:

> Si el Sr. Harding piensa que la autoridad de Agustín en esto no es suficiente, Tomás de Aquino lo avala. Sus palabras son estas:

---

59 Cf. Paul Helm, *John Calvin's Ideas* (Oxford: Oxford University Press, 2004), 11. Vos, *Aquinas, Calvin, & Contemporary Protestant Thought.*

60 *Thomas Cranmer*, "A Confutation of Unwritten Verities", en *The Remains of Thomas Cranmer*, ed. Henry Jenkyns (Oxford: University of Oxford Press, 1833), 4: 191.

> 'Santiago, en este lugar, habla de las obras que siguen a la fe, de las que se dice que justifican; no porque la justificación sea la obtención de la justicia, sino porque es un ejercicio, una demostración o un perfeccionamiento de la justicia. Porque decimos que una cosa está hecha, cuando se perfecciona o se sabe que está hecha'.[61]

Jewel también muestra conocimiento de los debates contemporáneos entre las diferentes escuelas de teología cuando, en su *Apología*, señala que los escotistas y los tomistas están en desacuerdo en muchos puntos.[62]

Heinrich Bullinger (1504-1575) también se refiere directamente a Tomás de Aquino. En el noveno sermón de la primera década, Bullinger apela a la autoridad de Aquino para explicar cómo interpretar correctamente la afirmación, en el Credo de los Apóstoles, "Creo en la Santa Iglesia".[63] En su obra sobre los sacramentos, al argumentar que el único autor de los sacramentos es Dios, apela a Aquino como su autoridad.[64] Se refiere explícitamente de forma negativa a Aquino en relación con la doctrina de la transubstanciación,[65] sin embargo, en otros temas relacionados con la Eucaristía, como el hecho de que Judas participó en la Cena del Señor, cita a Aquino como una autoridad que está de acuerdo con esta enseñanza.[66] También se refiere negativamente a Aquino como uno de los doctores medievales que dependían de las sentencias de Lombardo y las recomendaban, y "se esforzaba por mezclar la filosofía con la divinidad, y por unirlas en un solo cuerpo".[67]

---

61 John Jewel, "Extracts from Bishop Jewell's Defence of the Apology, in Answer to Harding the Jesuit", en *Writings of John Jewell* (Philadelphia: Presbyterian Board of Publication, 1843), 397.

62 John Jewel, *The Apology for the Church of England* (Nueva York: Henry M. Onderdonk, & Co., 1846), 80-81.

63 Heinrich Bullinger, *The Decades of Henry Bullinger: the first and second decades*, trad. H. I., ed. Thomas Harding (Cambridge: The University Press, 1849), 160-161.

64 Bullinger, *Decades*, 239.

65 Bullinger, *Decades*, 443.

66 Bullinger, *Decades*, 464.

67 Bullinger, *Decades*, 485.

Jerónimo Zanchi (1516-1590) se refiere directamente a Tomás de Aquino como alguien que está de acuerdo con la afirmación de Zanchi de que:

> Como consecuencia de la inmutable voluntad de Dios y de su infalible presciencia, todo lo que sucede, sucede necesariamente; aunque, con respecto a las causas segundas, y a nosotros los hombres, muchas cosas son contingentes: es decir, inesperadas, y aparentemente accidentales.[68]

Dice, después de haber observado que esto es esencialmente lo que Lutero y Melanchthon también enseñan, "Podría citar, con el mismo propósito a *Austin* [Agustín], *Aquino*, y muchos otros hombres eruditos; pero, en aras de la brevedad, me abstengo. Que ésta es la doctrina de la Escritura, todo adepto a esos libros sagrados no puede sino reconocerlo".[69] En cuanto al uso que Zanchi hace de Aquino, Stefan Lindholm señala que:

> Zanchi tenía a Aquino en mayor consideración que a otros escolásticos, llamándolo a veces el más puro entre ellos (*OT*, IV, 112). Tenía un amplio conocimiento de Aquino y con frecuencia hacía referencia explícita a las obras de éste, citando una gran parte de su corpus.[70]

D. Stephen Long señala que solo en su *De Natura Dei*, Zanchi cita a Aquino unas cuarenta y una veces.[71]

---

[68] Jerome Zanchi, *The Doctrine of Absolute Predestination Stated and Asserted*, ed. Augustus Toplady (Nueva York: Paul & Thomas Printers, 1811), 83. Augustus Toplady (Nueva York: Paul & Thomas Printers, 1811), 83.

[69] Zanchi, *Doctrine of Absolute Predestination*, 84.

[70] Stefan Lindholm, "Jerome Zanchi's Use of Thomas Aquinas" en Manfred Svensson y David VanDrunen, *Aquinas among the Protestants* (Oxford: Wiley-Blackwell, 2018), 76.

[71] Long, *Perfectly Simple Triune God*, 150. Long continúa señalando que "una de esas citas establece la relación entre la perfección divina, la simplicidad y las relaciones divinas que muestra que Zanchi es un fiel intérprete de Tomás" (150).

Así, aunque hay pocas referencias explícitas a Aquino en los primeros pensadores protestantes, y por lo tanto se podría creer que los primeros reformadores no dependían de Aquino o incluso no estaban de acuerdo con él, tal conclusión sería un error. Muchos de los escritos de los primeros reformadores no eran el tipo de textos en los que se citan sus fuentes, como los catecismos y las confesiones. Además, es evidente, por lo que se acaba de demostrar, que hay muchas referencias positivas a Aquino.

Como mínimo, hay que enterrar de una vez por todas la idea de que Tomás de Aquino era el archienemigo de la reforma protestante. Como veremos, los pensadores protestantes siguieron afirmando y defendiendo muchas de las posiciones filosóficas y teológicas básicas de Aquino.

Posiciones filosóficas

Categorías metafísicas

Incluso una lectura superficial de la mayoría de los teólogos protestantes de principios a mediados del siglo XX revela dos cosas: en primer lugar, la mayoría de ellos no entraba en grandes detalles en cuanto a los principios o categorías metafísicas que utilizaban y, en segundo lugar, la mayoría de ellos parece haber dado por sentada una forma simple de realismo, no, en contra de un mito popular relativo a las posiciones metafísicas de los reformadores, el nominalismo.

El realismo se refiere a aquel enfoque de la realidad que afirma: (1) existen naturalezas reales; (2) todo lo que de alguna manera es, es lo que es —una naturaleza particular existente; (3) los seres humanos son capaces de llegar a algún conocimiento de estas naturalezas mediante la observación sensorial de las cosas que se nos presentan de diferentes maneras. El nominalismo niega cada una de estas afirmaciones, afirmando que no hay naturalezas reales, sino solo la clasificación humana de las cosas en conjuntos, que se definen vagamente mediante "propiedades" caracterizadoras.

En otras palabras, para el nominalismo, el "nombre" que le damos a X no escoge la esencia o la naturaleza de X; es solo una palabra que utilizamos para ordenar nuestro mundo. Hay diferentes escuelas de realismo y nominalismo, y la adhesión a una de estas escuelas se hace evidente muy rápidamente cuando se empieza a discutir sobre filosofía o teología.

Tomás de Aquino era un realista neoaristotélico. Cuando leemos los escritos de los teólogos protestantes de los años 1500-1700, descubrimos que la mayoría de ellos también se adhieren claramente a alguna forma de realismo —en muchos casos, una forma de realismo neoaristotélico—. Aunque esto no los convierte en "tomistas", es importante señalar que, en relación con su perspectiva filosófica fundamental, no había ninguna diferencia entre muchos teólogos protestantes y Tomás de Aquino.

Thomas Cranmer (1489-1556), en sus numerosas disputas sobre la naturaleza de la Eucaristía, se refiere constantemente a sustancias, accidentes y naturalezas. Sostiene, por ejemplo, que los accidentes solo existen en las sustancias. Después de señalar que, aunque la razón natural no puede suplantar las afirmaciones de la palabra de Dios, cuando se une a la palabra de Dios es útil para confirmar la verdad. A continuación presenta un argumento contra la doctrina de la transubstanciación en el que asume las categorías del realismo aristotélico.

En primer lugar, acepta que la naturaleza aborrece el vacío; luego señala que si se elimina la sustancia (el pan o el vino) en la que se integran los accidentes, entonces hay un vacío (la falta de una sustancia). Esto contradice la suposición. Así, la noción de transubstanciación es contraria a la naturaleza y a la razón natural.[72] A lo largo de este extenso tratado, vemos que Cranmer utiliza los términos "naturaleza",

---

72 Thomas Cranmer, "A Defence of the True and Catholic Doctrine of the Sacrament of the Body and Blood of our Saviour Christ", en *The Remains of Thomas Cranmer*, ed. Henry Jenkyns (Oxford: University of Oxford Press, 1833), 2: 317. Cf. Cranmer, *DTCD, 2*:381-319.

"sustancia", "accidente" e incluso "alteración" de maneras que están claramente en línea con el uso tomista-aristotélico de estos términos.

Señala que, aunque Dios realizó milagros en los que ciertas cosas naturales actuaron en contra de su naturaleza, como en el caso del cruce del Jordán, no hubo ninguna alteración de sus naturalezas. Continúa argumentando que:

> Por lo tanto, como en estas alteraciones de las naturalezas las sustancias permanecieron, sin embargo, las mismas que eran antes de las alteraciones, así también la sustancia del pan y del vino permanecen en la Cena del Señor, y son recibidas y digeridas naturalmente en el cuerpo, a pesar de la mutación sacramental de los mismos en el cuerpo y la sangre de Cristo.[73]

Es interesante que, incluso cuando no está de acuerdo con Aquino en una determinada doctrina, su desacuerdo se explica de una manera que está claramente en línea con la filosofía tomista-aristotélica.

También vemos que Cranmer utiliza el término "naturaleza" para referirse a "lo que es una cosa" en numerosas ocasiones, no solo en las discusiones sobre los sacramentos, sino también en las discusiones sobre el Evangelio. Con frecuencia señala cómo Jesús se revistió de la naturaleza humana para sufrir en nuestro lugar, para nuestra justificación. Afirma, por ejemplo, que Dios Padre:

> Ha dado a su propio hijo natural, siendo Dios eterno, inmortal, e igual a sí mismo en poder y gloria, para encarnarse y tomar nuestra naturaleza mortal sobre él, con las debilidades de la misma, y en la misma naturaleza sufrir la muerte más vergonzosa y dolorosa por nuestras ofensas, con la intención de justificarnos y restaurarnos a la vida eterna.[74]

---

[73] Cranmer, "Defence of the True and Catholic Doctrine", 2:350.

[74] Thomas Cranmer, "Homily of Salvation", en *The Remains of Thomas Cranmer*, ed. Henry Jenkyns (Oxford: University of Oxford Press, 1833), 2: 149.

Señala que Jesús es a la vez Dios y hombre, "pero reservamos a ambas naturalezas sus propias propiedades".[75] En cuanto al estado de la naturaleza humana de Cristo después de la ascensión, "en la verdad de su naturaleza humana, Cristo está en el cielo, y está sentado a la derecha de Dios Padre".[76] Un poco más adelante desarrolla este punto, y refuerza su argumento con una breve discusión sobre la naturaleza de un cuerpo:

> De estas palabras de San Agustín se desprende con toda claridad que la profesión de la fe católica es que Cristo, en lo que se refiere a su sustancia corporal y a su naturaleza de hombre, está en el cielo y no está presente aquí con nosotros en la tierra. Porque la naturaleza y propiedad de un cuerpo mismo es estar en un lugar, y ocupar un lugar, y no estar en todas partes o en muchos lugares a la vez.[77]

Parece, pues, que aunque Cranmer no escribe ningún tratado explícitamente metafísico en el que encontremos explicados sus puntos de vista, trabaja claramente dentro de una metafísica ampliamente tomista-aristotélica. Da por sentado que hay naturalezas reales, que los accidentes solo existen en las sustancias, que el cambio accidental no afecta a la naturaleza de la sustancia, pero que el cambio sustancial implica la destrucción de los accidentes, etc. En todos estos aspectos es claramente tomista. John Jewel, al igual que Cranmer, también utiliza los términos tradicionales de "naturaleza" y "sustancia", no solo para

---

[75] Cranmer, "Defence of the True and Catholic Doctrine", 2:361.

[76] Cranmer, "Defence of the True and Catholic Doctrine of the Sacrament" 2 :295. Cf. Ibíd. 2:311.

[77] Cranmer, "Defence of the True and Catholic Doctrine of the Sacrament" 2: 363. Un poco más tarde refuerza su punto de vista como sigue: "Porque aunque su Divinidad es tal que es infinita, sin medida, compás ni lugar; de modo que, en lo que respecta a esa naturaleza, no está circunscrito a ningún lugar, sino que está en todas partes y llena todo el mundo; sin embargo, en lo que respecta a su naturaleza humana, tiene medida, compás y lugar; de modo que cuando estaba aquí en la tierra, no estaba al mismo tiempo en el cielo; y ahora que ha ascendido al cielo, en lo que respecta a esa naturaleza, ha abandonado la tierra y está solo en el cielo." (2: 365).

explicar la doctrina de Dios y la Trinidad divina,[78] y la naturaleza de la Eucaristía,[79] sino también para discutir la naturaleza humana, y cómo Cristo asumió la naturaleza humana.[80]

Theodore Beza (1519-1605) utilizó las mismas categorías básicas en la explicación de su catecismo sobre la doctrina de la Trinidad, explicando que las escrituras enseñan "Que hay una esencia divina, y tres personas, el Padre, el Hijo y el Espíritu Santo".[81] Continúa preguntando qué se entiende por el término esencia, y responde que es "La naturaleza que es común a las tres personas".[82] Continúa utilizando adecuadamente estos términos a lo largo de su explicación de la Trinidad, y su posterior explicación de la Unión Hipostática.[83] En su explicación de esta unión define una propiedad esencial como "aquello que, si se elimina, la cosa de la que es propiedad necesariamente dejaría de ser lo que era".[84]

Al hablar de la corrupción de la naturaleza humana, explica que no son solo los accidentes los que se corrompen, sino la esencia misma del hombre, en la que estos accidentes se encuentran.[85] Heinrich Bullinger utiliza precisamente la misma terminología, no solo al discutir la doctrina de la Trinidad, sino también en su definición de la fe[86] e incluso

---

78 Jewell, *Apology*, 31.

79 Jewell, *Apology*, 55, 149. Cf. John Jewell, *Sermons: Romans 6:19*, en *Writings of John Jewell* (Philadelphia: Presbyterian Board of Publication, 1843), 479-80.

80 Jewell, *Apology*, 31. Cf. John Jewell, *An Epistle from Jewell to Scipio, Concerning the Council of Trent*, en *Writings of John Jewell* (Philadelphia: Presbyterian Board of Publication, 1843), 433. John Jewell, *Sermons: Romans 6:19*, 472.

81 Theodore Beza, *Questions et réponses Chrestiennes* (Eustace Vignon, 1584), 1 : 3. Mi traducción. En francés se lee: "Qu'il y a une essence de Dieu, & trois personnes, le Père, le Fils, & le S. Esprit".

82 Beza, *Questions*, 1:3. Mi traducción. En francés se lee: "La nature commune à ces trois personnes".

83 Beza, *Questions*, 1:7-8.

84 Beza, *Questions*, 1:15. Traducción mía. En francés se lee: "Cela, qui étant de fait, il faut necessairement que la chose ne soit plus ce qu'elle était." Cf. Ibídem, 1:17.

85 Beza, *Questions*, 1:41.

86 Bullinger, *Decades*, 82.

al explicar diversas cosas naturales del mundo, como la naturaleza del cuerpo resucitado de Cristo.[87]

En un tratado sobre la ley natural y humana, Bullinger define la "naturaleza" de la siguiente manera: "Además, lo que llamamos naturaleza es la disposición o inclinación propia de cada cosa".[88] Es evidente que Bullinger siente un gran respeto tanto por Aquino como por Aristóteles, y adopta sus posiciones metafísicas básicas en relación con la realidad, la naturaleza humana y el conocimiento.

Por si hubiera alguna confusión sobre el significado de estos términos, la *Fórmula de la Concordia*, publicada originalmente en 1576, explica lo que los teólogos luteranos que la escribieron querían decir cuando utilizaban el término "naturaleza": "Porque a veces naturaleza significa la sustancia misma del hombre, como cuando decimos: Dios creó la naturaleza humana".[89]

Ley natural, la teología natural y la razón natural

Cuando uno recurre a los primeros enfoques protestantes sobre cuestiones relacionadas con el conocimiento natural, ya sea en relación con la ley natural, la teología natural o las capacidades reales de la razón natural, encontramos que una gran mayoría de ellos enseña claramente que la razón natural humana es útil para, entre otras cosas, conocer algo de Dios (teología natural) y la moral (ley natural).

Johannes Brenz (1499-1570) fue un destacado reformador luterano y administrador eclesiástico del movimiento de la Reforma alemana. Se convirtió en teólogo de la Reforma luterana después de haber escuchado las tesis de Lutero en la disputa de Heidelberg. Fue uno de los principales teólogos que trabajaron en la reforma de las iglesias en la ciudad de Schwabisch-Hall, y escribió numerosos tratados defendiendo las

---

87 Bullinger, *Decades*, 174.

88 Bullinger, *Decades*, 194.

89 *The Formula of Concord*, en Philip Schaff, ed., *The Evangelical Protestant Creeds*, vol. 3 de *The Creeds of Christendom*, ed. David Schaff (1931; reimpr. David S. Schaff (1931; reimpr., Grand Rapid, MI: Baker Books, 2007), 104.

doctrinas luteranas relacionadas con la Eucaristía y la política de la iglesia.

También escribió uno de los primeros catecismos luteranos. Enseña claramente que, aunque la razón humana está debilitada y oscurecida a causa de la caída, el hombre sigue siendo capaz de conocer algo de Dios y de la verdadera moral. Dice, por ejemplo, al explicar por qué es necesario catequizar a nuestros hijos:

> Porque, aunque la razón natural tiene algún conocimiento de Dios y de la fe, a pesar de ello, está oscurecida a causa del pecado, y no tiene conocimiento del Evangelio del Hijo de Dios nuestro Señor Jesucristo, por el cual obtenemos por la fe la verdadera justicia y salvación. Viendo, pues, que las tinieblas del intelecto humano son tan grandes, es necesario que los Padres cuiden de enseñar a sus hijos el Catecismo desde su juventud.[90]

Explica, utilizando la noción tradicional de los dos libros que revelan a Dios, que Dios es conocido tanto a través del libro de la naturaleza como de la Escritura revelada.[91] El libro de la naturaleza, dice Brenz, está compuesto por "el cielo, la tierra, el mar y todo lo que contiene".[92] Brenz continúa explicando que:

> De estas cosas sabemos naturalmente que hay un Dios. Porque cuando vemos la grandeza, la belleza, el orden y la organización de las cosas de este mundo, el admirable giro y cambio de los monumentos [tal vez movimientos] de los cielos y del tiempo, nos

---

90 Johannes Brenz, *Le Catechism* (Tubingue, 1563), 12. Mi traducción. En francés se lee: "Car combien que la raison naturelle aye quelque cognoiffance de Dieu, & de la foy : neantmoin elle est a cause du pèche obscurcie, & n'a aucune cognoisance de l'Evangile du Fils de Dieu notre Seigneur Iesu Christ, par lequel nous obtenons par foy la Vraye justice & salut. Veu donc que les ténèbres de l'entendement humain sont si grandes, il est nécessaire que les parens ayent soing de faire enseigner leurs enfans au Catéchisme des leur enfance".

91 Brenz, *Catechism*, 57.

92 Brenz, *Catechism*, 57.

> parece evidente que hay un espíritu e intelecto divino que gobierna todas estas cosas.[93]

Apoya esta afirmación apelando, como hicieron la mayoría de los teólogos y filósofos cristianos a lo largo de la historia, a Romanos 1:19 y 20, Hechos 14 y Job 12.[94] También piensa que hay muchas otras evidencias claras en la naturaleza de la existencia de Dios.[95] Más adelante, en el mismo documento, explica que:

> La razón humana conoce naturalmente algunas cosas de Dios, hasta el punto de que los gentiles llamaban a Dios τὸν ἀγαθὸν, que significa Bien... Y hablaban así de Dios, porque es el autor de todo bien. Pero, como la razón humana, debido a las grandes tentaciones, se deja sacudir por Satanás de este conocimiento de Dios, es, pues, necesario que nos armemos con los testimonios del Espíritu Santo.[96]

Enseña, en otro lugar, que es debido a la corrupción del pecado, a los ataques de Satanás y al problema del mal que los hombres niegan que Dios exista,[97] y que es debido a la debilidad del intelecto humano que es necesario recurrir a las Sagradas Escrituras.[98]

Respecto a la Ley Natural, Brenz dice:

---

[93] Brenz, *Catechism,* 57. Mi traducción. En francés se lee: "De ces choses on cognait naturellement, qu'il y a un Dieu. Parce que quand nous voyons la grandeur, la beauté, l'ordre certain, & l'attrempement des choses de ce monde, le tour & changement admirable des monuments [ou, peut-être, mouvements] du ciel, & du temps, il nous signifie apparement, qu'il y a un esprit & entendement divin, qui gouverne toutes ces choses".

[94] Brenz, *Catechism,* 57.

[95] Brenz, *Catechism*, 57.

[96] Brenz, *Le Catechism*, 62. Mi traducción. En francés leemos: "& la raison humaine cognoit naturellement telle chose de Dieu, d'autant que pour cette cause les Gentilz ont appelé Dieu τὸν ἀγαθὸν, qui signifie Bon...Or ont-il ainsi appelé Dieu, pource qu'il est autheur de tout bien. Mais pource que la raison humaine à cause des grandes tentations se laisse par satan esbranler de cette cognoissance de Dieu, pourtant est-il nécessaire, que nous soyons munis des tésmoignages du S. Esprit".

[97] Brenz, *Le Catechism*, 57-58.

[98] Brenz, *Le Catechism*, 64.

> El conocimiento de esas cosas, que se ordenan en el decálogo, está divinamente impreso en la razón humana, desde el principio de su creación. Y, por supuesto, el decálogo no fue escrito desde el principio del mundo, sino que fue impreso en la razón humana, tanto que después aquellas cosas que fueron puestas por escrito, fueron escritas para mantenerlas ante nuestras mentes. San Pablo, escribiendo a los romanos, dice: "Lo que se puede conocer de Dios se les ha manifestado. En efecto, Dios se lo ha manifestado".
> Pero, si las cosas que se pueden conocer de Dios fueron reveladas a la razón humana, más aun las que puede conocer, relativas a lo que el hombre debe hacer con su prójimo. Por eso lo que está escrito en San Mateo 7, 'todo cuanto quieran que los hombres les hagan, así también hagan ustedes con ellos', se llama propiamente ley natural, porque es conocida por la naturaleza... por la razón humana.[99]

Se podría sugerir que Brenz estaba rompiendo con la tradición luterana, pero, como han demostrado R. C. Sproul, John Gerstner y Arthur Lindsley:

> Tras los *Loci Communes* de Melanchthon, las obras sistemáticas luteranas ortodoxas comenzaron con la teología natural. E. D. Hirsch ilustra el punto de vista luterano citando a J. Musaeus, quien,

---

[99] Brenz, *Catechism*, 261-262. Mi traducción. En francés se lee: "la cognaissance des choses, lesquelles sont commandées au décalogue est imprimée divinement en la raison humaine, des le commencement de la création d'icelle. Et certes le decalogue n'a point esté écrit des le commencement du monde, mais il a esté éscrit en la raison humaine, tellement, que puis après les choses qui par après ont este mises en écrit, ont esté parcy devant retenues par cognaissance. S. Paul escrivant aux "Rom dit. Ce qu'en peut coignoistre de Dieu est manifeste en eulx: certes "Dieu leur a manifesté. Or si les choses qui se peuvent coignoistre de Dieu ont esté manifestées à la raison humaine, par plus forte raison les choses lui ont esté cogneues, que l'homme doibt faire envers son prochain. A cause de quoy ce qui qui est escrit en S. "Math. 7. Tout ce que vous Voulez, que les hommes vous facent, faites leur aussi: est proprement appelé la loy naturelle, pource qu'il est cogneu de la nature, ...de la raison humaine. Car des le commencement du monde il a esté cogneu & prefché, qu'il fault seulement adorer un vrai Dieu createur du ciel, & de la terre."

> en *Introductio in Theologiam* (1679), escribe típicamente: 'Dios, a través de la guía de la luz de la naturaleza, es conocido por dos caminos diferentes; primero, a través del conocimiento innato, y luego a través del adquirido'.[100]

Algunos podrían seguir discutiendo que esto es una corrupción del propio enfoque de Martín Lutero sobre la razón natural, la teología y el derecho. Sin embargo, aunque a menudo se presenta a Lutero como más escéptico con respecto a la razón natural que otros reformadores, incluso aquellos que fueron sus colegas inmediatos, todavía tenía espacio, en su teología, para la teología natural,[101] ley natural,[102] y la razón natural.[103]

Thomas Cranmer apela constantemente a la razón natural y a la filosofía en apoyo de sus refutaciones de las enseñanzas católicas sobre la Eucaristía. Por ejemplo:

---

100 R. C. Sproul, John Gerstner y Arthur Lindsley, *Classical Apologetics: A Rational Defense of the Christian Faith and a Critique of Presuppositional Apologetics* (Grand Rapids, MI: Zondervan, 1984), 208.

101 Con respecto a la teología natural dice: "Porque toda la idolatría en el mundo surge de esto, que la gente por naturaleza ha tenido el conocimiento común, de que hay un Dios, sin el cual la idolatría permanecería sin practicarse. Con este conocimiento injertado en la humanidad, han imaginado, sin la Palabra de Dios, toda clase de opiniones impías sobre Dios, y las han tenido y estimado como verdades divinas, imaginando un Dios distinto de lo que, por naturaleza, es" (Martín Lutero, *The Table Talks of Martin Luther*, trad. y ed. William Hazlitt (Londres: H. G. Bohn, 1857), 72.).

102 Con respecto a la ley natural, señala, en su explicación de los diez mandamientos, que "La propia ley de la naturaleza nos convence de la justicia y equidad inherentes a cada uno de estos mandamientos" (Martín Lutero, "The Law, Faith, and Prayer", en *Luther's Two Catechisms Esplained by Himself in six classic writings*, trad. John Nicholas Lenker (Minneapolis, Minn.: The Luther Press, 1908), 194.).

103 Aunque llamó a la razón la mayor ramera del Diablo, también dijo: "No digo que los hombres no puedan enseñar y aprender filosofía; lo apruebo, siempre que sea dentro de la razón y la moderación. Dejemos que la filosofía permanezca dentro de sus límites, como Dios ha designado, y hagamos uso de ella como de un personaje en una comedia; pero mezclarla con la divinidad no puede ser soportado" (Martín Lutero, *The Table Talks of Martin Luther*, trad. y ed. William Hazlitt (Londres : H. G. Bohn, 1857), 23.).

> Ahora bien, como está suficientemente probado, tanto por la Sagrada Escritura, como por la operación natural, por la razón natural, por todos nuestros sentidos, y por los más antiguos y mejores autores eruditos y santos mártires de la iglesia de Cristo, que la sustancia del pan y del vino permanecen y son recibidos por los fieles en el bendito sacramento o Cena del Señor.[104]

Concluye el segundo libro de esta obra señalando que:

> En estas respuestas no hay ningún absurdo ni inconveniente, ni se dice nada contrario a la Sagrada Escritura, ni a la razón natural, ni a la filosofía, ni a la experiencia, ni contra ningún autor antiguo, ni contra la Iglesia primitiva o católica; sino solo contra la maligna y papista Iglesia de Roma. Mientras que, por otro lado, esa maldita sinagoga del Anticristo ha definido y determinado en este asunto muchas cosas contrarias a las palabras de Cristo, contrarias a la antigua Iglesia católica y a los santos mártires y doctores de esta, y contrarias a toda razón natural, aprendizaje y filosofía.[105]

En lugar de crear un abismo insalvable entre la razón y la fe, Cranmer piensa que la razón natural es útil, incluso para refutar los errores teológicos. De hecho, Cranmer mantiene la misma posición que Aquino y muchos medievales respecto a la relación entre la razón y la fe. Señala, en respuesta a una crítica de algunos de sus escritos, que "en cuanto a la razón natural, no la menciono en todos mis cinco libros, sino en un solo lugar, que es en mi segundo libro, al hablar de la transubstanciación. Y en ese lugar no antepongo la razón a la fe, sino que, como sierva, la he puesto al servicio de la fe y a su servicio".[106]

---

104 Thomas Cranmer, "A Defence of the True and Catholic Doctrine of the Sacrament of the Body and Blood of our Saviour Christ", 2: 333.

105 Cranmer, "A Defence of the True and Catholic Doctrine of the Sacrament of the Body and Blood of our Saviour Christ", 2:354.

106 Thomas Cranmer, "The Answer of Thomas against the false calumniations of Dr. Richard Smyth" en el vol. 3 de *The Remains of Thomas Cranmer*, ed. Henry Jenkyns (Oxford: University of Oxford Press, 1833), 7-8.

En su *Catechismus*, Cranmer enseña lo mismo que Brenz y Aquino sobre el conocimiento natural de Dios:

> Si elevan vuestra mente a Dios, buenos hijos, para conocer Su divina majestad, Su infinito poder, sabiduría, bondad y Sus demás perfecciones piadosas; no miréis una imagen sorda, muda, ciega, coja y muerta, hecha por las manos de un pintor o escultor: sino que mira al cielo y a las demás criaturas hechas por la propia mano de Dios; mira al hombre, que puede hablar, ver, oler, oír, sentir y andar, y tiene vida, voluntad y razón, y a quien ningún hombre, sino Dios mismo, hizo para que fuera su viva imagen y semejanza.[107]

John Jewell, el obispo de Salisbury, también se refiere constantemente a la razón natural y a la ley natural en sus escritos. Cuando se contrasta con las Escrituras, la razón natural es como la oscuridad a la luz.[108] Sin embargo, esto no quiere decir que la razón natural o la filosofía sean inútiles. Más bien, Jewell nos recuerda que la razón humana es dada por Dios para ayudarnos a buscar la verdad y guiar nuestra voluntad.[109] De hecho, mediante el razonamiento humano una persona puede obtener una gran cantidad de conocimiento natural, que, aunque sea inútil para la salvación, sigue siendo considerado como verdad.[110]

Las cosas que son necesarias para la salvación no pueden ser descubiertas por la sola razón natural, sino que son reveladas en la Escritura.[111] En todo esto, Jewel está claramente de acuerdo con Tomás de Aquino, y con la mayoría de los primeros pensadores protestantes.

---

107 Thomas Cranmer, "Catechismus, es decir, una breve instrucción sobre la religión Cristiana", en *The Writings of Thomas Cranmer* (Londres: The Religious Tract Society), 115.

108 Cf. John Jewell, *Of the Holy Scriptures*, en *Writings of John Jewell* (Philadelphia: Presbyterian Board of Publication, 1843), 72.

109 Cf. John Jewell, *On the First Epistle to the Thessalonians*, en *Writings of John Jewell* (Philadelphia: Presbyterian Board of Publication, 1843), 186.

110 John Jewell, *On the second Epistle to the Thessalonians*, en *Writings of John Jewell* (Philadelphia: Presbyterian Board of Publication, 1843), 252.

111 John Jewell, *Defence of the Apology*, en *Writings of John Jewell* (Philadelphia: Presbyterian Board of Publication, 1843), 387.

Jewel tiene incluso un lugar para la ley natural en sus escritos, apelando a la naturaleza para condenar ciertos pecados, para explicar por qué una iglesia debe apoyar a su pastor, etc.[112]

Theodore Beza no parece diferir mucho de Cranmer y Jewell, enseñando claramente que la razón natural no está totalmente borrada por la caída, sino que es útil para descubrir muchas verdades. Señala, por ejemplo:

> Dios ha conservado en nuestras mentes ciertas semillas de conocimiento y buenas artes, sin las cuales, de los hombres nos convertiríamos en bestias. De ahí que los principios y las nociones generales de todas las artes se impriman naturalmente en el entendimiento de cada hombre, lo que hizo pensar a Platón que cuando los hombres, por medio de la enseñanza, comienzan a saber aquello de lo que antes parecían ignorantes, no aprenden tanto algo nuevo como recuerdan lo que habían olvidado.[113]

En efecto, Beza considera que, aunque los filósofos cometieron ciertamente muchos errores, también, sin ninguna revelación escrita ni creencia previa en el Dios trino del cristianismo, descubrieron muchas verdades importantes y útiles. Aunque conoce y cita libremente a los platónicos, los estoicos y los epicúreos, opina que de todos los filósofos los aristotélicos son los mejores y más útiles.[114] En esto está muy en línea con Tomás de Aquino.

No solo la luz natural de la razón sigue siendo útil, incluso después de la caída, para descubrir la verdad, sino que hay al menos dos tipos de verdades que es capaz de encontrar: las verdades naturalmente conocidas

---

112 Cf. John Jewell, *Sermons: Romans 13:12* en *Writings of John Jewell* (Filadelfia: Presbyterian Board of Publication, 1843), 459. Jewell, *Second Epistle to the Thessalonians*, 278. Jewell, *First Epistle to the Thessalonians, 147*.

113 Theodore Beza, *Job* (Londres: John Legatte, 1589), cap. 1, v.1.

114 En un momento en el que critica a todos los filósofos, dice que ni siquiera Aristóteles escapa a su crítica, aunque es "a mi juicio el principal de todos los demás". (Theodore Beza, *Job* (Londres: John Legatte, 1589), cap. 1, v.1.)" Más adelante dice que los aristotélicos son los más inteligentes de los filósofos.

sobre Dios, y las verdades naturalmente conocidas sobre la moral. Cree claramente que la razón natural es capaz de alcanzar cierto conocimiento sobre Dios, pero no un conocimiento salvador.

El conocimiento salvador depende de lo que se revela en las Sagradas Escrituras. Al responder a la pregunta: "Pero ¿no están el conocimiento de Dios y los principios, como las sentencias comunes, impresos en la naturaleza del hombre, aunque esté tan corrompida?",[115] Beza dice:

> Obviamente lo están, aunque sean como las ruinas de un magnífico edificio. Lo más importante es que digo que esta fe [en la pregunta anterior Beza describe lo que se entiende típicamente como 'fe salvadora'] no consiste en el conocimiento natural, sino que es necesario añadir lo que Dios reveló particularmente al mundo a través de los Profetas y Apóstoles, que la carne y la sangre nunca podrían deducir. Hay que señalar este último punto, en el que encontramos la diferencia especial entre la fe y el conocimiento natural, es decir, que cada creyente se aplica particularmente la promesa de la vida eterna, cuyo testimonio las Escrituras llaman certeza.[116]

En el prefacio de su *Comentario a Job*, Beza señala que en el libro de Job encontramos un ejemplo del verdadero uso de las ciencias naturales, es decir, que revelan la providencia y la bondad de Dios. Continúa señalando cómo muchos científicos y filósofos paganos han descubierto todo tipo de verdades, pero que se han equivocado de diversas

---

[115] Beza, *Questions*, 38-39.

[116] Beza, *Questions*, 39. Mi traducción. La versión francesa dice: "Elles y sont voirement, mais ce sont comme les ruines d'un magnifique bastiment. Además, es cierto que esta realidad no consiste en el conocimiento de la naturaleza, sino que hay que ajustar lo que Dios ha manifestado particularmente al mundo a través de sus Profetas y Apóstoles, por lo que la silla y la sangre no se han reducido nunca. Por último, también hay que tener en cuenta este punto, en el que se comprende especialmente la diferencia de la fe con este conocimiento natural, para que la fe se aplique particularmente a la promesa de la vida eterna en Cristo, a la que la Escritura llama certeza".

maneras.[117] Algunas de las verdades que Beza piensa que pueden ser conocidas naturalmente por la luz natural de la razón, y que fueron descubiertas por los filósofos, incluyen:

1. Que Dios es el Creador providente y soberano.
2. Que todos los acontecimientos son dirigidos providencialmente por Dios.
3. Que todas las causas secundarias son dirigidas providencialmente por Dios a sus fines.
4. Por lo tanto, que nada ocurre en contra de la voluntad divina.[118]

Finalmente, Beza enseña que esas leyes que fueron escritas en los diez mandamientos no son más que lo que se puede conocer, por la sola razón natural, de la moral: la ley natural. Comentando sobre Romanos 2:14-16, Beza dice:

> Que para los gentiles su conciencia era una Ley que acusaba o excusaba las obras de cada uno de ellos. Y ciertamente es así. Porque mientras que Dios, en el Monte Sinaí, entregó a su pueblo los diez mandamientos contenidos en dos tablas, no debemos deducir de ello que entonces, y no antes, Dios prescribiera los deberes que los hombres debían cumplir para con Dios y sus vecinos, sino más bien que entonces renovó aquella ley inmutable de la Naturaleza, que desde el principio estaba escrita en el corazón de todos los hombres, y de la cual se han derivado todas las buenas leyes.[119]

El enfoque de Heinrich Bullinger sobre la razón natural, la teología y el derecho es similar a los ya mencionados. Aunque Bullinger articula claramente la corrupción de la razón causada por el pecado, y los muchos errores en los que han caído los filósofos,[120] no piensa que, por tanto, la

117 Beza, *Job*, prefacio.
118 Beza, *Job*, cap. 1, v. 1.
119 Beza, *Job*, cap. 1, v.1.
120 Cf. Bullinger, *Decades*, 101, 349.

luz natural de la razón carezca de utilidad o capacidad para conocer esa verdad.

Afirma, por ejemplo, que "no condeno del todo todas las partes de la filosofía, sabiendo muy bien que algunos puntos de ella son muy necesarios y provechosos para los celosos amantes de Dios y de la piedad".[121] De hecho, esta facultad de la razón es puesta en el hombre por Dios mismo,[122] y por ella, dice Bullinger, el hombre es capaz de razonar correctamente sobre el lenguaje, la lógica, el derecho, la filosofía, la teología y las matemáticas.[123]

Bullinger articula una visión muy tradicional tanto de la ley natural como de la teología natural. Basándose en la interpretación clásica de Romanos 1:19-20, Bullinger explica que:

> Así pues, los gentiles conocían a Dios; sí, conocían todo lo que se podía conocer de Dios. Pero ¿qué maestro tenían, o qué señor? Tenían a Dios como maestro. ¿En qué orden les enseñó, o de qué libro? No de los libros escritos de Moisés o de los profetas, sino de ese gran libro de la naturaleza. Porque las cosas que no se ven de Dios (en las que están su eternidad, su virtud, poder, majestad, bondad y divinidad), son las que él quiere que se estimen según las cosas visibles, es decir, las que ha creado... Así pues, es evidente que la ley de la naturaleza enseña expresamente que hay un Dios que debe ser reconocido y adorado con reverencia.[124]

Cuando pasa a examinar los diez mandamientos, empezando por el primero, observa lo que los filósofos han dicho con razón sobre el verdadero Dios, empezando por Pitágoras,[125] y luego, entre otros, Cicerón y Séneca.[126]

---

121 Bullinger, *Decades,* 368.

122 Bullinger, *Decades,* 194.

123 Bullinger, *Decades,* 483.

124 Bullinger, *Decades,* 196-97.

125 Bullinger, *Decades,* 197-98.

126 Bullinger, *Decades,* 198-201.

En otro sermón, sobre cómo el hombre llega a conocer a Dios, explica que Dios ha dado a conocer su existencia, tanto en la naturaleza como en las Escrituras, de manera que incluso los filósofos paganos reconocen que Dios existe.[127] Para Bullinger, pues, la razón natural no solo conoce muchas normas morales verdaderas y algo de la naturaleza y existencia de Dios, sino incluso que el alma es inmortal.[128]

Aquí hemos mostrado que cinco importantes teólogos que fueron los primeros representantes de los tres movimientos de la Reforma Magistral (luterano, anglicano y calvinista) dieron cabida a la razón y la filosofía naturales, a la teología natural y a la ley natural. Su enfoque de este tema era muy parecido al enfoque tradicional que encontramos en los escritos de los primeros Padres de la Iglesia, Agustín y Tomás de Aquino. No eran únicos ni extraños. Más bien, puede demostrarse que casi todos los teólogos protestantes desde la década de 1450 hasta finales del siglo XVIII mantuvieron posturas similares (con distintos grados de pesimismo u optimismo respecto a la corrupción de la razón caída).

Otros que podrían haberse mencionado aquí son Juan Calvino, Martín Lutero, Richard Baxter, Stephen Charnock, William Ames, William Perkins, Fransiscus Junius, William Tyndale, los Divinos de Westminster, los presentes en el Sínodo de Dort, la mayoría de los puritanos y muchos otros.[129] De hecho, los teólogos del magisterio suelen agrupar a los que rechazan la razón natural, la teología natural y la ley natural con los herejes socinianos y los reformistas radicales.

Conclusiones

Al considerar la perspectiva filosófica básica de los reformadores de los años 1500 a 1700, hemos encontrado que eran, en su mayoría, realistas que aceptaban la objetividad del universo creado como fuente de

127 Bullinger, *Decades*, 125.

128 Bullinger, *Decades*, 385-6.

129 Cf. David Haines, "Natural Theology in Reformed Orthodoxy", en Joseph Minich, ed., *Philosophy and the Christian: The Quest for Wisdom in the Light of Christ* (Lincoln, NE: Davenant Press, 2018), 250-291.

conocimiento. Para ellos, la razón natural, aunque oscurecida por la Caída, sigue siendo útil para casi todo, excepto para lo que se refiere a la salvación. Además, todos ellos son capaces de encontrar un lugar tanto para la teología natural como para la ley natural.

Paul Helm, en un libro reciente sobre el enfoque reformado de la naturaleza humana, argumenta convincentemente que aunque algunos de los reformadores (como Juan Calvino)[130] tendían más hacia una antropología platónica agustiniana, otros, como Pedro Mártir Vermigli, estaban claramente influenciados por una antropología tomista-aristotélica.[131]

Heinrich Bullinger sostiene una antropología filosófica similar, como se puede ver en su análisis de la naturaleza humana.[132] Aunque sería falso decir que todos estos teólogos protestantes eran tomistas filosóficos, es innegable que muchos de ellos coincidían explícitamente con Aquino en casi todas las posiciones filosóficas distintivamente tomistas que hemos mencionado anteriormente. Basándonos en lo que

---

130 Paul Helm, *Human Nature*, 27-40. Helm señala que, aunque la antropología fundamental de Calvino es principalmente una forma de platonismo agustiniano, no rechaza directamente a Aristóteles, sino que encuentra espacio para una serie de doctrinas aristotélicas, por ejemplo: "Aunque las influencias remotas en Calvino pueden ser el platonismo y Agustín, también hay referencias positivas a Aristóteles que revelan la influencia próxima en él de una psicología de las facultades más detallada... el enfoque de Calvino es atornillar la psicología de las facultades más desarrollada de Aristóteles a su visión platónica del alma, como en su obra temprana *Psychopannyachia*" (Ibid., 32).

131 Paul Helm, *Human Nature*, 41-53. Considere también su discusión de los puntos de vista de otros teólogos reformados, incluyendo a John Flavel, Robert Purnell, Matthew Hale, Edward Reynolds, Nicholas Mosley, Francis Turretin, John Owen y Gisbertus Voetius (Ibid., 59-78).

132 Bullinger, *Decades*, 272. Aquí afirma que "el hombre consiste en alma y cuerpo; y estas naturalezas tan contrarias entre sí hacen una persona, no dos; y quien atribuye y defiende lo que es propio de cualquiera de ellas, no divide la persona. El cuerpo duerme, el alma no duerme: estas propiedades de las partes no hacen dos personas". Su planteamiento tiene cierto parecido con una forma de dualismo de la sustancia (cf. 272, 368-9.), sin embargo, la insistencia en que es la composición la que es una sola persona lleva a pensar que puede haber algo de confusión entre el hilomorfismo, donde el alma y el cuerpo son partes sustanciales de una sustancia, y el agustino-platonismo, donde el alma es una sustancia subsistente.

hemos visto anteriormente, y en la lista de distintivos filosóficos tomistas, parece probable que algunos de estos teólogos reformados fueran tomistas reformados.

Posiciones teológicas

Hay demasiados distintivos teológicos tomistas como para permitirnos hacer un estudio exhaustivo de cuánto coincidían o discrepaban los primeros teólogos protestantes con Aquino. Sin embargo, vale la pena señalar que en dos áreas clave, los teólogos protestantes serían considerados bastante tomistas: su actitud hacia las Escrituras y los escritos de los Padres, y su exposición de los atributos divinos.

Confianza en las Escrituras y en los escritos Patrísticos

Casi todos los teólogos protestantes importantes entre 1500 y 1700 emulan claramente el enfoque tomista de la autoridad en la teología cristiana, apoyándose en las Escrituras como autoridad última en el discurso teológico y utilizando los escritos patrísticos y medievales como guías útiles. El enfoque tomista puede verse en la afirmación de Aquino de que:

> Sin embargo, la doctrina sagrada hace uso de estas autoridades como argumentos extrínsecos y probables; pero usa propiamente la autoridad de las Escrituras canónicas como prueba incontrovertible, y la autoridad de los doctores de la Iglesia como una que puede ser usada propiamente, aunque meramente como probable. Pues nuestra fe se basa en la revelación hecha a los apóstoles y profetas que escribieron los libros canónicos, y no en las revelaciones (si las hay) hechas a otros doctores. De ahí que Agustín diga (*Epis. ad Hieron.* xix, 1): 'Solo aquellos libros de la Escritura que se llaman canónicos he aprendido a tenerlos en tal honor como para creer que sus autores no se han equivocado en nada al escribirlos. Pero a los demás autores los leo de tal manera que no considero que todo lo

que hay en sus obras sea cierto, solo por el hecho de que hayan pensado y escrito así, sea cual sea su santidad y erudición'.[133]

Thomas Cranmer, en *Confutación de las verdades no escritas* (A Confutation of Unwritten Verities), aporta las enseñanzas de los más grandes teólogos cristianos, de la época patrística y medieval, para tratar una serie de importantes temas teológicos. Cada capítulo comienza con una declaración, seguida de citas de los teólogos patrísticos y medievales. En particular, Cranmer presenta a Tomás de Aquino como testimonio de la supremacía última de las Escrituras en la determinación de la doctrina.[134]

En el segundo capítulo de este libro, Cranmer aborda la siguiente cuestión: "Que los escritos de los antiguos Padres, sin la palabra escrita de Dios, no son capaces de probar ninguna doctrina en religión".[135] Todo el capítulo está compuesto por una selección de citas que apoyan esta afirmación de importantes teólogos como Ireneo, Tertuliano, Orígenes, Cipriano, Atanasio, Basilio, Juan Crisóstomo, Ambrosio, Agustín, Gregorio, Anselmo y Juan Duns Escoto.

En su importante defensa de la naturaleza de la eucaristía, contra la doctrina de la transubstanciación, Cranmer trae constantemente a los Padres de la Iglesia como testigos. Una sección importante de esta obra lleva el título: "La doctrina papística es contraria a la fe de los antiguos autores de la Iglesia de Cristo".[136] Aquí llama al banquillo a notables teólogos patrísticos como Justino Mártir, Ireneo, Orígenes, Cipriano, Eusebio, Hilario, Epifanio, Juan Crisóstomo, Ambrosio, Agustín, Juan Dun Escoto, etc. Si utilizar las Escrituras y los teólogos patrísticos en la determinación de las verdades teológicas, dando prioridad a las Escrituras, es tomista, entonces Cranmer es claramente, en este punto, tomista.

---

133 Aquino, *ST I*, q. 1, a. 8, *ad* 2. Trad. los Padres de la Provincia Dominicana Inglesa.

134 Cf. Cranmer, "Confutation", 4 :191.

135 Cranmer, "Confutation", 4:173.

136 Cranmer, "A Defence of the True and Catholic Doctrine", 2:320.

John Jewell también se refiere con frecuencia a los teólogos patrísticos y medievales en su articulación y defensa de la teología protestante. En su *Apología de la Iglesia de Inglaterra* (Apology for the Church of England) responde a la acusación de innovación. En esta respuesta, señala cómo los acusadores argumentan que la iglesia no puede equivocarse, a lo que él responde lo siguiente:

> Sin duda, si esa Iglesia puede errar que se ha apartado de la palabra de Dios, de los mandamientos de Cristo, de las ordenanzas de los Apóstoles, de los ejemplos de la Iglesia primitiva, de las órdenes de los antiguos padres y de los Concilios, y de sus propios decretos, y que no se atiene a ninguno, ni antiguo ni nuevo, ni propio, ni ajeno, ni a la ley de los hombres, ni a la de Dios; entonces está fuera de toda duda, que la Iglesia Romana no solo ha *tenido el poder* de errar, sino que también *ha* errado vergonzosamente y muy perversamente en los hechos.[137]

En otras palabras, la respuesta de Jewell a la acusación de innovación es que la Iglesia de Roma, no los protestantes, ha negado a los primeros Padres. Jewell no solo se refiere a los Padres de la Iglesia en defensa de los principios protestantes, sino que incluso señala que los protestantes tienen un gran respeto por los concilios.[138]

A Heinrich Bullinger también le resultan muy útiles los primeros Padres de la Iglesia. Incluso una lectura superficial de los sermones que componen sus *Décadas* demuestra no solo que tiene un amplio conocimiento de los Padres y de los teólogos medievales, sino que es capaz de interpretar y aplicar adecuadamente sus enseñanzas a cualquier tema que trate. En su tratamiento del Credo de los Apóstoles, por ejemplo, que ocupa varios sermones,[139] Bullinger fundamenta constantemente cada afirmación del credo en las Sagradas Escrituras y

---

137 Jewell, *Apology*, 177.
138 Jewell, *Apology*, 191ss.
139 Bullinger, *Decades*, 122-179.

cita a los primeros Padres de la Iglesia y a los doctores medievales para ayudar a explicar diversos elementos del credo.

Algunos de los teólogos a los que se refiere son Cipriano, Agustín, Tertuliano, San Jerónimo, el obispo Fulgencio, el obispo Vigilio, Pascual, Gregorio Magno e incluso el papa León. No solo cita las obras más conocidas de estos autores, sino que incluso hace referencia a escritos menos conocidos de estos autores, como la nonagésima novena epístola de Agustín a Evodio,[140] y su epístola *Ad Neophytos*.[141]

Theodore Beza, en sus escritos, también cita constantemente a los primeros Padres de la Iglesia como autoridades en diversos temas, sin embargo, las Escrituras son siempre consideradas como la autoridad suprema. Ellas contienen, para Beza, todo lo que debemos creer para ser salvados.[142] En sus *Preguntas y respuestas cristianas* (Questions et Réponses Chrestiennes), y en su comentario sobre Job, cita con frecuencia a Cipriano, Gregorio, Crisóstomo y Agustín. Johannes Brenz, al igual que los demás, también se refiere a la mayoría de los Padres de la Iglesia en sus escritos, sin darles prioridad sobre las Escrituras, pero como testigos autorizados del significado de estas.

Esto no es más que una breve reseña de un puñado de teólogos protestantes, pero cada uno de ellos depende en primer lugar de las Escrituras, y en segundo lugar de los Padres de la Iglesia. Los teólogos protestantes estaban muy de acuerdo con Aquino en cuanto a la autoridad de las Escrituras, en relación con todos los demás libros, ya sean escritos por doctores de la iglesia o por los filósofos.

Conclusión

Nuestro pequeño experimento parece demostrar que muchos de los primeros pensadores protestantes no solo adoptaron posiciones que están claramente de acuerdo con las afirmaciones distintivas de Tomás de Aquino, sino que algunos de ellos se dirigieron a él como inspiración y

140 Bullinger, *Decades*, 138.

141 Bullinger, *Decades*, 159.

142 Beza, *Questions*, 1 : 3

autoridad. Esto nos lleva a la conclusión de que la mayoría de los primeros pensadores protestantes no veían a Aquino ni como un enemigo ni como un teólogo a evitar. Es más, muchos de ellos citaron libremente a Aquino, utilizaron sus distinciones y definiciones, y siguieron su ejemplo de integrar las verdades descubiertas por los filósofos (especialmente Aristóteles) y los Padres de la Iglesia en su trabajo teológico. No desconfiaban de Aquino ni sospechaban de él.

Algunos de estos primeros protestantes, como Zanchi, Beza, Vermigli y Bullinger, siguieron a Aquino tan de cerca que incluso podrían ser llamados "tomistas reformados". Es decir, si ser tomista es adherirse a la mayoría de los llamados distintivos tomistas (tanto teológicos como filosóficos); y si, como hemos visto, muchos de estos primeros teólogos protestantes se aferraron a estos distintivos y los defendieron; entonces parece que se les clasifica correctamente como tomistas reformados.

Con tantas pruebas que revelan la temprana apropiación protestante de Tomás de Aquino en la articulación y defensa de la teología protestante, uno se pregunta por qué hay tanta oposición a Aquino entre los teólogos protestantes contemporáneos. ¿Qué podría motivar tal oposición? Quizás Aquino, como realista moderado que piensa claramente que la luz natural de la razón en el hombre, aunque contaminada por el pecado, sigue siendo capaz de conocer al verdadero Dios y la verdadera moral, amenaza la adopción del perspectivismo (ya sea el presuposicionalismo de Van Til, Oliphint, Frame y otros, o el perspectivismo realista crítico de Alister McGrath y otros).

Los teístas clásicos protestantes, desde el principio de la Reforma hasta hoy, nunca han tenido miedo de Aquino, sino que lo han visto como un aliado en la articulación correcta y la defensa coherente de la fe cristiana histórica. Esto no implica una adopción acrítica de todo lo que dice Aquino, al igual que los teístas cristianos clásicos no adoptan acríticamente todo lo que dicen Agustín, Anselmo, Juan Calvino, Martín Lutero o cualquier otro teólogo cristiano.

¿Hay espacio para un "tomismo reformado"? La historia de la teología protestante parece decir que sí. De hecho, por lo que hemos visto, aquellos que desprecian a Aquino o a aquellos eruditos protestantes que encuentran su inspiración en Aquino, también deben despreciar a los más grandes pensadores protestantes de la Reforma. ¿Qué es entonces un tomista reformado? Un tomista reformado es un pensador protestante que se adhiere a la mayoría de las "distinciones tomistas" enumeradas anteriormente, aunque no de forma acrítica, y que utiliza el razonamiento correcto y la interpretación correcta de las Escrituras para defender las verdades del Evangelio que se enseñaron a lo largo de toda la historia de la Iglesia, y que se volvieron a enfatizar con un vigor excepcional durante la Reforma.

§10. TEÍSMO CLÁSICO Y TEOLOGÍA NATURAL EN LA DOCTRINA DE DIOS EN LOS INICIOS DE LA REFORMA

Andrew Payne

Los puntos de vista teístas mantenidos entre los teólogos académicos durante la primera Reforma fueron muy controvertidos, aunque casi todos se enmarcan sólidamente en un paradigma teísta clásico general. Los que diferían de tales compromisos eran típicamente, con pocas excepciones, rechazados como herejes. Esta afirmación es la tesis última de este capítulo.

Sin embargo, tal afirmación es demasiado amplia para demostrarla en un solo capítulo. Para traducirla en una tarea más manejable, nos fijaremos en el gran reformador Juan Calvino y su relación con el que quizá sea el mayor teísta clásico, Tomás de Aquino. Dado que incluso esta tarea requeriría su propio libro, debemos modificarla aún más: demostraremos sus afinidades a través de una consideración de las dos doctrinas más esenciales del calvinismo: la doctrina de Dios y el hombre y la doctrina de la providencia.

Cuando se presenta la tarea de demostrar la relación de Calvino con el teísmo clásico, en particular con los puntos de vista de Tomás de Aquino, es tentador simplemente colocar las afirmaciones de los dos hombres uno al lado del otro y dejar que la relación se revele por sí misma. En tal presentación, la relación es simplemente evidente. Hasta cierto punto, eso es esencialmente lo que he hecho. Sin embargo, este hecho sigue siendo discutido, lo que requiere un poco más de trabajo para demostrar la verdad de mi afirmación. Necesitaremos un argumento.

El argumento de este capítulo se desarrollará en cuatro subsecciones. La primera esboza la postura del teísta clásico sobre las dos doctrinas aquí consideradas. En la segunda, se expone el trasfondo académico de Calvino, demostrando su relación intelectual con esta tradición y la base exegética para entender las afirmaciones de Calvino. Esencialmente, expresa las afirmaciones del teísmo clásico en un estilo marcado por el humanismo renacentista.

Por lo tanto, si se objetara que Calvino no se adhiere explícitamente a las doctrinas escolásticas, podríamos responder con seguridad que solo difiere en el estilo, no en la sustancia. A continuación, nos ocuparemos de las afirmaciones de Calvino en sí mismas, analizando primero la doctrina de Dios y el hombre y, en segundo lugar, la doctrina de la predestinación. La discusión de la doctrina de Dios y el hombre está motivada por dos objetivos. El primero es descartar lo que se conoce como la objeción reformada a la teología natural.

El segundo es demostrar que la relación entre Dios y el hombre que sirve de fundamento a la doctrina de Calvino está enraizada en la concepción teísta clásica de Dios como Causa Incausada. Por último, examinaremos brevemente la doctrina de Calvino sobre la predestinación, en la que se demostrará no solo que sigue una línea de razonamiento básicamente tomista, sino que, además, se revelará que los propios mecanismos a través de los cuales opera la soberanía de Dios están enraizados en la comprensión teísta clásica de Dios como Causa Incausada.

Esta tesis, por supuesto, es cualquier cosa menos universalmente aceptada. Para muchos en la tradición reformada contemporánea, se ha convertido en un tópico básico afirmar que los reformadores rechazaron al Dios de los filósofos por el Dios de la Biblia. Se dice que la teología de este "falso dios" de los filósofos se compone de afirmaciones hechas por paganos de acuerdo con el razonamiento caído del hombre. Por el contrario, el Dios de los reformadores es el Dios del Antiguo y del Nuevo Testamento; el Dios de la verdad, que se revela en y a través de su palabra. Se dice que los filósofos colocan la autoridad de la razón a la par de la revelación de Dios, y a través de este enfoque orgulloso denigran el concepto de Dios a lo que parece razonable para nuestras sensibilidades caídas. Se dice que los reformadores, en respuesta a tal blasfemia, gritaron al unísono "*¡sola scriptura!*" y se volvieron solo a la Palabra de Dios para todo su conocimiento de Él.

Este tema se ha convertido en un tópico en el pensamiento reformado contemporáneo, que se afirma con seguridad sin el más mínimo temor a que los teólogos reformados o los historiadores de la Iglesia se opongan. Según Cornelius Van Til, por ejemplo, Calvino representa a la perfección las visiones epistemológicas reformada y cristiana del mundo. Se mantuvo firme, libre de la mancha de la especulación no cristiana.

Según Van Til, el ateísmo del existencialismo de principios del siglo XX representa el extremo opuesto de Calvino. En el medio, intentando desesperadamente combinar los dos extremos de lo cristiano y lo secular, Van Til ve a Aquino, y es por esto que Aquino está destinado a fracasar. Ha comprometido el verdadero cristianismo.[1] Esta narrativa ha sido repetida por aquellos que siguen generalmente la tradición de Van Til. Más notablemente, Francis Schaeffer empleó este punto de vista en su polémica contra el mundo secular, al analizar cómo

---

1 Cornelius Van Til, *An Introduction to Systematic Theology*, 2da edition, ed. William Edgar (Phillipsburg, NJ: P&R Publishing, 2007), 200-202.

cayó en la decadencia.[2] Muchos más en esta tradición han presentado esta narrativa una y otra vez en nuestros días.

¿Podría ser que toda esta tradición se haya construido en torno a un malentendido de los filósofos y teólogos antiguos y medievales? Peor aún, ¿podría ser que esta tradición se haya construido en torno a un malentendido de los propios reformadores, sobre todo de Calvino? La narrativa "reformada" contemporánea de antagonismo hacia el teísmo clásico y la teología natural fue construida en gran medida independientemente de cualquier investigación histórico-exegética, por aquellos que, en general, no lograron comprender tanto la historia como el significado del discurso filosófico. Son precisamente estos fallos los que van a esclarecer a continuación.

La providencia y Dios en el teísmo clásico

El teísmo clásico engloba a una serie de filósofos y teólogos. Por ello, es imposible dar una definición y un resumen completos del "teísmo clásico" sin dar prioridad a las ideas de algunos pensadores sobre otras. Nos centraremos en la teología natural de Tomás de Aquino, que es, según la mayoría, el más grande y sistemático de los teístas clásicos. Centrarnos en Tomás nos permitirá analizar mejor las relaciones entre la tradición clásica medieval y el teísmo de la tradición calvinista.

La obra principal a la que recurriremos es la obra magna del Aquino, la *Summa Theologiæ* (en adelante *ST*). Esta obra consta de cuatro "partes", cada una de las cuales se compone de una serie de preguntas que se apoyan unas en otras. Por tanto, es muy difícil —y según algunos, imposible— aceptar solo una parte sin comprometerse con todo el sistema.

Los puntos de vista de Aquino sobre la providencia y la predestinación se discuten al principio de la primera parte, en las

2 Francis A. Schaeffer, *Escape from Reason*, citado en *Francis A. Schaeffer Trilogy* (Wheaton, IL: Crossway, 1990), 209-212; Francis A. Schaeffer, *How Should We Then Live* (Wheaton, IL: Crossway, 1994), 43.

preguntas 22-23. Allí, Aquino habla primero de la providencia y luego pasa a la predestinación como un desenvolvimiento teórico de las implicaciones de la providencia. Sin embargo, al igual que en las otras preguntas, Aquino presenta al lector una enseñanza que se basa en lo dicho anteriormente y que se deriva en última instancia de la pregunta 2 sobre la existencia de Dios.

En otras palabras, si una persona acepta el argumento cosmológico presentado en la Cuestión 2 (también conocido como las famosas Cinco Vías de Tomás de Aquino), ya ha aceptado el fundamento de las doctrinas de la providencia y la predestinación. Muchos teólogos católicos han intentado disminuir este hecho para mantener a Aquino (el doctor preeminente de la Iglesia) más en línea con el dogma católico sobre la predestinación, pero el razonamiento se mantiene por sí mismo como una tesis coherente que comienza con la existencia de Dios como *Ipsum Esse Subsistens* y concluye con su control providencial de todas las cosas.

Nuestra segunda doctrina, la doctrina de Dios y el hombre, se basará en lo que se establecerá en nuestra visión general de la providencia y la predestinación. Esta doctrina, en resumen, afirma que el hombre nunca entenderá bien quién es hasta que se considere a sí mismo en su dependencia de Dios, y nunca entenderá bien quién es Dios hasta que entienda a Dios en su relación gratuita con el hombre. Nos centraremos en el aspecto de esta doctrina a partir de la afirmación de Calvino de que "nuestro propio ser no es más que la subsistencia en Dios solo".[3]

Mediante el uso de la obra del filósofo del siglo XX Jacques Maritain, se mostrará cómo el compromiso tomista con el ser como primer conocido no solo inicia el asentimiento del intelecto a la realidad, sino que, además, pone en marcha el reconocimiento del intelecto del mundo como creado y, por tanto, como proclamación de la necesidad de un Creador.

---

[3] Juan Calvino, *Institutes of the Christian Religion*, trad. Henry Beveridge (Peabody, MA: Hendrickson Publishers, 2008), 4.

La Providencia y la existencia de Dios

Si bien es común en la literatura contemporánea afirmar que las famosas Cinco Vías de Aquino deben interpretarse como de naturaleza apologética, en los últimos años ha habido una creciente recuperación de la interpretación que sostiene que su significado es más bien teológico. Según esta interpretación, el propósito de Aquino es demostrar lo que se puede saber de Dios a partir de la creación. Como dice Helm, "Tomás de Aquino ya no se lee automáticamente con los ojos de la Ilustración. En su lugar, su teología natural se considera como algo interno a su teología cristiana, un caso de fe que busca y obtiene comprensión, en lugar de un prolegómeno necesario para la fe".[4] Es en la tradición de la interpretación no ilustrada de Aquino que examinaremos las afirmaciones del mismo.

Aquino comienza afirmando que la existencia de Dios es una verdad evidente que se revela a través de la naturaleza. Esto se debe a que la naturaleza de Dios es existir (de ahí la frase latina *Ipsum Esse Subsistens*), y como resultado, afirmar que Él existe es meramente tautológico. Aunque tal proposición es "obvia en sí misma", no es necesariamente obvia para todos los que la escuchan. Así, Aquino sigue esta afirmación aclarando cómo la proposición es evidente por sí misma a través de una consideración de la naturaleza de la existencia. Es en este punto donde nos encontramos con las Cinco Vías.[5]

Como han señalado algunos comentaristas, "estas cinco vías son en realidad esencialmente una sola: el 'argumento cosmológico', o argumento del cosmos. La estructura lógica de las cinco pruebas es la misma".[6] Esto se debe a que el énfasis de cada punto descansa en una

---

[4] Paul Helm, *John Calvin's Ideas* (Nueva York: Oxford University Press, 2007), 210. Garrigou-Lagrange afirmó que las Cinco Vías debían entenderse como destinadas a demostrar los principios por los que podemos deducir los atributos divinos de la naturaleza. Reginald Garrigou-Lagrange, *Reality: A Synthesis of Thomistic Thought*, trans. Louis, MO: B. Herder Book Co., 1950), 61.

[5] Véase Aquino, *ST*, Parte 1, Cuestión 2, Artículo 3.

[6] Peter Kreeft, *Summa of the Summa* (San Francisco, CA: Ignatius Press, 1990),

consideración de la existencia *per se*. Expliquemos primero el razonamiento mediante una analogía. Supongamos que mañana tienes un examen de filosofía sobre la ética de Platón, pero, por ser un estudiante muy pobre, te has olvidado de aprender nada sobre el punto de vista de Platón. Tu ignorancia no se debe a que seas incapaz de aprender sobre Platón. Tienes el *potencial* para aprender sus puntos de vista; simplemente no has *actualizado* ese potencial. Es en este punto donde te das cuenta de que el mero hecho de estar potencialmente en posesión de la comprensión no es lo mismo que poseer realmente la comprensión. Incluso una serie infinita de individuos que posean potencialmente la comprensión no llegaría a sumar ni la más mínima parte de la comprensión real.[7] Por lo tanto, lo que se necesita es alguien con entendimiento real para impartirlo.

Las cosas contingentes, en virtud de su contingencia, no son responsables de su propia existencia. Son como los individuos que poseen potencialmente el conocimiento de Platón. No pueden actualizarse a sí mismos, sino que dependen de otro para su actualización. Así, un existente contingente no puede causarse a sí mismo. Ni siquiera una serie infinita de cosas contingentes existentes puede dar cuenta de la más mínima parte de su existencia real. Tiene que haber, pues, un ser que no exista contingentemente y que dé continuamente existencia a todas las cosas contingentemente existentes. A este Ser lo llamamos Dios.[8]

---

62. Garrigou-Lagrange afirma que el "principio" común de cada una de las Cinco Vías es que "no hay proceso hasta el infinito en las causas directamente subordinadas". Reginald Garrigou-Lagrange, *The One God*, trans. Bede Rose (St. Louis, MO: B. Herder Book Co., 1954), 135.

[7] Joseph Owens dijo: "Sin embargo, ni siquiera una regresión infinita de estas causas causales explicaría el menor ser del mundo. En cada instancia y en todas las instancias juntas solo habría una naturaleza que no contuviera ningún ser, una naturaleza que simplemente permaneciera abierta a recibir el ser de otra cosa. Habría una serie infinita de ceros existenciales. Nunca se sumarían a ningún ser. En su suma total permanecerían de principio a fin existencialmente cero". Joseph Owens, *An Elementary Christian Metaphysics* (Houston, TX: Center for Thomistic Studies, 2011), 80.

[8] Se puede encontrar una explicación mucho mejor en, John F. Wippel, *The*

Lo más llamativo del argumento de Aquino (al menos para nuestros propósitos actuales) es la quinta formulación de este argumento. Esta formulación afirma que es evidente que Dios existe por el hecho de que el mundo está gobernado (*gubernatione rerum*). Este argumento se interpreta comúnmente como un temprano "argumento de diseño" para la existencia de Dios. Aunque esto es generalmente cierto, el lenguaje que emplea Aquino evoca las discusiones clásicas sobre la providencia.

Por ello, sería mejor llamarlo el argumento de la gobernación. En el pasaje correspondiente de la *Summa Contra los Gentiles* de Aquino, éste, llamando la atención sobre su relación con la metafísica aristotélica, afirma que el argumento de la gobernación (*gubernatione*) es "otro argumento para la misma conclusión" que las otras formas que se acaban de discutir.[9] Además, se repite en su discusión de la providencia que se encuentra unas pocas preguntas más adelante. Allí, Aquino afirma:

> Dos cosas pertenecen al cuidado de la providencia, a saber, la 'razón del orden', que se llama providencia y disposición; y la ejecución del orden, que se denomina gobierno (*gubernatio*). De éstas, la primera es eterna, y la segunda es temporal.[10]

Así pues, existe una estrecha relación entre el acto de Dios por el que imparte la existencia a la creación y su gobierno providencial. No es incorrecto decir que la providencia y la impartición de la existencia son, en gran medida, sinónimos: ambos se refieren al mismo acto, considerándolo en respuesta a dos cuestiones diferentes.

En resumen, pues, Aquino argumenta esencialmente lo siguiente: es imposible comprender la naturaleza y el mecanismo de la providencia si no se comprende también la metafísica de la creación. Los actos creadores y sustentadores de Dios son esencialmente el mismo acto

---

Metaphysical Thought of Thomas Aquinas: From Finite Being to Uncreated Being (Washington, D.C.: Catholic University of America Press, 2000), 439.

9 Tomás de Aquino, *Summa Contra Gentiles*, Libro 1, Capítulo 13.

10 Aquino, *ST*, Parte 1, Cuestión 22, Artículo 1. Esta tesis se repite de nuevo en la Parte 1, Pregunta 103.

considerado bajo dos modos diferentes: el primero hace surgir algo de la nada, el segundo impide que vuelva a la nada. Todo lo que existe se conserva solo por la actividad existencial de Dios.

Así pues, no solo *el hecho de que* una cosa exista, sino también el *cómo* existe, está sujeto al gobierno de Dios. El gobierno de Dios se extiende hasta la existencia contingente, porque el gobierno de Dios se realiza a través de su impartición de la existencia. De ello se deduce que una persona que admite la verdad de las Cinco Vías ha concedido la naturaleza y la estructura de la providencia. Así, tan pronto como nos damos cuenta de la verdad evidente de que Dios existe, nos damos cuenta de nuestra servidumbre a Él como criaturas gobernadas por su mano providencial.[11]

También hay que hacer una observación inversa. En cuanto se niega esta relación existencial con Dios, se niega también el mecanismo metafísico a través del cual opera la providencia. Este mecanismo nos permite decir que la predestinación no se opone a la voluntad de la criatura. Dios no anula nuestras voluntades porque su acto providencial es la condición del *ser* de nuestras voluntades.

Sin este punto metafísico, nos quedamos sin una defensa contra el determinismo absoluto, una visión rechazada tanto por Calvino como por Aquino. Por lo tanto, las verdades que se revelan en la teología natural no son verdades arbitrarias que puedan ser desechadas como "corrupción de los griegos" o alguna otra paja semejante. Si se eliminan, también se elimina la coherencia de la visión reformada de la providencia.

Algunos detalles soteriológicos de la visión de Aquino

La diferencia central entre las visiones protestante y católica de la salvación se refiere a la naturaleza de la gracia. En esto, Aquino era un buen católico y aceptaba las enseñanzas de la Iglesia. Sin embargo, más

---

11 Es este punto el que reside en el corazón de la doctrina de Calvino sobre Dios y el hombre.

allá de la naturaleza de la gracia, los puntos de vista de Aquino sobre la predestinación y los elegidos son prácticamente indistinguibles de los de Calvino. Será provechoso dedicar un momento a examinar sus afirmaciones aquí para compararlas mejor con las de la tradición reformada.

Aquino insiste en la doble predestinación. La predestinación, como doctrina, es algo que Aquino creía que se desarrollaba naturalmente a partir de la consideración de la providencia de Dios, un hecho atestiguado tanto por la razón como, más importante, por las Escrituras. Así, Aquino concluye que "Dios ama a todos los hombres y a todas las criaturas, en la medida en que les desea a todos algún bien; pero no les desea todo bien a todos. Por lo tanto, en la medida en que no desea este bien particular —a saber, la vida eterna— se dice que los odia o los reprueba".[12] Además, se dice que este doble acto de predestinación y reprobación es personal: Dios actúa personalmente al elegir a algunos para la salvación y a otros para la condenación.[13]

El razonamiento de Aquino es aún más fuerte cuando se considera si esta elección podría basarse en la presciencia. Sencillamente: tal tesis sería absurda. Como escribió el propio Aquino, "nadie ha sido tan insensato como para decir que el mérito es la causa de la predestinación divina en lo que respecta al acto del predestinador".[14] Esto es así porque, dado el acto providencial de Dios, no hay nada que pueda existir en la cosa que no haya existido primero en Dios como causa última. Si Dios no es la causa última, entonces no hay causa alguna.

Por lo tanto, presuponer que algún mérito puede surgir en la criatura al margen de la actividad providencial de Dios es plantear que algo surge de la nada al margen de la actividad de Dios. Y, como ya ha demostrado Aquino, ningún ser contingente —y por extensión ninguna propiedad contingente en un ser contingente— puede llegar a existir al margen de la causalidad existencial de Dios. Así, "es imposible que todo

---

[12] Aquino, *ST*, Parte 1, Pregunta 23, Artículo 3.

[13] Aquino, *ST*, Parte 1, Pregunta 23, Artículo 4.

[14] Aquino, *ST*, Parte 1, Cuestión 23, Artículo 4.

el efecto de la predestinación en general tenga alguna causa como proveniente de nosotros; porque todo lo que hay en el hombre que lo dispone para la salvación, está todo incluido bajo el efecto de la predestinación; incluso la preparación para la gracia".[15]

En virtud de este hecho, pues, y dado el rechazo del universalismo, la expiación debe ser limitada por Dios.[16] Según Aquino, el número de los predestinados es cierto, y han sido seleccionados personalmente por Dios. La elección solo se produce "en razón de la elección y determinación deliberada [de Dios]".[17]

Para cualquier lector casual, la tesis de Aquino podría confundirse fácilmente con los escritos de Calvino o de algún calvinista ardiente. Sin embargo, aquí se encuentra la negación de cualquier mérito salvífico en aquellos que son elegidos para la salvación que es de ellos mismos. Dicho en términos calvinistas, se trata de una elección incondicional. Además, el número de elegidos está limitado por la libre y soberana elección de Dios.

Así, encontramos en la teología natural la evidencia de las verdades proclamadas en las Escrituras por Pablo y renovadas en las enseñanzas de los Reformadores. La relación de las enseñanzas de Calvino con esta tesis debería ser ya inconfundible. Richard Muller lo da a entender cuando afirma que "los supuestos subyacentes que rigen la doctrina de Dios durante las épocas de la Reforma y la ortodoxia protestante son muy poco diferentes de los que regían la discusión durante la Edad

---

[15] Aquino, *ST*, Parte 1, Cuestión 23, Artículo 4.

[16] Algunos podrían objetar que estoy confundiendo el significado de "predestinación" con el de "expiación". Los dos términos son, en efecto, distintos, y hay muchas sutilezas que deberían discutirse en relación con el alcance y la aplicación de la expiación. Sin embargo, estas discusiones van mucho más allá de nuestra tesis actual y, como tales, deben ser descartadas. Baste decir que este autor cree que el punto de vista de Aquino está mucho más cerca del de Calvino, en lo que respecta a este asunto, debido en gran parte al hecho de que comparten la misma línea de razonamiento que estamos discutiendo actualmente.

[17] Aquino, *ST*, Parte 1, Pregunta 23, Artículo 7.

Media".[18] Ahora es el momento de pasar al propio paradigma calvinista y explorar más a fondo cómo se apropió de tales doctrinas.

El entorno de Juan Calvino

La Reforma surgió de una revolución cultural e intelectual. El Renacimiento estaba en pleno apogeo y el ethos del humanismo renacentista se había extendido más allá de la academia al hombre común. No se puede entender bien la Reforma hasta que no se comprendan también los acontecimientos culturales que la originaron. Dado que nuestro enfoque actual se centra en el paradigma calvinista, es conveniente que echemos un vistazo al mundo académico de Calvino. Esto se justifica por varias razones.

En primer lugar, como declaró célebremente Bernd Moeller: "Sin humanismo, no hay Reforma".[19] Por lo tanto, debemos tratar de entender cómo Calvino fue influenciado por el humanismo. En segundo lugar, aprovechando la afirmación de Moeller, Paul Grendler ha añadido: "Sin universidades, no hay Reforma".[20] Es bien sabido que la Reforma fue efectivamente iniciada por un ejercicio académico, y casi todos los reformadores importantes de primera y segunda generación fueron moldeados por sus experiencias en el sistema universitario. Este fue ciertamente el caso de Calvino, que con toda probabilidad llegó al protestantismo a través de sus numerosos amigos y profesores humanistas.

El hecho de que Calvino fuera un académico muy consumado en sus inicios es una cuestión histórica. Sin embargo, lo que más ha fascinado a los historiadores es el grado en que sus inclinaciones

---

18 Richard Muller, *Post-Reformation Reformed Doctrines: The Rise and Development of Reformed Orthodoxy, ca. 1520-1725* (Grand Rapids, MI: Baker Academic, 2003), III: 97.

19 Bernd Moeller, *Imperial Cities and the Reformation: Three Essays*, ed. y trad. H C. Erik Midelfort y Mark U. Edwards, Jr. (Durham, NC: Labyrinth Press, 1982), 36.

20 Paul Grendler, "The Universities of the Renaissance and Reformation", *Renaissance Quarterly* 57.1 (2004): 14.

encajaban con el humanismo de su tiempo. En efecto, Calvino se encontraba entre el mundo de la escolástica y el del humanismo. Es cierto que no había líneas claras que dividieran a los humanistas y a los escolásticos, pero también es cierto que ambas "escuelas de pensamiento" competían por el dominio en la época de Calvino.

A los escolásticos les correspondía la disputa rigurosa y lógica. Para Calvino, estos eran los escolásticos de la Sorbona, un lugar que se convirtió en un faro de la retórica católica. En realidad, los escolásticos pasaban gran parte de su tiempo discutiendo exactamente los mismos escritos que los humanistas, aunque de forma más técnica. Lo suyo era una diferencia de estilo.

Durante su experiencia universitaria en el Collège de la Marche, Calvino habría sido educado en la tradición filosófica "escolástica" y habría aprendido sobre los filósofos clásicos y los grandes escolásticos como Aquino y Escoto. Esta educación habría sido completamente aristotélica, aunque sus propios intereses personales, moldeados probablemente por sus diversas amistades, estuvieran en la dirección del humanismo renacentista.[21]

Las inclinaciones humanistas de Calvino no habrían contradicho tanto su educación en teoría como en estilo. Si hubo algo que unió a los humanistas del Renacimiento bajo una bandera común, fue el deseo/objetivo de la elocuencia retórica.[22] Este deseo, sin embargo, como señala acertadamente un erudito, a menudo dio lugar a un resurgimiento del sofisma: el deseo de colocar la elocuencia y la persuasión por encima de la exactitud o la verdad.[23] El estilo retórico de Calvino se formó claramente en un entorno humanista, aunque su

---

21 Williston Walker, *A History of the Christian Church* (Nueva York: Charles Scribner's Sons, 1959), 348-349. Copleston señala: "El aristotelismo significaba realmente, en aquella época, la filosofía misma". Frederick Copleston, *Late Medieval and Renaissance Philosophy*, vol. 3 de *A History of Philosophy (Nueva York:* Doubleday 1993), 3.

22 Hanna H. Gray, "Renaissance Humanism: The Pursuit of Eloquence", *Journal of the History of Ideas* 24.4 (oct. 1963): 497-514.

23 Albert Hyma, *Renaissance to Reformation* (Grand Rapids, MI: William B. Eerdmans, 1951), 141.

compromiso con la verdad estaba unido a sus convicciones piadosas. Por tanto, no se impregnó de todo lo que sus compañeros le decían. Sin embargo, es probable que, a través de sus influencias humanistas, Calvino se inculcara por primera vez una disposición amistosa hacia el platonismo, que acabaría fructificando en su estudio de Agustín.[24]

Está claro, pues, que Calvino debe situarse entre los académicos y humanistas de su época. Sus obras teológicas posteriores citan de forma generalizada a Aristóteles, e incluso cuando no se cita al "filósofo", Calvino se hace eco de su terminología. De hecho, el vocabulario técnico de Calvino es esencialmente una amalgama de categorías aristotélicas y teología agustiniana.

En cambio, su estilo de presentación era esencialmente humanista. Ozment describe el humanismo protestante como la adopción del estilo de sus contrapartes menos religiosas, al tiempo que desechan sus comportamientos más mundanos. Los protestantes trataron de tomar la sabiduría clásica y representarla de forma más retórica y homilética.[25] Calvino fue el máximo exponente de este movimiento. Así, cuando leemos los escritos de Calvino, nunca nos encontramos con el "escolasticismo", es decir, con la expresión de las doctrinas teístas clásicas utilizando finas distinciones escolásticas. Por el contrario, Calvino presenta estas doctrinas en sermones y en una prosa retóricamente elaborada, haciendo inconfundibles las influencias escolásticas y humanistas.

---

[24] Sobre la relación entre Platón y el humanismo renacentista en el entorno de Calvino, véase Hyma, *Renaissance to Reformation*, 148-150. Lucas también señaló que el pensamiento neoplatónico prosperó en los barrios humanistas de Francia. Véase, Henry Lucas, *The Renaissance and the Reformation* (Nueva York: Harper & Brothers, 1934), 383.

[25] Steven Ozment, *The Age of Reform: 1250-1550* (New Haven, CN: Yale University Press, 1980), 302-303-305.

Juan Calvino sobre Dios y el hombre

Calvino tomó su doctrina sobre Dios y el hombre de la teología de Ulrico Zwinglio.[26] Mientras que Zwinglio ocultó la doctrina en lo más profundo de su teología, Calvino la situó en el centro, llegando a afirmar que ni Dios ni el hombre podían ser conocidos adecuadamente si se entendían por separado. Esta afirmación se extendió por toda la tradición protestante e incluso llegó a muchos escritos filosóficos, incluidas las obras posteriores de Hegel y Kierkegaard, este último caracterizó su búsqueda de la identidad como incompleta hasta que se encontró a sí mismo ante Dios.[27]

En Turretin, un reformador de tercera generación formado en el seminario de Calvino, la doctrina se sintetiza con una valoración bastante tomista de la naturaleza de la teología.[28] Por lo tanto, no es exagerado afirmar que esta doctrina —incluso más que la doctrina de la predestinación por la que Calvino es tan famoso— reside en el núcleo del calvinismo. También es cierto, como veremos, que la doctrina de Dios y el hombre está construida sobre una base teológica clásica.

Es natural que también nosotros comencemos con esta doctrina al evaluar el papel del teísmo clásico dentro del pensamiento de Calvino. Es necesario citar aquí extensamente el pasaje inicial de las *Instituciones* de Calvino:

> Nuestra sabiduría (*sapientiae*), en la medida en que debe ser considerada una sabiduría verdadera y sólida, consta casi totalmente

---

26 Karl Barth, *The Theology of John Calvin*, trad. Geoffrey W. Bromiley (Grand Rapids, MI: William B. Eerdmans, 1995), 162.

27 Søren Kierkegaard, *The Sickness Unto Death*, trad. Howard V. Hong y Edna H. Hong (Princeton, NJ: Princeton University Press, 1980), 13-14.

28 Turretin llega a citar favorablemente la definición de teología de Tomás de Aquino cuando proporciona su propia definición del término en los pasajes iniciales de sus *Institutes*. Turretin, *Institutes*, I:2. En última instancia, la relación de "Dios y el hombre" se expresa a través del hecho de que Dios es "nuestro Dios"; que está "pactado en Cristo, tal como se nos ha revelado en su palabra, no solo como objeto de conocimiento sino también de culto". Ibídem, 16.

> de dos partes: el conocimiento de Dios y el de nosotros mismos. Pero como éstas están unidas por muchos lazos, no es fácil determinar cuál de las dos precede y da origen a la otra. Porque, en primer lugar, ningún hombre puede examinarse a sí mismo sin dirigir inmediatamente sus pensamientos hacia el Dios en el que vive y se mueve (*vivit et movetur*); porque es perfectamente obvio que los dones que poseemos no pueden proceder de nosotros mismos; no, que nuestro propio ser no es otra cosa que la subsistencia en Dios solo.
> En segundo lugar, esas bendiciones que incesantemente nos destilan del cielo, son como arroyos que nos conducen a la fuente. También en este caso, la infinitud del bien que reside en Dios se hace más evidente por nuestra pobreza. En particular, la miserable ruina en la que nos ha sumido la rebelión del primer hombre, nos obliga a volver los ojos hacia arriba; no solo para que, mientras tenemos hambre y nos morimos de hambre, podamos pedir lo que queremos, sino para que, despertados por el miedo, aprendamos la humildad.[29]

Hay muchas interpretaciones diferentes de este pasaje, y se necesitaría un artículo entero para clasificarlas, pero antes de que nos esforcemos en interpretar este pasaje más a fondo, debemos intentar eliminar una de las interpretaciones erróneas más comunes.

¿Epistemología o Soteriología?

Quienes escriben sobre las *Instituciones* de Calvino suelen afirmar que este pasaje (y los cinco primeros capítulos de las *Instituciones* en general) es la introducción a la *epistemología* de Calvino. Tal interpretación ha sido ofrecida por estudiosos desde los neo-reformadores holandeses del siglo XIX hasta K. Scott Oliphint y John Frame en nuestros días.[30]

---

[29] Calvino, *Institutes*, 5.

[30] K. Scott Oliphint, *Reasons for Faith: Philosophy in the Service of Theology* (Phillipsburg, NJ: Presbyterian and Reformed, 2006), 190. Véase también, K. Scott

Herman Bavinck, por ejemplo, apeló a esta doctrina en sus conferencias sobre *Filosofía de la Revelación* impartidas en Princeton, en las que interpreta el significado de Calvino en términos generales de acuerdo con la visión filosófica dominante de su época, basándose en el pensamiento sistemático de Schleiermacher y Hegel. En todas esas interpretaciones, la relación de Dios y el hombre se entiende como esencialmente la de lo que Dooyeweerd llamó un "motivo de base". También podríamos entenderlo en el sentido vantiliano de "la precondición necesaria de la inteligibilidad", o incluso más ampliamente en el sentido plantingiano de una "creencia propiamente básica".[31]

Es típicamente a través de esta interpretación epistemológica que Calvino —y la "epistemología reformada" en general— se ha enfrentado al teísmo clásico. De hecho, esta interpretación es el catalizador de la famosa "Objeción Reformada a la Teología Natural" de Plantinga.[32] Según estos intérpretes, Calvino sostiene que las capacidades noéticas del hombre están tan corrompidas que le impiden reconocer racionalmente que el Dios verdadero existe. Kuyper llevó este punto de vista hasta el punto de proponer la afirmación autorrefutante de que estamos reducidos a la ignorancia de los animales ante la naturaleza por la mancha del pecado que todo lo abarca.[33] En estas interpretaciones parece haber un equívoco bastante básico. Está claro que Calvino está discutiendo la naturaleza del conocimiento teológico (*sapientiae*), pero esto no es lo mismo que discutir la naturaleza del conocimiento en general.

Oliphint, *Covenantal Apologetics: Principles and Practice in Defense of Our Faith* (Wheaton, IL: Crossway, 2013), 42-43. Frame llama a su epistemología presuposicionalista básica "nada menos que calvinismo genérico". John Frame, *The Doctrine of the Knowledge of God* (Phillipsburg, NJ: Presbyterian and Reformed, 1987), 90.

31 Por ejemplo, véase Alvin Plantinga, *Warrant and Proper Function* (Nueva York: Oxford University Press, 1993).

32 Alvin Plantinga, "The Reformed Objection to Natural Theology", *Christian Scholar's Review* 11.3 (1982): 187-198.

33 Abraham Kuyper, *Wisdom & Wonder: Common Grace in Science and Art*, trad. Nelson D. Kloosterman (Grand Rapids, MI: Christian's Library Press, 2011), 55.

Entonces, ¿qué podría querer decir Calvino con *sapientiae*? La palabra denota directamente *la sabiduría* y (para decir lo obvio) es calificada por Calvino a través de una consideración de la relación entre Dios y el hombre. Solo a través de esta relación se entiende adecuadamente a uno u otro. Calvino evoca aquí la definición de sabiduría de Agustín, a saber, "*Hominis sapientia pietas est*", o sea, "La sabiduría del hombre es la piedad".[34] Como dijo un erudito, "la sabiduría agustiniana es la conformidad interna del alma con Dios que vive en ella por la gracia y la caridad".[35]

Calvino adopta esencialmente esta definición sin ningún cambio. Hay que señalar además que esta definición no es epistemológica, sino *soteriológica*. Los que pretenden entender el significado de Calvino haciendo hincapié en el "*conocimiento* (*cognitione)* de Dios y de nosotros mismos" son culpables de dar prioridad al término equivocado en este pasaje, y por este error son llevados a entender el significado de Calvino en términos epistemológicos. El término que le interesa a Calvino no es "conocimiento" (*cognitione*), sino sabiduría (*sepientiae*). El "conocimiento" que aquí se pretende es calificado por la "sabiduría", y no al revés. La sabiduría es la piedad, y la piedad es la vida cristiana.

Calvino pretendía utilizar estos pasajes iniciales como prolegómeno teórico de lo que sigue. Sin embargo, lo que sigue no es un tratado de filosofía (o de cualquiera de las subdisciplinas de la filosofía) y no se basa en ningún conocimiento particularmente filosófico. Si el pasaje en cuestión —así como los cinco primeros capítulos en general— pretendiera esbozar un prolegómeno epistemológico, deberíamos esperar descubrir ecos de estas doctrinas epistemológicas que se encuentran en el resto de la obra. Sin embargo, estos ecos nunca se escuchan.

En cambio, lo que se encuentra es un énfasis consistente en el estado pecaminoso del hombre ante Dios, y en los intentos orgullosos

---

34 Véase, Agustín, *Enchiridion*, §2; *The City of God*, XIV, §28.

35 "*La sagesse augustinienne est une haute conformité intérieure de l'âme à Dieu qui vit en elle par la grâce et la charité*". P. Fulbert Cayré, *La contemplation augustinienne* (Brujas-París: Desclée et Brouwer, 1954), 266. La traducción es mía.

del hombre por conformar la imagen de Dios a lo que es más susceptible a sus propios deseos. No hay ninguna explicación de cómo llegamos a conocer a Dios —ni siquiera cuando se trata del sentido innato de lo divino— que examine los mecanismos del conocimiento, o la estructura del razonamiento (o incluso si la razón tiene una estructura).[36] Estas discusiones serían fundamentales para cualquier epistemología. En cambio, el sentido innato de lo divino se deja como un hecho general y empírico, carente de casi cualquier calificación más allá de la mera observación.

Una vez descartada la interpretación epistemológica de los cinco primeros capítulos de las *Instituciones*, encontramos que la progresión del razonamiento de Calvino es bastante sencilla. Después de introducir la dinámica de Dios y el hombre en el capítulo primero, Calvino procede en el siguiente capítulo a explicar que la verdadera piedad busca algo más que el mero conocimiento de que Dios existe. Ser cristiano no es solo saber que Dios existe, sino *conocerlo*. Todos conocen lo primero, pero solo el cristiano conoce lo segundo. Esta última clase de conocimiento es el resultado de la verdadera piedad. Como lo define Calvino, la piedad es "esa unión de reverencia y amor a Dios que inspira el conocimiento de sus beneficios".[37]

Para aclarar aún más su punto, Calvino luego discute lo que la piedad no es. La piedad no es un mero conocimiento fáctico de Dios. En ese sentido, no importa en absoluto lo que uno sepa de Dios si no es también piadoso. El conocimiento fáctico de Dios es totalmente

---

[36] Lo más cercano a una discusión de este tipo se encuentra en el Libro 1, Capítulo 15, §6, donde Calvino escribió: "Como el hombre fue indudablemente creado para meditar en la vida celestial, es cierto que el conocimiento de la misma fue grabado en el alma". Calvino, *Institutes*, 109. En este pasaje, Calvino está de acuerdo con la creencia de Platón de que el mayor bien para la humanidad se encuentra en la vida contemplativa. Sin embargo, este pasaje no se presenta en términos epistemológicos, sino que sirve como punto de partida para que Calvino discuta la constitución moral del hombre. No hace falta decir que Calvino veía la constitución moral del hombre como una cuestión de piedad.

[37] Calvino, *Institutes*, 7. El primero de estos beneficios, tal y como se indica en el inicio de los *Institutes*, es el reconocimiento de que nuestra propia existencia está supeditada a su acto providencial.

insuficiente para lograr la salvación. Es de suponer que una persona puede incluso saber y creer que Jesús es el Hijo de Dios encarnado que murió por nuestros pecados, pero, si carece de piedad, no se salvará. La insuficiencia salvífica de este conocimiento se agrava cuando se une a la depravación de la voluntad caída. A la voluntad caída no le importa tanto *que* Dios exista, sino que huye de *quién* es.

Este es el punto de los capítulos 3-4, antes de que Calvino pase a discutir la teología de la verdadera piedad. Este conocimiento comienza, como Calvino esbozó en el pasaje citado anteriormente, con el reconocimiento de la soberanía de Dios (véase el libro 1, capítulo 5 hasta el final del libro 1).

La preocupación de Calvino es que entendamos a Dios correctamente y a nosotros mismos ante Él. Así, debemos entendernos a nosotros mismos como caídos, pecadores y totalmente dependientes de Dios, y debemos entender a Dios como perfecto, incuestionable y creador y sustentador de nuestra existencia. Pero, como señala Pauck, esta doctrina implica la doctrina más famosa de Calvino sobre la predestinación.

> Del mismo modo que el hombre vive por la gracia gratuita de Dios, sobre la que no tiene ningún control y que debe recibir por fe, debe entender que su destino final depende en todos los aspectos de la voluntad de Dios.[38]

Hay una línea directa entre la tesis de Calvino sobre Dios y el hombre y su tesis sobre la predestinación, y, como ya se ha dicho, esta tesis se refiere principalmente a la vida piadosa. Se trata de la piedad, no de la epistemología. Pero ¿de qué manera, debemos preguntar, está vinculada la doctrina de Dios y el hombre a la predestinación?

---

[38] Wilhelm Pauck, "Calvin's 'Institutes of the Christian Religion'", *Church History* 15.1 (mar. 1946), 24. Véase también, Justo L. González, *A History of Christian Thought: From the Protestant Reformation to the Twentieth Century* (Nashville, TN: Abingdon Press, 1983), III:130.

El teísmo clásico en la visión de Calvino sobre Dios y el hombre

¿Qué nos revela la sabiduría sobre Dios? Para empezar, Calvino hace varias afirmaciones que suponen elementos del teísmo clásico. En particular, la doctrina de Dios y el hombre asume la relación causal que Aquino destaca en sus Cinco Vías. Calvino subraya que la sabiduría reconoce primero que Dios es el Primer Motor.[39] Empleando un lenguaje muy escolástico, Calvino afirma que nuestra existencia continuada es contingente al acto existencial de Dios.

Por lo tanto, como Calvino afirmaría en otra parte, Dios no es solo el creador de un momento, sino el sustentador perpetuo de todas las cosas. Este hecho es para Calvino el primer y más manifiesto aspecto de la relación piadosa del hombre con Dios. Es simultáneamente un reconocimiento de Dios como creador necesario, y puede inducir un reconocimiento de su bondad. Además, infunde en nosotros un profundo sentido de servidumbre, o mejor dicho, de humildad ante Dios.

Este es el sentido de la humildad que marca definitivamente la naturaleza de la sabiduría. Es siempre humilde ante Dios porque esta humildad reconoce la dependencia ontológica que el hombre tiene de Dios, así como la bondad gratuita de Dios al sostenernos. Además, la humildad de la piedad pone de manifiesto el absurdo y la vileza de nuestra rebeldía. Aquel cuya naturaleza se expresa en su bondad perpetua, que nos creó de la nada, nos sostiene por encima del abismo de la aniquilación, es aquel contra quien nos rebelamos. La teología natural declara la supremacía de Dios y el orgullo declara la supremacía del hombre. Ambas cosas no se pueden conciliar.

---

[39] Esto es evidente, como ya hemos visto, desde el comienzo de los *Institutes,* que declara que "nuestro ser no es más que la subsistencia en Dios". Calvino, *Institutes,* trans. Beveridge, 5. Paul Helm, además, señala que el tratamiento de Calvino de Dios como la 'primera causa' está en conexión directa con su control providencial de todas las cosas. Helm, *Calvin's Ideas,* 101.

Dado que las Cinco Vías concluyen con un argumento a favor de la existencia de Dios que implica una mano providencial, también es sorprendente que la primera de las observaciones piadosas de Calvino destaque a Dios como el Primer Motor, mientras que la segunda destaque a Dios como la mano providencial que gobierna el universo. Las dos doctrinas están siempre relacionadas. Así, apenas reconocemos a Dios como Creador, reconocemos a Dios como gobernador providencial del universo.

Esencialmente, el paso de Calvino de la creación a la providencia es la progresión natural de las doctrinas de Dios reveladas en la naturaleza y confirmadas en las Escrituras. Tal similitud no es una mera coincidencia, sino que constituye una prueba de la coincidencia total de la doctrina con el teísmo clásico.

Dado que la doctrina de Dios y el hombre se extiende a todas las demás doctrinas que se encuentran en los *Institutos*, su presencia es evidente en la discusión de Calvino sobre el *sensus divinitatis* (sentido de la divinidad). Para Calvino, este término denota un principio general que no está ligado a ninguna forma particular de conocer a Dios. Es un hecho empírico que la gran mayoría de los seres humanos creen en Dios, y se deduce que esta creencia es de alguna manera natural a la condición humana. La primera de estas formas de las que se habla, como vimos, se pone de manifiesto en el argumento cosmológico.

El tomista del siglo XX, Jacques Maritain, presentó esta noción como *l'intuition de l'être,* "la intuición del ser". Aquí, el individuo examina su propia existencia y es conducido por ella a la comprensión de que Dios existe y es el sustentador de todas y cada una de las cosas existentes. Maritain da un ejemplo concreto de esta inferencia cuando relata la experiencia de conversión de su esposa. La citó diciendo:

> Antes de recibir la fe... experimentaba a menudo una súbita intuición de la realidad de mi ser, del primer principio profundo, que me forma a partir de la nada. Una intuición poderosa cuya violencia a veces me

> asustaba y que me dio por primera vez el conocimiento de un absoluto metafísico.[40]

Esta intuición del ser podía ser desencadenada incluso por el más mundano de los encuentros existenciales.

> Más aún, a la vista de algo, una brizna de hierba, un molino de viento, un alma sabrá en un instante que estas cosas no son de por sí, y que Dios lo es. De repente... todas las criaturas se me aparecieron como un símbolo, y me pareció que tenían el único propósito de revelar al Creador.[41]

Mientras que el argumento cosmológico de Aquino razona desde los principios del ser hasta la realidad de un ser incausado, la veracidad de tal argumento, parece indicar Maritain, se conoce en un instante, antes de un acto de reflexión. La verdad que se reconoce en ambos casos es la misma, pero el método de su desvelamiento es diferente. No somos nuestros propios creadores. No soy yo quien me hace salir de la nada; es Otro. Y es Su misma acción la que me hace ser, y ser de la manera en que soy. Consideremos de nuevo la afirmación de Calvino: mi propia existencia (*esse*) no es otra cosa que la subsistencia en Dios solo.[42] Esta inferencia puede ser bastante sencilla para un modo de pensar cristiano, pero se apoya en un sistema metafísico bastante complejo, al que también se refiere la teología natural.

---

[40] *"Avant d'avoir reçu la foi...il m'est souvent arriver d'expérimenter par une intuition subite la réalité de mon être, du principe profond, premier, qui me pose hors du néant. Intuition puisante, dont la violence parfois m'effrayait et qui la première m'a donné la connaissance d'un absolu métaphysique"*. Jacques Maritain, *Distinguer Pour Unir ou Les Degrés du Savoir* (París: Desclée De Brouwer, 1946), 552.

[41] *"Ou bien encore, à la vue d'une chose quelconque, d'un brin d'herbe, d'un moulin à vent, une âme saura en un instant que ces choses ne sont pas par ells-mêmes, et que Dieu est. Subitement...toutes les creatures m'ont apparu à l'état de symbole, m'ont semblé avoir pour unique fonction de designer le Créateur"*. Maritain, *Distinguer Pour Unir,* 552

[42] Calvino, *Institutes*, 4.

Si bien es cierto que tal creencia es innata, no se trata de una idea innata, como propondrían los cartesianos aproximadamente cien años después. Más bien, este reconocimiento se intuye —casi emite— por nuestra propia existencia. Al saber lo que somos como seres dependientes, sabemos intuitivamente —no por inferencia racional, sino por un conocimiento de un origen más profundo— que hay uno del que dependemos. Calvino se refiere a ello como un "instinto natural" más que como algo arraigado en un modo de conocimiento conceptual.[43] Aun así, es una intuición no menos arraigada en la comprensión clásica de la jerarquía del ser que se encuentra en las pruebas de Aquino sobre la existencia de Dios.[44]

La pregunta sigue siendo: ¿de qué es la intuición? La respuesta, que probablemente parece obvia, es que nuestra intuición es del *ens* (ente). Así, la abstracción más alta en nuestro modo natural de conocer no es la abstracción más alta que el conocimiento puede alcanzar. La contingencia del ente intuido (*ens*) exige que haya una categoría superior: el *esse*. *Esse* es anterior a *ens* porque *ens* es la formación (o determinación) de *esse* en una cosa. El *esse* es el "ser" de un ente (*ens*). Sin embargo, en un ente no solo se encuentra el "ente" como "aquello" que encontramos, sino también el "ente" como un "qué". En palabras de Maritain, "todo esto equivale a decir que el concepto de existencia no puede desprenderse del concepto de esencia".[45] El ente se encuentra en toda su complejidad, desde la inmediatez de su ser determinado hasta su dependencia de un Ser determinante. En otras palabras, es dentro de esta complejidad donde Dios se revela como *Ipsum Esse Subsistens*, el Ser Autosubsistente.

Maritain sostuvo que esta intuición no solo se alcanza a través de la experiencia de los seres, sino también, teleológicamente, a través de

---

43 Calvino, *Institutes*, 1.3.1.

44 Véase Tomás de Aquino, *Summa Theologiæ*, Parte 1, Pregunta 2, Artículo 3.

45 "*Tout cela revient à dire que le concept de l'existence ne peut pas être détaché du concept d'essence*". Jacques Maritain, *Court Traité De L'Existence et de L'Existant* (París: Paul Hartmann, 1947), 46. Véase también, Frederick D. Wilhelmsen, *Man's Knowledge of Reality* (Englewood Cliffs, NJ: Prentice-Hall, 1956), 139-140.

la propia experiencia religiosa. La intuición del ser no solo pone en marcha el asentimiento del intelecto al ente (*ens*), sino también su asentimiento a Dios a través de alguna otra forma de experiencia. Por lo tanto, también hay que señalar que existe otra vía de acceso a la intuición del ente: la religión.

Para el individuo religioso, la intuición se hace eco en el anhelo del corazón por su Creador y se conoce en la contingencia inmediata del *ens*. El ser declara la gloria de Dios y señala el camino hacia Su salón del trono. No es de extrañar, pues, que éste sea el primer paso de la piedad: reconocer a Dios como el Ser Supremo, y a nosotros mismos como pertenecientes a Él. En verdad, como escribe Calvino, desmenuzando las implicaciones de Hechos 17:28, nuestra existencia no es otra cosa que la subsistencia en Él; y en verdad es una locura y la máxima impiedad tratar de anular esta verdad evidente.

Juan Calvino sobre la Providencia

Aunque ya lo hemos discutido hasta cierto punto, ahora debemos pasar a la doctrina de la providencia. Tal vez la prueba más contundente de la deuda del calvinismo con los puntos de vista teístas clásicos elaborados por los escolásticos medievales se encuentre aquí. David Hogg ha llegado a afirmar que el tratamiento escolástico de este tema por parte de Pedro Lombardo y Tomás de Aquino debe considerarse como "preparatorio y fundacional" de la propia enseñanza de los Reformadores.[46] Del mismo modo, Helm afirma que el punto de vista de Calvino sobre la providencia es "el punto de vista cristiano estándar", y como resultado es esencialmente el mismo que el de Aquino.[47] El propio Turretin se solidarizó con el punto de vista tomista sobre la providencia

[46] David S. Hogg, "'Sufficient for All, Efficient for Some': Definite Atonement in the Medieval Church", en *From Heaven He Came and Sought Her*, ed. David Gibson y Jonathan Gibson (Wheaton, IL: Crossway, 2013), 75. David Gibson y Jonathan Gibson (Wheaton, IL: Crossway, 2013), 75.

[47] Helm, *Calvin's Ideas*, 95.

y la predestinación, citándolo contra una serie de herejías florecientes en su época.[48]

Hablando de la doctrina relacionada de la simplicidad, James Dolezal afirma que los reformadores no alteraron tanto la doctrina como "hicieron más explícitas las motivaciones bíblicas de la doctrina".[49] Lo mismo puede decirse de la doctrina de la providencia. Así, aunque sus compromisos filosóficos no sean tan explícitos como los de Turretin, el tratamiento que Calvino da a esta doctrina es esencialmente una traducción más pastoral de las altas enseñanzas escolásticas, con un mayor énfasis (apropiado) en las enseñanzas de las Escrituras.

Calvino trata más explícitamente la doctrina de la elección en el tercer libro de las *Instituciones*, definiéndola como sigue:

> Por predestinación entendemos el decreto eterno de Dios, por el cual determinó por sí mismo lo que quería que sucediera con respecto a cada hombre. No todos han sido creados en igualdad de condiciones, sino que unos están predestinados a la vida eterna, otros a la condenación eterna; y, en consecuencia, como cada uno ha sido creado para uno u otro de estos fines, decimos que ha sido predestinado a la vida o a la muerte.[50]

Este no es el único lugar en el que discute la doctrina de la predestinación, y ciertamente nunca deberíamos aislar el tratamiento de Calvino de la predestinación específicamente de la providencia en general. La predestinación se define como "el decreto eterno de Dios" más arriba, pero esta misma definición se aplica también a la "providencia" en el Libro 1.[51]

La providencia, pues, se entiende mejor como el decreto de Dios sobre todas las cosas en cuanto existen, mientras que la predestinación

---

[48] Turretin, *Institutes*, I:502.

[49] James E. Dolezal, *God Without Parts: Divine Simplicity and the Metaphysics of God's Absoluteness* (Eugene, OR: Pickwick Publications, 2011), 8.

[50] Calvino, *Institutes*, 610.

[51] Calvino, *Institutes*, 116.

es una subcategoría de la providencia, que se refiere al decreto de Dios sobre los fines de sus criaturas, sean buenos o malos, especialmente en lo que se refiere a las cuestiones salvíficas. Por tanto, es un error leer estas dos doctrinas de forma aislada. Lo más adecuado es entenderlas como la misma doctrina funcionalmente discutida bajo diferentes puntos de vista.

Si ampliamos nuestro estudio más allá de los *Institutos*, encontramos que el tema se trata directamente en el libro de Calvino *Concerniente a la predestinación eterna de Dios* (Concerning the Eternal Predestination of God). Allí nos proporciona una mejor definición de la providencia:

> Entendemos por providencia no una observación ociosa por parte de Dios en el cielo de lo que ocurre en la tierra, sino su gobierno del mundo que Él hizo; porque Él no es el creador de un momento, sino el gobernador perpetuo. Así, la providencia que atribuimos a Dios pertenece no solo a sus ojos, sino a sus manos. Por eso se dice que gobierna el mundo en su providencia, no solo porque vigila el orden de la naturaleza impuesto por Él mismo, sino porque tiene y ejerce un cuidado particular de cada una de sus criaturas. Porque es cierto que, así como la creación del mundo fue bellamente ordenada por la admirable sabiduría de Dios, no puede persistir en el ser si no es sostenida por su virtud.[52]

Como hemos visto, la tesis de Calvino sostenía que la providencia es el despliegue narrativo del "poder de movimiento" de Dios.[53] Un poco más adelante Calvino refuerza esta afirmación con la aseveración de que "la providencia consiste en la acción".[54] Ambos términos, "movimiento" y "acción", se entienden en el pensamiento escolástico como expresión del dinamismo del ser. Así, en esencia, la afirmación de Calvino es la misma

---

[52] Juan Calvino, *Concerning the Eternal Predestination of God*, trad. J. K. S. Reid (Londres: James Clarke and Co., 1961), 162.

[53] Calvino, *Institutes*, 114.

[54] Calvino, *Institutes*, 116.

que la de Aquino: la providencia se extiende hasta la propia existencia contingente. Si una cosa existe en la creación, su existencia está de acuerdo con el decreto providencial de Dios. Es por el decreto de Dios que el mundo llegó a existir, y es por este mismo decreto que permanece en existencia. Por tanto, no se puede llegar a un fin si no es por la guía de Dios. Esto no es menos cierto en lo que respecta a la teleología de la naturaleza, y a la narración del plan salvífico de Dios.

La predestinación es una doctrina que Calvino pensó que estaba claramente enseñada en las Escrituras, pero que entendió que funcionaba metafísicamente de la misma manera que Aquino la expresó en *ST*, Parte 1, Pregunta 22-23. El punto de vista de Calvino sobre la predestinación no es el de un Dios entrometido que intenta anular la voluntad de sus criaturas. Su punto de vista es el de un Dios que es la propia condición de base de las voluntades de sus criaturas.

De hecho, la única diferencia real entre el relato de Aquino y el de Calvino es que Aquino separa los actos providenciales de Dios en las dos categorías de "predestinación" y "reprobación", mientras que Calvino combina las dos en el único término "predestinación". La predestinación, como doctrina, es quizás el tema más relevante de la teología de Calvino que evidencia la "fe que busca el entendimiento". Y ya debería estar claro que esta comprensión se ve reforzada por un compromiso con el teísmo clásico, enraizado en ese conocimiento existencial de Dios que se puede extraer de la naturaleza.

Conclusión

Como he demostrado, no hay ninguna animosidad entre el teísmo clásico y el paradigma calvinista. Por el momento solo hemos examinado dos doctrinas, aunque dos doctrinas que residen en el corazón del cristianismo católico. Hay otras doctrinas relacionadas a las que podríamos haber recurrido fácilmente. Turretin, por ejemplo, expresó claramente su compromiso con la doctrina de la simplicidad divina. Pero a estas alturas la cuestión debería estar clara.

Es una burda caricatura decir de la confianza del teísta clásico en la teología natural que ha recurrido al "teísmo griego como fundamento del cristianismo".[55] Si este punto de vista pretende ser el punto de vista reformado o "calvinista", está mal etiquetado. La impiedad de la que pretende acusar al teísta clásico no es, dentro del sistema calvinista, ninguna impiedad. No hay una rebelión más profunda en el trabajo. De hecho, sin el tipo de rebelión descrita en el sistema calvinista antes mencionado, es difícil ver qué significado coherente podría darse a tal acusación.

Baste decir por ahora que el teísmo clásico reside en el corazón mismo del calvinismo, y reside allí como el fundamento metafísico de dos de las doctrinas más importantes de todo el sistema. Si se rechaza, también se podría rechazar el calvinismo por completo.

---

[55] Cornelius Van Til, *The Defense of the Faith*, 4ta ed., ed. K. Scott Oliphint (Phillipsburg, NJ: P&R, 2008), 239.

§11. EL ARGUMENTO TRASCENDENTAL DE VAN TIL Y SUS ANTECEDENTES

John R. Gilhooly

En este capítulo, examino los argumentos trascendentales de Cornelius Van Til y sus antecedentes históricos. El propósito del estudio es mostrar la manera en que los argumentos de Van Til se apartan de los relatos trascendentales tradicionales y en qué medida su estructura es similar.[1]

En la sección 1, expongo algunos términos clave que se encuentran en las discusiones sobre Van Til. En la sección 2, discuto dos importantes argumentos trascendentales de grandes pensadores históricos, Aristóteles (384-322 a.C.) e Immanuel Kant (1724-1804

---

[1] No pretendo demostrar la influencia histórica entre Van Til y ningún pensador anterior, aunque él reconoce que ha recogido información de Immanuel Kant. El objetivo aquí es un análisis sintético de la estructura y función de sus argumentos trascendentales. Las entradas completas sobre los argumentos trascendentales, con la bibliografía que las acompaña y la discusión de la literatura, pueden encontrarse en Robert Stern. "Transcendental Arguments", *The Stanford Encyclopedia of Philosophy* (Summer 2017 Edition), Edward N. Zalta (ed.),
URL = https://plato.stanford.edu/archives/sum2017/entries/transcendental-arguments/ así como Adrian Bardon. "Transcendental Arguments", *The Internet Encyclopedia of Philosophy,* James Fieser y Bradley Dowden (eds.),
URL = http://www.iep.utm.edu/trans-ar/

d.C.). En la sección 3, sostengo que si los argumentos de Van Til son meramente argumentos deductivos o abductivos disfrazados, entonces fallan. Sin embargo, él insiste en que son totalmente diferentes. Intento mostrar cómo se podría interpretar esa defensa. En la sección 4, concluyo que la mejor lectura del enfoque de Van Til lo distingue de los argumentos anteriores, pero solo con respecto a la audacia y el alcance de su premisa trascendental.

Van Til sobre los argumentos trascendentales

Uno de los alumnos más famosos de Van Til, Greg Bahnsen, resume el uso que hace su maestro del argumento trascendental de la siguiente manera:

> El incrédulo intenta alistar la lógica, la ciencia y la moral en su debate contra las verdades del cristianismo. La apologética de Van Til responde a estos intentos argumentando que solo la verdad del cristianismo puede rescatar el sentido y la coherencia de la lógica, la ciencia y la moral. El desafío presuposicional al incrédulo es guiado por la premisa de que solo la visión cristiana del mundo proporciona las condiciones filosóficas previas necesarias para el razonamiento y el conocimiento del hombre en cualquier campo. Esto es lo que se entiende por una defensa "trascendental" del cristianismo... En resumen, la apologética presuposicional argumenta a favor de la verdad del cristianismo "desde la imposibilidad de lo contrario".[2]

Este método para fundamentar los compromisos básicos de la filosofía, como la lógica y la inferencia, está bien establecido filosóficamente. De hecho, Aristóteles proporciona tales pruebas indirectas para los axiomas ya en la *Metafísica*. En la filosofía contemporánea, el enfoque de Van Til se compara frecuentemente con la metodología de Immanuel Kant,

---

[2] Greg Bahnsen. *Van Til's Apologetic*: *Readings and Analysis* (Phillipsburg, NJ: P&R Publishing, 1998): 5-6.

tal como se encuentra (por ejemplo) en su *Crítica de la razón pura* (Critique of Pure Reason). Van Til debe concebir su argumentación como diferente a la de estos dos ejemplos anteriores porque considera que su proyecto es radicalmente cristiano, a diferencia del de Aristóteles o Kant.

Sin embargo, lo que Van Til tiene en común con estos otros pensadores es su deseo de reflexionar sobre lo que debe ser el caso con respecto a algún hecho *x* si *x* ha de ser *x*. En otras palabras, escribe, "un argumento verdaderamente trascendental toma cualquier hecho de la experiencia que desea investigar, y trata de determinar cuáles deben ser los presupuestos de tal hecho, para que sea lo que es".[3]

Es importante reconocer que una "presuposición", para Van Til, no se refiere a una hipótesis explícita, pero en última instancia revisable, sostenida por el proponente de la posición cristiana. En cambio, se refiere a una convicción *trascendental* que sirve como principio regulador de la visión del mundo de una persona. En este sentido, los presupuestos son sorprendentemente similares en su función a los postulados prácticos de la ética de Kant (las ideas teológicas, cosmológicas y psicológicas).

Por lo tanto, los presupuestos no son, para Van Til, simplemente aquellas premisas que tienen prioridad lógica en el razonamiento del hombre. Tampoco son aquellos hechos sobre el mundo que el hombre aprende primero. Por el contrario, son el "punto de referencia último o final en la interpretación humana".[4]

Versiones históricas del argumento

En filosofía, el término "argumento trascendental" se asocia con mayor frecuencia a Immanuel Kant. Él lo introduce en un intento de explicar un tipo de argumento con una estructura y un propósito únicos, a saber,

---

[3] Cornelius Van Til. *A Survey of Christian Epistemology* (Filadelfia: P&R, 1969): 10.

[4] Cornelius Van Til. *The Defense of the Faith*, rev. 3rd edition. (Phillipsburg, NJ: Presbyterian & Reformed Publishing Co, 1967): 77.

establecer la validez de ciertos principios teóricos contra el escéptico. En otras palabras, los argumentos trascendentales son argumentos antiescépticos.

La estructura de los argumentos es única en el sentido de que contienen una determinada premisa (en adelante PT por "Premisa Trascendental") que afirma que se requiere alguna condición *X* para la inteligibilidad, racionalidad o posibilidad de *Y*, donde *Y* es un hecho o principio acordado. Por lo tanto, los argumentos "proceden hacia atrás" desde algún fenómeno hasta el aparato causal o lógico necesario para que ese fenómeno sea posible o explicable. Si bien la metodología es particularmente aguda en Kant, debido a su preocupación por un escepticismo como el de Hume, la técnica, en sentido amplio, es antigua.[5]

En esta sección, analizaré los argumentos trascendentales de Aristóteles y Kant. Por supuesto, estos no son los únicos pensadores que hacen uso de esta técnica. Se puede encontrar en Aquino,[6] Descartes,[7] Wittgenstein,[8] y, estoy seguro, otros. He elegido a Aristóteles y Kant porque sus tratamientos están bien citados en la literatura. El propósito de este estudio no es ofrecer un tratamiento exhaustivo de ninguno de los dos pensadores sobre este tema, una tarea esencialmente imposible por el peso de las reflexiones secundarias sobre la cuestión.

En cambio, mi objetivo es proporcionar interpretaciones "estándar" del uso de los argumentos trascendentales por parte de los dos pensadores, con el fin de descubrir la estructura básica de su razonamiento a favor de determinados principios. Es con respecto a la estructura de los argumentos que se puede ver que se anticipan a Van

---

[5] Entre los autores de este tipo de argumentos (ya sean historiadores o especialistas en ética) existe la preocupación de que el término argumentos trascendentales se haya interpretado de forma demasiado amplia. Aunque creo que la preocupación está bien justificada, no voy a derramar tinta sobre ella aquí.

[6] *Super Boethium De Trinitate* 1.1.c

[7] Enrique Chávez-Arvizo, *Descartes: Key Philosophical Writings*, trans. Elizabeth S. Haldane y G.R.T. Ross. (Herftordshire, Reino Unido: Wordsworth Editions Limited, 1997): 140.

[8] Ludwig Wittegenstein, *On Certainty* (Oxford: Basil Blackwell, 1969): párrafo. 383.

Til. Claramente, Van Til utiliza la técnica con un propósito ajeno a los objetivos de Aristóteles o Kant.[9]

Sin embargo, el énfasis en las líneas generales de la estructura es importante debido a la pretensión de Van Til de producir una metodología apologética exclusivamente cristiana. Si los argumentos trascendentales, cualquiera que sea su forma, no pueden distinguirse claramente, desde el punto de vista estructural, de otras formas de argumentación, entonces la pretensión de que proporcionen una metodología única se derrumba. Este colapso sería independiente de si el argumento era sólido o eficaz.

Aristóteles

Muchos estudiosos interpretan el argumento de Aristóteles sobre la ley de no contradicción como un argumento trascendental. El argumento procede de su *Metafísica*.[10] Algunos estudiosos se han referido a su enfoque como un argumento "retorsivo", lo que significa simplemente que vuelve la afirmación del oponente sobre sí misma.[11] Funciona mostrando que alguna afirmación del oponente contiene implícita o explícitamente la afirmación contraria.

Por lo tanto, la afirmación del oponente es contraproducente. La diferencia entre este tipo de argumento y una *reductio* estándar es que este argumento se basa en una sola afirmación en lugar de un conflicto entre las premisas del argumento en alguna etapa de la vinculación. En otras palabras, la refutación de Aristóteles procede mostrando que, *lo sepa o no el oponente*, éste se basa en el principio en cuestión siempre que lo niega. Por tanto, existe un compromiso lógico con un principio

---

[9] Como admite con referencia a Kant.

[10] 1005b35-1006a28.

[11] Christian F. R. Illies. *The Grounds of Ethical Judgement: New Transcendental Arguments in Moral Philosophy* (Oxford: Clarendon Press, 2003): 45-47. Illies distingue entre dos formas de tomar el argumento trascendental, la exploratoria y la retorsiva.

aunque éste sea tan poco claro para el oponente que pueda afirmar la negación de dicho principio.

En el caso de Aristóteles, la cuestión es si es posible juzgar que una misma cosa sea y no sea (en el mismo momento y respecto). A Aristóteles le parece que la afirmación es evidentemente falsa y que una exigencia de prueba del principio de no contradicción es ignorante. Sin embargo, existe una prueba negativa del principio, a saber, que el oponente hace cualquier afirmación. Si uno afirma *cualquier cosa*, incluso algo tan directamente falso como "a y ~a", ya está comprometido con algún hecho (es decir, con lo que haya afirmado).

Por lo tanto, el escepticismo sobre tales principios es contraproducente. La condición previa de cualquier negación significativa es la ley de no contradicción. Por lo tanto, negar la ley de no contradicción hace imposible el discurso. Sin embargo, si el oponente no habla, entonces no vale la pena refutarlo ya que entonces no será, como dice Aristóteles, mejor que un vegetal. Así pues, aunque Aristóteles no concibe esta táctica como una prueba *per se*, sí cree que es suficiente para establecer la firmeza de nuestro compromiso con la ley de no contradicción.

Obsérvese que la consecuencia de este modo de argumentar es que no demuestra la ley de no contradicción, sino que nadie puede dejar de creer realmente que es verdadera. Esto significa que este método dialéctico de argumentación produce un resultado epistemológico, si no ontológico. Y eso es perfectamente aceptable para Aristóteles, que piensa que la naturaleza del argumento y de la prueba debe ser isomorfa al campo de la investigación.

Kant

El enfoque trascendental más famoso de la argumentación procede de Immanuel Kant, a quien generalmente se atribuye la técnica. [12] Después

---

[12] Para un tratamiento (relativamente) sucinto y lúcido del enfoque de Kant (y la discusión secundaria), véase Derk Pereboom, "Kant's Transcendental Arguments", *The Standford Encyclopedia of Philosophy*, Edward N. Zalta (ed.), URL

de Kant, la técnica se encuentra en muchos autores del siglo XX. La versión más notable del argumento para nuestros propósitos se encuentra en la *Crítica de la razón pura* (Critique of Pure Reason) de Kant.[13] Al igual que Aristóteles, Kant emplea la técnica como argumento antiescéptico. En su caso, la preocupación era si ciertas ideas básicas de lo que parece ser un conocimiento experimental (digamos, la existencia de objetos materiales o la causalidad) podían contar como conocimiento. De hecho, el "programa trascendental" de Kant tiene como objetivo examinar el conocimiento humano para determinar los elementos *a priori* de nuestro pensamiento o, en otras palabras, lo que aportamos a nuestro conocimiento en virtud de los tipos de mente que tenemos. Así, trascendental, para Kant, se emplea generalmente en oposición a empírico.

Kant considera que las percepciones de una persona son recibidas por un solo sujeto (la persona o el yo), que es consciente de sus propias percepciones. Pero, el hecho de esta unidad de percepción significa que algo ha unido todas las diversas percepciones (digamos, el color, el calor, lo que sea). Sin embargo, esta síntesis solo puede explicarse por una actividad del entendimiento. Por lo tanto, se genera (parcialmente) en virtud de las facultades *a priori*. Por lo tanto, la unidad de mis percepciones (o al menos la unidad *percibida* de mis percepciones) presupone que los conceptos a priori pueden adjuntarse a los objetos empíricos.[14]

La forma genérica del argumento trascendental es suficientemente clara en este esbozo. Para que tengamos percepciones unificadas de los objetos (ya sean externos o no), deberíamos tener un medio para producir

---

= https://plato.standford.edu/archives/spr2018/entries/kant-transcendental/.

[13] Su llamada "Deducción transcendental" A84-130/B116-169. El uso que hace Kant de la deducción no significa que interprete el argumento de la sección como deductivo en nuestro sentido.

[14] Obviamente, esto hace que se trabaje rápidamente con una enorme cantidad de material. Para la discusión, véase Peter Frederick Strawson, *The Bounds of Sense: An Essay on Kant's Critique of Pure Reason* (Londres: Methuen, 1966); Paul Guyer, *Kant and the Claims of Knowledge* (Cambridge: Cambridge University Press, 1987); y Lawrence Kaye, *Kant's Transcendental Deduction of the Categories: Unity, Representation, and Apperception* (Landham, MD: Lexington Books, 2015).

la unidad. Las categorías *a priori* son ese medio. Por tanto, nuestros objetos perceptivos están conformados por los *a priori*, y son posibles los juicios sintéticos *a priori*. De ahí que el escepticismo (de tipo Humeano) fracase. O, lo que es lo mismo, el argumento.

Estructura de los argumentos históricos

El propósito de un argumento trascendental es antiescéptico, pero la estructura de los dos argumentos aquí considerados es diferente. La diferencia tiene que ver en gran medida con la naturaleza del escepticismo al que se dirigen los dos argumentos.

Daniel Coren ha interpretado recientemente el argumento de Aristóteles de esta manera:[15]

> (1) Un escéptico puede decir algo o nada.
> (2) Si un escéptico no dice nada, no puede razonar con nadie. Ni nadie puede razonar con él.
> (3) Decir "algo" es decir algo que es significativo para uno mismo y para otro.
> (4) Si algo se dice, entonces al menos una cosa está determinada.
> (5) Si al menos una cosa es determinada, entonces no todo es "así y no así".
> (6) O no se puede razonar con el escéptico y nadie puede razonar con él, o admite que no todo es "así y no así".

Ahora bien, el argumento de Aristóteles no constituye una prueba de la ley de no contradicción, como él mismo admite. Al fin y al cabo, la ley de la no contradicción es un primer principio del pensamiento y, por tanto, no es el tipo de cosa que se pueda demostrar. La naturaleza trascendental de la "prueba" que tenemos aquí a la vista muestra que la

---

[15] Daniel Coren, "Why Does Aristotle Defend the Principle of Non-Contradiction Against its Contrary?" *The Philosophical Forum* 49 (2018): 39-59. Véase también Michael V. Wedin, "Aristotle on the Firmness of the Principle of Non-Contradiction" *Phronesis 49 (2004)*: 225-265.

actividad del escéptico (es decir, sus afirmaciones) están atrapadas en una creencia o uso tácito de la ley —aunque él lo niegue. No es posible una prueba directa, ya que sería un cuestionamiento (y, por tanto, no una prueba). Pero se puede demostrar que la actividad del escéptico implica un compromiso con un determinado principio. Si no se acepta esto, no tiene sentido seguir discutiendo el asunto, ya que cualquier persona racional aceptará la legitimidad de la ley.

En este caso, Aristóteles ha intentado mostrar que algún PT hace que la premisa inicial *requiera* un compromiso con algún hecho discutido.[16] Por ejemplo:

> (7) Empédocles afirma *x*.
> (8) Si Empédocles afirma *x*, entonces Empédocles está comprometido con la ley de no contradicción.
> (9) Por lo tanto, Empédocles está comprometido con la ley de no contradicción.

La reconstrucción de Coren arriba (1-6) pretende mostrar cómo Aristóteles argumentaría (8), que es el PT de su argumento trascendental.

En el caso de Kant, el argumento es ligeramente diferente. Él cree que es posible probar su argumento (pero nótese que la cuestión en disputa aquí no es un axioma de la razón). Sostiene que (por ejemplo) se puede saber que existe un mundo exterior. George Dicker construye su argumento como sigue:[17]

> (10) Soy consciente de mi propia existencia en el tiempo; es decir, soy consciente, y puedo serlo, de que tengo experiencias que ocurren en un orden temporal concreto.

---

[16] No se trata de intentar analizar el argumento que él presentó utilizando las definiciones que ahora son estándar en la literatura, especialmente porque era un pensador peculiarmente insular y es poco probable que esas definiciones capten sus intenciones. Dado que este capítulo no pretende defender el argumento trascendental (contra el escepticismo o a favor de la existencia de Dios), dejo como tarea si los desarrollos de la lógica parcial pueden fortalecer (o salvar) su proyecto.

[17] George Dicker, "Kant's Refutation of Idealism", *Nous* 42: 80-108.

(11) Puedo ser consciente de tener experiencias que ocurren en un orden temporal específico solo si percibo algo permanente por referencia a lo cual puedo determinar su orden temporal.
(12) Ningún estado consciente propio puede servir como este marco de referencia persistente.
(13) El tiempo en sí mismo no puede servir como este marco de referencia persistente.
(14) Si (11) y (12) y (13), entonces puedo ser consciente de tener experiencias que ocurren en un orden temporal específico solo si percibo objetos persistentes en el espacio fuera de mí por referencia a los cuales puedo determinar el orden temporal de mis experiencias.
(15) Por lo tanto, percibo objetos persistentes en el espacio fuera de mí por referencia a los cuales puedo determinar el orden temporal de mis experiencias.

En este caso, la premisa inicial es algo con lo que tanto Kant como su interlocutor estarían de acuerdo. En otras palabras, tanto Kant como el oponente estarían de acuerdo en que son conscientes del orden temporal. A continuación, Kant argumenta que la condición para que se dé este hecho es la percepción de los objetos externos. Así, el argumento trascendental se simplifica como:

(16) Si percibo la sucesión temporal, entonces percibo los objetos externos.
(17) Percibo la sucesión temporal.
(18) Por lo tanto, percibo los objetos externos.

Así que, de nuevo, nos encontramos con un determinado condicional —la versión de pregrado es (16)— que establece la condición sobre la que es posible algún hecho acordado. En ambos casos, (8) y (16), lo que es crucial para el éxito del gambito es un argumento independiente para la veracidad del PT. Ahora bien, la vinculación expresada en el PT (Premisa Trascendental) es lo que los apologistas presuposicionalistas llaman una presuposición.[18] El argumento trascendental arranca al oponente del acuerdo inicial hacia algún otro encadenamiento so pena de contradicción o sinsentido.

Lo que llama la atención en el uso que hace Van Til de la técnica es que la aplica no al escepticismo general (digamos, sobre los axiomas, los objetos externos o la causalidad), sino a la incredulidad en el (la existencia del) Dios cristiano revelado en la Biblia. Una cosa sería aplicarla únicamente a la concepción de Dios (es decir, al Dios omnipresente de los filósofos), pero la ambición de Van Til es mayor que eso. Quiere mostrar que la totalidad de la religión cristiana está (prácticamente) presupuesta en ciertas actividades básicas de toda persona humana.[19] Así que, a primera vista, la singularidad del enfoque de Van Til no es estructural. En cambio, lo que es único en su enfoque es la audacia de su PT.

La otra desviación de los relatos históricos del argumento trascendental es que Van Til ve su proyecto como una apologética exclusivamente cristiana y distinta de otros argumentos y métodos apologéticos utilizados por los cristianos. En parte, parte de su razón para distinguir su propio relato tiene que ver, sugeriré, no con las

---

[18] En la literatura filosófica, la noción de presuposición es algo discutida, pero en general el relato de Strawson es estándar. Dice que *x* presupone a *y* en el caso de que *y* sea verdadera si *x* es verdadera o falsa. Van Til puede tener algo así en mente, aunque nunca presenta argumentos técnicos en un estilo analítico. De hecho, su estrategia habitual era presentar el punto de vista sin recurrir a los dispositivos de la filosofía académica. Bahnsen da el ejemplo del panfleto de Van Til, *Por qué creo en Dios*, y escribe: "No pretendía ser filosóficamente complejo en su contenido ni excesivamente erudito en su estilo... Ofrece una ilustración profunda y legible del argumento 'trascendental' a favor de la verdad de la cosmovisión cristiana, pero sin recurrir a llamarlo así ni a utilizar otro lenguaje filosófico". Véase *Apologética de Van Til: Reading and Analysis* (Phillipsburg, NJ: P&R Publishing, 1998): 120. Este hecho añade a veces confusión para el análisis académico de la estructura de su argumento, ya que puede estar utilizando palabras (por ejemplo, presuposición) que tienen un significado técnico en la filosofía analítica del siglo XX, pero sin someterse al mismo léxico.

[19] Lo asume en todo momento, pero véase, por ejemplo, Van Til, *Common Grace and the Gospel* (Nutley, N.J.: Presbyterian and Reformed, 1964), 84; o, Van Til, *The Defense of the Faith* (Philadelphia: P&R, 1963), 103-4.

capacidades estructurales de los argumentos que emplea, sino con la audacia de su PT y su negativa a admitir un terreno neutral en la discusión.

Interpretaciones del argumento de Van Til

Parte de la dificultad para evaluar la similitud o dependencia de este tipo de razonamiento es que la escritura de Van Til es opaca.[20] Además, a menudo se apoya en afirmaciones sin explicar cómo se justificarían incluso en su propio sistema.[21] Por lo tanto, incluso sus estudiantes más cercanos han discrepado sustancialmente con respecto a lo que esperaba lograr con su método apologético, qué argumentos alternativos aceptaría, cómo funcionaba su argumento trascendental en particular, etc.

Sin embargo, parece claro que Van Til discute lo que parece ser un método genérico de apologética más que una prueba distinta de la existencia de Dios o de la verdad del teísmo cristiano. En parte, esto se debe a que considera que cualquier prueba directa es redundante o idolátrica. Obsérvese que la preocupación por la prueba directa es diferente a la de Aristóteles.

Aristóteles dice que, en principio, no se puede ofrecer ningún argumento para la ley de no-contradicción, ya que cualquier argumento de este tipo sería un cuestionamiento. La preocupación de Van Til es que el oponente no está en igualdad de condiciones con el cristiano. Por lo tanto, cualquier prueba putativamente directa concede que hay algún

---

[20] De nuevo, la cuestión aquí no es si podemos formular una explicación peculiarmente fuerte del argumento trascendental para Dios. El punto es lo que podemos interpretar que Van Til tenía en mente y cómo eso tiene similitudes estructurales con formas anteriores de argumento trascendental.

[21] Parece que una de las mayores quejas contra Van Til (especialmente en lo que se refiere al argumento trascendental) es que no expone claramente lo que es. Por ejemplo, Gordon Clark, "Apologetics", en *Contemporary Evangelical Thought*, ed. Carl F. H. Henry, 140, o Norman Geisler, *Christian Apologetics* (Grand Rapids: Baker, 1976), 58; ambos sugieren que lo que él llama argumento trascendental es realmente fideísmo.

espacio intelectual compartido entre el ateo y el cristiano en el que la razón puede funcionar de forma autónoma. Dado que sus presuposiciones le dicen que esto no es cierto, el método de la prueba directa es inapropiado.

Por lo tanto, es necesario un método indirecto, y un enfoque trascendental proporciona tal método indirecto.

El PT de su método se repite con cierta regularidad en sus escritos. Por ejemplo, dice:

> La única "prueba" de la posición cristiana es que, a menos que se presuponga su verdad, no hay posibilidad de "probar" nada en absoluto.[22]
> Los cristianos solo pueden dar testimonio de este Dios si afirman con humildad, pero con valentía, que solo la presuposición de la existencia de este Dios y del universo en todos sus aspectos como revelación de este Dios, es el fundamento y el límite de los esfuerzos interpretativos del hombre.[23]
> Me propongo argumentar que, a menos que Dios esté detrás de todo, no se puede encontrar sentido a nada. Ni siquiera puedo argumentar a favor de la creencia en Él, sin haberlo dado por sentado. Y del mismo modo, sostengo que no se puede argumentar en contra de la creencia en Él a menos que también se dé por sentado. Discutir sobre la existencia de Dios, sostengo, es como discutir sobre el aire. Usted puede afirmar que el aire existe, y yo que no. Pero mientras debatimos el punto, ambos estamos respirando aire todo el tiempo. O, para usar otra ilustración, Dios es como el emplazamiento en el que deben estar las mismas armas que se supone que le van a disparar para que deje de existir.[24]

---

[22] Cornelius Van Til, "My Credo", en *Jerusalem and Atenas*, ed. E. R. Geehan (Filadelfia: Presbyterian and Reformed, 1971): 21.

[23] Van Til, *Defense of the Faith*, 198.

[24] Cornelius Van Til, *Why I Believe in God* Tracts for Today, nº 9 (Comité de Educación Cristiana de la Iglesia Presbiteriana Ortodoxa), 1948. Para el texto del original véase, Bahnsen, *Van Til's Apologetic*, 120-143. En este último ejemplo, vemos claramente la distinción entre presuposición y suposición en un sentido más estándar.

Independientemente del contenido específico en cuestión en un encuentro apologético, en el método de Van Til, la posición no cristiana toma prestado el capital (inconscientemente) de la posición cristiana. Por lo tanto, la posición no cristiana es autodestructiva y susceptible de ser argumentada de forma trascendental. El resultado de este tipo de razonamiento es que la inteligibilidad del mundo (bajo cualquier epígrafe que se discuta) siempre se basa en un compromiso (al menos) tácito con las verdades del teísmo cristiano. Para Van Til, negar que sea así conduce al absurdo o a la incapacidad de decir algo con sentido.

Ahora bien, toda la apologética cristiana tiene como objetivo demostrar que el teísmo cristiano es verdadero y que las posiciones contrarias son falsas. De hecho, cualquier argumento abductivo a favor de la existencia de Dios (como las numerosas versiones empleadas por la apologética clásica) pretende mostrar que toda la evidencia está a favor del teísmo y que el ateísmo no tiene nada que ofrecer. Si el enfoque de Van Til es realmente distintivo, lo distintivo del enfoque de Van Til debe encontrarse en la naturaleza del argumento que emplea (el argumento putativamente trascendental). Parece claro que Van Til cree que el argumento trascendental es lo que hace que su enfoque sea único.

En esta sección, ofrezco varias interpretaciones posibles de un argumento trascendental para Dios. La clave es mostrar cómo funciona su PT. Este análisis mostrará que la apologética de Van Til no es tan distintiva como él suele sugerir por dos razones. En primer lugar, el PT de Van Til es tan ambicioso que las versiones deductivamente válidas de su argumento trascendental equivalen a un cuestionamiento, y por lo tanto fracasan como argumentos. Ahora bien, Van Til dice que no considera que el argumento sea deductivo, pero tampoco explica por qué es así (por ejemplo, ofreciendo un análisis lógico parcial o una lógica multivaluada, etc.). En segundo lugar, las interpretaciones abductivas de su argumento exigen que los argumentos apologéticos clásicos se pongan en marcha. Por lo tanto, si su argumento es realmente un argumento abductivo disfrazado, entonces su método no es distintivo ni es una prueba concluyente. Este tipo de consideraciones, creo, llevó a

John Frame a sostener que la metodología de Van Til no es tan distintiva como a veces afirma.[25]

Sin embargo, Greg Bahnsen disiente de esta opinión, insistiendo en que el enfoque trascendental no se reduce a un argumento deductivo o inductivo.[26] Después de considerar por qué el argumento trascendental para Dios podría ser un argumento deductivo o abductivo disfrazado, consideraremos la defensa de Bahnsen del carácter distintivo del enfoque trascendental.

Argumentos deductivos

El argumento trascendental puede ser una estrategia genérica de demostración en la línea sugerida anteriormente sin reducirse a ninguna prueba en particular. Por lo tanto, podríamos entender la parte de la "prueba" como una simple prueba deductiva. Por ejemplo, supongamos que el ateo está comprometido con dos proposiciones básicas:

(1) *Ateísmo*: No hay Dios.
(2) *Inteligibilidad*: El mundo es (en cierta medida) inteligible para las personas humanas.

Pero, en opinión de Van Til, el cristiano debe comprometerse con el siguiente PT:[27]

(3) *Predicación*: Si *Ateísmo*, entonces no *Inteligibilidad.*

Estas tres proposiciones son suficientes para proporcionar una prueba deductiva para:

(4) *Teísmo*: Dios existe.

El método es sencillo.

---

[25] John Frame, *Apologetics to the Glory of God* (Phillipsburg, NJ: Presbyterian and Reformed Publishing, 1994): 73.

[26] Bahnsen, *Van Til's Apologetic*, 500.

[27] Considero que (3) es un PT representativo dados los comentarios de Van Til citados anteriormente.

(5) *Ateísmo* e *Inteligibilidad.* (Compromisos Ateos)
(6) Por lo tanto, *Ateísmo*. (del 5)
(7) Si *Ateísmo*, entonces no *Inteligibilidad* (*Predicación*)
(8) Por lo tanto, no *Inteligibilidad.* (del 6 y 7)
(9) Pero, *Inteligibilidad*. (del 5)
(10) Por lo tanto, ¡*Inteligibilidad* y no *Inteligibilidad*! (del 6, 7 y 9)
(11) Por lo tanto, no es *Ateísmo*. (del 6)
(12) En otras palabras, *el teísmo*. (del 11)

La debilidad obvia con tal argumento es la *Predicación*. Nótese que la contradicción (10) se apoya en (6), (7) y (9). Puesto que el ateo está previamente comprometido con el *Ateísmo* y la *Inteligibilidad* (5), no rechazaría el *Ateísmo*. Rechazaría la *Predicación*. Después de todo, la *Predicación* es la suposición del teísta.

Por lo tanto, el ateo no muestra ninguna inconsistencia en su propio pensamiento al sostener (1) y (2) a menos que (3) sea correcto. Pero es axiomático que, *si* el teísta es correcto, entonces el ateo no lo es. Eso es cierto en sus compromisos con el *Ateísmo* y el *Teísmo* solamente. En otras palabras, la *Predicación* no hace ningún trabajo pesado en el argumento. Podría hacer algo de trabajo pesado si hubiera una razón independiente para que el ateo la creyera. Sin embargo, observe que cualquier razón de este tipo sería en sí misma una derrota para el *Ateísmo*. Por lo tanto, el argumento realmente falla como un argumento *trascendental* porque su PT (Premisa Trascendental) es superfluo. En consecuencia, tácitamente presupone la conclusión.

Si la contradicción va a descansar en una suposición/afirmación que el teísta proporciona, entonces uno podría también proporcionar un argumento como este:

(13) *Ateísmo* (Compromisos Ateos)
(14) No *Ateísmo* (Asunción cristiana)
(15) Entonces, ¡*Ateísmo* y no *Ateísmo*! (del 13 y 14)
(16) Por lo tanto, no *Ateísmo* (del 13 y 15)

Este argumento evidentemente presupone la conclusión. Por lo tanto, el argumento de la *Predicación* también lo hace. Lo que el presuposicionalista necesita, entonces, es un argumento independiente para la *Predicación* (el PT en cuestión). Con eso en la mano, puede hacer un argumento mucho más limpio contra el ateo. Por ejemplo:

(17) *Inteligibilidad.* (Supuesta asunción)
(18) Si *Ateísmo*, no *Inteligibilidad.* (*Predicación*)
(19) Por lo tanto, no *Ateísmo.* (por *modus tollens*)[28]

Por lo tanto, este argumento deductivo realmente se sostiene o cae por la *Predicación.*

Aunque se puede afirmar la *Predicación ad infinitum*, Van Til no ofrece ningún argumento filosófico particular para ello.[29] Por lo tanto, para que el método trascendental no se cuestione, se necesita un argumento independiente para la *Predicación.* Por supuesto, la apologética clásica ofrece muchos argumentos filosóficos para la *Predicación*, la mayoría de los cuales son argumentos deductivos *a posteriori* o argumentos abductivos. Si resulta que la *Predicación* necesita un argumento de este tipo para servir de justificación, entonces el enfoque de Van Til sería coherente con la apologética clásica y dependería en cierta medida de ella.[30] En cualquier caso, no sería un argumento trascendental exitoso a menos que pudiera mostrar exactamente cómo el oponente está implicado en el PT. De hecho, en el

---

[28] De hecho, Frame parece sostener que el argumento de Van Til es algo parecido: "Sin Dios, no hay sentido (verdad, racionalidad, etc.); por tanto, Dios existe". John Frame, *Apologetics to the Glory of God: An Introduction* (Phillipsburg, NJ: P&R Publishing, 1994): 70.

[29] Ofrece una defensa teológica de la misma. De ahí la razón por la que puede criticar (por ejemplo) a los arminianos, así como a los católicos y a los ateos. Ninguno de esos grupos, según él, acierta lo suficiente como para tener una epistemología coherente.

[30] De nuevo, Frame (a mi juicio, con razón): "Me pregunto si el argumento trascendental puede funcionar sin la ayuda de argumentos subsidiarios de tipo más tradicional". Frame, *Apologetics,* 71.

análisis anterior, es cuestionable si es un *argumento trascendental* en absoluto.

Pero es importante reconocer que Van Til piensa que (3) es verdadero porque el cristianismo es verdadero. Y, según sus luces, piensa que el cristianismo es verdadero no porque naturalmente encuentra que tiene más sentido que el ateísmo, tiene mayor poder explicativo, etc., sino por la misericordia soberana de Dios. En otras palabras, es a raíz de la conversión que, para Van Til, la racionalidad del cristianismo se hace evidente. Como él cree que el cristianismo es verdadero por la acción divina y el ateísmo no, ningún argumento convertirá al ateo al punto de vista de Van Til.

Volveremos a tratar este tema en una sección posterior porque este razonamiento subyacente es la razón básica (creo) por la que el método de Van Til difiere tanto de otras técnicas apologéticas como de los argumentos trascendentales tradicionales.

Argumentos abductivos

Si el argumento de Van Til no es deductivo, se podría pensar que su método es realmente un ejercicio de argumentación abductiva. Un argumento abductivo es un argumento a la mejor explicación.[31] Los argumentos abductivos intentan argumentar que *x* es el caso (o, más débilmente, que uno debe creer o puede creer justificadamente en *x*) porque *x* explica mejor *y*, donde *y* es alguna observación o hecho mutuamente acordado sobre el mundo y "explica mejor" significa que cumple algún conjunto de criterios deseables, como la parsimonia, la coherencia interna y la compatibilidad con otras creencias significativas.

Un argumento abductivo común para la existencia de Dios es el argumento de la moralidad, una versión del cual podría decirse así:[32]

---

[31] El término "abducción" tiene su origen en C. S. Pierce, aunque con él se refería a algo diferente de la argumentación a la mejor explicación.

[32] Tales argumentos son más abundantes y más sofisticados que el esquema ilustrativo que se ofrece aquí. Para ejemplos, véase C.S. Lewis *Mere Christianity* (Londres: Collings, 1952); Adams, Robert M., "Moral Arguments for Theism", en *The*

(20) Existen valores y obligaciones morales objetivas.
(21) (20) se explica por el azar o por Dios.
(22) No puede explicarse por el azar.
(23) Por lo tanto, se explica por Dios.
(24) Por lo tanto, Dios existe.

Otro ejemplo podría ser algo así:[33]

(25) Encontramos organismos biológicos complejos en nuestro mundo.
(26) Estos organismos se deben al azar, a la necesidad o al diseño.
(27) Es improbable que se deban al azar.
(28) No pueden deberse a la necesidad.
(29) Por lo tanto, se deben al diseño.
(30) Por lo tanto, hay un diseñador.

Este no es el lugar para sopesar los méritos de estos argumentos. La cuestión es que *si* interpretamos los argumentos trascendentales de Van Til como meros argumentos deductivos de la *Predicación*, entonces no son diferentes de muchos de los argumentos utilizados por la apologética clásica. Asimismo, si la diferencia consiste en el hecho de que en las construcciones de Van Til solo se ofrece una disyuntiva en la base abductiva, esto no supone una diferencia estructural entre su

---

Virtue of Faith and Other Essays in Philosophical Theology (Nueva York: Oxford University Press, 1987): 144-163; Linda Zagzebski "Does Ethics Need God?" *Faith and Philosophy: Journal of the Society of Christian Philosophers* 4: 294-303; Angus Ritchie *From Morality to Metaphysics: The Theistic Implications of our Ethical Commitments* (Oxford: Oxford University Press, 2012).

[33] Para un análisis de este tipo de argumentos, véase William Dembski *The Design Inference* (Cambridge: Cambridge University Press, 1998); Rodney Holder *God, the Multiverse, and Everything: Modern Cosmology and the Argument from Design* (Aldershot: Ashgate, 2004); Robin Collins "Modern Cosmology and Anthropic Fine-Tuning: Three Approaches", en *Georges Lemaitre: Life, Science and Legacy*, eds. Rodney Holder y Simon Mitton. (Berlín: Springer, 2012).

metodología supuestamente distintiva y cualquier otro método apologético.

De hecho, de nuevo, esto plantearía la cuestión de si el argumento que proporciona es de hecho un argumento trascendental. Se supone que el PT en un argumento trascendental no se limita a sugerir la probabilidad de que se dé alguna condición Y para que se obtenga X. Se supone que dice que, en principio, X requiere Y. Por lo tanto, un argumento trascendental debería ser inmune al escepticismo sobre el PT, sin el cual falla (precisamente porque es un argumento putativamente anti-escepticismo). El criterio para un argumento abductivo exitoso no es tan fuerte, ya que la *posibilidad* de explicaciones alternativas no se niega en un argumento abductivo. Por el contrario, el PT debe dilucidar la *única* condición en la que debe obtenerse la proposición compartida.

Revisión kantiana

Puede ser, sin embargo, que Van Til tenga en mente una premisa más inusual que la *Predicación.* Ciertamente, Bahnsen así lo cree. Bahnsen sostiene que la estructura lógica de los argumentos deductivos y abductivos es fundamentalmente diferente de la estructura del argumento trascendental de Van Til. Él escribe:

> Una demostración deductiva toma premisas particulares y extrae de ellas una conclusión necesaria; pero si, en este argumento racional, se negara una de las premisas relevantes, la conclusión ya no se seguiría ni se establecería. Del mismo modo, en un argumento inductivo o empírico, las premisas incluyen afirmaciones particulares (o instancias) de un tipo definido; de ellas la conclusión extrae una generalización con probabilidad. Sin embargo, si se negara un componente o premisa relevante (o conjunto de instancias), la conclusión general ya no sería la misma que antes... Para decirlo de forma sencilla, en el caso de los argumentos

> "directos" (ya sean racionales o empíricos), la negación de una de sus premisas cambia la verdad o fiabilidad de su conclusión.[34]

Por el contrario:

> Un argumento trascendental comienza con *cualquier* experiencia o creencia y procede, mediante un análisis crítico, a preguntar qué condiciones (o qué otras creencias) tendrían que ser ciertas para que esa experiencia o creencia original tuviera sentido, fuera significativa o fuera inteligible para nosotros. Ahora bien, si volviéramos atrás y negáramos la afirmación de esa creencia original (o consideráramos una experiencia contraria), el análisis trascendental (si es originalmente convincente o sólido) llegaría, no obstante, a la misma conclusión.[35]

Pero ¿qué significa esto? Parece un error sostener que hay realmente algo en la objeción de Bahnsen que hace que los argumentos trascendentales sean diferentes en estructura de un argumento deductivo o abductivo. Más bien hay que hacer hincapié en el objetivo del proyecto si se busca una diferencia.[36] En este caso, podemos seguir las instrucciones de Bahnsen y seguir encontrando argumentos deductivos. Pero esto es clave: el rechazo de la "deducción" de Van Til parece ser un rechazo de la metodología, es decir, una queja estructural sobre la naturaleza de la construcción de un argumento, más que un rechazo de cualquier elemento deductivo intrínseco al argumento mismo.

Supongamos que empiezo con un elemento de la experiencia, por ejemplo, que estoy tecleando. ¿Cuáles son las condiciones que deben cumplirse para que tenga sentido que esté escribiendo a máquina? Parece

---

[34] Bahnsen, *Van Til's Apologetic*, 501.

[35] Bahnsen, *Van Til's Apologetic*, 502.

[36] Consideremos, en coincidencia, a Barry Stroud, quien señala que lo que hace que un argumento "sea trascendental no es su forma lógica o su materia, sino su objetivo o meta. Podríamos hablar más bien de una estrategia o proyecto trascendental, o de una empresa transcendental". Véase Barry Stroud, "The Goal of Transcendental Arguments", en *Transcendental Arguments*, Robert Stern, ed. (Oxford: Clarendon Press, 1999): 157.

que hay muchas. Por ejemplo, debería tener un ordenador, estar cerca de él, conocer un idioma, etc. Esto no es, por supuesto, lo que Van Til tiene en mente. Él quiere decir que para que mi experiencia tenga sentido o la afirmación "estoy escribiendo a máquina" tenga sentido, el teísmo cristiano tendría que ser verdadero en su totalidad.[37] Por lo tanto:

> (31) Si "estoy escribiendo" tiene sentido, entonces el teísmo cristiano.
> (32) "Estoy escribiendo" tiene sentido.
> (33) Entonces, el teísmo cristiano.

Por sí solo, esto sería simplemente un argumento (extremadamente extraño) para la existencia de Dios por deducción. Pero la idea de Bahnsen es que Van Til quiere decir que el argumento seguirá adelante incluso si negamos la creencia original. Así que supongamos que empiezo con la experiencia contraria, es decir, que no estoy escribiendo. Entonces:

> (34) Si "no estoy escribiendo" tiene sentido, entonces el teísmo cristiano.
> (35) "No estoy escribiendo" tiene sentido.
> (36) Entonces, el teísmo cristiano.

Pero eso no ayuda, ya que ahora tenemos dos argumentos "directos" por deducción, que refuerzan en lugar de repudiar el argumento de que la metodología es indistinta. Podríamos tomarnos en serio las comillas que Van Til utiliza respecto a esta "prueba", y revisar la *Predicación* según este nuevo esquema.

> (37) *Predicación**: A menos que el teísmo cristiano, nada tiene sentido.

---

[37] Y aquí se refiere a su confesión de la teología presbiteriana con todas sus particularidades, incluso frente a otras interpretaciones protestantes sobre cuestiones secundarias.

No se trata simplemente de la afirmación de que el ateísmo está demasiado empobrecido para explicar las experiencias humanas básicas, ni de la afirmación de que el cristianismo explica *mejor* el mundo que otros posibles sistemas. Es la afirmación de que el teísmo cristiano es el único sistema que hace posible que haya algo. Ahora bien, podemos utilizar tal afirmación para fabricar argumentos deductivos. Por ejemplo:

(38) Las cosas tienen sentido.
(39) *Predicación**
(40) Entonces, el teísmo cristiano.

Pero ese no es el objetivo de la reivindicación. El propósito de la afirmación es poner en juego algo más amplio, a saber, que no hay un terreno compartido entre el ateo y el cristiano en el que haya un conjunto neutral de recursos.[38] Así que el cristiano puede argumentar que, dado lo que dice el ateo, la posición atea es incoherente. Del mismo modo, el cristiano puede decir que, dado lo que cree el cristiano, el mundo tiene sentido. Pero para Van Til, este ejercicio es, en última instancia, inútil porque "el estado real de las cosas, tal como lo predica el cristianismo, es el fundamento necesario de la propia 'prueba'".[39]

Me parece, entonces, que Van Til no ofrece un argumento trascendental (donde "trascendental" significa que no contiene elementos deductivos o abductivos) ya que cualquier argumento tendría que ser interpretado como deductivo o abductivo. Al menos, cualquier defensa del PT tendría que ser interpretada como deductiva o abductiva. En cambio, quiere rechazar cualquier metodología que conceda un conjunto de supuestos compartidos entre ateos y cristianos.

En este sentido, su metodología se aleja significativamente de la de Kant, ya que el objetivo de éste es mostrar que las experiencias

---

[38] A este respecto, quizá sea importante observar la rapidez con que Van Til se mueve entre la argumentación filosófica y la teológica. Puesto que sostiene que hay un terreno común entre el creyente y el incrédulo que, sin embargo, no es un terreno neutral, es metodológicamente coherente que no establezca una fuerte distinción entre la argumentación filosófica y la teológica.

[39] Van Til, "My credo", 21.

cotidianas compartidas tienen una estructura que, *nosotros en conjunto,* podemos ver que requiere la verdad de otros hechos determinados. El enfoque de Van Til es más parecido al de Aristóteles, en el sentido de que solo espera mostrar la necesidad conceptual de un determinado compromiso, ya que este es (en su opinión) tan fundacional que todo el mundo lo sostiene ya en alguna medida.[40]

Si lo niegan, muestran con su negación que lo sostienen o que no vale la pena dirigirse a ellos como pares. Dado que Van Til considera que el teísmo cristiano (según su interpretación) se presupone en toda actividad intelectual, la acusación de cuestionamiento o de no participar en argumentos basados en premisas no tendría importancia (según su punto de vista). En ese sentido, el argumento de Van Til parece anticiparse más al razonamiento trascendental fundamental de Aristóteles que incluso al de Kant (a quien Van Til cita como inspiración pagana en ese sentido).

Su método, sin embargo, fracasaría como argumento directo por la misma razón que el de Aristóteles si hubiera intentado demostrar la no-contradicción por medios directos: a saber, cualquier argumento directo de Van Til presupondría la conclusión.

Conclusión

Según Van Til, su uso de "trascendental" es diferente al de Kant porque este no interpretó la realidad únicamente en términos de categorías eternas. Por lo tanto, Van Til piensa que su enfoque no tiene en cuenta algún hecho específico (digamos, la experiencia humana contingente o el escepticismo sobre la no contradicción) sino la totalidad de la vida de pensamiento de una persona. Ciertamente, eso hace que el punto de vista se distinga de Kant porque, obviamente, los dos hombres tienen proyectos muy diferentes. Pero eso no responde a la pregunta de si la técnica empleada —el argumento trascendental en sí— es la misma en ambos pensadores (o en Aristóteles, o Descartes, o Wittgenstein).

---

[40] Lo que Van Til cree con la autoridad de Pablo en Romanos 1:20-21.

La técnica de Van Til *no* parece kantiana porque esos métodos implican al oponente en una esfera de actividad compartida que, de manera crucial, el oponente reconoce en el pensamiento (no simplemente por la acción). Además, los argumentos de Kant no establecen ningún hecho sobre las cosas en sí mismas. En sus argumentos trascendentales, la premisa inicial es un territorio compartido (por ejemplo, que tenemos unidad de percepciones).

A partir de ese territorio compartido, el PT despliega las vinculaciones que sirven a los fines antiescépticos del argumentador trascendental. Por lo tanto, el PT es lo que necesita justificación. En Aristóteles, por el contrario, lo que hay que demostrar es tan fundamental que el interlocutor reconoce su verdad con su acción. Es decir, sin saberlo, hace uso del principio que niega. Esto es mucho más parecido al tratamiento de Van Til.

Ahora bien, en los casos históricos que hemos examinado, parece obvio que el PT es verdadero —estando en la naturaleza del consecuente que está implicado por el antecedente—. Pero el PT de Van Til es demasiado grandioso para reproducir el método empleado por los pensadores anteriores —aunque parece ser su intención tomar prestado el método general de Kant sin sucumbir a sus, según Van Til, defectos idolátricos.[41] De hecho, su compromiso con el teísmo cristiano es tan significativo que su argumentación acaba teniendo más un parecido familiar con Aristóteles que con Kant. Así que, aunque los argumentos trascendentales no son nuevos, el de Van Til parece serlo —al menos, su ambición por lo que podría lograr lo es.

Un proyecto trascendental como el de Van Til parece ser una opción viable para la apologética cristiana, pero intenta hacer demasiado en un solo golpe. Incluso si se da el caso de que, sin apelar al teísmo —o incluso al teísmo cristiano—, un ateo se queda sin justificación para sus creencias sobre la existencia, la bondad o la verdad, argumentar en ese sentido solo mostraría que no hay nada que apoyara su punto de vista.

---

[41] Por ejemplo, no hace ninguna investigación seria sobre cuestiones de interpretación (ya sea en términos de hermenéutica bíblica o de hermenéutica general), lo cual es una laguna desafortunada en el enfoque de Van Til.

Esa táctica es en gran medida el ámbito de la apologética clásica y evidencialista. De hecho, demostrar a un ateo que no puede razonar es obviamente imposible.

En otras palabras, si *no hay* un terreno común, entonces deja de tener sentido que los cristianos puedan dedicarse a la tarea apologética. Debido a que Van Til amplía tan fuertemente su premisa trascendental, coloca a todos los que están en desacuerdo en la categoría de escépticos pírricos (¡incluso a otros cristianos!). Pero eso va demasiado lejos.

§12. UNA HISTORIA DE DOS TEORÍAS: LA LEY NATURAL EN EL TEÍSMO CLÁSICO Y EL PRESUPOSICIONALISMO

Bernard James Mauser

"*La gente es tonta de donde yo vengo, no han tenido ningún aprendizaje. Aun así, son muy felices haciendo lo que es natural*".
—Irving Berlin en *Annie Get Your Gun*

La ley natural a sido respetada durante mucho tiempo en la tradición cristiana.[1] Esto se debe en parte a la referencia que hace Pablo a ella en

[1] A lo largo de la mayor parte de la historia del cristianismo, los teólogos cristianos han afirmado la ley natural tal como se explica en Romanos 2:14-16. Algunos, sin embargo, han impugnado esta comprensión, como Agustín, o Thomas Schreiner, en la 2ª edición de su comentario sobre Romanos (Thomas R. Schreiner, *Romans*, 2da ed., BECNT (Grand Rapids, MI: Baker Academic, 2018), 131.). Douglas Moo ofrece una excelente visión general de las diversas posiciones que se mantienen sobre estos versículos de Romanos 2:14-16. En su comentario sostiene que lo mejor es entender que Pablo "casi con toda seguridad pone al servicio una tradición griega muy extendida según la cual todos los seres humanos poseen una ley 'no escrita' o 'natural' -un sentido moral innato del 'bien y el mal'" (Douglas Moo, *The Epistle to the Romans*, NICNT (Grand Rapids, MI: Wm. B. Eerdmans Publishing Co, 1996), 150).

el segundo capítulo de Romanos. Los católicos romanos han desarrollado muchas teorías diferentes sobre la ley natural y las aplican a los problemas actuales. Mientras que los teólogos reformados desde el siglo XVI hasta el siglo XIX se adhirieron a la ley natural, los protestantes están disfrutando ahora de un modesto resurgimiento de la teoría de la ley natural. Sin embargo, no todos los protestantes se adhieren a ella, y se han desarrollado diferentes argumentos en su contra en los círculos que promueven la apologética presuposicional.

Este capítulo explorará varias áreas relacionadas con el debate sobre el papel de la ley natural en la sociedad y la iglesia. En la primera sección se explicará qué se entiende por ley natural. La segunda explora algunos de los argumentos populares esgrimidos contra esta teoría. En la tercera, se exponen y responden algunas de las críticas a la ley natural que han formulado los apologistas presuposicionalistas, representados por John Frame. Espero que la explicación que se ofrece a continuación pueda servir como punto de partida para un renovado interés en el uso de la ley natural para guiar nuestra cultura y llegar a nuestro prójimo.

¿Qué es la ley natural?

Para poder recuperar la ley natural, debemos entender qué es y cómo las objeciones que se le hacen fallan. Esta sección describirá a grandes rasgos los elementos de la teoría de la ley natural. El punto de vista que se describe aquí contiene ideas generales sobre la moralidad que han hecho los hombres, algunos de los cuales tuvieron acceso a las Escrituras cristianas y otros no.

Aunque los términos "natural" y "ley" pueden utilizarse de muchas maneras en diferentes contextos, cuando los filósofos morales hablan de la teoría de la ley natural, están describiendo una teoría *moral* que tiene elementos tanto teleológicos como ontológicos. El aspecto ontológico se refiere al tipo de ser que es el hombre. Como el hombre tiene una determinada naturaleza, debe actuar en consecuencia.

El aspecto teleológico de la humanidad reconoce varias cosas. Señala la verdad evidente de que todos los hombres actúan con un fin o propósito. Algunos fines son más importantes que otros, y a menudo compiten entre sí. Podemos clasificar estos fines jerárquicamente. Los fines inferiores son importantes, pero a menudo son meros medios para los fines superiores. Los fines superiores, a su vez, están subordinados al fin superior. Este fin superior recibe diferentes nombres según el teórico: felicidad, beatitud o florecimiento humano.

Los teóricos de la Ley Natural tienden a argumentar que la esencia del hombre influye en cómo debe actuar el hombre. Esencia y obligación deberían ser inseparables. Desde el punto de vista teológico, la tradición judeocristiana ha sostenido que el hombre es único respecto a los demás animales por haber sido creado a imagen de Dios (lo que se conoce como *imago dei*). Los filósofos han señalado que el hombre es único porque posee la razón, de la que carecen los demás animales. Las acciones humanas se consideran naturales cuando se realizan de acuerdo con la razón o la racionalidad. Utilizamos nuestra razón para descubrir cuál es el fin propio del hombre.

En resumen, los fundamentos de esta ley moral natural incluyen una visión integral del ser humano y de cómo actuar. Proporciona un relato de la naturaleza del hombre, su fin adecuado y cómo debe actuar en función de ellos. Tim Hsiao explica que la ley natural "sostiene que la moralidad consiste en cumplir con nuestra naturaleza humana. Las buenas acciones son las que promueven o son coherentes con el funcionamiento humano adecuado, y las malas acciones son las que entran en conflicto con él".[2] Así, lo "natural" en la ley natural se refiere a lo racional, que se basa en la teleología de la naturaleza de la persona. Nuestras acciones morales tienen algún fin. La moralidad o inmoralidad de una acción se juzga en función de si nos lleva al florecimiento o nos aleja de él.

---

[2] Tim Hsiao, "Consenting Adults, Sex, and Natural Law Theory", *Philosophia* (2016) 44:515.

Las virtudes y la ley natural

La idea de la virtud debe ser subsumida en una discusión sobre la naturaleza humana. Las virtudes son hábitos o disposiciones de excelencia que uno debe desarrollar.[3] Las virtudes cardinales incluyen tradicionalmente la prudencia, la templanza, la fortaleza (es decir, el valor) y la justicia.[4] Los teóricos de las virtudes insisten en que todas las culturas reconocen que estas virtudes son buenas. C. S. Lewis, por ejemplo, en su artículo "Hombres sin pecho" (Men Without Chests), afirma:

> Hasta tiempos bastante modernos, todos los maestros e incluso todos los hombres creían que el universo era tal que ciertas reacciones emocionales por nuestra parte podían ser congruentes o incongruentes con él; creían, de hecho, que los objetos no solo recibían, sino que podían merecer nuestra aprobación o desaprobación, nuestra reverencia o nuestro desprecio.[5]

Lewis continúa citando a numerosas autoridades de culturas y sociedades muy diferentes para demostrar que todas ellas coinciden en la importancia de desarrollar las virtudes. Aunque cada una de estas tradiciones difiere en los detalles, "lo que es común a todas ellas", dice Lewis, "es algo que no podemos descuidar. Es la doctrina del valor objetivo, la creencia de que ciertas actitudes son realmente verdaderas, y otras realmente falsas, para el tipo de cosas que es el universo y el tipo de cosas que somos".[6] Más adelante, en el mismo volumen, ofrece una colección de afirmaciones morales de diferentes culturas, mostrando que todas ellas sostienen la objetividad moral de ciertas afirmaciones, entre

---

[3] Cf. Tomás de Aquino, *Disputed Questions on Virtue*, trad. Ralph McInerny (South Bend, IN: St. Augustine's Press, 1999), 57.

[4] Cf. Tomás de Aquino, *Disputed Questions*, 107-113. C. S. Lewis, *Mere Christianity* (1952; reimpr., Londres: Collins-Fontana books, 1956), 70.

[5] C. S. Lewis, "Men Without Chests", en *The Abolition of Man* (1944; reimpr., Nueva York: Harper Collins, 2000), 14-15.

[6] Lewis, "Men Without Chests", 18.

ellas que está mal asesinar o calumniar a alguien y que está bien preservar la vida en la medida de lo posible, ser amable y hacer el bien a los demás.[7]

Las virtudes cardinales parecen ser aceptadas, de una forma u otra, en todas las culturas. Son universales. En otras palabras, todo ser humano reconoce que son cualidades por las que los seres humanos deben esforzarse. Esta observación es un golpe devastador para la teoría del relativismo moral, que afirma que no hay normas morales universales.

¿Cómo sabemos que esto es cierto, incluso en sociedades donde la injusticia sistemática, la intemperancia, la cobardía y la insensatez están presentes? La respuesta viene de un par de maneras. En primer lugar, que estas cosas se practiquen no indica que se reconozcan como buenas. Esto se puede ver en la forma en que la gente reacciona cuando es tratada injustamente. Todo el mundo insiste en que los demás les traten de forma justa incluso cuando ellos no lo hacen, lo que indica que, a cierto nivel, piensan que el trato justo es un imperativo moral.[8] En segundo lugar, argumentar en contra de la existencia de normas morales universales es afirmar una posición auto-estulticia.

Es decir, la afirmación "no hay normas morales universales o absolutas" es una afirmación sobre la moral que es a la vez universal y absoluta. Que tal afirmación sea autoestimulante implica que es una afirmación falsa. Si es falso decir que no hay normas morales absolutas o universales, entonces es cierto, al menos, decir que hay algunas normas morales o absolutas.

¿Cómo se reconocen las virtudes cardinales? Una forma de entenderlas es reconocer las potencias humanas que se recogen con cada una de las virtudes. Reflexionando se pueden discernir los diversos elementos de la acción humana: se observan las potencias intelectivas,

---

[7] C. S. Lewis, "Illustrations of the Tao", en *The Abolition of Man* (1944; reimpr., Nueva York: Harper Collins, 2000), 83-101.

[8] Cf. Lewis, *Mere Christianity*, 15-16.

las apetitivas,[9] las locomotoras, las sensitivas y lo que algunos, como Aquino, han llamado potencias vegetativas.[10]

Entre las potencias intelectuales se encuentra la razón, cuya virtud se llama prudencia. Las potencias apetitivas son de dos tipos: intelectuales y sensitivas. El apetito intelectual incluye la voluntad humana, que se dirige al bien en cuanto tal. Los apetitos sensibles pueden dividirse en los irascibles y los concupiscibles. Podemos hablar, pues, de tres tipos de apetitos: intelectual, irascible y concupiscible. Estos apetitos nos conducen hacia los bienes que se nos presentan o nos alejan de ellos.

Cuando una persona utiliza adecuadamente el poder intelectual de la razón en relación con la determinación de su bien propio (que repercute tanto en la teoría como en la acción), se denomina prudencia. Una persona cuya voluntad está correctamente ordenada al bien como tal, desarrollará la virtud conocida como justicia. Una persona que encuentra en sí misma el poder de enfrentarse a las dificultades y superarlas, está utilizando correctamente lo que se ha llamado el apetito irascible.

Cuando ejercemos habitualmente este poder de perseverar ante las dificultades, se llama fortaleza o valor. Existe también el apetito del placer o de los bienes agradables. Este apetito se ha llamado concupiscencia. Cuando está bien ordenado, la virtud correspondiente se llama templanza. Dentro de nuestros círculos de relaciones, ya sea la familia, los amigos o los compañeros de trabajo y los conciudadanos, hay ciertos modos de actuar correctamente con ellos. Tenemos deberes particulares que nos indican cómo tratarlos adecuadamente. Las obligaciones que se derivan de cada uno de estos círculos relacionales suelen identificarse como derechos.

Cuando tratamos a los demás como es debido, éste es el ámbito de la justicia. La justicia es dar a los demás lo que les corresponde. Un hombre justo trata a los demás como debe hacerlo. Un hombre injusto

---

9 El apetito es esencialmente un deseo de algún tipo de bien.

10 Cf. Aquino, *Disputed Questions*, 23, 107-113, 133, 138.

no lo hace. El hombre virtuoso ha desarrollado la excelencia del hábito de actuar correctamente en relación con sus apetitos y su fin.

En lo que respecta a la naturaleza humana, se ha argumentado a menudo que existe una jerarquía dentro de los apetitos. A la potencia racional o intelectiva, que es la más elevada, le sigue el apetito intelectual de la potencia apetitiva, la voluntad, luego el apetito irascible (que es dirigido al bien difícil) y el apetito concupiscible (o que busca el placer). En la medida en que nos relacionamos con los demás, el hábito de tratar correctamente a los demás forma en nosotros una disposición justa, o una virtud.

En este esbozo, se pueden encontrar muchos aspectos que quedan por desempacar. Por ejemplo, ¿qué implica la naturaleza humana? Se han escrito tomos enteros solo sobre este tema, pero no tenemos espacio aquí para abordar adecuadamente las diversas sutilezas que implica. Ahora debemos pasar a los argumentos populares contra esta teoría, teniendo en cuenta la mencionada descripción de la ley natural.

Argumentos populares contra la ley natural

Hay tres argumentos populares que se han esgrimido contra la ley natural. Diferentes filósofos han desgranado cada uno de los argumentos y muchos de ellos han llegado a ser ampliamente creídos. Son los siguientes 1) ninguna cultura puede estar totalmente de acuerdo con otras sobre el bien, 2) David Hume ha demostrado que una persona no puede razonar desde lo que es el caso hasta lo que debería ser el caso, y 3) se incurre en la falacia del razonamiento circular cuando se apela a descubrir los actos virtuosos mirando al hombre virtuoso. Consideraré cada uno de estos argumentos por separado.

¿Es posible que ninguna cultura se ponga de acuerdo sobre lo que es bueno?

La primera afirmación es que ninguna cultura está totalmente de acuerdo con otras sobre el bien. Se nos dice, por ejemplo, que con frecuencia hay divergencias en las prácticas de diversas culturas. Esta es una creencia muy extendida entre los defensores del relativismo moral, que la llaman la tesis de la diversidad. Hay un par de problemas con esta tesis.

En primer lugar, se puede distinguir entre los principios rectores universales y la aplicación de esos principios. Por ejemplo, se puede afirmar que el amor al prójimo es un imperativo moral universal. Pero hay que aplicarlo: ¿cómo se debe expresar ese amor? ¿Debe uno palear la entrada de su vecino después de una fuerte nevada, llevarle sopa de pollo a una vecina cuando está enferma, dar alimentos o comidas gratis a sus trabajadores industriales durante el Ramadán, como han hecho algunos empleadores en los países de Oriente Medio, o dejar una nevera sin cerrar llena de comida fuera durante el Ramadán para los necesitados? Cuando ciertas prácticas que se consideran inmorales en una cultura son morales en otra, a menudo se debe simplemente a diferentes expresiones particulares del mismo principio universal.

En segundo lugar, la conclusión no es lógica. Supongamos que la gente no está de acuerdo con el bien y el mal en su cultura. El desacuerdo en cuestiones morales no implica que la moral sea relativa. La gente no está de acuerdo con la forma de la tierra, pero eso no significa que la tierra no tenga forma. Si la Tierra es esférica (y lo es), entonces la “Sociedad de la Tierra Plana” está equivocada. Lo mismo ocurre aunque no todas las culturas sepan lo que es bueno.

El aspecto ontológico (es decir, el que trata de la existencia de) de la moral sigue siendo válido. Esta objeción confunde la epistemología y la ontología o la cuestión del saber con la del ser. Así que, incluso en el peor de los casos, si esta afirmación fuera cierta, todavía no se deduce que los principios morales universales, que se aplican en todas partes y a todas las personas, no existan. Lo único que se puede concluir es que no todo el mundo los conoce. En tercer lugar, la afirmación de que no existen normas morales universales simplemente no es cierta. Hay algunas cosas que todas las culturas reconocen, como ha señalado el antropólogo Clyde Kluckhohn:

> Cada cultura tiene un concepto de asesinato, distinguiendo éste de la ejecución, el asesinato en la guerra y otros "homicidios justificables". Las nociones de incesto y otras regulaciones del comportamiento sexual, las prohibiciones de faltar a la verdad en circunstancias definidas, de la restitución y la reciprocidad, de las obligaciones mutuas entre padres e hijos: estos y muchos otros conceptos morales son totalmente universales.[11]

Combinado con las observaciones antropológicas de Kluckhohn, C.S. Lewis documenta una lista de principios universales recogidos de diferentes culturas y religiones al final de *La Abolición del Hombre* (The Abolition of Man).[12] Como ya se ha señalado, las virtudes cardinales —como perseguir la sabiduría, mostrar valor y templanza en determinadas situaciones, y un anhelo de justicia— se dan en todos los pueblos. Esto apunta a la evidencia de que existe una ley moral universal.

¿Ha demostrado David Hume que la ley natural es insostenible?

¿Qué hay del argumento de Hume de que no se puede derivar un *debería* de un *es*? Esencialmente, lo que este argumento dice es que no se puede obtener más en la conclusión de lo que se tiene en las premisas. Hume argumenta que no podemos llegar a normas morales basadas en cuestiones de hecho, ni son fruto de la razón. En relación con la razón, Hume argumenta así:

> Puesto que la moral, por lo tanto, tiene una influencia sobre las acciones y los afectos, se deduce que no puede derivarse de la razón, y ello porque la razón sola, como ya hemos demostrado, no puede tener nunca tal influencia. La moral estimula las pasiones y produce o impide las acciones. La razón por sí misma es totalmente

---

[11] Clyde Kluckhohn, "Ethical Relativity: Sic et Non" *Journal of Philosophy*, LII (1955).

[12] Lewis, *Abolition of Man*.

> impotente en este aspecto. Las reglas de la moral, por tanto, no son conclusiones de nuestra razón.[13]

En relación con las cuestiones de hecho, Hume concluye sus argumentos con la siguiente afirmación:

> Este razonamiento no solo demuestra que la moral no consiste en ninguna relación que sea objeto de la ciencia, sino que, si se examina, demostrará con igual certeza que no consiste en ninguna cuestión de hecho que pueda ser descubierta por el entendimiento.[14]

En la ley natural, según el argumento, el teórico pasa ilícitamente de lo que es a lo que debe hacerse. Pero no se puede pasar del es al debe. Consideremos el ejemplo de Hume:

> Toma cualquier acción que se considere viciosa: el asesinato intencionado, por ejemplo. Examínalo bajo todos los aspectos, y ve si puedes encontrar esa cuestión de hecho, o existencia real, que llamas vicio. De cualquier manera que lo tomes, solo encontrarás ciertas pasiones, motivos, voliciones y pensamientos. No hay otra materia de hecho en el caso. El vicio se te escapa por completo, mientras consideres el objeto. Nunca puedes encontrarlo, hasta que vuelvas tu reflexión a tu propio pecho, y encuentres un sentimiento de desaprobación, que surge en ti, hacia esta acción. Aquí hay una cuestión de hecho; pero es el objeto del sentimiento, no de la razón. Está en ti mismo, no en el objeto. De modo que cuando declaras que cualquier acción o carácter es vicioso, no quieres decir nada, sino que desde la constitución de tu naturaleza tienes un sentimiento de culpa por la contemplación de esta.[15]

---

13 David Hume, *A Treatise of Human Nature*, Libro III, parte 1, sección 1, en *Hume's Moral and Political Philosophy*, ed. Henry D. Aiken (Nueva York: Hafner Press, 1948), 33.

14 Hume, *Human Nature*, 42.

15 Hume, *Human Nature*, 42.

Hume continúa señalando que en muchos de los tratados que ha consultado sobre moral, los autores tienden a pasar de cuestiones de hecho (Dios existe, o algo relacionado con los asuntos humanos) a proposiciones normativas que incluyen los términos "debería" o "no debería". Sin embargo, como se propone haber mostrado en las secciones anteriores, este movimiento es algo que simplemente no se puede hacer. No podemos pasar del es al debería.[16]

Hume afirma que no hay nada inmoral en el acto del asesinato en sí. Una persona que observa un asesinato siente desaprobación. La razón para juzgar como mala una acción como el asesinato no va más allá de la emoción o el sentimiento de su corazón. Es el sentimiento en sí mismo la base para llamarlo malo, no la acción. Hume razona que uno debe reducir todos los juicios morales a este sentimiento, y no ir más allá de eso a la acción misma.[17]

El problema central del argumento de Hume es que se trata de una pregunta de petición de principio (presuposición de la conclusión).[18] En un aspecto, Hume señala algo con lo que todo el mundo estaría de acuerdo: uno no puede obtener más en la conclusión de lo que tiene en las premisas. Sin embargo, ha presupuesto la conclusión al suponer que no hay nada en la propia naturaleza humana que prescriba ciertas acciones y prohíba otras. Es decir, intenta argumentar que no se puede razonar a partir del hecho de que algo es y llegar a una afirmación moralmente normativa. Sin embargo, este argumento debe suponer que no hay nada en la propia naturaleza humana que pueda ser moralmente normativo. Por lo tanto, asume lo que pretende demostrar.

Los seres humanos, como incluso Hume reconoce hasta cierto punto, tienen una naturaleza. Pero la naturaleza de un ser determina lo

---

16 Hume, *Human Nature*, 43.

17 Cf. R. Scott Smith, *In Search of Moral Knowledge: Overcoming the Fact-Value Dichotomy* (Downers Grove, IL: InterVarsity Press, 2014), 90.

18 Edward Feser también desarrolla muchos otros problemas con la filosofía de David Hume en *The Last Superstition*. Entre otras muchas reflexiones, Feser señala que Hume tiene un problema cuando niega que exista una naturaleza humana (ya que es nominalista) y, sin embargo, escribe todo un tratado sobre la naturaleza humana.

que constituye acciones buenas o malas para ese ser.[19] Consideremos la naturaleza de un cuchillo en relación con su bondad. ¿Cómo juzga un ser humano si un cuchillo es bueno o malo? Si un cuchillo funciona como debe, cortando limpiamente, es bueno. Si no lo hace, es malo.

La causa formal (naturaleza) del cuchillo nos permite reconocer lo que debe hacer (causa final) y, por tanto, emitir un juicio sobre si está obteniendo adecuadamente su causa final (si es bueno o malo). Del mismo modo, cuando un hombre actúa racionalmente de forma que le lleva a prosperar y a alcanzar su fin propio, la acción es buena. Por eso, el teórico clásico de la ley natural dice que no hay una brecha entre el *debe* y el *es* en el caso de la evaluación moral de nuestras acciones. Debemos actuar racionalmente, ya que está en nuestra naturaleza hacerlo. Cuando no lo hacemos, la acción es inmoral.

¿Es el razonamiento de la ley natural circular al apelar a la virtud?

¿Qué hay de la objeción de que es circular razonar desde el hombre virtuoso hasta ¿la existencia de la virtud? Michael S. Jones explica el círculo que está implicado aquí:

> Sostiene que podemos fijarnos en la persona virtuosa como ejemplo de vida moral y que, al hacerlo, podemos determinar qué acciones son morales. Sin embargo, si no sabemos qué acciones son morales, puede ser imposible determinar quién es una persona virtuosa. Esto se debe a que una persona que realiza acciones inmorales no puede ser virtuosa, pero no podemos saber si una persona está así descalificada para ser virtuosa a menos que ya sepamos qué acciones son inmorales. Por lo tanto, necesitamos saber qué es moral para determinar quién es virtuoso y, al mismo tiempo, necesitamos saber quién es virtuoso para determinar qué es moral.[20]

---

[19] Cf. Edward Feser, *The Last Superstition* (South Bend, IN: St. Augustine's Press, 2010), 139ss.

[20] Michael S. Jones, *Moral Reasoning: An Intentional Approach to Distinguishing*

Aquí encontramos el círculo completamente explicado. Al igual que las demás, esta objeción no da en el blanco. Cuando una persona se esfuerza por discernir la acción moralmente correcta, busca a alguien sabio que le aconseje. Esto es razonable y un curso de acción sabio. Si encuentra a una persona de gran virtud, debido a la observación de su sabiduría, valentía, templanza (o autocontrol), y al trato correcto a los demás, no debería sorprenderle que actúe virtuosamente incluso en asuntos difíciles.

La gente puede reconocer cuál es la acción virtuosa en la mayoría de los casos. El hombre virtuoso es el que las practica continuamente y se deleita en hacer lo que es bueno. Ha desarrollado el hábito de hacerlo. La acción del hombre virtuoso no es virtuosa solo porque el hombre virtuoso la haya hecho. El hombre solo se volvió virtuoso a través del hábito repetido de realizar actos virtuosos. Aquí no hay ningún círculo. Si una acción es buena, y uno ha desarrollado el hábito de realizar este acto bueno, llamamos a esta excelencia del hábito "virtud". Si una acción es mala, y uno ha desarrollado el hábito de actuar así, lo llamamos "vicio".

¿Qué ocurre cuando dos personas virtuosas actúan de forma diferente en la misma situación? Debemos tener en cuenta la idea de Aristóteles de que no hay que exigir más precisión de la que permite una ciencia determinada. La ética no es matemática. La ética no posee precisión matemática. Las decisiones morales perfectas requieren a menudo el conocimiento de ciertos hechos que no conocemos actualmente. En tales casos, somos responsables de tomar la mejor decisión con los conocimientos que tenemos. Dos personas virtuosas pueden tener una visión diferente de la naturaleza de la realidad, o bien, una o ambas pueden estar equivocadas. En cualquiera de los dos casos, se ven impulsados a tomar decisiones diferentes.

Right From Wrong (Dubuque: Kendall Hunt Publishing Company, 2017), 41.

Críticas de John Frame a la suficiencia de la ley natural

John Frame ha expuesto sucintamente algunos argumentos contra la suficiencia de la ley natural para gobernar la cultura. Dejaré que otro decida si la razón de esto se alinea con otros principios de la apologética presuposicional. Uno puede encontrar la explicación de Frame sobre este tema en los escritos contra la suficiencia de la ley natural para gobernar la sociedad y en sus argumentos contra la doctrina de los "Dos Reinos" expuesta por Michael Horton y David VanDrunen. Ambos defienden la utilidad de la ley natural en la sociedad para guiar nuestras acciones.

Tanto las Escrituras como los reformadores dicen que la ley natural es importante. Esta sección detallará algunas de las objeciones de Frame y responderá a algunas de sus críticas sobre la suficiencia de la ley natural para gobernar la cultura. Antes de hacerlo, será útil aclarar lo que tradicionalmente se ha considerado como la diferencia entre la revelación general y la especial, ya que esta distinción desempeña un papel importante en el debate.

Mientras que la revelación general nos da verdades sobre la realidad a partir de la creación, independientemente de la Escritura, la revelación especial nos da verdades sobre la realidad dadas directamente por la Palabra de Dios. Incluso aquellos que no tienen la Palabra de Dios pueden descubrir las verdades de la revelación general mediante el uso adecuado de la facultad de la razón. La revelación general tiende a ser más difícil de discernir debido a este razonamiento.

También es más amplia en muchas de las verdades que revela, como las verdades sobre las matemáticas, otras religiones y la historia del mundo. Las verdades sobre lo que creen otras personas o la Revolución Francesa son asuntos de revelación general. Las verdades sobre un Dios que se revela como tres personas o que la salvación viene por gracia a través de la fe solo se encuentran en la Biblia, que es una revelación especial.

John Frame ofrece muchas razones por las que piensa que la ley natural es insuficiente como guía de la cultura.[21]

1) La revelación natural no era suficiente antes o después de la caída de Adán.

2) La revelación natural no es suficiente para la salvación.

3) La ley natural no es suficiente para agradar a Dios en ningún ámbito.

4) El único remedio para la distorsión de la revelación natural es la gracia de Dios, que proviene de la Escritura.

5) No podemos entender la revelación natural sin distorsión, a menos que la veamos bíblicamente.

6) Dios nunca ha autorizado a ninguna institución o actividad social a gobernarse a sí misma sin el uso de sus palabras habladas y escritas.

7) La revelación natural no es suficiente para nuestro diálogo público con los no cristianos.

8) Jesucristo gobierna todas las esferas de la vida humana, incluida la política. Por ello, debemos buscar la gloria de Dios y dar testimonio de su señorío.

9) El Evangelio transformará toda la creación. Me referiré a cada una de ellas por separado.

En cuanto a la primera objeción, se puede decir que Frame demuestra demasiado. Señala que Adán, en el jardín, necesitó una revelación especial para guiarse y que Dios no le dejó solo la revelación general. Sin embargo, lo que esto demuestra es que incluso la revelación especial era insuficiente, en cierto sentido, para guiar a la humanidad en el jardín. No es diferente fuera del jardín, ya que los israelitas infringieron la ley de Dios incluso después de recibirla desde el Monte Sinaí. Hay un punto más amplio: Incluso cuando el hombre tiene lo que debe hacer revelado tan claramente como sea posible, esto no garantiza que hará lo que es

---

[21] John Frame, "Review of David Van Drunen's *A Biblical Case for Natural Law*", The Works of John Frame & Vern Poythress, https://frame-poythress.org/review-of-david-van-drunens-a-biblical-case-for-natural-law/ (publicado el 10 de mayo de 2012, consultado el 3 de mayo de 2019).

correcto. Lo que este pasaje no muestra es que la revelación natural no pueda también mostrar a la humanidad cómo debe actuar. El testimonio de las Escrituras es que, incluso con una revelación especial de Dios, el hombre puede actuar y actuará mal.

En cuanto al segundo argumento de Frame, nadie afirma que la ley natural sea suficiente para la salvación de nuestros pecados. Hay ciertas acciones que la ley natural prohíbe. Se puede decir que los que obedecen estas acciones evitan dañar a su prójimo. Los que siguen la ley natural sí salvan a sus vecinos de ser asesinados, robados y engañados, entre otras cosas. Debido a la ley natural, saben que tienen la obligación moral de hacerlo, incluso al margen de las Escrituras. Sin embargo, esto no tiene nada que ver con la salvación.

En cuanto al tercer punto, Frame parece sugerir que, por ejemplo, un gobierno debería gobernar siguiendo únicamente las Escrituras. Como mínimo, esto parece implicar que el gobierno civil no es distinto de la iglesia. Él confunde inapropiadamente los dos. Parece que piensa que las funciones de los dos son una y la misma.

En otras palabras, si la ley natural es inútil para el correcto gobierno de una nación, y, si solo las escrituras divinamente reveladas son útiles para el correcto gobierno de una nación, entonces se deduce que el único gobierno que gobierna correctamente es aquel que se somete a las Sagradas Escrituras. Este punto de vista se conoce como teonomía o reconstruccionismo. Esta teoría tiene varios problemas. Solo destacaré algunos.

En primer lugar, como señala Norman Geisler, "confunde el mandato del Evangelio (Mateo 28:18-20) con el mandato de la creación" (Génesis 1:28).[22] El mandato de la creación está dirigido a todos los hombres sobre toda la creación. El mandato del evangelio se dirige a los creyentes para que vayan y alcancen el mundo con las enseñanzas de Cristo. En segundo lugar, los gobiernos del mundo solo gobiernan porque Dios se lo ha permitido, como siervos suyos, lo reconozcan o no (Rom. 13:1-6).

---

[22] Norman L. Geisler, *Systematic Theology in One Volume*, (Minneapolis, Bethany House Publishers, 2011): 1200.

El papel del gobierno es evitar la injusticia castigando a los que infringen las leyes morales. Por eso el gobierno tiene la espada. El propósito principal de la espada del gobierno es castigar el crimen. J. Budziszewski lo explica:

> La sociedad está justamente ordenada cuando cada persona recibe lo que le corresponde. El delito perturba este orden justo, ya que el delincuente arrebata a las personas su vida, su paz, sus libertades y sus bienes terrenales para darse a sí mismo beneficios inmerecidos. El castigo merecido protege moralmente a la sociedad al restablecer este orden justo, haciendo que el malhechor pague un precio equivalente al daño que ha causado. Esto es la retribución, que no debe confundirse con la venganza, que está guiada por un motivo diferente. En la retribución, el acicate es la virtud de la indignación, que responde al daño con el daño por un bien público. En la venganza, el estímulo es la pasión del resentimiento, que responde a la malicia con malicia para la satisfacción privada.[23]

El papel del gobierno es ayudar a establecer el orden dentro de la sociedad, y asegurar que cada persona reciba lo que le corresponde. Para concluir nuestra respuesta al tercer punto de Frame, como resultado de quienes siguen la ley moral natural, nos salvamos de mucha injusticia. Como creyentes, también podemos utilizar la ley moral natural como trampolín para compartir el evangelio para la salvación eterna. Por supuesto que a Dios le "agrada" que mis vecinos no cristianos no me roben ni asesinen a mi familia. Actuar así en nuestra sociedad, que es la esfera en la que vivimos, es apropiado.

En cuanto a su afirmación de que la ley natural está distorsionada, tal afirmación es claramente antibíblica. Es el hombre el que está distorsionado y no la ley natural. La ley natural, al proceder de Dios, no puede estar distorsionada. Frame simplemente se equivoca aquí y sospecho que en realidad quiere señalar algo sobre nuestro conocimiento

---

[23] J. Budziszewski, *The Line Through the Heart: Natural Law as Fact, Theory, and Sign of Contradiction*, (Wilmington: ISI Books, 2011): 114.

de lo que es bueno como criaturas caídas. Sin embargo, esto también está fuera de lugar por un par de razones. En primer lugar, el hecho de que una persona se haya salvado no significa que de repente entienda lo que es moralmente correcto mejor que alguien que no se ha salvado. En segundo lugar, algunos no cristianos entienden más claramente lo que es bueno, y actúan mejor que los cristianos en consecuencia.

En cuanto a su sexto punto, como ya se ha mencionado, Romanos 13 deja claro que incluso aquellos gobiernos a los que Dios no ha hablado solo están en el poder debido a la providencia de Dios. Su séptimo punto también parece fallar cuando uno considera el terreno común que tenemos como seres humanos que pueden reconocer la ley moral natural. Frame subraya que muchos argumentos de la ley natural cometen "una falacia naturalista, un intento de razonar del hecho a la obligación, del 'es' al 'debe'".[24]

Sobre este último punto, recuerde lo dicho anteriormente contra Hume: los humanos tienen una determinada naturaleza y deben actuar en consecuencia. Como criaturas racionales que han sido creadas a imagen de Dios, podemos descubrir nuestro fin adecuado y cómo actuar para alcanzarlo. Solo cuando lo hacemos encontramos la felicidad, el florecimiento humano o la beatitud. En este punto, Frame tiene más en común con el gran escéptico David Hume que con los Reformadores. También se puede señalar que Frame confunde el evangelio y la ley. El evangelio es la buena noticia de lo que Jesús hizo por nosotros como pecadores. La ley es lo que ninguno de nosotros ha cumplido perfectamente.

¿Y el octavo punto? Por supuesto, el cristiano debe aplicar la palabra de Dios a todos los ámbitos de su propia vida. También debe aplicarla a sus hijos. Cuando crecen, el padre cristiano ya no tiene autoridad para obligar a su hijo a seguir toda la palabra de Dios. Si este "paternalismo" está fuera de lugar para los padres con hijos adultos, *a fortiori* el gobierno no debería obligar a sus ciudadanos en lo que

---

[24] John Frame, *¿Es suficiente la revelación natural para gobernar la cultura?*; https://frame-poythress.org/is-natural-revelation-sufficient-to-govern-culture/ (consultado 1/5/2019)

considera la aplicación adecuada de la palabra de Dios a su vida diaria. Cada cristiano individual debe buscar la gloria y el señorío de Dios en todos los ámbitos de su vida. En otras palabras, el gobierno no puede, ni debe, intentar atar las conciencias de sus ciudadanos.

¿Qué hay de la última afirmación, que el evangelio transforma toda la creación? De nuevo, Frame parece confundir el gobierno escatológico de Dios con el gobierno humano actual. Incluso sabiendo que Dios transformará toda la creación, no se deduce que las verdades que podemos extraer de la ley natural no puedan ser suficientes para gobernar la cultura. Esto es sencillamente un *non-sequitur*.

Recordando la ley natural

La iglesia primitiva, los reformadores y muchos de los padres fundadores de los Estados Unidos de América creían firmemente en la ley moral natural. De una manera que nos beneficiará a todos, puede ayudarnos a formular argumentos sobre lo que es moralmente bueno independientemente de las Escrituras en consonancia con las mismas. Por ejemplo, hay muchas personas que ahora están retomando la tradición de la ley natural en un intento de resolver los problemas morales que han surgido de la tecnología avanzada.

En la medida en que podamos reintroducir esta forma de pensar en nuestra sociedad, podremos empezar a restaurar la justicia en los lugares y las prácticas malignas. Por supuesto, sabemos que la verdadera paz y la felicidad no llegarán hasta que vuelva el Rey de Reyes. Pero, por ahora, estamos llamados a defender la justicia y a utilizar todas las herramientas que Dios nos ha dado, incluida la ley natural, para señalar a la gente la verdad, la bondad y la belleza. En los mejores y peores momentos, entre creyentes y escépticos, en la época de la luz y la oscuridad, creamos sabiamente en la luz que Dios nos ha dado a través de la ley natural y sigámosle con todo nuestro corazón.[25]

---

[25] Se inspiró en el comienzo de la obra de Charles Dickens *A Tale of Two Cities*.

§13. EL TRINITARISMO DE VAN TIL: UNA CRÍTICA REFORMADA

Travis James Campbell[1]

Introducción

Por razones que no conocemos del todo, Cornelius Van Til creía que era necesario apartarse de la concepción de la Trinidad expresada tradicionalmente en la tradición reformada. Es decir, los trinitarios reformados, en general, heredaron la visión de la Trinidad mantenida por

[1] Cuando este libro se estaba imprimiendo, me enteré de que Scott Oliphint, profesor de teología sistemática y apologética en el Seminario Teológico de Westminster y antiguo mentor mío, ha cambiado sus opiniones sobre los atributos divinos y su relación con la esencia divina. Según todos los indicios, se ha esforzado por alinear más sus puntos de vista con el teísmo clásico expresado en las Estándares de Westminster. Me alegra saber de estos cambios. Si se hubieran publicado antes de que escribiera este capítulo, mis críticas a la teología del Dr. Oliphint propiamente dicha las habrían tenido en cuenta. Sin embargo, sus otros libros —los que cito— siguen imprimiéndose, y no ha habido ninguna indicación pública de la que yo tenga conocimiento de que vayan a ser actualizados para reflejar los cambios en el pensamiento del Dr. Oliphint. Por lo tanto, no creo que sea necesario cambiar mi capítulo, ya que (1) estoy citando material que todavía está impreso y (2) a pesar del cambio de opinión del Dr. Oliphint, mi crítica de sus puntos de vista anteriores sigue siendo válida.

teólogos como Agustín y Aquino, cuya articulación de la doctrina defendía la simplicidad divina, la eternidad, la impasibilidad, así como la distinción real entre las personas divinas *sin* ninguna distinción real entre las personas y la esencia divina.

Por ejemplo, esta comprensión de la Trinidad fue sostenida por dos de los teólogos favoritos de Van Til, Bavinck y Hodge.[2] Aquí expondremos la teología trinitaria de Van Til, señalando en el camino las defensas de su doctrina dadas por sus estudiantes. Nuestra triste conclusión es que el trinitarismo de Van Til se aparta tanto de la ortodoxia reformada como de la sana razón en puntos concretos. De hecho, si no se controla, el trinitarismo de Van Til deja al cristiano desprovisto de una sólida apologética de la fe.

La doctrina de la Trinidad de Van Til

En su *Introducción a la Teología Sistemática* (Introduction to Systematic Theology), Van Til comienza su argumentación sobre la Trinidad con las siguientes ideas:

> El hecho de que Dios existe como un ser concreto autosuficiente aparece claramente en la doctrina de la Trinidad. Aquí, el Dios que es numéricamente y no meramente específicamente uno cuando se le compara con cualquier otra forma de ser, parece tener ahora en sí mismo una distinción de existencia específica y numérica. Hablamos de la esencia de Dios en contraste con las tres personas de la Divinidad.

---

2 Cf. Reginald Garrigou-Lagrange, The *Trinity and God the Creator: A Commentary on St. Thomas' Theological Summa, Ia, q. 27-119* (trad. Frederic C. Eckhoff; St. Louis, MO: B. Herder Book Company, 1952), 76-334; Herman Bavinck, *God and Creation* (Vol. 2 of *Reformed Dogmatics*; ed. John Bolt; trans. John Bolt; trad. John Vriend; Grand Rapids: Baker, 2004), 256-334; y, aunque menos formalmente, Charles Hodge, *Systematic Theology* (3 Vols.; Grand Rapids: Eerdmans, 1872), 1:442-534. Sobre la continuidad entre el escolasticismo medieval y la teología reformada en este aspecto, véase Richard A. Muller, The *Triunity of God* (Vol. 4 de Post-Reformational Reformed Dogmatics; Grand Rapids: Baker, 2003), 414-420.

> Hablamos de Dios como una persona; sin embargo, hablamos también de tres personas en la Divinidad. Al igual que decimos que cada uno de los atributos de Dios debe identificarse dentro del ser de Dios, mientras que, sin embargo, estamos justificados en hacer una distinción entre ellos, así decimos que cada una de las personas de la Trinidad es exhaustiva de la divinidad misma, mientras que, sin embargo, hay una distinción genuina entre las personas. La unidad y la pluralidad son igualmente últimas en la Divinidad. Las personas de la Divinidad son mutuamente exhaustivas entre sí, y por tanto de la esencia de la Divinidad. Dios es un solo ser consciente y, sin embargo, es también un ser triconsciente.[3]

Al comienzo de esta discusión, debemos señalar tres graves problemas en su presentación inicial. Al llamar la atención sobre estos problemas potenciales, estableceremos el curso de este ensayo, determinando si Van Til se equivoca y en qué grado.

Primero, Van Til dice que, al hablar de la Trinidad, "hablamos de la esencia de Dios en contraste con las tres personas de la Divinidad". Si se deja sin cuidado, esta afirmación sugiere que la esencia divina y las tres personas se distinguen entre sí, lo que a su vez parecería violar la doctrina de la simplicidad divina. Para preservar la simplicidad, los trinitarios clásicos han insistido en que, si bien hay una distinción real entre las personas, no hay una distinción real entre las personas divinas y la esencia divina.

En segundo lugar, Van Til afirma que, al igual que los atributos son idénticos en la esencia divina, aunque no obstante se distinguen, también las personas agotan la naturaleza divina sin dejar de ser genuinamente distintas. Esto puede sugerir una confusión respecto al modo en que los atributos y las personas se relacionan con la esencia divina. Por último, se nos dice que las personas se agotan entre sí y en la esencia divina; por tanto, Dios es a la vez uniconsciente y triconsciente.

---

[3] Cornelius Van Til, *An Introduction to Systematic Theology*, vol. 5 de *In Defense of the Faith* (Phillipsburg, NJ: Presbyterian and Reformed, 1978), 220.

Sin embargo, esto puede sugerir que, en lo que respecta a Van Til, deberíamos afirmar una contradicción formal en nuestra concepción de Dios. Además, su afirmación puede indicar que el significado de la palabra "persona" *es simplemente* la noción moderna de "un centro de autoconciencia (o autoconciencia)" sin *ninguna* calificación de esta definición. Sin duda, este párrafo no es más que su primera salva, por lo que es posible que, a medida que desarrolle su doctrina, allane estas dificultades.

Desgraciadamente, nuestras preocupaciones iniciales se profundizan al leer la exposición de Van Til. Porque después de ofrecer un buen panorama de la historia de la doctrina, Van Til advierte que debemos resistir siempre la tentación de caer en dos extremos con respecto a la Trinidad. En primer lugar, existe la tentación de identificarse con aquellos que "sostienen que la Trinidad puede mostrarse al hombre no cristiano como una doctrina racional sobre sus propios supuestos". En segundo lugar, podríamos acabar identificándonos con los que "mantienen que la Trinidad es un misterio en el sentido de que es irracional".[4] Si se deja sin comprobar, su punto, tal y como está planteado, nos da una falsa dicotomía. De hecho, la tradición cristiana en general, y la reformada en particular, es prácticamente unánime en su insistencia en que la Trinidad no es derivada de la teología natural, y por tanto nunca se subsumirá bajo los dictados de la razón humana.

Por otra parte, la tradición reformada, siguiendo a pensadores como Agustín y Aquino, también insiste en que Dios, que es la verdad misma, nunca mentirá ni se contradecirá (Tito 1:2; 2 Tim. 2:13). Por lo tanto, ningún misterio verdadero puede ser irracional; y así, ningún misterio de la fe puede romper formalmente las leyes de la lógica.[5] Así pues, la noción ortodoxa de misterio no debe considerarse ni racional (es decir, dictada por la razón humana) ni irracional (es decir, formalmente contradictoria), sino más bien *suprarracional* (es decir, que está por

---

4 Van Til, *Introduction to Systematic Theology*, 229.

5 Como veremos más adelante, Van Til y sus alumnos rechazan la última cláusula de esta proposición.

encima de la revelación natural o del descubrimiento y la comprensión humanos). Por lo tanto, nadie puede descubrir cómo es que la misma esencia numérica subsiste en tres personas. Esto debemos aceptarlo por fe en la revelación especial divina.

Por supuesto, Van Til parece reconocer todo esto, al menos en cierto sentido. Porque al principio de su discusión, en la que distingue los enfoques racionales de los irracionales de la Trinidad, da a entender que muchos pensadores comienzan su razonamiento sobre la triunidad "en el extremo equivocado". ¿Cómo es eso? Al suponer que "pueden razonar sobre el Dios trino sin haberlo supuesto primero".[6] De hecho, tales pensadores están razonando "unívocamente en lugar de analógicamente".[7]

Sin embargo, no sabemos en qué pensadores piensa Van Til cuando dice esto. Si se refiere a los racionalistas de la Ilustración que niegan la Trinidad, tiene razón. Pero si está hablando contra los apologistas y teólogos clásicos que nos han legado una noción inmensamente profunda de las procesiones divinas, entonces solo podemos preguntarnos con qué quiere sustituirla. Su alejamiento de la ortodoxia reformada en puntos concretos sugiere, lamentablemente, que su objetivo aquí es la tradición teísta clásica y su apologética de la Trinidad.

Van Til quiere claramente emplear una doctrina de la analogía para mostrar que Dios está por encima y más allá de los modos humanos de racionalidad. Por supuesto, esto puede ser interpretado de varias maneras. Por ejemplo, Dios podría estar por encima de la razón en el sentido de que nunca rompe formalmente las leyes de la lógica, aunque a veces revele verdades que no pueden ser probadas o incluso comprendidas por tales principios. En ese caso Dios sería, de nuevo, suprarracional.

Este es el camino de Agustín y de Aquino. Tomás, por ejemplo, nos dice que "es necesario que el hombre reciba de Dios como objeto de creencia incluso aquellas verdades que están por encima de la razón

---

6 Van Til, *Introduction to Systematic Theology*, 229.

7 Van Til, *Introduction to Systematic Theology*, 229.

humana",[8] y, sin embargo, puesto que, "por tanto, solo lo falso se opone a lo verdadero, como se desprende claramente del examen de sus definiciones, es imposible que la verdad de la fe se oponga a aquellos principios que la razón humana conoce naturalmente".[9] Turretin está de acuerdo con Agustín y Aquino, diciendo, en sus propias palabras: "*¿Puede permitirse a la razón humana el juicio de contradicción en materia de fe? Lo afirmamos*".[10]

En la pregunta anterior, Turretin había defendido un uso ministerial de la razón (es decir, que se mantenga cautiva de la Palabra de Dios [cf. 2 Cor. 10:3-5]), ya que la mente humana es naturalmente finita y está oscurecida por la inmoralidad. Al decir esto, Turretin sigue la tradición reformada al señalar, con más fuerza que Tomás,[11] los efectos noéticos del pecado.[12] Así, cuando habla del juicio de contradicción en materia

---

[8] Tomás de Aquino, *Summa Contra Gentiles-Libro Uno: Dios* (trad. Anton C. Pegis; Londres/Notre Dame: University of Notre Dame Press, 1955), 1.5.1-en adelante, *SCG*).

[9] Aquino, *Summa Contra Gentiles*, 1.7.1. Esta es también la opinión de Agustín: "Lo que la verdad revelará no puede oponerse en modo alguno a los libros sagrados del Antiguo y del Nuevo Testamento" (*De genesi ad litteram*, II, c. 18; citado en Aquino, Summa Contra Gentiles, *1.7.6*).

[10] Francis Turretin, *First Through Tenth Topics* (Vol. 1 de *Institutes of Elenctic Theology*; ed. James T. Dennison Jr. James T. Dennison, Jr.; trad. George Musgrave Giger; Phillipsburg, N.J.: Presbyterian & Reformed, 1992), 32 (cursiva en el original) —en adelante, Institutes *(vol. 1)*).

[11] Tomás sostenía que el pecado afectaba a la mente de forma indirecta, ya que el pecado original es una pérdida de la justicia/rectitud original legada a los humanos a través del *donum superadditum*. Primero infecta la voluntad y, a través de la concupiscencia y otros deseos pecaminosos, pasa a infectar todas las demás facultades del alma, incluida la facultad de razonar. Véase, por ejemplo, Tomás de Aquino, *Summa Theologiae*. Ia-Iae.82.3; 83.2-4; 85.3.

[12] Turretin sostiene que, al articular una doctrina del pecado original, hay que evitar dos errores. Primero, debemos abstenernos de la doctrina excesiva del pecado original, que sitúa su corrupción en "la sustancia misma del alma". Esto viciaría de tal manera la naturaleza humana que perderíamos incluso nuestra capacidad de saber que estamos pecando, por lo que no podríamos ser considerados responsables de ello; y ni siquiera el propio Cristo podría asumir nuestra naturaleza. Implicaría, en efecto, "que el hombre después de su santificación y resurrección es diferente de lo que era antes" (*Institutes (vol. 1)*, 363). En segundo lugar, hay católicos romanos que insisten en que el pecado original consiste *simplemente* en la falta de justicia original. Sin embargo, Turretin

de fe, no está diciendo que la razón humana sea el fundamento de la fe. "Esto lo negamos", dice.[13] Porque el razonamiento del incrédulo está oscurecido por el pecado, y "los misterios de la fe están más allá de la esfera de la razón a la que el hombre no regenerado no puede llegar".[14]

De nuevo, la razón es un ministro de la fe, no su maestro.[15] Turretin está diciendo que los primeros principios de la naturaleza son autoevidentes (conocidos por sí mismos). Solo así puede ser, ya que llevamos estos principios *a* las Escrituras al *comienzo* de nuestro estudio de estos. Pero cuando se trata de la *aplicación* de estos primeros principios, debemos someternos a la Escritura, manteniendo todos nuestros pensamientos cautivos a la obediencia de Cristo. En palabras del propio Turretin:

> Aunque la luz no es contraria a la luz, y las verdades naturales y reveladas no están en desacuerdo entre sí, sin embargo, la verdad natural misma no es a menudo lo que dicta la razón humana, que se equivoca a menudo por un abuso de la luz natural y revelada. Por tanto, la verdad revelada puede oponerse al raciocinio y a las concepciones humanas, aunque esté de acuerdo con la verdad natural que la razón no suele ver ni aprehender. Así, aquí hay que

señala que la Escritura describe la corrupción original no solo privativamente, sino positivamente, ya que los humanos "no solo están desprovistos de justicia, sino también llenos de injusticia" (Institutes (vol. 1), 637). Por supuesto, Tomás se acerca bastante a Turretin en este aspecto, ya que *no* creía que el pecado original fuera *simplemente* la pérdida de la justicia original (cf. n. 10 arriba).

13 Turretin, *Institutes (vol. 1)*, 24.

14 Turretin, *Institutes (vol. 1)*, 24-25. Aquino coincide aquí con Turretin, al menos en líneas generales. Según Aquino, hay una doble causa por la que las personas generalmente nunca alcanzan una teología natural correcta: (1) sus limitadas facultades cognitivas (es decir, en parte por la falsedad inherente a sus juicios/conclusiones derivadas de los primeros principios; en parte por estar atados a las imágenes de los sentidos, siendo así incapaces de elevarse a las verdades metafísicas), que a menudo les llevan al error; y (2) la ceguera de sus corazones debido a la malicia pecaminosa. Para más información sobre esto, véase *Summa Contra Gentiles,* 1.4.5 de Aquino; junto con su *Commentary on Saint Paul's Epistle to the Ephesians* (trans. Matthew L. Lamb; Albany, NY: Magi Books, 1966), 176.

15 Turretin, *Institutes (vol. 1)*, 25.

> distinguir los primeros principios de la naturaleza (conocidos por sí mismos) de las conclusiones y concepciones de la razón que se deducen de esos principios. Los primeros son verdaderos y seguros, los segundos oscuros, a menudo erróneos y falibles.[16]

Dado que los primeros principios no se han perdido en la caída, aunque su *uso* ha sido corrompido por el pecado humano, Turretin dice que pueden utilizarse para convertir a los incrédulos a la fe: "Aunque la razón no es el principio de la fe, no se deduce que los ateos no puedan ser convertidos.

El modo de tratar con ellos puede ser *ya sea* teológico (mediante argumentos fundados en la Escritura) *o* filosófico, de modo que mediante los principios de la razón se puedan eliminar los prejuicios contra la religión cristiana extraídos de la razón corrupta".[17] Esto es posible, no porque los humanos sean autónomos, sino porque los primeros principios de la lógica son leyes establecidas por Dios.[18] Y aquí Bavinck estaría de acuerdo, diciendo que, si bien las analogías y argumentos comunes a favor de la Trinidad no logran *demostrar* realmente la doctrina, pueden al menos "mostrar que lo que la Escritura nos enseña no es imposible ni absurdo y demostrar que la creencia de nuestros oponentes está mal fundamentada y es contraria a la razón

---

[16] Turretin, *Institutes (vol. 1)*, 28.

[17] Turretin, *Institues (vol. 1)*, 28-cursiva añadida. Obsérvese que, para Turretin, nuestros argumentos con los ateos pueden ser *ya sean* teológicos *o* filosóficos, lo que significa que los argumentos filosóficos pueden, de hecho, sostenerse por sí mismos como *pruebas* de la existencia de Dios.

[18] "Aunque el juicio de contradicción se permite a la razón en materia de fe, no se sigue que el intelecto humano se convierta en regla del poder divino (como si Dios no pudiera hacer más cosas de las que la razón humana puede concebir). Que Dios pueda hacer algo por encima de la naturaleza y de la concepción humana (lo que se dice con verdad en Ef. 3:20) es distinto de que pueda hacer algo contrario a la naturaleza y a los principios de la religión natural (lo que es muy falso). El poder de Dios tampoco está limitado de esta manera por la regla de nuestro intelecto, sino que nuestra mente juzga a partir de la palabra lo que (según la naturaleza de una cosa establecida por Dios) puede llamarse posible o imposible" (Turretin, *Institutes (vol. 1)*, 34).

misma".[19] Hodge está de acuerdo con Agustín, Aquino, Turretin y Bavinck, escribiendo:

> Que la razón tiene la prerrogativa del *judicium contradictionis*, es evidente, en primer lugar, por la propia naturaleza del caso. La fe incluye una afirmación de la mente de que una cosa es verdadera. Pero es una contradicción decir que la mente puede afirmar que es verdad lo que ve que no puede ser verdad. Esto sería afirmar y negar, creer y descreer, al mismo tiempo. Por lo tanto, desde la constitución misma de nuestra naturaleza, se nos prohíbe creer lo imposible.
>
> En consecuencia, no solo estamos autorizados, sino que estamos obligados a declarar anatema a un apóstol o a un ángel del cielo, que nos llame a recibir como revelación de Dios cualquier cosa absurda, o malvada, o inconsistente con la naturaleza intelectual o moral con la que Él nos ha dotado. La sujeción de la inteligencia humana a Dios es ciertamente absoluta; pero es una sujeción a la sabiduría y a la bondad infinitas. Así como es imposible que Dios se contradiga a sí mismo, también es imposible que, mediante una revelación externa, declare verdadero lo que por las leyes de nuestra naturaleza ha hecho imposible que creamos.[20]

Luego escribe:

> El fundamento último de la fe y el conocimiento es la confianza en Dios. No podemos creer ni saber nada si no confiamos en las leyes de la creencia que Dios ha implantado en nuestra naturaleza. Si se

---

[19] Bavinck, *God and Creation*, 330. Más adelante, al hablar de la triunidad de Dios, Turretin responde a la objeción común de que la Trinidad es intrínsecamente contradictoria, no menospreciando la razón humana, sino mostrando que la doctrina no rompe en absoluto la ley de no contradicción: "Uno en número sustancialmente en cuanto a la unidad esencial no puede ser tres en el mismo sentido; pero puede ser tres adjetiva y personalmente en cuanto a la Trinidad personal" (*Institutes (vol. 1)*, 271).

[20] Charles Hodge, *Systematic Theology* (3 Vols.: Grand Rapids: Eerdmans, 1872), 1:52.

nos puede exigir que creamos lo que contradice esas leyes, entonces se rompen los fundamentos. Desaparecería toda distinción entre la verdad y la mentira, entre el bien y el mal.

Todas nuestras ideas de Dios y de la virtud se confundirían, y nos convertiríamos en víctimas de todo engañador hábil, o ministro de Satanás, que, por medio de maravillas mentirosas, nos llamara a creer una mentira. Debemos probar los espíritus. Pero ¿cómo podemos probarlos sin una norma? Y qué otra norma puede haber,

> excepto las leyes de nuestra naturaleza y las revelaciones autentificadas[21] de Dios.[22]

Insistimos en que Dios no "descubre" estas leyes para sí mismo (ya que entonces estaría supeditado a ellas), solo para imponérnoslas (pues entonces serían arbitrarias); ni tampoco crea las leyes de la lógica de la nada (pues, de nuevo, serían entonces arbitrarias). En efecto, la ley de la

---

[21] Obsérvese que Hodge no se refiere simplemente a una *pretensión* de revelación, sino a una revelación *autentificada*. Para algunas obras modernas que han ofrecido tal autentificación, véase Norman L. Geisler, *Christian Apologetics* (2da edición; Grand Rapids: Baker, 2013); Gaven Kerr, *Aquinas's Way to God: The Proof in De Ente et Essentia* (Oxford: Oxford University Press); Jason Lisle, *Faith in an Age of Reason: Refuting Alleged Bible Contradictions* (Green Forest, AR: Master Books, 2017); Gleason L. Archer Jr, *Encyclopedia of Bible Difficulties* (Grand Rapids: Zondervan, 1982); James E. Smith, *What the Bible Teaches about the Promised Messiah* (Nashville, TN: Thomas Nelson Publishers, 1993); Michael L. Brown, *Messianic Prophecy Objections* (Vol. 3 de *Answering Jewish Objections to Jesus*; Grand Rapids: Baker, 2003); Graham Twelftree, *Jesus: The Miracle Worker* (Downers Grove, IL: InterVarsity Press, 1999); y Gary R. Habermas & Michael R. Licona, *The Case for the Resurrection of Jesus* (Grand Rapids: Kregel, 2004); R. C. Sproul, *Scripture Alone: The Evangelical Doctrine* (Phillipsburg, NJ: Presbyterian & Reformed, 2005), 63-90; John W. Wenham, *Christ & The Bible* (3ra edición; Grand Rapids: Baker, 1994); Wayne A. Grudem, "Scripture's Self-Attestation and the Problem of Formulating a Doctrine of Scripture", en *Scripture and Truth* (2da edición; D. A. Carson & John D. Woodbridge; Grand Rapids: Baker, 1983), 19-59; Benjamin Breckinridge Warfield, *Revelation and Inspiration* (Vol. 1 de *The Works of Benjamin B. Warfield*; ed. Ethelbert D. Warfield, "Scripture's Self-Attestation and the Problem of Formulating Doctrine of Scripture"). Ethelbert D. Warfield, William Park Armstrong y Caspar Wistar Hodge; 1932 reimpr.; Grand Rapids: Baker, 2000), 229-391); Hugh Ross, *Navigating Genesis: A Scientist's Journey Through Genesis 1-11* (Covina, CA: Reasons to Believe, 2014); Hugh Ross, *Hidden Treasures in the Book of Job: How the Oldest Book in the Bible Answers Today's Scientific Questions* (Grand Rapids: Baker, 2011); y Robert Sheldon, *The Long Ascent-Genesis 1-11 in Science and Myth: Volume 1* (Eugene, OR: Resource Publications, 2017)). Para una reivindicación histórica de la continuidad entre la apologética clásica y la teología reformada, véase J. V. Fesko, *Reforming Apologetics: Retrieving the Classical Reformed Approach to Defending the Faith* (Grand Rapids: Baker, 2019). Para una defensa completa de la distinción entre gracia suficiente y eficiente, que parece ser una doctrina crucial para dar sentido a la apologética clásica, véase Travis James Campbell, *The Wonderful Decree: Reconciling Sovereign Election and Universal Benevolence* (Bellingham, WA: Lexham Press, 2020), capítulo 7.

[22] Hodge, *Systematic Theology*, 1:52-53.

no-contradicción, por ejemplo, no puede ser creada, pues entonces no habría distinción entre un "tiempo" en que la ley existió y un "tiempo" en que no existió.

En otras palabras, si alguna vez no hubo ley de no contradicción, entonces no hubo un "antes" de que existiera en contradicción con un "después" de que existiera. Pues tal distinción presupone la propia ley que, *según nuestra suposición*, no existe eternamente. Y, si no hay distinción entre estos momentos en el tiempo, entonces sería tan legítimo hablar de la ley como eterna como hablar de la ley como temporal. Y, sin embargo, si ahora es legítimo decir que la ley es eterna, entonces (*según el propio principio*) la ley no puede ser temporal. Lo que esta prueba ilustra, por supuesto, es que las leyes de la lógica son verdades necesarias y, por tanto, son tan eternas como lo es Dios.

Ahora bien, estas leyes universales o bien son independientes de Dios, como una forma platónica, o bien son eternamente inherentes a la naturaleza de Dios. Si es lo primero, entonces Dios no es un ser trascendente. Por lo tanto, debe ser lo segundo. Pero si es lo segundo, entonces se encuentran dentro de la naturaleza de Dios de forma distinta o indistinta. Si es lo primero, entonces hay distinciones reales en Dios, y por tanto no es simple.

Por lo tanto, según la doctrina de la simplicidad, debe ser lo segundo.[23] Y, si es lo segundo, la naturaleza simple de Dios es intrínsecamente lógica. Decir que Dios no puede ser ilógico es simplemente afirmar la verdad fundamental de que Dios no puede mentir ni negarse a sí mismo (cf. Heb. 6:18; 2 Tim. 2:13). Porque Dios mismo es pura lógica y, por tanto, cuando pensamos lógicamente, estamos reflejando, de forma limitada y analógica, cómo es Dios. De ahí que ninguna contradicción formal pueda ser cierta para Dios.[24]

---

[23] Afortunadamente, hay muchos recursos que defienden la doctrina vital de la simplicidad. Para una obra reciente y muy útil sobre este tema, véase Joseph Minich y Onsi A. Kamel, editores, *The Lord is One: Reclaiming Divine Simplicity* (The Davenant Press, 2019).

[24] Decir que Dios es "pura lógica" no es más problemático que decir que es "pura bondad". Así como es apropiado decir que la bondad misma es increada, y que las criaturas podemos ejemplificar analógicamente la bondad cuando

Una crítica al esquema trinitario de Van Til

Lamentablemente, cuando Van Til sugiere que Dios está por encima de la razón, no parece querer decir lo que la tradición agustino-reformada ha dicho que significa. De hecho, parece que, para Van Til, las contradicciones formales pueden ser verdaderas de Dios. Esto está fuertemente implicado en su más famosa (o, quizás, infame) afirmación sobre la Trinidad:

> A veces se afirma que podemos probar a los hombres que no estamos afirmando nada que deban considerar irracional, en la medida en que decimos que Dios es uno en esencia y tres en persona. Por lo tanto, afirmamos que no hemos afirmado la unidad y la trinidad de exactamente la misma cosa.
>
> Sin embargo, esta no es toda la verdad del asunto. Afirmamos que Dios, es decir, toda la Divinidad, es una sola persona. Hemos observado cómo cada atributo es coextensivo con el ser de Dios. Estamos obligados a mantener esto para evitar la noción de un ser no interpretado de alguna manera.
>
> En otras palabras, estamos obligados a mantener la identidad de los atributos de Dios con el ser de Dios para evitar el espectro del hecho bruto. De manera similar, hemos observado cómo los teólogos insisten en que cada una de las personas de la Divinidad es co-terminante con el ser de la Divinidad. Pero todo esto no quiere decir que las distinciones de los atributos sean meramente nominales. Ni tampoco que las distinciones de las personas sean meramente nominales. Necesitamos tanto la coterminación absoluta de cada atributo y cada persona con todo el ser de Dios, como el significado genuino de las distinciones de los atributos y las personas. "Cada persona", dice Bavinck, "es igual a toda la esencia de Dios y coterminal con las otras dos personas y con las tres" (Vol. II, p. 311) ... Por lo tanto, por encima de todos los demás seres, es decir,

pensamos y actuamos con rectitud, también decimos que la lógica misma es increada, y que las criaturas podemos ejemplificar analógicamente la lógica cuando pensamos y actuamos con coherencia.

> por encima de los seres creados, debemos sostener que el ser de Dios presenta una identidad numérica absoluta. E incluso dentro de la Trinidad ontológica debemos mantener que Dios es numéricamente uno.
> Es una sola persona. Cuando decimos que creemos en un Dios personal, no nos referimos simplemente a que creemos en un Dios al que se le puede añadir el adjetivo "personalidad". Dios no es una esencia que tiene personalidad; Él es personalidad absoluta. Sin embargo, dentro del ser de la persona única, la Escritura nos permite y nos obliga a hacer la distinción entre un tipo de ser específico o genérico, y tres subsistencias personales.[25]

La afirmación común de los trinitarios ha sido durante mucho tiempo que no hay contradicción formal en la Trinidad precisamente porque Dios es uno y tres en sentidos diferentes (es decir, uno con respecto a la esencia divina, tres con respecto a las personas divinas). Van Til dice que "esto no es toda la verdad del asunto".

Por supuesto, esto es cierto en un sentido: el corazón de la teología trinitaria es que ninguna doctrina de la Trinidad podría, en principio, agotar este misterio incomprensible. Como han dicho innumerables teólogos, nadie puede comprender a Dios, oculto como está en la luz inefable. Desgraciadamente, al leer el resto de su párrafo, Van Til no parece querer decir lo mismo que otros teólogos cuando afirma que hay algo más en esta cuestión.

De hecho, lejos de ir más *allá de* la apologética común, Van Til en realidad va *en contra de* ella. Para él, Dios no es simplemente una esencia; también es una persona. ¿Intenta Van Til en algún lugar matizar esta afirmación? Por ejemplo, ¿dice: "Dios es una persona en un sentido del término, y tres personas en otro sentido del término y, desafortunadamente, no puedo explicar la diferencia de sentidos"? No, no lo dice. De hecho, hace varias afirmaciones más que requieren explicación.

---

[25] *Introduction to Systematic Theology*, 229.

Por ejemplo, nos dice que los atributos divinos son coterráneos con el ser de Dios. Con esto parece querer decir que Dios es simple. También dice que las personas divinas son coincidentes con el ser de Dios. Y esto parece seguirse, dada la simplicidad de la naturaleza divina. Luego dice que las distinciones de los atributos y las personas no son meramente nominales. Hasta aquí todo bien, ya que los reformadores-tomistas han insistido en una distinción meramente virtual entre los atributos y una distinción real entre las personas divinas, aunque no hay ninguna distinción real entre los atributos o las personas y la esencia divina.

Y, sin embargo, Van Til continúa diciendo que "necesitamos... el significado genuino de las distinciones de los atributos y las personas". No podemos estar absolutamente seguros de lo que Van Til quiere decir con esta afirmación, pero parece estar diciendo que hay distinciones genuinas o reales entre los atributos divinos. Si es así, Van Til nos está diciendo, sin ninguna reserva, que Dios es a la vez simple y complejo; es una persona y tres personas.[26]

Lane Tipton ha ofrecido una interpretación aparentemente plausible de Van Til que, de ser cierta, demuestra la coherencia de su trinitarismo. Tipton ofrece pruebas que sugieren que, cuando Van Til dice que Dios es "una conciencia y triconsciencia", o "una persona", está apelando a la doctrina de la *pericoresis*,[27] tal como la expresa Charles Hodge. Por ejemplo, Hodge escribe:

> Como la esencia de la Divinidad es común a las diversas personas, estas tienen una inteligencia, una voluntad y una potencia comunes. No hay en Dios tres inteligencias,[28] tres voluntades, tres eficiencias.

---

[26] La cita de Van Til de Bavinck no puede ayudarle a salir del aprieto en el que se ha colocado, pues ahí Bavinck está de acuerdo con los tomistas cuando insisten en que las personas no son distintas de la esencia, aunque sean distintas entre sí. Cf. Bavinck, *God and Creation*, 304.

[27] Es decir, la "interpenetración" espiritual e íntima de los miembros de la Trinidad de tal manera que, funcionalmente hablando, actúan como si fueran una sola persona.

[28] Nótese que, al negar que haya tres inteligencias en Dios, Hodge está negando implícitamente la afirmación de Van Til de que Dios es tanto una conciencia como una triconsciencia. Como dice el propio Hodge, Dios es "una sola

> Los Tres son un solo Dios, y por lo tanto tienen una sola mente y voluntad. Esta íntima unión se expresaba en la Iglesia griega con la palabra περιχώρησις, que las palabras latinas *inexistentia*, *inhabitatio*, e *intercommunio*, servían para explicar.[29]

Un poco más adelante, Hodge vuelve a expresar esta idea de *pericoresis*, junto con su convicción de que, en última instancia, estas verdades sobre Dios son incomprensibles:

> Este hecho —de la íntima unión, comunión y habitabilidad de las personas de la Trinidad— es la razón por la que en todas partes en la Escritura, e instintivamente por todos los cristianos, Dios como Dios es referido como una persona, en perfecta consistencia con la Tripersonalidad de la Divinidad. Podemos orar, y lo hacemos, a cada una de las Personas por separado; y oramos a Dios como Dios; porque las tres personas son un solo Dios; uno no solo en sustancia, sino en conocimiento, voluntad y poder.
> Esperar que nosotros, que no podemos entender nada, ni siquiera a nosotros mismos, entendamos estos misterios de la Divinidad, es hasta el último grado irrazonable. Pero como en cualquier otra esfera debemos creer lo que no podemos entender, así podemos creer todo lo que Dios ha revelado en Su Palabra acerca de sí mismo, aunque no podamos entender al Todopoderoso hasta la perfección.[30]

De ahí que, como señala Tipton con razón, Hodge afirme que Dios es una sola conciencia.[31] En sus propias palabras, "Un conocimiento común implica una conciencia común".[32] Y así, según Tipton, el movimiento del "punto de vista de Hodge es el siguiente: una voluntad, una mente y

---

mente".

29 Hodge, *Systematic Theology*, 1:461.

30 Hodge, *Systematic Theology*, 1:462.

31 Lane G. Tipton, "The Function of Perichoresis and the Divine Incomprehensibility", *Westminster Theological Journal* 64 (2002): 292.

32 Hodge, *Systematic Theology*, 1:461.

una conciencia". Por lo tanto, "Hodge extiende la observación perfectamente aceptable de que Dios tiene 'una voluntad y una mente' a la idea de que Dios tiene 'una conciencia'. De esto, Hodge hace la inferencia natural de que es apropiado dirigirse a Dios en este sentido como 'una persona'".[33]

Así, al resumir el pensamiento de Hodge, Tipton dice que "Dios no solo es uno en su esencia, sino que es una persona de manera consistente con su tripersonalidad".[34] Sin embargo, esto no es lo que Hodge dice en realidad. Hodge dice que, *en* la Escritura y *por* los cristianos, "Dios como Dios es referido como una persona, en perfecta consistencia con la Tripersonalidad de la Divinidad". No dice que Dios *sea* una sola persona, sino simplemente que en las Sagradas Escrituras se *refieren* a él *como* una persona.

Presumiblemente, lo que Hodge quiere decir aquí es que a menudo se habla de Dios en la Biblia *como si* fuera una sola persona. Este es, sin duda, un punto sutil, y sin embargo es necesario subrayar que en ninguna parte de las Escrituras o del tomo de Hodge se llama a Dios realmente "una persona". Llamar a Dios "una persona" es contradecir la triplicidad de Dios; dirigirse a Dios análogamente *como si* fuera una persona no es objetable ni inconsistente con la triplicidad divina.

También hay que subrayar que, aunque Hodge afirma la unidad de la conciencia divina, no dice en ninguna parte que Dios sea "una conciencia y triconsciencia". De hecho, él niega implícitamente esta extraña forma de hablar en las citas dadas anteriormente. De hecho, tal formulación —al menos, cuando se ofrece sin calificación alguna— es contradictoria; y aunque Hodge abraza claramente el *misterio* de la Trinidad, se niega a afirmar *contradicciones formales* en su noción de Dios (como hemos visto).

Más importante aún, uno notará que Van Til parece definir la persona en el sentido moderno como "un centro de autoconciencia". Porque ¿qué otra cosa podría querer decir Van Til cuando dice que Dios es "triconsciencia" si no es que Dios es, entre otras cosas, tres personas

---

33 Tipton, "Function of Perichoresis", 292.
34 Tipton, "Function of Perichoresis", 293.

precisamente en el sentido de que es tres centros de autoconciencia? Sin embargo, según el trinitarismo clásico, no es apropiado hablar de esta manera mientras se explica la Trinidad *ontológica*;[35] aunque *puede* ser apropiado hablar de esta manera, al menos por analogía remota, mientras se explica la Trinidad *económica*.[36]

Desgraciadamente, Van Til no hace en ningún momento estas salvedades. Así, parece que, al discutir la Trinidad ontológica, Van Til opta por la noción moderna de persona como "centro de autoconciencia". Al menos, este es el punto de vista aceptado por uno de los intérpretes más respetados de Van Til:

> El término 'persona' tiene un significado bastante diferente en su uso moderno de cualquier significado que se le atribuya (griego: hypostasis) en la época de la formulación del credo de Nicea. El uso de Van Til se parece más al moderno que al antiguo.[37]

Desafortunadamente, al hacer este movimiento, Van Til se desvía en la dirección del triteísmo.

---

[35] Es decir, las *procesiones eternas* de las personas divinas dentro de la esencia divina. Esta es la naturaleza de Dios sin ninguna consideración de cómo Dios se relaciona con la criatura, en la que las personas divinas son co-eternas, consustanciales, y por lo tanto co-iguales entre sí (cf. Juan 10:30).

[36] Es decir, las *misiones* eternas de las personas divinas con el fin de redimir a la humanidad. Esta es la naturaleza de Dios a través de una comprensión de cómo Dios se relaciona con la criatura, en la que cada miembro de la Trinidad asume una tarea o papel o función específica o misión en la historia de la redención. Así, en la economía divina de la redención, en la que cada persona asume un papel específico en la salvación, existe una subordinación funcional de un miembro con respecto a otro (cf. Juan 14:28). De ahí que, en un sentido remotamente analógico y económico, Dios Hijo sea un centro de autoconciencia distinto de la autoconciencia de su Padre.

[37] John M. Frame, "The Problem of Theological Paradox", en *Foundations of Christian Scholarship: Essays in the Van Til Perspective* (ed. Gary North; Vallecito, CA: Ross House Books, 1979), 307 (n. 56). Se *podría* sostener que Van Til está definiendo "persona" de esta manera solo con respecto a la Trinidad económica. Sin embargo, en el contexto, como señala el propio Frame, es la formulación *Nicena* de la que habla y, por tanto, se está refiriendo a la Trinidad ontológica.

Según Tipton, la doctrina de la pericoresis de Hodge nos ayuda a evitar la herejía del triteísmo.[38] Afirma que "Van Til está perfectamente dentro de los límites de la ortodoxia trinitaria católica de Princeton cuando afirma que la fórmula persona/esencia, cuando se formula de una manera que descuida la pericoresis, 'no es toda la verdad del asunto', ya que 'Dios... toda la Divinidad, es una persona'". Aunque la pericoresis puede ser de alguna ayuda para el intérprete que quiera introducir coherencia en el sistema de Van Til, el propio Van Til nunca apela a esta doctrina mientras articula su propia visión de la Trinidad. Ciertamente, cita la declaración de Hodge sobre la pericoresis en su discusión del Credo de Nicea.[39] Pero después de esa mención, la noción nunca se utiliza plenamente para explicar la opinión de Van Til de que Dios es una sola persona.

¿Cómo justifica Van Til su aparentemente incoherente doctrina de la Trinidad? No a través de la pericoresis, sino apelando a la antítesis entre el razonamiento del aspirante a hombre autónomo y el cristiano que ha sometido su pensamiento a la revelación divina. Así, si "somos cristianos, toda nuestra interpretación es en función de este Dios del que hablamos. Es él quien se ha revelado primero en su creación antes de que pudiéramos saber nada de él".[40] El incrédulo, en cambio, se resistirá a la noción de un Dios tripersonal. "Decir que Dios es una persona y al mismo tiempo decir que existe como tres personas, dirá, no es simplemente contradecirse verbalmente, sino que es decir que toda predicación es analítica".[41]

En otras palabras, el no cristiano utilizará su lógica para analizar la doctrina de la Trinidad, que dice que Dios es una persona y tres personas, y mostrará que es contradictoria. El cristiano admitirá que es así y doblará la rodilla ante el Dios que está por encima y más allá de la razón humana. ¿Cómo resolveremos entonces la disputa entre el cristiano y el

---

38 Tipton, "Function of Perichoresis", 293.

39 Van Til, *Introduction to Systematic Theology*, 225; cf. Hodge, *Systematic Theology*, 1:461.

40 Van Til, *Introduction to Systematic Theology*, 230.

41 Van Til, *Introduction to Systematic Theology*, 230.

no cristiano? La respuesta de Van Til es que "no hay manera posible de suavizar este dilema. Tampoco deberíamos querer suavizarlo".

De hecho, si "decimos que podemos explicar la doctrina de la Trinidad a la satisfacción del hombre natural reduciendo el elemento irracional objetable a su propio irracional no objetable, estamos de hecho estableciendo un irracional que es objetable desde el punto de vista cristiano", ya que "los cristianos y los no cristianos no pueden poner en común o intercambiar sus misterios mientras sean fieles a sus posiciones".[42]

Para Van Til, la cosmovisión del cristiano y la del no cristiano son inconmensurables, completamente antitéticas entre sí. No hay ningún terreno común entre ellas. Por lo tanto, todo lo que puede hacer cualquiera de las partes es entrar en el círculo de suposiciones de la otra, al menos para argumentar, y descubrir qué conjunto de suposiciones es realmente destructivo de la racionalidad humana —o, en otras palabras, "qué superracionalidad es realmente objetable".[43]

Por lo tanto, pensamos que Oliphint ha captado con acierto el tono de un trinitarismo auténticamente vantiliano en sus propias obras apologéticas. Según Oliphint, "la lógica, como todo lo demás, salvo Dios mismo, es *creada*".[44] Debido a esta suposición, Oliphint sostiene que la lógica nunca puede legislar la realidad, pues solo Dios puede hacerlo. Van Til formula el punto de Oliphint de la siguiente manera:

> La ley de la contradicción, por lo tanto, tal como la conocemos, no es más que la expresión en un nivel creado de la coherencia interna de la naturaleza de Dios. Por lo tanto, los cristianos nunca deben apelar a la ley de la contradicción como algo que, como tal, determina lo que puede y no puede ser verdad.[45]

---

42 Van Til, *Introduction to Systematic Theology*, 231.

43 Van Til, *Introduction to Systematic Theology*, 231.

44 K. Scott Oliphint, "Cornelius Van Til and the Reformation of Christian Apologetics", en *Revelation and Reason: New Essays in Reformed Apologetics* (ed. K. Scott Oliphint & Lane G. Tipton; Phillipsburg, NJ: Presbyterian and Reformed, 2007), 285-cursiva en el original.

45 Van Til, *Introduction to Systematic Theology*, 11. Bahnsen, que es quizás el

El incrédulo utiliza las leyes de la lógica para demostrar que la idea de un Dios Trino es ilógica. Y, según Oliphint, tiene razón en eso. En las propias palabras de Oliphint, "El Espíritu Santo no es ni más ni menos Dios que el Padre. Todo lo que el Padre es, el Espíritu también lo es. Los dos son dos y uno al mismo tiempo *y de la misma manera*".[46] El pretendido incrédulo autónomo rechaza esto porque es una contradicción. El creyente abraza esta verdad contradictoria, sabiendo que proviene del mismo Ser que creó su lógica falible en primer lugar.

El problema con el enfoque de Van Til y Oliphint, por supuesto, es que es absurdo, así como inconsistente con el cristianismo en general y la tradición reformada en particular. Las leyes de la lógica simplemente no pueden ser creadas, como hemos visto. Agustín, Aquino, Turretin, Bavinck, Hodge y otros se glorificaron en el misterio de la Trinidad, pero no a expensas de la razón. De hecho, cuando Van Til interpreta la cuestión en términos de antítesis, en la que el creyente y el incrédulo simplemente miran un hecho desde dos puntos de vista diferentes —es decir, la lógica de la revelación frente a la lógica de la razón autónoma, en realidad está postulando dos órdenes diferentes de lógica —es decir, la lógica de Dios frente a la lógica del hombre (o del mundo natural).

Lo mismo ocurre con Oliphint. Cuando dice que Dios creó la lógica, y que por tanto lo que es formalmente ilógico puede ser verdadero, al menos desde un cierto punto de vista (es decir, desde la perspectiva de Dios), en realidad está creando una antítesis entre el reino de lo divino (al que nadie puede llegar mediante la lógica creada) y el reino de la naturaleza. No se trata del cristianismo tradicional, sino del agnosticismo kantiano, en el que el reino noumenal está separado del mundo fenomenal por un abismo insuperable.

---

mayor intérprete de Van Til, es algo ambiguo en cuanto a la cuestión de si las leyes de la lógica son creadas. Véase Greg L. Bahnsen, *Van Til's Apologetic: Readings and Analysis* (Phillipsburg, NJ: Presbyterian & Reformed, 1998), 110 (n. 65); y Greg L. Bahnsen, *Presuppositional Apologetics: Stated and Defended* (ed. Joel McDurmon; Powder Springs, GA & Nacogdoches, TX: American Vision Press & Covenant Media Press, 2008), 104.

46 Oliphint, "Van Til and the Reformation of Christian Apologetics", 293 (cursiva añadida).

El kantianismo implícito del pensamiento de Van Till es irónico, sin duda, ya que Van Til y sus alumnos siempre han rechazado explícitamente el pensamiento de Immanuel Kant.[47] Y, sin embargo, debemos recordar que, en muchos aspectos, la filosofía crítica de Kant, que incluye su método trascendental, establece el programa de la apologética de Van Til.[48]

La única pregunta es si Van Til elimina realmente el abismo que separa el mundo fenoménico del nouménico, o si lo presupone. La siguiente cita ha sido utilizada por los vantilianos para sugerir que él lo elimina:

> Para que haya una verdadera coherencia en nuestro conocimiento debe haber una correspondencia entre nuestras ideas de los hechos y las ideas de Dios sobre estos hechos. O más bien deberíamos decir que nuestras ideas deben corresponder a las ideas de Dios.[49]

En respuesta directa a esta afirmación de Van Til, Bahnsen dice: "Esto está lejos de ser una vía hacia el escepticismo teológico o la irracionalidad, como insisten los críticos poco comprensivos".[50] Sin embargo, ¿qué quiere decir Van Til con esto? ¿Nuestras ideas deben corresponder a las de Dios *solo como es revelado*, o *también como Dios es en y por sí mismo*? Si es esto último, entonces se ha conservado un conocimiento de quién y cómo es Dios (como); si es lo primero, entonces no tenemos forma de saber si lo que Dios revela corresponde *realmente* a quién y cómo es Dios. Y parece que Van Til, por desgracia, nunca llegó a resolver la cuestión en su propia mente. Como nos informa Frame:

---

47 Cf. por ejemplo, Cornelius Van Til, *Christianity and Idealism* (Phillipsburg, NJ: Presbyterian & Reformed, 1955), 133-139. Este capítulo que cito aquí es, en realidad, un ensayo escrito con anterioridad para el *Calvin Forum*, titulado "Kant or Christ?".

48 Cf. John Frame, *Cornelius Van Til: An Analysis of His Thought* (Phillipsburg, NJ: Presbyterian & Reformed, 1995), 45-46.

49 Cornelius Van Til, *A Survey of Christian Epistemology*, vol. 2 de *In Defense of the Faith* (Phillipsburg, NJ: Presbyterian & Reformed, s.f.), 3-en adelante, *Survey*.

50 Bahnsen, *Van Til's Apologetic*, 169 (n. 40).

> Así que la doctrina del antropomorfismo de Van Til no resuelve la cuestión de si el lenguaje humano puede hablar literalmente de Dios. Una vez le pregunté sobre eso, y su respuesta fue que nunca había pensado mucho en ello y que no había formulado una posición al respecto.[51]

Esto es lamentable, ya que mucho de lo que dice Van Til tiene un fuerte sabor kantiano. Por ejemplo, cuando Frame defiende el trinitarismo de Van Til, señala que "Van Til nunca dice que la doctrina de la Trinidad sea contradictoria. Su punto de vista sobre la contradicción aquí es consistente con lo que enseña en otras partes: 'Mientras evitamos como veneno la idea de lo realmente contradictorio abrazamos con pasión la idea de lo *aparentemente* contradictorio'".[52] En otras palabras, aquí abajo, en el mundo fenomenal, la Trinidad parece contradictoria, y debemos abrazarla con pasión, sabiendo que, en realidad, en el reino nouménico, Dios es perfectamente coherente.

Por lo tanto, pensamos que Oliphint ha llevado a Van Til a su conclusión lógica, en la que afirma explícitamente el abismo kantiano, y luego ofrece una solución cristiana al mismo:

> Hay un gran abismo fijado entre Dios y su creación, y el resultado de tal abismo es que nosotros, toda la humanidad, *nunca* podríamos tener *ninguna* fruición de Dios, a menos que él considerara conveniente, voluntariamente (graciosamente), condescender con nosotros por medio del pacto. Esa condescendencia incluye que Dios se revele en y a través de su creación, incluyendo su palabra, al hombre. Comenzamos, por tanto, con respecto a lo que somos y a lo que podemos conocer, con una distinción fundamental entre el Creador y la criatura.[53]

---

[51] Frame, *Cornelius Van Til*, 94.

[52] Frame, *Cornelius Van Til*, 67.

[53] K. Scott Oliphint, *Covenantal Apologetics: Principles and Practice in Defense of Our Faith* (Wheaton, IL: Crossway, 2013), 40-41-cursiva en el original. En otro lugar, Oliphint ofrece una exposición útil de Kant, y también muestra cómo los

Los vantilianos creen que solo Dios puede cruzar el abismo y proporcionarnos una revelación por la que los humanos puedan llegar a conocer el misterio Trino. Desgraciadamente, este esquema kantiano parece acabar con cualquier supuesta revelación de Dios, ya que las

---

teólogos modernos, como Don Cupitt, han sido afectados por su filosofía crítica (cf. K. Scott Oliphint, *Reasons for Faith: Philosophy in the Service of Theology* (Phillipsburg, NJ: Presbyterian & Reformed, 2006), 63-79). A continuación, critica la *analogía entis* tomista y la sustituye por una *analogía revelationis* (*Reasons for Faith*, 105-119). Oliphint cree que su analogía de la revelación nos permite decir que, cuando la Escritura dice que "Dios es bueno", estamos aprendiendo algo que es verdad de la esencia de Dios (*Reasons for Faith*, 119-120). Desgraciadamente, todo este esquema es explotado en una sola nota a pie de página: "... porque el *modus essendi* [es decir, el modo esencial] de Dios participa de propiedades tanto esenciales como pactadas (accidentales), la predicación de Dios como bueno puede referirse a las propiedades pactadas de Dios y, por tanto, relacionarse también con su carácter esencial. En otras palabras, *como revelación*, la bondad de Dios es en sí misma una condescendencia de Dios hacia nosotros para hablarnos de una manera que nos permita conocerlo de manera significative" (*Reasons for Faith*, 117 (n. 30) —cursiva en el original). Si el *modus essendi* de Dios careciera de características pactadas (accidentales), entonces nunca conoceríamos la esencia divina. Pero nótese que la "bondad" en sí misma es una propiedad pactada. ¿Cómo se relaciona la esencia de Dios con sus propiedades pactadas? ¿Son creaciones suyas, que sirven como una especie de plano de cómo Dios quiere que pensemos en él? Si es así, son creaciones de Dios que conocemos, pero que no manifiestan realmente al Dios esencial que está detrás de ellas. Por lo tanto, el abismo de Kant sigue existiendo. Como dice el propio Oliphint, el "*modus essendi* de Dios no es ni puede ser conocido *como tal* (es decir, no podemos comprender plenamente el concepto de simplicidad), pero puede ser conocido como revelado" (*Reasons for Faith*, 117-cursiva en el original). O, tal vez, están contingentemente relacionados con Dios en el sentido de que han sido absorbidos en la propia esencia divina. Pero esto introduciría la contingencia en el que es puro acto. Dios se convertiría entonces en un ser contingente, una composición de actualidad y potencialidad, y, por tanto, compuesto o no simple. Por lo tanto, necesitaría una causa para su propia existencia. Oliphint parece abrazar esta sorprendente conclusión cuando nos dice que "no es el caso que Dios no pueda 'contener' él mismo potencialidades pasivas. Él puede, y de hecho 'contiene' esas potencialidades como un Dios del pacto, como un Dios que hace el objeto de su voluntad algo distinto de él mismo" (*Reasons for Faith*, 251). Obsérvese que Oliphint pone la palabra *contener* entre comillas, quizá para sugerir que se trata de una mera *façon de parler*, indicando que, en realidad, estas características del pacto no forman parte de la esencia divina. Si es así, el abismo permanece y seguimos sin conocer a Dios *mismo* a través de su revelación.

palabras de la Biblia fueron producidas por humanos utilizando la lógica humana a este lado del abismo en el mundo fenomenal.

La Escritura es, entre otras cosas, el producto de un largo proceso histórico, escrito en lenguaje humano y utilizando categorías creaturales. Y, puesto que los vantilianos insisten en que no podemos utilizar tales categorías para llegar a Dios, nunca podremos saber que las proposiciones de las Sagradas Escrituras son descripciones genuinas del Gran Ser. En el mejor de los casos, son la forma en que Dios podría querer que pensáramos en Él, pero no son verdades reales que describan su propia persona y naturaleza.[54] Si la teología de Van Till es verdadera,

[54] Por eso, observa las siguientes palabras de Oliphint: "En contra de algunas opiniones, Dios es, de hecho, Totalmente Otro. Pero no hay nada intrínseco a esta verdad que impida a Dios revelarse a sus criaturas" (*Covenantal Apologetics*, 41). En realidad, ¡lo hay! En efecto, hablar de Dios como "completamente otro" o "totalmente otro" es, de hecho, decir que Dios es *completamente* equívoco. Por lo tanto, la palabra "bueno", por ejemplo, cuando se predica de Dios debe significar algo *totalmente distinto* o *completamente diferente* de lo que significa cuando usamos la palabra en el discurso cotidiano. Así, sencillamente no sabemos qué queremos decir cuando decimos que "Dios es bueno". Lo mismo ocurre con *todos* los atributos divinos. Dios permanece distante e incognoscible en su reino "totalmente distinto". Así, de nuevo, incluso las propiedades contingentes o pactuales que Dios toma en la creación nunca pueden ser verdaderas manifestaciones de la propia esencia divina, sino que son, en el mejor de los casos, formas en las que Dios quiere que pensemos en él. En realidad, no se trata de una revelación proposicional divina, sino de un encuentro humano-divino que nunca puede describirse realmente en lenguaje humano. Por lo tanto, ¡no tenemos ninguna palabra verificable de Dios, que nos diga quién y qué es Dios realmente! Todo este esquema contradice la Escritura, que (por un lado) dice que Dios es *radicalmente* (aunque no totalmente) distinto de sus criaturas (Is. 55:8-9), y sin embargo (por otro lado) dice que estamos hechos a imagen y semejanza de Dios y que incluso podemos ser partícipes de la propia naturaleza divina (Gen. 1:26; 2 Ped. 1:4). En otras palabras, la naturaleza de Dios es extremadamente diferente a la nuestra y, sin embargo, esta diferencia en sí misma no excluye toda similitud entre el Creador y la criatura. ¿Qué es esta enseñanza bíblica, sino (en forma de semilla) un respaldo a la *analogía entis* de Tomás? Al preservar la analogía del ser entre el Creador y la criatura, sentamos al mismo tiempo un fundamento tanto para la teología sagrada (por ejemplo, la revelación proposicional de las Sagradas Escrituras) como para la teología natural (por ejemplo, el uso de los primeros principios para alcanzar un conocimiento más claro del Creador). Para una defensa completa de la analogía del ser, véase Erich Przywara, *Analogia Entis-Metaphysics: Original Structure and Universal Rhythm* (trad. John R. Betz y David Bentley Hart;

entonces es falsa, ya que según sus propios supuestos nunca puede haber un *logos* verificable respecto al *theos*.[55]

Dado que la filosofía de Van Til hace estragos en la teología, ya sea en su teología propiamente dicha o en su visión de la revelación, no es difícil ver cómo destruye también cualquier esperanza de una apologética viable de la fe. Desde hace más de dos mil años, los cristianos han respondido al llamado a dar una defensa razonada de nuestras creencias (2 Ped 3:15). Una religión que a menudo desafía la doctrina esencial de la Trinidad es el Islam, dedicado como está a un estricto monoteísmo unitario.

En una de sus obras apologéticas, Oliphint nos ofrece una serie de diálogos hipotéticos para ilustrar cómo el enfoque vantiliano de la apologética es capaz de resaltar la antítesis entre el creyente y el incrédulo, y luego demostrar cómo la posición incrédula es problemática. Un ejemplo de diálogo que ofrece es una discusión hipotética entre un cristiano y un musulmán.

Lo que sigue es una cita parcial de esta conversación. Comenzamos en la parte del diálogo en la que el apologista cristiano (o pactual) está preparando un argumento que explota una contradicción fundamental del Islam. Me he tomado la libertad de añadir algo a este diálogo para mostrar lo fácil que le resultará siempre al musulmán escapar de la red dialéctica en la que el vantiliano intenta atraparlo. La presentación del

---

Grand Rapids: Eerdmans, 2014).

[55] Estas ideas no son originales. Sin embargo, no hay una fuente específica de la que se deriven. Provienen de mis interacciones a través de conferencias y conversaciones con apologistas clásicos a lo largo de los años. Por lo tanto, estoy en deuda con pensadores como Norman Geisler, Richard Howe y muchos otros por estas ideas. En lugar de permitir que Kant establezca el programa sobre cómo defender la fe, los apologistas clásicos siempre se han resistido al kantianismo por completo, insistiendo en que todo el árbol (raíz y rama) debe ser cortado, desarraigado y arrojado a las llamas. Para una crítica completa de Kant, véase Reginald Garrigou-Lagrange, *God-His Existence and Nature: A Thomistic Solution to Certain Agnostic Antinomies* (2 Vols.; trad. Dom Bede Rose; St. Louis, MO: B. Herder Book Company, 1934), 1:3-241; 2:268-445; Robert Flint, *Agnosticism* (1903 reimpr.; Honolulu, HI: University Press of the Pacific, 2004), 140-190; y Stuart C. Hackett, *The Resurrection of Theism: Prolegomena to Christian* (2da edición; Grand Rapids: Baker, 1982), 37-113.

propio Oliphint está en letra normal, y mis propios añadidos están en cursiva:[56]

> [Apologista Pactual]: ¿Cómo *sabes* entonces, Ishiāq, que el Corán es su voluntad [de Alá]?
> [Ishiāq Muhammad]: Lo sabemos porque el Corán, como he dicho, es el discurso eterno de Alá, que siempre fue, pero que ha llegado a ser a través del Gran Profeta, Mahoma.
> CA: Pero si le he oído bien, la voluntad de Alá no le *constriñe en absoluto*. Alá hace ahora, y hará siempre, lo que quiera hacer. Y lo que quiera hacer después puede ser lo contrario de lo que ha revelado a través de Mahoma. Por eso no se pueden tener garantías con respecto a la voluntad de Alá, que es la suma y la sustancia de la religión islámica. ¿Es eso correcto?
> IM: Sí, teóricamente, eso es correcto. No se le puede limitar porque lo trasciende todo. Pero los musulmanes tenemos la esperanza de que Alá se deleite en nuestras acciones y nos lleve al cielo.
> CA: Lo entiendo. Pero esa esperanza es solo una esperanza vacía. Y, al igual que su comprensión del misterio, no tiene ninguna base de *conocimiento*. Es, como nos gusta decir, una fe ciega. Puesto que el Corán es una revelación de la voluntad de Alá, y lo que Alá puede hacer no está en absoluto limitado por el Corán, lo que quiera hacer al final puede ser lo contrario de su voluntad revelada en el Corán. ¿Correcto?
> IM: Sí. Alá sea alabado. Eso es correcto.
> CA: Bueno, Ishiāq, si eso es cierto, entonces puede ser que lo que yo creo y lo que tú crees sea lo mismo, aunque nunca podrías saberlo.
> *IM: Bueno, puede ser. Pero lo mismo puede decirse de tu teología. Lo que yo creo y lo que tú crees podría ser lo mismo, desde tu propio punto de vista, aunque, por supuesto, tú nunca podrías saberlo.*
> *CA: ¿Qué quiere decir?*
> *IM: Dime, ¿Dios es uno y tres al mismo tiempo y en el mismo sentido?*
> *CA: Sí.*

[56] El diálogo comienza en el 235 y termina en el 257 de *Covenantal Apologetics*. Nosotros comenzamos en el 247.

IM: ¿Estarías de acuerdo, entonces, en que tu Trinidad es formalmente contradictoria?
CA: Solo cuando se mira desde el punto de vista humano. Sin embargo, dado que Dios mismo creó las leyes de la lógica, no está en absoluto limitado por ellas. Por lo tanto, desde el punto de vista divino, no hay ninguna contradicción real en su naturaleza trina. Solo lo parece desde una perspectiva de criatura que rechaza la verdad divina.
IM: Esto significaría, ¿no es así, que puede haber muchas cosas en tu Biblia que son aparentemente contradictorias —incluso formalmente— que no son contradictorias en el ámbito divino.
CA: ¡Sí, por supuesto!
IM: Bien, entonces, si tu principio último, la Trinidad, es formalmente contradictorio, al menos desde tu perspectiva, ¿cómo sabes que es verdadero?
CA: Porque, aparte de la presuposición de que el Dios Trino existe, toda predicación carece de sentido.[57]

---

[57] Esto, en pocas palabras, es el argumento trascendental, que es central en la apologética de Van Til. El argumento *puede* interpretarse de la siguiente manera: presupone p v ~p; *p es la precondición necesaria para afirmar de manera fiable cualquiera de los dos p v ~p.* Más cuidadosamente, q presupone p *si q→p v ~q→p.* Para otras formulaciones, véase Don Collett, "Van Til and Transcendental Argument", en *Revelation and Reason,* 269-275; Michael R. Butler, "The Transcendental Argument for God's Existence", en *The Standard Bearer: A Festschrift for Greg L. Bahnsen* (ed. Steven M. Schlissel; Nacogdoches, TX: Covenant Media Press, 2002), 65-124; Robert Stern, ed., *Transcendental Arguments: Problems and Prospects* (Oxford: Clarendon Press, 1999), *passim*; e Immanuel Kant, *The One Possible Basis for a Demonstration of the Existence of God* (trad. Gordon Treash; Lincoln, NE: University of Nebraska Press, 1979). Aristóteles dio un argumento similar para la ley de no contradicción en *Metaphysics*, Bk 4. Señala, con razón, que cualquier intento de negar la ley de no contradicción es en realidad una afirmación de la misma. Esto debería convencernos de que la idea de que las leyes de la lógica son creadas es absurda, pues estos principios de la correcta razón son verdades eternas y necesarias. El propio Van Til dice que "el único argumento a favor de un Dios absoluto que se sostiene es un argumento transcendental". Por lo tanto, "Es la firme convicción de todo cristiano epistemológicamente autoconsciente que ningún ser humano puede pronunciar una sola sílaba, ya sea en negación o en afirmación, a menos que sea a favor de la existencia de Dios" (Van Til, *A Survey*, 11). Tres problemas principales continúan plagando la mayoría de las formulaciones

IM: ¿Cómo?

CA: Bueno imagina que el ateísmo sea cierto y que, por tanto, todo es producto del espacio, el tiempo y el azar.

IM: De acuerdo.

CA: En ese caso, mi mente sería un producto del espacio, el tiempo y el azar, en cuyo caso no sería razonable confiar en ella, ni siquiera el tiempo suficiente para saber que es un producto del espacio, el tiempo y el azar.

---

vantilianas de los argumentos trascendentales. En primer lugar, como señala Craig, muchos presuposicionalistas suelen confundir "el razonamiento trascendental con lo que los medievales llamaban *demonstratio quia*, la prueba que procede de la consecuencia al fundamento" (William Lane Craig, "A Classical Apologist's Response", en *Five Views on Apologetics* (ed. Steven B. Cowan; Grand Rapids: Zondervan, 2000), 233). Por ejemplo, en su famoso debate con Gordon Stein, Greg Bahnsen argumentó que, aparte de Dios, no puede haber leyes inmateriales de la lógica, leyes de la moralidad, ni leyes de la inducción (que en realidad presuponen la uniformidad de la naturaleza, y sirven de fundamento a las ciencias naturales). Pero, así formulado, su argumento no es formalmente trascendental, pues en cada caso se está argumentando desde una consecuencia (por ejemplo, la moral objetiva) hasta su fundamento (es decir, Dios). En segundo lugar, incluso si el no cristiano se ve obligado a admitir, bajo pena de irracionalidad, que Dios es la condición previa necesaria para la racionalidad humana, no necesita conceder la perspectiva específicamente *cristiana*. En efecto, si bien el vantiliano demuestra a menudo el absurdo total del ateísmo, por ejemplo —un buen ejemplo es Bahnsen frente a Stein—, todavía no ha demostrado, mediante un razonamiento *trascendental,* ninguna doctrina *exclusiva* del *cristianismo* (por ejemplo, la Trinidad; la Encarnación). Por lo tanto, incluso después de conceder la conclusión del argumento trascendental —es decir, que Dios existe— el judaísmo y el islam siguen siendo opciones vivas. Para más información sobre esto, que incluye un análisis del debate Bahnsen-Stein, véase Sean Choi, "The Transcendental Argument", en *Reasons for Faith: Making a Case for the Christian Faith* (ed. Norman L. Geisler & Chad V. Meister; Wheaton, IL: Crossway, 2007), 231-247. Por último, como señalamos en el diálogo, si su principio último es formalmente contradictorio, entonces no puede servir como trascendental para nada. Resulta verdaderamente irónico que el vantiliano critique duramente al clasicista *y* al evidencialista por concluir, sobre la base de sus argumentos apologéticos, que el teísmo cristiano es solo *probablemente* verdadero. Porque su promesa de que podemos saber con certeza que el teísmo cristiano es verdadero a través del método *trascendental* es una promesa vacía que nunca se ha cumplido. Al final, los vantilianos solo pueden darnos una *sensación* de *certeza* que siempre se quedará corta respecto a la certeza genuina.

IM: De acuerdo, hasta ahora estoy contigo.

CA: Por otra parte, si uno entra en mi círculo, y presupone el Dios Trino que vive, uno tiene ahora un fundamento para confiar en las determinaciones de la razón.

IM: Estoy contigo, siempre y cuando cambiemos nuestra presuposición de "Dios Trino" a "el único y verdadero Dios vivo". Porque yo también creo en el Dios creador, igual que tú; y estoy de acuerdo en que el ateísmo es totalmente absurdo, precisamente por la razón que acabas de exponer.

CA: No, no puede ser un teísmo genérico la condición previa para la inteligibilidad; debe ser el Dios Trino.

IM: No abogo por un teísmo genérico, sino por el Dios vivo de las tradiciones abrahámicas: uno que está vivo, es nuestro Creador y Sustentador, y es incluso el lugar de nuestros valores morales.

CA: ¡Pero el verdadero Dios también debe ser trino!

IM: ¿Por qué?

CA: Porque solo él nos da las condiciones previas para la inteligibilidad.

IM: ¿Cómo?

CA: Porque solo la Trinidad responde al problema de lo uno y lo múltiple.[58]

IM: ¿Cómo?

CA: Bueno, los filósofos llevan mucho tiempo perplejos ante la unidad y la diversidad que experimentamos en nuestro mundo. Por ejemplo, tú y yo somos lo mismo —tenemos unidad— y, sin embargo, también somos dos —hay diversidad—. Algunos filósofos, como Parménides o Plotino, abrazaron la unidad a costa de la diversidad; mientras que otros, como Heráclito o Demócrito, abrazaron la diversidad a costa de la unidad. La Trinidad resuelve esto, pues así como nuestro mundo manifiesta una unidad y una diversidad, el principio último del cristiano, el Dios Trino que vive, es a la vez una unidad y una diversidad desde toda la eternidad.[59]

---

[58] "Todo el problema del conocimiento ha sido constantemente el de reunir lo uno y lo multiple" (Van Til, *Introduction to Systematic Theology*, 10).

[59] "Como cristianos, sostenemos que en este universo tratamos con un uno y un muchos <u>derivados</u>, que pueden ponerse en relación fructífera entre sí porque,

IM: De acuerdo, pero todo lo que estás diciendo es que hay una unidad y diversidad temporal que se basa en una unidad y diversidad superior, eterna. Entonces, al igual que Aristóteles levantó la ira del "Tercer Hombre" contra Platón, ¿por qué no puedo simplemente preguntar cómo explicas ahora la unidad y la diversidad en la Trinidad?

CA: Porque la unidad y la diversidad de la Trinidad son igualmente últimas.

IM: ¿Por qué no puede alguien afirmar, de forma similar a lo que acabas de hacer, que la unidad y la diversidad de nuestro mundo son igualmente definitivas?

CA: Porque entonces no habría explicación de lo uno y lo múltiple.

IM: Si necesito una explicación para el uno y los muchos "aquí abajo" en el mundo temporal, ¿por qué no necesito una para la unidad y la diversidad "allá arriba" en el mundo eterno?

CA: Porque esa unidad y diversidad, la Trinidad, es última y necesaria. Y lo que es necesario no necesita explicación. Simplemente es.

IM: Bien, entonces el uno y los muchos que experimento en este mundo son últimos y necesarios, y por lo tanto no necesitan una explicación.

CA: Pero eso implicaría un panteísmo.

IM: Sí, ¿y?

CA: Bueno, usted no es panteísta, ¿verdad?

IM: ¡Claro que no! Soy musulmán. Pero lo que quiero decir es que su argumento a favor de la Trinidad es incapaz de vencer al panteísmo.

CA: Pero el propio panteísmo está lleno de problemas.

IM: ¿Por ejemplo?

CA: Es una contradicción decir que el mundo cambiante y finito en el que vivimos es necesario.

---

detrás de ambos, tenemos en Dios el Uno y el Muchos originales. Si hemos de tener <u>coherencia</u> en nuestra experiencia, debe haber una correspondencia de nuestra experiencia con la experiencia eternamente coherente de Dios. El conocimiento humano descansa, en última instancia, en la coherencia interna dentro de la Divinidad; nuestro conocimiento descansa en la Trinidad ontológica como su presupuesto" (Van Til, *Introduction to Systematic Theology*, 23—subrayado en el original).

IM: Es cierto, pero tú mismo admites que tu Trinidad es formalmente contradictoria. Si estás dispuesto a aceptar una contradicción formal en tu sistema, no puedes criticar a otra persona por hacer lo mismo con respecto a su sistema. Es una buena idea, amigo mío.

CA: Pero no estoy, en el sentido que sugieres, admitiendo una contradicción formal en mi sistema. Tengo un misterio, y mi misterio es en última instancia racional, incluso cuando trasciende mi capacidad de comprensión. Los misterios que aporta el panteísmo son, en última instancia, irracionales. Se podría decir que, mientras abrazo una especie de irracionalidad próxima en mi sistema, al mismo tiempo abrazo por fe la racionalidad última que es mi Dios Trino. La irracionalidad del panteísta es a la vez próxima y última.

IM: Sí, pero no lo sabes realmente. No sabes que tu Trinidad es, en última instancia, racional, ya que la doctrina rompe formalmente las leyes de la lógica. La tuya es solo una pura declaración de fe, en la que crees que, al fin y al cabo, la Trinidad trascendente reconcilia todas las contradicciones formales que aparecen aquí en nuestro plano de existencia. Un panteísta podría decir algo parecido. Por ejemplo, podría decir que, en este mundo ilusorio el Uno parece contradictorio, sin embargo, cuando yo, una emanación de Dios, sea absorbido de nuevo en el Uno, todo se reconciliará. Así, mi misterio último es, a fin de cuentas, también racional.

CA: ¿Pero cómo puede ser racional un principio impersonal, el Uno panteísta?

IM: Las leyes de la lógica nos parecen impersonales y son eminentemente racionales.

CA: Pero la Trinidad trasciende la creación; mientras que la naturaleza, en el panteísmo, no tiene un principio verdaderamente trascendente.

IM: ¿Y?

CA: Pero necesitamos la trascendencia para explicar el mundo temporal en el que vivimos.

IM: Eso dices. Pero no has ofrecido nada para convencer al panteísta de ello. Y, sostengo, cualquier argumento que puedas ofrecer al panteísta para moverlo de su posición es uno que yo, siendo perfectamente coherente con el Islam, podré utilizar también.[60] *Además, si un principio último debe ser a la vez una unidad y una diversidad para explicar lo uno y lo múltiple, ¿por qué limitarse a tres personas? Después de todo, hay miles de millones de objetos que existen en nuestro único cosmos. Tal vez el principio último refleje lo uno y lo múltiple precisamente de esa manera, es decir, tal vez sea un ser en un trillón de personas.*

CA: Pero Dios se ha revelado como una Trinidad, no una Cuaternidad ni nada más. Solo hay tres personas en la Divinidad, no cuatro, ni cinco, ni un trillón.

IM: ¿Cómo lo sabes?

CA: Porque Dios lo dice en su palabra, la cual debo presuponer para darle sentido a cualquier cosa.

IM: Pero no sabes que la Biblia sea la palabra de Dios, ya que (i) ningún argumento trascendental ha demostrado tal cosa y (ii) tu Dios es formalmente contradictorio. Pero deja pasar todo eso, y déjame hacerte una pregunta más: ¿Está tu Dios limitado por las leyes de la lógica?

CA: Por supuesto que no, ya que él los creó y por lo tanto es soberano sobre ellos.

IM: Esto significaría, ¿no es así, que las contradicciones "aquí abajo" en el reino temporal pueden no ser contradicciones "allá arriba" en el reino de Dios?

CA: ¡Por supuesto! Ya lo he admitido con respecto a la Trinidad.

---

60 Cualquier vantiliano que lea esto puede empezar a preguntarse cómo podría ofrecer una crítica al Islam. Mi crítica sería bastante similar a la de Bahnsen (*Van Til's Apologetic*, 525 (n. 126)). Nótese, sin embargo, que la crítica de Bahnsen al islam no es muy diferente de la ofrecida en Norman L. Geisler y Abdul Saleeb, *Answering Islam: The Crescent in Light of the Cross* (2da edición; Grand Rapids: Baker, 2002), segunda parte. El punto aquí es que, cualquier crítica interna racional que el vantiliano pueda ofrecer a los sistemas no teístas está igualmente disponible para los otros credos abrahámicos. Y cualquier crítica interna que el vantiliano pueda ofrecer al Islam, por ejemplo, ya ha sido ofrecida por el apologista cristiano clásico. Así que, de nuevo, aunque el argumento trascendental puede muy bien probar la existencia del Dios infinito-personal del teísmo abrahámico, no puede probar ningún principio *esencial* y *único* del teísmo *cristiano*.

IM: Así que, solo porque nuestras creencias, el Islam frente al cristianismo, sean contradictorias "aquí abajo", pueden equivaler exactamente al mismo conjunto de creencias "allí arriba", ¡aunque a este lado del cielo nunca lo sabremos!
CA: Sí, pero ....
IM: Permítame recordarle el dilema en el que se encuentra. Porque si insistes en que Dios se reveló así, y así sabes que tienes razón y que yo estoy equivocado, entonces no me estás ofreciendo realmente un círculo trascendental de supuestos que te procuren un fundamento racional para el razonamiento y/o predicación. Solo estás argumentando en un círculo vicioso. Por otro lado, si me das una prueba, o una razón, o al menos un fundamento de por qué Dios debe ser tres y solo tres personas y/o por qué nuestras creencias no son realmente las mismas, entonces estás implicando que las leyes de la lógica que utilizamos aquí en el ámbito temporal pueden ser utilizadas para entender al Dios eterno. Y, una vez que me concedes eso, ahora tengo el derecho de usar las leyes de la lógica para evaluar la Trinidad, es decir, si es formalmente contradictoria, como admites, entonces es falsa. De hecho, una idea formalmente contradictoria no puede servir como fundamento trascendental de nada. Pues la ley de no contradicción es también un trascendental, ya que no puedo negarla sin utilizarla. Es una condición necesaria para toda predicación humana. Ahora, puedo ver fácilmente por qué la ley de la no-contradicción es un principio trascendentalmente necesario; pero no puedo ver cómo la Trinidad lo es. Y, si lo que aún no está establecido como trascendentalmente necesario rompe una ley que ha sido establecida como trascendentalmente necesaria, entonces puedo saber con seguridad que la idea que rompe tal ley no puede ser una precondición para la inteligibilidad. ¡Nada puede ser trascendentalmente necesario si contradice lo que es trascendentalmente necesario! Por lo tanto, no hay ningún argumento trascendental viable para la Trinidad. De hecho, tal argumento es, en principio, imposible, ya que admites una contradicción formal en la idea. ¡Y no tiene sentido decir que el Dios Trino que vive es la precondición de la lógica cuando esta misma noción rompe las leyes

de la lógica! Es igual que decir que un círculo cuadrado es una condición previa para el pensamiento lógico.

Quiero darte las gracias, amigo apologista pactual, porque has hecho más fácil el trabajo de mis argumentos contra tu sistema. Tus colegas apologistas clásicos son extremadamente obstinados, insistiendo en que no hay ninguna contradicción formal en la noción de la Trinidad, y por eso me encuentro siempre con largas discusiones contra ellos. Pero me has hecho un gran favor. Ya que admites que tu Dios es una contradicción lógica, sé que no puede existir. Ciertamente, puedes encontrar uno o dos problemas en el contenido del Corán, la revelación de Alá. Tal vez sean problemas que nunca pueda resolver. Pero prefiero encontrar problemas en la revelación que recibo que en el Dios que adoro. Confío en Alá, y aunque me enfrento a problemas intelectuales en mi concepción de él, al menos no me enfrento a una contradicción de buena fe al contemplar al propio divino. Por lo menos, puedo decir que mi Dios podría muy bien existir, cosa que no puedo decir del tuyo. Así pues, gracias por dedicar el tiempo que tienes conmigo. Me has dado todas las razones para pensar que tu religión es falsa. Me gustaría animarte a que vengas a mi mezquita el próximo viernes. Allí te encontrarás con un Dios de la razón que es la única concepción monoteísta de Dios que podría darnos las condiciones previas de la experiencia inteligible.

Conclusión

Aunque no hemos hecho hincapié en este punto en nuestro ensayo, en nuestra conclusión señalamos con gratitud que Van Til y su escuela han sido una influencia inmensa y útil para los apologistas que buscan una fuerte crítica interna de los sistemas de pensamiento no cristianos. Desgraciadamente, como hemos mostrado, cuando aplicamos los propios principios de Van Til de forma coherente ya no podemos defender la apologética de Van Til, porque la escuela de Van Til se ha apartado significativamente de la tradición reformada en lo que respecta a la Trinidad. Al hacerlo, se ha abierto no solo a la acusación de incoherencia e incluso de herejía, sino que también priva al apologista cristiano de una buena razón para albergar esperanza.[61]

[61] Me gustaría agradecer a Onsi Kamel, David Haines, Richard Howe, Paul Owen y Kimbell Kornu sus útiles interacciones conmigo en muchos de los temas tratados en este documento.

ÍNDICE DE NOMBRES

A

B

C

N

O

P

R

S

T

V

W

Z

COLECCIÓN VERN S. POYTHRESS - ÉTICA Y APOLOGÉTICA

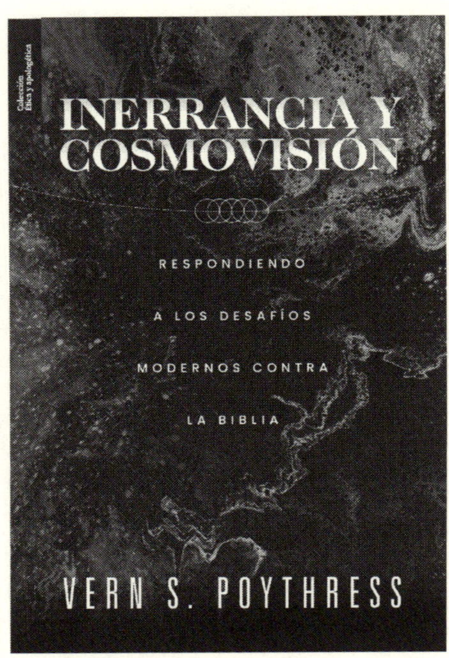

INERRANCIA Y COSMOVISIÓN

Respondiendo a los Desafíos Modernos contra la Biblia

Autor: Vern S. Poythress
Paginas: 360
ISBN: 978-612-48401-3-5

El **liberalismo teológico** hace avances cada vez más fuertes en Latinoamérica, influyendo en casi cada asunto de la actualidad. Para Vern Poythress la diferencia principal entre aquellos que sostienen la inerrancia las Escrituras y aquellos que la niegan tiene que ver con **dos cosmovisiones opuestas**: una cosmovisión bíblica teísta versus una cosmovisión materialista. El Dr. Poythress presenta **la mejor defensa** de la inerrancia bíblica en tiempos modernos, en contra de los ataques recientes de teólogos como Peter Enns, Kenton Sparks, entre otros.

Made in the USA
Columbia, SC
28 March 2023

ef9a76df-98b4-4c85-a21b-c07864c17b7fR01